ビル管理士

建築物環境衛生管理技術者

超速マスター

第3版

ビル管理士研究会

TAC PUBLISHING Group

はじめに

建築物環境衛生管理技術者（略称，ビル管理技術者，またはビル管理士）は，「建築物における衛生的環境の確保に関する法律」（通称，「建築物衛生法」または「ビル管法」）に基づく国家資格です。

政令に定める建築物（特定建築物）の所有者は，その建築物の維持管理が環境衛生上適正に行なわれるよう監督させるため，建築物環境衛生管理技術者免状を有するビル管理士を選任しなければなりません。ビル管理士の具体的な職務は，管理業務計画の立案から管理業務の指揮監督，建築物環境衛生管理基準に関する測定または検査結果の評価，衛生管理上の維持管理に必要な各種調査の実施など，実に多岐に渡ります。また，その仕事については，年々ニーズが高まってきており，再就職にも非常に有利な資格であることから，受験者数は増加傾向にあります。

そこで本書は，予備知識のない読者も考慮して試験で問われる要点のみをまとめ，わかりやすい解説に務めました。要点を1冊にまとめることで，時間をロスすることなく，効率的に学習することができるようにしています。各節の終わりでは，過去の出題から頻出と考えられる重要な問題を掲載しているので，学習の効果も確認することができます。

ビル管理士試験に合格するための入門書として，また試験直前には，最終確認を行なう総まとめとして，本書を有効に活用していただければと思います。

皆さんが，合格の栄冠を手にされることを願っています。

目　次

第6章 清掃

第7章 ねずみ・昆虫などの防除

巻末 実戦問題

受験案内

受験資格

受験資格は次の（1）の用途に供される建築物の当該用途部分において，(2)の環境衛生上の維持管理に関する実務に業として2年以上従事していることが必要です。

(1) 建築物の用途

ア. 興行場（映画館，劇場など），百貨店，集会場（公民館，結婚式場，市民ホールなど），図書館，博物館，美術館，遊技場（ボウリング場など）

イ. 店舗，事務所

ウ. 学校（研修所を含む）

エ. 旅館，ホテル

オ. 上記ア～エまでの用途に類する用途で，衛生的環境もア～エまでの用途に類似しているものとみられるもの※1

(2) 建築物における環境衛生上の維持管理に関する実務

1. 空気調和設備管理
2. 給水，給湯設備管理（貯水槽の維持管理を含む）
3. 排水設備管理（浄化槽の維持管理を含む）
4. ボイラ設備管理
5. 電気設備管理（変電，配電などのみの業務を除く）※2
6. 清掃および廃棄物処理
7. ねずみ，昆虫などの防除

※1 該当する用途：共同住宅，保養所，寄宿舎，保育所，老人ホーム，病院など
　該当しない用途：倉庫，駐車場，工場など

※2 1～5の「設備管理」とは，設備についての運転，保守，環境測定および評価などの業務で，修理専業，アフターサービスとしての巡回などは該当しません。

試験日程

● 受験願書提出期間：5月上旬～6月中旬

・受験願書などの入手方法

公益財団法人　日本建築衛生管理教育センターのホームページ（http://www.jahmec.or.jp/）より，ダウンロードおよび郵送などの方法によって入手できます。

● 試験実施日：毎年10月第1日曜日

● 試験地：札幌市，仙台市，東京都，名古屋市，大阪市および福岡市

● 合格発表：毎年11月上旬予定

試験科目および合格基準ほか

試験時間	科目	出題数	満点数	各科目の合格基準点	備考
午前 9:30～ 12:30	建築物衛生行政概論	20	20	8（40%）	問題1～20
	建築物の構造概論	25	25	10（40%）	21～45
	建築物の環境衛生	45	45	18（40%）	46～90
午後 13:30～ 16:30	空気環境の調整	15	15	6（40%）	91～105
	給水および排水の管理	35	35	14（40%）	106～140
	清掃	25	25	10（40%）	141～165
	ねずみ，昆虫などの防除	15	15	6（40%）	166～180
	全科目合計	180	180	117（65%）	

※（公財）日本建築衛生管理教育センター公表資料より

問い合せ先

公益財団法人　日本建築衛生管理教育センター国家試験課

〒100－0004　東京都千代田区大手町1－6－1　大手町ビル7階743区

TEL 03－3214－4620　　FAX 03－3214－8688

ホームページ　http://www.jahmec.or.jp/

第1章

建築物衛生行政概論

1 建築物衛生法と建築物の定義

まとめ&丸暗記

● この節の学習内容のまとめ ●

□ 建築物衛生法

正式名称は「建築物における衛生的環境の確保に関する法律」

□ 特定建築物

公共性があり，不特定多数が利用する建築物のこと。所有者や占有者は，建築物環境衛生管理基準に従い維持管理しなければならない

□ 特定用途

①興行場，百貨店，集会場，図書館，博物館，美術館または遊技場 ②店舗または事務所 ③第1条学校等以外の学校（研修所を含む）④旅館など，建築物衛生法施行令第1条に掲げられた用途のこと

□ ビル管理士（建築物環境衛生管理技術者）

適正に維持管理が行なわれているか監督し，必要であれば特定建築物維持管理権原者に意見を述べることができる管理技術者のこと

□ 空気環境調整基準

空気調和設備を設置している特定建築物が遵守すべき基準 ①一酸化炭素（CO）：6ppm以下 ②二酸化炭素（CO_2）：1000ppm以下 ③浮遊粉じん：0.15mg/m^3以下 ④相対湿度：40～70% ⑤温度：18～28℃ ⑥気流：0.5m/s以下 ⑦ホルムアルデヒド：0.1mg/m^3以下

□ 清掃

日常的に行なわれているごみ出しや掃除以外に，6カ月以内ごとに1回，定期的な大掃除が義務づけられている

建築物衛生法の概要

1 法制定の意義

建築物衛生法施行の要因には，昭和30年代の建築物による健康障害が数多く報告されたことにあります。当時は設備や構造面の規制のみで，建築物の衛生上の維持管理に関する法規制はありませんでした。このような背景から，昭和45（1970）年に「建築物における衛生的環境の確保に関する法律」が公布・施行されました。従来の設計や建設を中心とした建築物の体系から維持管理を重視した体系への転換で，歴史的にも大きな意義を持っています。

2 法の目的（法第1条）

建築物衛生法の目的は，第1条に定義されています。

「多数の者が使用し，または利用する建築物の維持管理に関し環境衛生上必要な事項等を定めることにより，その建築物における衛生的な環境の確保を図り，もって公衆衛生の向上および増進に資することを目的とする」

世界保健機関（WHO）憲章前文

世界保健機関（WHO）は，国連の専門機関として，すべての人々が可能な最高の健康水準に到達することを目的に設立されました。世界保健機関は，健康を以下のように定義しています。

「健康とは，完全な肉体的，精神的および社会的福祉の状態であり，単に疾病または病弱の存在しないことではない。到達しうる最高基準の健康を享受することは，人種，宗教，政治的信念または経済的もしくは社会的条件の差別なしに万人の有する基本的権利の一つである」

チャレンジ問題

問1　難　**中**　易

建築物衛生法に関する次の文章の（　　）内に入る語句を答えよ。

建築物衛生法は，公衆衛生の（　　）および（　　）を目的としている。

解説

建築物衛生法第1条（目的）にあり，重要です。

解答　向上，増進

特定建築物の定義（法第2条および関連政令）

1 法令による特定建築物の定義

特定建築物とは，店舗，事務所，学校，ホテルなどに利用されるもので，一定以上の規模を有する建築物を指します。こうした特定建築物の所有者や占有者は，建築物環境衛生管理基準に従い維持管理することが義務づけられています。

その際，維持管理の監督は厚生労働大臣の免状を持つ建築物環境衛生管理技術者が行ない，建築物の環境衛生上の維持管理を行なう事業者は都道府県知事の登録を受けた者でなければならないという規定があります。

特定建築物は，建築基準法に定義された建築物であることのほかに，延べ面積と特定用途によって規定されます。2棟以上の建築物が，渡り廊下や地下通路などで連結されている場合，建物が特定建築物に該当するか否かという判断は，1つの建築物ごとに行ない，個数の決定は建築基準法の取扱いによって決まります。また，倉庫や駐車場は特定建築物には含まれませんが，百貨店や事務所内，もしくはそれらの附属の駐車場（ビル内の地下駐車場や倉庫など）である場合，それぞれ百貨店や事務所の用途に包含されます。

■特定建築物の定義

延べ面積	用途
3000m^{2}以上	興行場，百貨店，集会場，図書館，博物館，美術館，遊技場，店舗，事務所，学校（研修所を含む），旅館
8000m^{2}以上	学校教育法第1条に定められている学校（幼稚園，小学校，中学校，高等学校，中等教育学校，特別支援学校，大学，高等専門学校）

なお，以下に特定建築物に該当しないものを示します。

① 地下街の地下道
② 独立建物構造の倉庫，駐車場
③ 電力会社の地下式変電所
④ 工場，作業場，診療所，病院，共同住宅，寺，神社，教会，駅のプラットホーム

2 建築物の定義（建築基準法第2条第1号）

建築物衛生法とその施行令によると，建築物は建築基準法第2条第1号で定義されているものと同義です。

建築基準法では「土地に定着する工作物のうち，屋根および柱もしくは壁を有するもの（これに類する構造のものを含む），これに附属する門もしくは塀，観覧のための工作物または地下もしくは高架の工作物内に設ける事務所，店舗，興行場，倉庫そのほかこれらに類する施設（鉄道および軌道の線路敷地内の運転保安に関する施設ならびに跨線橋，プラットホームの上家，貯蔵槽そのほかこれらに類する施設を除く）をいい，建築設備を含むものとする」と定義されています。

公用特定建築物
役所やそれに類する特定建築物をいいます。

3 特定用途（建築物衛生法施行令第1条）

特定用途とは，建築物衛生法施行令第1条に掲げられた用途をいいます。具体的には以下の4種類となります。

① 興行場，百貨店，集会場，図書館，博物館，美術館または遊技場
② 店舗または事務所
③ 第1条学校等以外の学校（研修所を含む）
④ 旅館

いずれも多くの人が利用し，さらに一般的な環境規制になじむ点から考えられているため，工場，病院，自然科学系の研究所などは該当しません。

特定用途の延べ面積
特定用途の延べ面積には，もっぱら特定用途に供される部分（事務所・店舗などの専用部分）だけではなく，専用部分に付随する共用部分（廊下・階段・便所・機械室など）や専用部分に付属する部分（百貨店の倉庫・事務所付属の駐車場など）を含みます。

4 延べ面積について

特定建築物は，1つの建築物で特定用途に使用される面積が3000m^{2}以上（学校は8000m^{2}以上）であることが条件となります。特定用途は，特定用途部分に加え，洗面所，

階段，廊下などの付随箇所や，百貨店の倉庫，事務所の駐車場なども含まれます。

■ 延べ面積の計算方法

記号	内容	例示
A	特定用途に供される部分の延べ面積（m^2）	A=a+b+c (a<cのとき，cは特定用途に付属すると判断せず，Bと同じ扱いになる。なお，a<bのときは，bとaおよびbとBの関係性の大きさから総合的に判断して，bは特定用途に付随すると判断せず，Bと同じ扱いになることがある)
a	もっぱら特定用途に供される部分の延べ面積（m^2）	事務所，店舗などの部分
b	特定用途に供される部分に付随する部分（いわゆる共用部分）の延べ面積（m^2）	廊下，階段，機械室など建築上の共用部分
c	特定用途に供される部分に附属する部分の延べ面積（m^2）	百貨店内の倉庫，銀行内の貸金庫，事務所の書庫，事務所附属の駐車場，新聞社の印刷所などの部分
B	もっぱら特定用途以外の用途に供される部分の延べ面積（m^2） （特定建築物の延べ面積に算定しない）	共同住宅，工場，作業場（荷捌き場も含む），病院，寄宿舎，駅舎，寺院，教会などの部分

※「延べ面積」は床面積の合計をいう　※「床面積」は「建築物の各階あるいはその一部で，壁そのほかの区画の中心線で囲まれた水平投影面積（建築基準法）により算出する　※当該等建築物の総床面積　S=(a+b+c)+B

チャレンジ問題

問 1　　難 **中** 易

建築物における衛生的環境の確保に関する法律に基づく特定建築物の定義およびその判断に関する次の記述のうち，誤っているものはどれか。

(1) 特定用途の1または2以上の用途に供されていること。

(2) 廊下，階段，便所などの共用部分は，延べ面積から除いて算出すること。

(3) 特定用途に供される部分の延べ面積が，3000m²以上（ただし，学校教育法第1条に規定する学校は8000m²以上）であること。

(4) 同一敷地内に複数の建築物があっても，延べ面積の算定は1棟の建築物ごとに行なうこと。

(5) 建築基準法に定義される建築物であること。

解説

(2) 廊下，階段，便所などの共用部分は特定用途に含まれます。

解答 (2)

建築物衛生管理技術者

1 ビル管理士の職務について

特定建築物には，適正に維持管理が行なわれているか監督し，必要であれば特定建築物維持管理権原者に意見を述べることができる管理技術者，すなわちビル管理士が必要です。

ビル管理士の正式名称は建築物環境衛生管理技術者で，国家試験に合格した者か，所定の講習会の課程を修了した者が取得できます。

2 特定建築物のビル管理士選任について

建築物環境衛生管理技術者は，特定建築物所有者等によって，その建物の維持管理が適切に行なわれることを目的として選任されます。選任については，以下のような決まりがあります。

①兼任可。ただし，兼任する場合は特定建築物所有者等が，建築物環境衛生管理技術者の業務の遂行に支障がないことを確認します。
②必ずしも常駐する必要はありません。
③建築物環境衛生管理技術者の免状を持つ者から選任します。
④特定建築物の所有者との委任関係が必要で，雇用関係は不要です。
⑤選任された建築物環境衛生管理技術者は，登録業者の選任管理者を兼任することはできません。

ビル管理士受験資格
受験資格は，通算2年以上ビル管理業務の実務経験が前提です。ビル管理業務とは，修理や専業，巡回アフターサービスを除く設備管理，ねずみ・昆虫駆除，清掃業務を指し，建物は倉庫，工場，駐車場を除きます。

ビル管理士認定講習の受講資格
ビル管理業務のうち，病院，共同住宅，寄宿舎，特定用途の延べ面積が3000m^{2}を超えている場合には，講習の受講資格が得られますが，取得している資格によって実務年数が異なります。

基準遵守義務を負う者
特定建築物の基準を遵守する責任者は，建築物の占有者，所有者，管理権原者となっています。

3 免状について

ビル管理士の免状は，講習会の修了者や試験合格者に対して**厚生労働大臣**が交付します。ただし，第3項の規定により免状の返納を命じられ，その日から起算して1年を経過しない者や，法律の処分に対して執行が終わるか，執行を受けることがなくなった日から起算して2年を経過しない者には免状を交付しない場合があります。厚生労働大臣は，法律および処分に違反した者に免状の返納を命ずることができ，命令に反した者は10万円以下の過料の適用を受けます。また，免状の交付を受けようとする者は，厚生労働大臣に申請書を提出します。

チャレンジ問題

問1　難　中　易

建築物環境衛生管理技術者免状に関する次の記述のうち，正しいものはどれか。

(1) 免状の交付を受けた者が免状を汚したり，破ったりした場合は，免状の再交付を受けることはできない。

(2) 免状の交付を受けようとする者は，都道府県知事に申請書を提出しなければならない。

(3) 建築物における衛生的環境の確保に関する法律に基づく処分に違反して罰金の刑に処せられた者で，その執行が終わった日から起算して5年を経過しない者には，免状が交付されない場合がある。

(4) 正当な理由なくして，免状の返納の命令に違反して免状を返納しなかった者は，罰則の適用を受ける。

(5) 免状を受けている者が死亡した場合，戸籍法に規定する届出義務者は，6カ月以内に免状を返還しなくてはならない。

解説

(1) は再交付可能です。(2) は都道府県知事ではなく厚生労働大臣です。(3) は5年ではなく2年です。(5) は6カ月以内ではなく，1カ月以内です。

解答 (4)

建築物環境衛生管理基準の遵守規定

1 空気環境調整基準

特定建築物のうち，空気調和設備を設置している場合には，以下の7項目の基準を遵守する必要があります。

① 一酸化炭素（CO）：6ppm以下
② 二酸化炭素（CO_2）：1000ppm以下
③ 浮遊粉じん：0.15mg/m^3以下
④ 相対湿度：40～70％
⑤ 温度：18～28℃
⑥ 気流：0.5m/s以下
⑦ ホルムアルデヒド：0.1mg/m^3以下

2 空気環境測定

空気環境については，以下の3つの基準を遵守しなければなりません。

① 各階ごとに1カ所以上の居室を選択し，中央の床上75～150cm以下の位置を空気環境の測定点とします。
② 一酸化炭素，二酸化炭素，浮遊粉じん，相対湿度，温度，気流については2カ月以内ごとに1回，定期測定を行ないます。
③ ホルムアルデヒドは，建築，大規模修繕，大規模模様替えの完了後に，建築物を使用した日から数えて最初に来る測定期間（6月1日～9月30日まで）中に1回測定を行ないます。

ビル管理士免状の再交付と返還について
免状を破り，汚し，紛失した場合，ビル管理法施行規則第13条により，免状の再交付を申請することができます。一方，免状を受けている者が死亡したときは，戸籍法に規定する届出義務者は，1カ月以内に免状を返納しなければなりません。

空気環境の調整について
空気環境の調整は，ビル管理法施行令第2条第1項と，建築基準法施行令第129条2の6に定められています。

3 空気調和設備の病原体汚染予防

空気調和設備の病原体汚染防止については，以下の4つの基準を守る必要があります。

① 冷却水の水管，冷却塔，加湿装置は1年以内ごとに1回清掃します。
② 冷却塔，冷却水，加湿装置の汚れは使用開始時，使用開始期間中の1カ月以内ごとに1回，定期点検・換水・清掃を行ないます。
③ 冷却塔と加湿装置に使用する水は，水道法第4条の水質基準を満たす必要があります。
④ 排水受け（ドレンパン）は空気調和設備の使用開始時，使用開始期間中の1カ月以内ごとに1回，定期点検・清掃を行ないます。

4 飲料水の水質基準遵守

飲料水の水質については，水道法第4条の規定を満たす必要があります。また，貯水槽は1年以内ごとに1回，定期的に清掃を行ない，水質を確保しなければなりません。以下に水道法第1章総則第4条を示します。

（水質基準）
第4条　水道により供給される水は，次の各号に掲げる要件を備えるものでなければならない。
一　病原生物に汚染され，または病原生物に汚染されたことを疑わせるような生物もしくは物質を含むものでないこと。
二　シアン，水銀そのほかの有毒物質を含まないこと。
三　銅，鉄，弗素，フェノールそのほかの物質をその許容量をこえて含まないこと。
四　異常な酸性またはアルカリ性を呈しないこと。
五　異常な臭味がないこと。ただし，消毒による臭味を除く。
六　外観は，ほとんど無色透明であること。
２　前項各号の基準に関して必要な事項は，厚生労働省令で定める。

5 排水設備の管理

排水設備は，6カ月以内ごとに1回，清掃することが義務づけられています。

その際には，ルーフドレン，マンホール，排水系統の配管の点検，厨房内の排水管の清掃，排水槽，トラップ，阻集器，排水ポンプの点検・整備・掃除を必ず行なうようにします。

6 清掃の実施

清掃は，日常的に行なうごみ出しや掃除のほかに，6カ月以内ごとに1回，定期的な大掃除を行なうよう義務づけられています。具体的には，ごみ処理，し尿の廃棄物処理，ビルクリーニングなどがあります。

このほか，厚生労働大臣が定める以下の「空気調和設備等の維持管理及び清掃等に係る技術上の基準」に従って，掃除用機器や廃棄物処理設備の維持管理を行なわなければなりません。

清掃用機械器具等清掃に関する設備の点検および補修など

1. 真空掃除機，床みがき機そのほかの清掃用機械およびほうき，モップそのほかの清掃用器具ならびにこれら機械器具の保管庫について，定期に点検し，必要に応じ，整備，取替えなどを行なうこと。
2. 廃棄物の収集・運搬設備，貯留設備そのほかの処理設備について，定期に点検し，必要に応じ，補修，消毒などを行なうこと。

空気環境の測定方法
一酸化炭素，二酸化炭素，浮遊粉じん量は，居室の中央の床上75～150cmの位置で，1日使用時間の平均値で測定します。ホルムアルデヒドは，厚生労働大臣指定の測定器で30分間測定したデータを測定値とします。

評価の方法
一酸化炭素，二酸化炭素，浮遊粉じん，ホルムアルデヒドは平均値で，気温，相対湿度，気流は，瞬時に評価します。

残留塩素
一定以上の濃度を保つ塩素は，水が衛生的であることの証拠となります。直結給水方式以外の設備の水道水や雑用水は，7日以内ごとに1度，残留塩素検査を行ないます。

日常清掃
日常清掃は1日1回実施するもので，手間のかからない簡易な清掃をいいます。

7 ねずみ・昆虫などの防除の実施

ねずみや昆虫の防除については，6カ月以内ごとに1回，侵入経路や生息場所，被害状況について定期的に調査を実施して，実態を把握することが義務づけられています。

その結果をもとに発生や侵入に対する措置をとりますが，その際，薬剤のみに頼るのではなく，侵入経路を遮断したり，生息場所を清掃したりするなど，さまざまな防除方法と組み合わせて有害生物を排除します。この考え方を，IPM（総合防除）といいます。

殺虫剤や殺そ剤を使う場合には，医薬品医療機器等法承認のある医薬品（医薬部外品）にしなければなりません。

8 検査などの頻度規定

建築物環境衛生管理基準により，年間計画として行なわなければならない作業内容とその頻度が規定されています。

■年間計画として行なわなければならない検査と頻度

頻　度	項　目
7日以内ごとに1回	残留塩素の検査
2カ月以内ごとに1回	空気環境の測定（※ホルムアルデヒド測定のみ例外規定）
6カ月以内ごとに1回	飲料水の水質検査
	排水関係設備の清掃（排水槽の清掃など）
	ビル内および関連設備の統一的な大掃除
	ねずみ・昆虫などによる被害状況などの統一的調査と，結果に基づくねずみ・昆虫などの防除
1年以内ごとに1回	貯水槽の清掃

※ホルムアルデヒドの測定は，最初に到来する測定期間（6月1日から9月30日までの期間）中に1回（建築物衛生法施行規則第3条の2第四号）

チャレンジ問題

問1　難　中　易

建築物清掃の一般的な作業計画において，日常清掃に含まれるものは次のうちどれか。

(1) 床面（弾性床材）の洗浄と床維持剤塗布
(2) 床面（繊維床材）のスポットクリーニング
(3) 各種金属類の磨き
(4) 玄関ホールのフロアマットの除じん
(5) 壁面・柱面などの高所部分の清掃

解説

毎日1回またはそれ以上行なう清掃作業を「日常清掃」，週1回，月1回，年1回などのように間隔をおいて定期的に行なうものを「定期清掃」，突発的にあるいは臨時に行なうものを「臨時清掃」といいます。(4) 以外の作業はいずれも定期清掃に含まれます。

解答 (4)

問2　難　中　易

建築物衛生環境基準に関する次の記述のうち，正しいものはどれか。

(1) ねずみなどの発生場所，被害状況などに関する統一的調査は，6カ月以内ごとに1回，定期に実施すること。
(2) 飲料水の貯水槽の清掃は，6カ月以内ごとに1回，定期に実施すること。
(3) 統一的な大掃除は，1年以内ごとに1回，定期に実施すること。
(4) 一酸化炭素および二酸化炭素の測定は，3カ月以内ごとに1回，定期に実施すること。
(5) 室内空気中のホルムアルデヒドの測定は，1年以内ごとに1回，定期に実施すること。

解説

(2) は1年以内ごと，(3) は6カ月以内ごとに1回，(4) は2カ月以内に1回，(5) は最初に到来する測定期間(6/1～9/30までの期間)中に1回と規定されています。

解答 (1)

2 届出と事業登録制度

まとめ&丸暗記

● この節の学習内容のまとめ ●

□ 特定建築物の届出

その建築物が使用される日の1カ月以内に，都道府県知事（保健所を設置している市または特別区は市長または区長）に届出を行なう

□ 業者の登録

都道府県知事の登録制度を利用して登録を行なう。登録対象は，
①建築物清掃業 ②建築物空気環境測定業 ③建築物空気調和用ダクト清掃業 ④建築物飲料水水質検査業 ⑤建築物飲料水貯水槽清掃業 ⑥建築物排水管清掃業 ⑦建築物ねずみ昆虫等防除業 ⑧建築物環境衛生総合管理業
の8種類，有効期間は6年間

□ 地域保健法（厚生労働省所管）

地域住民の健康の保持とその増進を目的として，保健所の業務や権限，地域保健対策の推進に関する事項を制定。保健所は都道府県，特別区などに設置し，保健所長は医師であることが必要

□ 学校保健法（文部科学省所管）

学校教育の円滑な実施と成果の確保を目的として，環境衛生検査や健康診断の実施をはじめ，保健や安全事項，安全点検などに関する計画を立案，実行を行なうための事項を制定

□ 労働安全衛生法（厚生労働省所管）

労働者の健康と安全を確保することを目的とし，労災を防止し，自主活動の促進と責任体制の明確化を推進するための事項を制定

届出・帳簿書類・立入検査

1 特定建築物の届出

特定建築物は，その建築物が使用される日から1カ月以内に，都道府県知事（保健所を設置している市または特別区は市長または区長）に届出を行ないます。届出を行なうのは，特定建築物の所有者，または当該特定建築物の全部の管理について権原を持っている人です。所有者以外に全部の管理について権原を有する者とは，民法第25条などに規定する管理行為をすることができる法律上の地位にある者をいいます。

建物が用途の変更などにより特定建築物に該当しなくなった場合や，届出事項に変更があった場合には，1カ月以内に届出を行ないます。

また，現在使用している建築物が，用途の変更，増築による延べ面積の増加，政令の改正などにより新たに特定建築物に該当する場合には，1カ月以内に届出を行ないます。

2 特定建築物の届出事項

特定建築物の届出事項は，建築物衛生法の施行規則第1条で以下のように規定されています。

① 特定建築物の名称
② 特定建築物の所在場所
③ 特定建築物の用途
④ 特定用途に供される部分の延べ面積
⑤ 特定建築物の構造設備の概要
⑥ 建築物環境衛生管理技術者の氏名
⑦ そのほか厚生労働省で定める事項

区分所有者
区分所有の特定建築物では届出の際，所有者などの氏名の部分には，区分所有者全員の連名が必要です。区分所有者とは，特定建築物の一部を所有している人のことで，分譲マンションを購入した人などをいいます。

民法25条などに規定する民法上の管理行為
① 保存行為
財産の滅失毀損を防ぎ，現状維持のための行為で，家屋修繕など
② 利用行為
財産をその性質に従って有利に利用する行為
③ 改良行為
財産の性質を変じえない範囲でその価値を増加する行為で，家屋に造作をつけることなど

3 帳簿書類および報告

特定建築物の所有者などは，環境衛生に関する帳簿を記入，保存することが義務づけられています。当該建築物の維持管理に関するもので，建物の正面図と断面図，設備の配置図と系統図は永久保存しなければなりません。

この図面のほか，給水・排水の管理，空気環境の調整，ねずみ・昆虫の防除状況，測定や検査結果，設備の点検整備状況などを記した帳簿，さらに維持管理に関するそのほかの帳簿は**5年間保管**する義務があります。

4 立入検査・改善命令と罰則

都道府県知事（市長または区長）は，必要に応じて特定建築物の所有者などに報告をさせることや，特定建築物の**立入検査**を実施することができます。立入検査は環境衛生監視員が行ない，その結果，維持管理が基準を下回っており，健康が損なわれる危険がある場合には，特定建築物の維持管理権原者に対して管理方法の改善など，必要な措置をとることができます。

チャレンジ問題

問1　難　**中**　易

建築物における衛生的環境の確保に関する法律に基づき備え付けておかなくてはならない帳簿書類とその保存期間との組合わせとして，正しいものは次のうちどれか。

(1) 空気環境の測定結果：3年間
(2) 飲料水の水質検査結果：永久
(3) 床の清掃や床維持剤の塗布の実施記録：1年間
(4) 排水槽の清掃記録：5年間
(5) ねずみなどの防除記録：2年間

解説

（1）～（5）の保存期間は5年間です。

解答 (4)

事業登録制度

1 登録できる業種

建築物を衛生的に維持管理するためには，清掃や空気環境測定などの業務を遂行する必要があります。これら業務の担当業者は，都道府県知事の登録制度を利用して登録を行ないます。登録対象は以下の8種類で，営業所ごとに登録が行なわれ，**有効期間は6年**です。

■登録が受けられる業種とその業務内容

業　種	業務内容
① 建築物清掃業	建築物内の清掃（建築物の外壁や窓の清掃，給排水設備のみの清掃は除く）
② 建築物空気環境測定業	建築物内の空気環境（温度，湿度，浮遊粉じん量，一酸化炭素濃度，二酸化炭素濃度，気流）の測定
③ 建築物空気調和用ダクト清掃業	建築物の空気調和用ダクトの清掃
④ 建築物飲料水水質検査業	建築物における飲料水について水質検査を行なう
⑤ 建築物飲料水貯水槽清掃業	建築物の飲料水貯水槽(受水槽，高置水槽等)の清掃
⑥ 建築物排水管清掃業	建築物の排水管の清掃
⑦ 建築物ねずみ昆虫等防除業	ねずみ昆虫など，人の健康を損なう事態を生じさせるおそれのある動物の防除
⑧ 建築物環境衛生総合管理業	建築物の清掃，空気調和設備および機械換気設備の運転，日常的な点検および補修など

事業登録制度
建築物の環境衛生に関わる業者の登録制度は，業者の資質向上を目的として制定されました。ただし，登録を受けていない業者でも，建築物の維持管理業務を行なうことはできます。

2 登録のための人的および物的要件

登録を行なうには，人的，物的，作業方法や機械器具の維持管理などの基準を満たす必要があります。

人的要件としては，①清掃作業監督者 ②空気環境測定実施者 ③空気調和用ダクト清掃作業監督者 ④水質検査実施者 ⑤貯水槽清掃作業監督者 ⑥排水管清掃作業監督者 ⑦防除作業監督者 ⑧統括管理者が必要となります。

物的要件としては，建築物清掃業であれば真空掃除機と床みがき機，建築物空気環境測定業であれば浮遊粉じん測定器，一酸化炭素検定器，炭酸ガス検定器，温度計，湿度計，風速計，などが必要となります。

■登録の物的基準

業　種	物的基準
建築物清掃業	①真空掃除機 ②床みがき機
建築物空気環境測定業	①浮遊粉じん測定器 ②一酸化炭素検定器 ③炭酸ガス検定器 ④温度計 ⑤湿度計 ⑥風速計 ⑦空気環境の測定に必要な器具
建築物空気調和用ダクト清掃業	①電気ドリルおよびシャーまたはニブラ ②内視鏡（写真を撮影することができるものに限る）③電子天びんまたは化学天びん ④コンプレッサー ⑤集じん機 ⑥真空掃除機
建築物飲料水水質検査業	①高圧蒸気滅菌器および恒温器 ②フレームレス―原子吸光光度計，誘導結合プラズマ発光分光分析装置または誘導結合プラズマ―質量分析装置 ③イオンクロマトグラフ ④乾燥器 ⑤全有機炭素定量装置 ⑥pH計 ⑦分光光度計または光電光度計 ⑧ガスクロマトグラフ―質量分析計 ⑨電子天びんまたは化学天びん
建築物飲料水貯水槽清掃業	①揚水ポンプ ②高圧洗浄機 ③残水処理機 ④換気ファン ⑤防水型照明器具 ⑥色度計，濁度計および残留塩素測定器
建築物排水管清掃業	①内視鏡（写真を撮影することができるものに限る）②高圧洗浄機，高圧ホースおよび洗浄ノズル ③ワイヤ式管清掃機 ④空圧式管清掃機 ⑤排水ポンプ
建築物ねずみ昆虫等防除業	①照明器具，調査用トラップおよび実体顕微鏡 ②毒じ皿，毒じ箱および捕そ器 ③噴霧機および散粉機 ④真空掃除機 ⑤防毒マスクおよび消火器
建築物環境衛生総合管理業	①真空掃除機 ②床みがき機 ③空気環境測定業の機械器具 ④残留塩素測定器

3 登録の有効期間

登録の有効期間は6年で，登録は営業所ごとに行なわれるしくみとなっています。事業の登録を受けた者は，ビル管理法第12条の3により，その有効期間内は**登録建築物環境衛生総合管理業**と表示します。

また，登録には厚生労働省令により基準が定められています。登録を受けるには，各事業を行なうための機械器具やそのほかの設備などの物的要件，監督者や従事する者の資格といった人的要件およびそのほかの要件が，一定の基準を満たしていなければなりません。

なお，都道府県知事は，登録業者が基準に適合しなくなったときは，ビル管理法第12条の4により，その登録を取り消すことができます。

4 登録申請の手続き・報告・検査など

登録申請を行ないたい業者は，名称（氏名），住所（法人の場合は代表者の氏名と住所），登録に関する営業所の名称，所在地，責任者の氏名，事業区分などを記載した**登録申請書**を都道府県知事に提出する必要があります。都道府県知事は，必要に応じて登録業者に対して報告を行なわせることができます。また，登録営業所の立入検査の実施も行なうことができます。

変更および廃止
登録業者が引っ越して，営業所の所在地が変わった場合には10日以内，事業を廃止した場合には30日以内に都道府県知事に届出を行なわなければなりません。

従事者研修制度
登録業者の従業者のうち，登録建築物清掃業，登録建築物飲料水貯水槽清掃業，ねずみ昆虫等防除業，環境衛生総合管理業従事者（非正社員も可）は，1年に1回以上，従事者研修の受講が必要です。研修は事業主，環境衛生局認定の法人，指定団体などが行ないます。

5 登録業者等の指定団体

厚生労働大臣は，清掃業や環境衛生総合管理業などについて，**登録業者または団体を社員とする社団法人**を，事業ごとに全国的に事業展開する団体として指定することができます。これは，建築物の維持管理を行なう業者が，自主的に資質向上を図ることができるようにするのが目的です。指定を受けた団体は，以下の事業を行ないます。

① 業務を適正に行なうために必要な技術上の基準設定
② 業務に従事する者に対する福利厚生事業
③ 業務に必要な知識や技能についての研修
④ 業務の指導

チャレンジ問題

問 1　　難　中　易

建築物における衛生的環境の確保に関する法律に基づく事業の登録の対象になっている業種は，次のうちどれか。

(1) 建築物における飲料水の給水管の清掃を行なう事業（建築物飲料水給水管清掃業）
(2) 建築物の廃棄物の処理を行なう事業（建築物廃棄物処理業）
(3) 建築物における飲料水の水質検査を行なう事業（建築物飲料水水質検査業）
(4) 建築物の排水槽の清掃を行なう事業（建築物排水槽清掃業）
(5) 建築物の浄化槽の清掃を行なう事業（建築物浄化槽清掃業）

解説

登録の対象となっているのは（3）のみです。

解答 (3)

建築物衛生法に関連する環境衛生関係法令

1 地域保健法（厚生労働省所管）

建築物衛生法に関連する法律のうち，地域住民の健康の保持とその増進を目的としているのが地域保健法です。この法律では，保健所の業務や権限，地域保健対策の推進に関する事項が細かく定められています。

保健所は地域の公衆衛生の向上と増進，衛生思想の普及を目的として人口10万人に1カ所設置されます。都道府県，特別区などに設置し，保健所長は医師であることが必要です。保健所長は特定建築物の関係者に対する質問，維持管理の検査，特定建築物に関する届出の受理などの権限を有しています。

2 学校保健法（文部科学省所管）

学校は児童，生徒，教師，職員などが集団で活動を行なう場所であるため，学校教育の円滑な実施と成果が確保できるよう，環境衛生検査や健康診断の実施をはじめ，保健や安全事項，安全点検などに関する計画の立案，実行が求められています。

学校保健法では，大学を除き，常駐でなくとも学校医，学校歯科医や薬剤師を置くことが義務づけられています。定期的に健康診断を行ない，結果に基づいて予防措置や治療の指示を行ないます。

学校では，採光，換気，照明，室温を適切に管理し，衛生管理の維持に努め，特に空気や飲料水に関しては定期的に検査を行ない，必要に応じて改善を行なうことができます。

また，校長は，感染症の疑いがある生徒がいる場合には，出席しないよう申し渡すことができます。

都道府県の教育委員会事務局には，学校保健技師を設置します。学校保健技師とは，医師，歯科医師または薬剤師の資格を持っており，学内の保健管理に対して専門的な技術指導ができる人のことです。

3 労働安全衛生法（厚生労働省所管）

職場の労働環境を快適にし，労働者の健康と安全の確保を目的とした法律が労働安全衛生法です。第1条には，以下のように書かれています。

この法律は，労働基準法（昭和22年法律第49号）と相まって，労働災害の防止のための危害防止基準の確立，責任体制の明確化および自主的活動の促進の措置を講ずるなどその防止に関する総合的計画的な対策を推進することにより職場における労働者の安全と健康を確保するとともに，快適な職場環境の形成を促進することを目的とする。

保健所職員
医師，薬剤師，保健師，看護師，栄養士，放射線技師，環境衛生監視員，食品衛生監視員，助産師などです。

保健所の環境衛生監視員について
環境衛生監視員は，保健所に勤務し，環境衛生に関する施設への立入検査などの監視指導を行なう職員のことです。

チャレンジ問題

問 1　　難　中　易

労働安全衛生法の目的に関する次の文章の（　　）内に入る語句の組合せとして，正しいものはどれか。

労働安全衛生法は，労働基準法と相まって，（　ア　）のための危害防止基準の確立，責任体制の明確化および自主的活動の促進の措置を講ずるなどその防止に関する総合的計画的な対策を推進することにより職場における（　イ　）を確保するとともに，（　ウ　）を促進することを目的とする。

(1) ア. 労働者の安全と健康　イ. 快適な職場環境の形成　ウ. 労働災害の防止
(2) ア. 労働災害の防止　イ. 快適な職場環境の形成　ウ. 労働者の安全と健康
(3) ア. 労働災害の防止　イ. 労働者の安全と健康　ウ. 快適な職場環境の形成

解説

法律の条文の問題は，条文をそのまま選ばなければなりません。

解答 (3)

3 関連する法律と組織

まとめ&丸暗記 ● この節の学習内容のまとめ ●

- □ 公衆衛生関連営業に関連する法令
  興行場法／旅館業法／公衆浴場法／食品衛生法／理容師法・美容師法／クリーニング業法

- □ 環境管理に関連する法令
  環境基本法：環境政策の枠組みを示した法律
  大気汚染防止法：ばい煙・粉じん規制，有害大気汚染物質対策の推進，自動車排出ガスに係る許容限度などが定められている
  悪臭防止法：悪臭防止目的で制定，特定悪臭物質や臭気指数で規制
  感染症新法：感染症予防と患者への医療施策推進を図るために制定

- □ 給水および排水管理に関連する法令
  水道法：水道の布設や管理，計画的整備，水道事業の保護育成により，公衆衛生の向上と生活環境の改善を図る法律
  下水道法：下水道の整備を図り，都市の健全な発達および公衆衛生の向上寄与，公共用水域の水質の保全に資することを目的とした法律
  浄化槽法：浄化槽の設置，保守点検，清掃，製造の規制と浄化槽工事業者の登録制度，浄化槽清掃業の許可制度の整備などを規定した法律
  水質汚濁防止法：排水の規制，生活排水対策の推進によって水質汚濁の防止を図り，国民の健康保護と生活環境の保全を目的とした法律

- □ 公衆衛生概念および衛生行政組織
  公衆衛生：国や自治体が，国民の健康を守るために実施する衛生活動
  健康：身体的，精神的，社会的に完全に良好な状態にあることであり，単に病気，病弱ではないということではない（世界保健機関憲章・前文）

公衆衛生関連営業に関連する法令

1 興行場法（厚生労働省所管）

音楽，映画，スポーツ，演劇，演芸などを公衆に見聞きさせる施設を**興行場**といいます。家族・友人のみを対象にした場合には興行場には該当しませんが，会社の福利厚生施設として映画鑑賞室を設けた場合は，無料であっても適用の対象となる場合があります。

興行場の経営者は都道府県知事（保健所を設置している市または特別区は市長または区長）の許可を受けなければなりません。その際，興行場の照明，防湿，換気，および清潔，他入場者の衛生などに必要な措置を講じることが求められます。

駐車場法（国土交通省所管）
道路の路面外に設置される自動車のための施設で，誰でも時間利用ができる公共駐車場について定められた法律が駐車場法です。路外駐車場には，内部の空気を1時間につき10回以上直接外気と交換する能力を有する換気装置を設置しなければなりません。

2 旅館業法（厚生労働省所管）

旅館やホテル，簡易宿泊所，下宿営業を営むことを**旅館業**といいます。人を宿泊させることが条件で，アパートや間借り部屋といった貸室業・貸家業は生活の本拠を置くことになるため，旅館業には含まれません。

旅館業の業務の運営と健全な発達，利用者の需要に応じたサービスの提供を促すことで公衆衛生と国民生活の向上を図ることを目的として制定された法律が，**旅館業法**です。

旅館業の経営者は都道府県知事（保健所を設置している市または特別区は市長または区長）の許可を受けなければなりません。その際，施設の照明，防湿，換気，他入場者の衛生などに必要な措置を講じることが求められます。

また，設置場所が公衆衛生上，不適当であると判断された場合には，許可されないこともあり，許可要件には種別によって客室数や1室の床面積についての規定などがあります。

■客室床面積制限規定（許可要件）

種別	客室数	床面積（1室）
旅館	5室以上	7m^{2}以上
ホテル	10室以上	9m^{2}以上

3 公衆浴場法（厚生労働省所管）

温泉や温水，潮湯を利用して公衆を入浴させる，銭湯や老人福祉センターなどの浴場，サウナ，個室付き公衆浴場などの施設を**公衆浴場**といいます。

公衆浴場は**公衆浴場法**によって規制され，公衆浴場の経営者は，都道府県知事（保健所を設置している市または特別区は市長または区長）の許可を受けなければなりません。その際，公衆浴場の照明，保温，換気，他入場者の衛生，そのほか風紀に必要な措置を講じることが求められます。公衆浴場の営業者は，伝染病疾病にかかっていると認められる者に対しては，その入浴を拒まなければならないことになっています。なお，公衆浴場法の法令や条例などに基づいて運営され，衛生措置の講じられている病院や老人保健施設のデイ・ケアとして使用する浴場，国や自治体によって寝たきり老人などを対象に入浴介助を伴った入浴サービスに使用される浴場は対象外です。

4 食品衛生法（厚生労働省・消費者庁所管）

飲食に関する衛生上の問題を規制や措置を講ずることで，国民の健康保護を目的とした法律が**食品衛生法**です。この法律では，食品，添加物，器具，容器包装についても細かな規定があります。

飲食店や喫茶店，食品製造業の経営者は，都道府県知事（保健所を設置している市または特別区は市長または区長）の許可を受け，営業を営む場合には，都道府県知事が業種ごとに設定した施設の基準をクリアしなければなりません。このとき，許可に際して5年を下らない有効期間などの必要な条件がつけられます。

また，飲食店営業，喫茶店営業，食肉販売業および氷雪販売業などは都道府県知事が定める基準により「食品衛生責任者」を置かなければなりません。飲食店などは公衆衛生に与える影響が著しいため，都道府県などの保健所に配置されている，食品衛生に関する専門知識を有する食品衛生監視員が，営業施設に対し食品の安全性と公衆衛生の面から監視，指導を行なっています。

5 理容師法・美容師法（ともに厚生労働省所管）

頭髪の刈込，顔そりなどで容姿を整えることが理容で，パーマ，結髪，化粧などにより，容姿を美しくすることが美容です。理容（美容）師試験の合格者は，厚生労働大臣の免許を受けることで理容（美容）師になることができ，理容（美容）所を開設する場合には，場所，構造設備，管理理容（美容）師とそのほか従業者の氏名などを，都道府県知事（保健所を設置している市または特別区は市長または区長）に届出を行ないます。

有害物質を含有する家庭用品の規制に関する法律（消費者庁所管）
有害物質を含む家庭用品の規制に関する法律で，保健衛生上必要な規制を行なうことで，国民の健康を守ることが目的となっています。有害物質には塩化水素（または硫酸），塩化ビニル，テトラクロロエチレン，ホルムアルデヒド，メタノールなどが規定されています。

6 クリーニング業法（厚生労働省所管）

溶剤または洗剤を使用して，衣類そのほかの繊維製品または皮革製品を原型のまま洗たくすることを営業とすることをクリーニング業といい，クリーニング行為を行なうクリーニング所を開設・廃止するときは，あらかじめ都道府県知事（保健所を設置している市または特別区は市長または区長）に届出を行なわなければなりません。

チャレンジ問題

問１　難　**中**　易

生活衛生関係営業の運営の適正化および振興に関する法律が適用される「営業」を所管する法律として，誤っているものは次のうちどれか。

(1) 興行場法　(2) 理容師法　(3) 医薬品医療機器等法
(4) 美容師法　(5) クリーニング業法

解説

医薬品医療機器等法に該当する病院や薬局は，生活衛生関係施設ではなく，医療関係施設です。

解答　(3)

環境管理に関連する法令

1 環境基本法（環境省所管）

環境の保全について，①環境の恵沢の享受と継承など ②環境への負荷の少ない持続的発展が可能な社会の構築など ③国際的協調による地球環境保全の積極的推進を基本理念に掲げて，環境政策の枠組みを示した法律が**環境基本法**です。

従来の公害対策基本法，自然環境保全法では対応できない部分があったため，1993年に制定されたもので，国，地方公共団体，事業者，国民の責務，環境保全に対する環境基準，公害防止計画，経済的措置，環境基本計画などが規定されています。

2 大気汚染防止法（環境省所管）

大気汚染を防止するために，「ばい煙の排出の規制等に関する法律」を廃止して制定されたのが**大気汚染防止法**です。国民の健康保護と生活環境の保全を目的とし，①工場および事業場における事業活動や建築物の解体に伴う「ばい煙」や「粉じん」の規制 ②有害大気汚染物質対策の推進 ③自動車排出ガスに係る許容限度を定めることなどの取り決めが行なわれています。

1970年に改正が行なわれ，全国的規制，上乗せ規制，規制対象物質の拡大，直罰規定の導入，燃料規制の導入，粉じん規制などが新たに導入され，1995年の自動車燃料規制の導入，2004年の揮発性有機化合物の導入など，年を追うごとに細かな改正がなされています。

一定規模以上か，有害物質を含む排出ガスを排出する工場などの施設を特定施設といい，こうした特定施設の設置や変更は，都道府県知事（保健所を設置している市または特別区は市長または区長）の許可を受けなければなりません。

さらに，工場などからの健康被害物質（ばい煙，特定物質または粉じんなど）の大気中への排出（飛散を含む）によって人の生命または身体を害したときは，これらを排出した事業者は，損害を賠償しなければならない（第25条）と定められています。

また，都道府県知事は，大気の汚染の状況を常時監視しなければならない（第22条）と定められており，常時監視の結果は環境大臣に報告しなければならないとされています。

なお，土壌中の有害物質などの対策については，土壌汚染対策法などに定められています。

3 悪臭防止法（環境省所管）

悪臭を防止する目的で制定され，そののち，数回に渡って改正されてきたのが**悪臭防止法**です。

市町村長の意見を都道府県知事が反映して規制地域を指定，環境省令の範囲内で規制基準を決めることで悪臭を規制します。市町村長は，指定後に規制実務を行ない，悪臭を防止します。

化学物質のうち，悪臭の原因となるメチルメルカプタン，アンモニアなどを特定悪臭物質として，また，悪臭物質の複合体の場合には物質を特定せず臭気指数で規制します。

4 感染症新法（厚生労働省所管）

感染症の予防と感染症患者への医療に関する総合的な施策推進を図るために制定されたのが，**感染症新法**（正式名称：感染症の予防および感染症の患者に対する医療に関する法律）です。

感染症は，感染力や重篤性に基づいて，感染症を1～5類と新型インフルエンザ等感染症，指定感染症，新感染症に分類されています。

また，都道府県知事は，1，2，3，4類の感染症の発生を予防したり，まん延を防いだりする必要がある場合には，病原体に汚染されているか，汚染された疑いのあるねずみや昆虫が存在する区域を指定し，当該区域の管理者（またはその代理人）に対して，ねずみと昆虫の駆除を命じることができます。

都道府県知事は，1，2，3類感染症の発生を予防し，またはまん延防止の必要があると認めるときは，当該感染症の病原体に汚染され，または汚染された疑いがある生活用の水について，その管理者に対し期間を定めてその使用また

典型7公害
①大気の汚染 ②水質の汚濁 ③土壌の汚染 ④騒音 ⑤振動 ⑥地盤の沈下 ⑦悪臭を，典型7公害といいます。

特定悪臭物質（22種）
悪臭防止法で規定される不快な臭いの原因となり，生活環境を損なうおそれのある物質を特定悪臭物質といいます。同法施行令では，22物質が指定されています。

医薬品医療機器等法（厚生労働省所管）
医薬品，医薬部外品，化粧品，医療機器および再生医療等製品などの品質，安全性，有効性を確保し，使用した際の危害の発生や拡大防止のために必要な規制を行なう法律を医薬品医療機器等法（正式名称：医薬品，医療機器等の品質，有効性及び安全性の確保等に関する法律）といいます。

毒物および劇物取締法（厚生労働省所管）
水銀などの毒物やアンモニア，塩化水素，硫酸などの劇物について，保健衛生上必要な規制を行なうことを目的に制定された法律です。

は給水を制限し，または禁止すべきことを命ずることができます。

このほか，都道府県知事は，1類感染症の病原体に汚染され，または汚染された疑いがある建物について，当該感染症のまん延防止が必要ですが，消毒によってもそれが難しいときは，厚生労働省令で定めるところにより期間を定めて当該建物への立入りを制限し，または禁止することができます。

■感染症の分類・性格・対応および措置

類型	感染症名	性格	主な対応・措置
1類感染症（7種）	エボラ出血熱，クリミア・コンゴ出血熱，痘そう，南米出血熱，ペスト，マールブルグ熱，ラッサ熱	感染力，罹患した場合の危険性が極めて高い感染症	原則入院，消毒などの措置（例外的に建物への措置，通行制限措置）
2類感染症（5種）	急性灰白髄炎，結核，ジフテリア，重症急性呼吸器症候群（病原体がコロナウイルス属SARSコロナウイルスであるものに限る），鳥インフルエンザ（H5N1）	感染力，罹患した場合の危険性が高い感染症	状況に応じて入院，消毒などの対物措置
3類感染症（5種）	コレラ，細菌性赤痢，腸管出血性大腸菌感染症（O－157），腸チフス，パラチフス	感染力，罹患した場合の危険性は高くないが，特定職業への就業によって集団発生を起こしうる感染症	特定職業への就業制限，消毒などの対物措置
4類感染症（42種）	E型肝炎，A型肝炎，エキノコックス症，黄熱，オウム病，Q熱，狂犬病，ダニ媒介脳炎，炭疽，つつが虫病，デング熱，鳥インフルエンザ（H5N1は除く），日本脳炎，ボツリヌス症，マラリアほか	人から人への感染はほぼないが，動物，飲食物などを介して感染するため，それらの消毒，廃棄などの措置が必要となる感染症	媒介動物の輸入規制，消毒，ねずみなどの駆除などの措置
5類感染症（41種）	アメーバ赤痢，破傷風，後天性免疫不全症候群（エイズ），風しん，麻しん，水痘，手足口病，百日咳，ヘルパンギーナ，インフルエンザ（鳥および新型インフルエンザなどの感染症を除く）ほか	国が感染症発生動向調査を行ない，必要な情報を一般国民や医療関係者に公開し，発生・拡大を予防すべき感染症	感染症発生状況の収集，分析とその結果公開，提供

※4類および5類感染症の感染症名は主要なもののみ抜粋

チャレンジ問題

問１　　難　中　易

大気汚染防止法に定められていないものは，次のうちどれか。

(1) 工場および事業場における事業活動などに伴うばい煙などの排出などの規制
(2) 土壌中の特定有害物質の飛散に係る許容濃度
(3) 有害大気汚染物質対策の実施の推進
(4) 大気の汚染の状況の監視
(5) 大気の汚染に関して健康被害が生じた場合における事業者の損害賠償の責任

解説

(2) は土壌中なので，大気汚染の範疇ではありません。

解答　(2)

給水および排水管理に関連する法令

1 水道法（厚生労働省所管）

水道の布設や管理，水道の計画的整備，水道事業の保護育成を図ることで，清浄で低廉な水を供給し，公衆衛生の向上と生活環境の改善を図ることができるように制定されたのが，水道法です。この法律では，水道に関するさまざまな用語や基準が定義されています。

建築物環境衛生管理基準によると，飲料水の供給を行なうには，水道法第4条の水質基準をクリアしなければなりません。

水道：導管，そのほかの工作物により，人の飲用に適する水として供給する施設の総体（臨時施設を除く）
水道事業：一般の需要に応じて，水道により水を供給する事業（給水人口が100人以下は除く）
簡易水道事業：給水人口が5000人以下の水道で水を供給する事業
専用水道：100人を超える者にその居住に必要な水を供給し，水道施設の1日最大給水量が政令基準を超えるもの
専用水道の基準：(1) 口径25mm以上の導管で，全長1500m以上 (2) 水槽の有効容量の合計が100m^{3}を超える (3) 飲料目的に使用する水量が20m^{3}を超える
簡易専用水道：水道事業の用に供する水道から供給を受ける水のみを水源とするもの

水道事業者
水道法第6条第1項の規定による認可を受けて経営を行なう者を，水道事業者といいます。基本的に市町村が経営しており，市町村以外の者は，給水区域に含む市町村の同意を得なければなりません。

水質基準
①病原生物に汚染され，または病原生物に汚染されたことを疑わせるような生物もしくは物質を含んでいないこと ②有毒物質を含まないこと ③銅，鉄，フッ素，フェノールそのほかの物質をその許容量をこえて含まないこと ④異常な酸性またはアルカリ性を呈しないこと ⑤異常な臭味がないこと（消毒による臭味を除く）⑥外観は，ほとんど無色透明であること。

2 下水道法（国土交通省所管）

流域別下水道整備総合計画の策定に関する事項や公共下水道，流域下水道，都市下水路の設置そのほかの管理の基準などを定めることで，下水道の整備を図り，都市の健全な発達および公衆衛生の向上に寄与し，合わせて公共用

水域の水質の保全に資することを目的として制定されたのが，**下水道法**です。

下水道とは，下水を排除するための排水管，排水渠などの排水施設（かんがい排水施設は除く），これに接続して下水処理を行なうための処理施設（し尿浄化槽を除く），そしてこれらの施設を補完するために設けられるポンプ施設そのほかの施設の総体を指します。

公共下水道は，主に市街地の下水を排除・処理するために地方公共団体が管理する下水道で，終末処理場を有するか流域下水道に接続します。また，排水施設の相当部分が暗渠構造となっています。

一方，公共下水道に流入させるための排水設備は，原則として建築物の所有者が設置します。

3 浄化槽法（環境省所管）

浄化槽の設置，保守点検，清掃，製造の規制と浄化槽工事業者の登録制度，浄化槽清掃業の許可制度の整備，浄化槽設備士と浄化槽管理士の資格整備によって，浄化槽によるし尿と雑排水の適正な処理を行なうことで，生活環境の保全と公衆衛生の向上に寄与することを目的として制定されたのが，**浄化槽法**です。

環境省令では，浄化槽管理者は毎年1回（環境省令で定められている場合にはその定められた回数），浄化槽の保守点検と清掃を行なうことが義務づけられており，保守点検と清掃の技術上の基準についても，環境省令に従うことになっています。

浄化槽の設置，規模の変更を行なう場合には，国土交通省令・環境省令により都道府県知事（保健所を設置する市または特別区にあっては，市長または区長），当該都道府県知事を経由して特定行政庁に届出を行なわなければなりません。

4 水質汚濁防止法（環境省所管）

工場などから公共用水域に排出される水と地下に浸透する水の規制，生活排水対策推進によって水質汚濁の防止を図り，国民の健康保護と生活環境の保全，工場などから排出される汚水や廃液の健康被害に関する損害賠償責任について定めることで，被害者の保護を図ることを目的とした法律が，**水質汚濁防止法**です。

公共用水域は，河川，湖沼，港湾，沿岸海域そのほか公共用水域とこれに接続する公共溝渠，かんがい用水路そのほか公共の用に供される水路のことで，終末処理場を設置しているものをいいます。

また，人の健康や生活衛生に対し有害となるおそれのある汚水や廃液を排出する施設を特定施設といい，政令で定めるものをいいます。排水基準は，有害物質による汚染状態で，排出水に含まれる有害物質量はその種類ごとに許容限度が定められています。さらに，そのほかの汚染状態では，項目ごとに定める許容限度とします。

人の健康に被害を生ずるおそれのある物質として以下を含む全28項目の物質があります。

その主な物質として，カドミウムおよびその化合物，シアン化合物，有機リン化合物，鉛およびその化合物，六価クロム化合物，ヒ素およびその化合物，水銀およびアルキル水銀そのほかの水銀化合物，ポリ塩化ビフェニル（PCB），トリクロロエチレン，テトラクロロエチレン，ジクロロメタン，四塩化炭素などがあります。

終末処理場の定義
下水を処理し，最終的に河川や海域に放流できる状態にする施設と，これを補完する施設をいいます。

処理場（除害施設）の対象項目
放流限度を超える水を対象とした処理上の対象項目は，①温度（45℃以上）②水素イオン濃度（pH5以下または9以上）③ノルマルヘキサン抽出物質含有量（鉱油は5mg/ℓ，動植物油脂は30mg/ℓを超える水）④浮遊物質量（600mg/ℓを超える水）⑤ヨウ素消費量（220mg/ℓ以上）となっています。

チャレンジ問題

問1　難 **中** 易

下水道法に関する次の記述のうち，もっとも不適当なものはどれか。

(1) 下水道の終末処理場の維持管理に関することは，環境省と国土交通省の所管である。
(2) 公共下水道に流入させるための排水設備は，公共下水道管理者が設置する。
(3) 公共下水道の構造は，政令で定める技術上の基準に適合しなければならない。
(4) 公共下水道の設置や維持そのほかの管理は，原則として市町村が行なう。
(5) 下水とは，生活もしくは事業（耕作の事業を除く）に起因し，もしくは付随する廃水または雨水をいう。

解説

(2) 排水設備の設置は，原則的に建築物の所有者が行ないます。

解答 (2)

そのほかの関連法令

1 健康増進法（厚生労働省・消費者庁所管）

日本では，平均寿命が長くなり，少子化が進むことで人口に占める高齢者の割合が高くなる「高齢化」が進んでいます。そのため，健康増進に関する基本的な事項を定めることで，栄養の改善や健康増進による国民保健の向上を目的として制定されたのが，健康増進法です。

基本方針としては，食生活，運動，休養，飲酒，喫煙，歯の健康保持などの総合的な推進策について定めた基本方針を勘案し，また，厚生労働大臣は国民健康の増進を図るための基礎資料として，健康，栄養調査を行なうことが盛り込まれています。

第25条では，他人のたばこの煙を吸わされる受動喫煙について，学校，病院，劇場などの管理者は，受動喫煙防止措置を講ずる必要があることが定められています。受動喫煙者の吸う副流煙には，喫煙者の主流煙以上の濃度の有害物質が含まれていることが知られています。また，受動喫煙は，小児の呼吸器系疾患のリスクを高め，妊娠中の喫煙および受動喫煙により，低出生体重児の頻度が高くなるといわれています。

2 アスベストへの対策

天然の鉱物繊維であるアスベストは，丈夫で変化しにくい性質を持っていて，建築物などの軽量耐火被覆材として利用されてきました。しかし，人が吸い込むと，肺組織に刺さり，15～40年の潜伏期間を経て悪性中皮腫や肺がんを引き起こします。そのため，煙突の断熱に使われてきた保温材は1991年までに，天井の吸音に使われてきた吹付け材は2005年に禁止となりました。

労働者がアスベストの粉塵に暴露される可能性がある場合には，事業者は除去や囲い込みなどの措置を講じて建築物のアスベスト管理を厳重に行なう必要があります。また，アスベスト除去時には，市長や特別区の区長，労働基準監督署長に届出を出さなければなりません。

なお，平成20年2月6日の厚生労働省労働基準局による通達で，3物質であったアスベストの分析対象が6物質となりました。それらアスベスト6物質は，以下の通りです。また，これらすべての種類のアスベストを0.1重量%を超えて含むものを，石綿生涯予防規制（石綿則）などの規制の対象としています。

クリソタイル（白石綿），クロシドライト（青石綿），アモサイト（茶石綿），トレモライト，アンソフィライト，アクチノライト

3 バリアフリー新法（国土交通省所管）

高齢者や障害者が，車両や道路，公園施設，建築物を利用しやすいように構造や設備を改善するための措置や，施設の一体的な整備を推進する目的で制定されたのが，バリアフリー新法（正式名称：高齢者，障害者等の移動等の円滑化の促進に関する法律）です。

バリアフリー新法では，特定建築物（学校，病院，ホテル，老人ホームなど）と，建築物に附属する建築物特定施設（出入口，廊下，エレベータなど）に対して，施設設置管理者が講ずべき措置が決められています。

廃棄物処理法（環境省所管）
廃棄物排出の抑制，適正な分別や処分を行なうことで，生活環境の保全と公衆衛生向上を目的とした法律（正式名称：廃棄物の処理及び清掃に関する法律）です。

騒音規制法および振動規制法（環境省所管）
工場などの事業活動や建設活動に伴って発生する騒音と振動について規制を行なう法律です。いずれも，生活環境の保全と国民の健康の保護が目的です。

チャレンジ問題

問１　難　**中**　易

たばこに関する次の記述のうち，もっとも不適当なものはどれか。

(1) 健康増進法により多数の者が利用する施設を管理する者は，受動喫煙を防止するために，必要な措置を講ずるように努めなければならない。
(2) 受動喫煙により小児の呼吸器系疾患のリスクが増加するといわれている。
(3) 妊娠中の喫煙で，低出生体重児の頻度が高くなるといわれている。
(4) 主流煙と副流煙の成分比率は，同じである。
(5) 屋内に設置された空気清浄機は，たばこ煙中のガス状物質より粒子状物質の除去に有効である。

解説

(4) 副流煙には，有害物質が多く含まれています。

解答 (4)

公衆衛生概念および衛生行政組織

1 健康の概念

国や自治体が，国民の健康を守るために実施する組織的な衛生活動である「公衆衛生」を考えるにあたり，「健康」の定義はその根幹をなすものとして非常に重要です。

すべての人々が可能な最高の健康水準に到達することを目的に設立された国連の専門機関WHO（世界保健機構）は，世界保健機関憲章前文で健康を「身体的，精神的および社会的に完全に良好な状態にあることであり，単に病気または病弱ではないということではない」と定義しています。

また，「到達しうる最高基準の健康を享有することは，人種，宗教，政治的信念または経済的もしくは社会的条件の差別なしに万人の有する基本的権利の一つである」「すべての人民の健康は，平和と安全を達成する基礎であり，個人と国家の完全な協力に依存する」「公衆が精通した意見を持ち且つ積極的に協力することは，人民の健康を向上する上にもっとも重要である」とも述べています。

2 ウィンスローの公衆衛生の定義

近代公衆衛生学の始祖として有名な，アメリカ・エール大学の元社会衛生科教授ウィンスローは，公衆衛生学を以下のように定義しました。

環境衛生の改善，伝染病の予防，個人衛生を原則とした個人の教育，疾病の早期診断と治療のための医療と看護サービスの組織化，および地域社会のすべての人に健康保持のための適切な生活水準を保障する社会制度の発展のために，共同社会の組織的な努力を通して疾病を予防し，寿命を延長し，肉体的・精神的健康と能率の増進を図る科学であり，技術である。

3 健康の危機管理の重要性

人やモノが世界中を行き交うグローバル社会の中で，現在，感染症や生物兵器（バイオ）テロの世界的拡大が問題となっています。感染症には，インフルエンザ，中東呼吸器症候群（MERS），エボラ出血熱，デング熱などがあり，ウイルス，細菌，毒素などを用いて無差別に人を殺傷する生物兵器（バイオ）テロには，炭疽菌，天然痘ウイルス，ペスト菌，ボツリヌス菌毒素などが使用されます。どちらも健康被害が認識されるまで時間がかかること，病原体は通常目には見えないこと，人の中で増殖することで共通しており，こうした問題から危機管理の高まりと重要性が認識されるようになりました。

危機管理の中でも医薬品，食中毒，感染症，飲料水などから生じる国民の生命，健康の安全を脅かす事態に対する発生予防，拡大防止，治療などに関する業務で，厚生労働省の所管に属するものを**健康危機管理**といいます。

4 日本国憲法第25条

日本国憲法の第25条には，公衆衛生と衛生行政に関する内容が，以下のように定義されています。

①すべて国民は，健康で文化的な最低限度の生活を営む権利を有する。
②国は，すべての生活部面について，社会福祉，社会保障および公衆衛生の向上および増進に努めなければならない。

ビル管理法における保健所の業務

ビル管理法によると，保健所の業務は，以下のように定義されています。

第3条　保健所は，この法律の施行に関し，次の業務を行なうものとする。
1　多数の者が使用し，または利用する建築物の維持管理について，環境衛生上の正しい知識の普及を図ること。
2　多数の者が使用し，または利用する建築物の維持管理について，環境衛生上の相談に応じ，および環境衛生上必要な指導を行なうこと。

5 保健所組織と業務

地域保健法では，都道府県，政令指定都市，中核市，政令で定める市または特別区が保健所を設置することと定めています。保健所は同法に基づき，食品衛生，各種統計，医事・薬事，環境衛生，精神保健，感染症予防などに関する業務のほか，地域住民の健康の保持および増進を図る事業を行なっています。保健所の業務は住民に対する対人保健サービスと，建築物などに対する対物保健サービスに大別でき，建築物に関しては営業許可申請や許可後の監視指導，取消しなどを通じて環境衛生，食品衛生，薬事衛生，獣医衛生から衛生行政を行ないます。

チャレンジ問題

問 1　難 **中** 易

ウィンスローの公衆衛生の定義に関する次の文章の（　）内に入る語句の組合わせとして，もっとも適切なものはどれか。

公衆衛生とは,（ア）の改善,（イ）の予防, 個人衛生を原則とした個人の教育，疾病の早期診断と治療のための医療と看護サービスの組織化，および地域社会のすべての人に健康保持のための適切な生活水準を保障する社会制度発展のために，共同社会の組織的な努力を通して疾病を予防し，寿命を延長し，肉体的・精神的健康と能率の増進を図る（ウ）であり，技術である。

(1) ア. 環境衛生　イ. 伝染病　ウ. 科学
(2) ア. 職場環境　イ. 生活習慣病　ウ. 健康増進
(3) ア. 環境衛生　イ. 生活習慣病　ウ. 基本的権利

解説

(1) 近代公衆衛生学の始祖である，ウィンスローによる公衆衛生の定義は非常に有名なものです。

解答 (1)

第2章

建築物の環境衛生

1 室内環境と人の関わり

まとめ＆丸暗記

● この節の学習内容のまとめ ●

□ 温度と湿度

温度……表現方法は絶対温度 K（ケルビン）と摂氏（℃）

湿度……空気に含まれる水蒸気の割合

表現方法はX[kg/kg(DA（ドライエア）)]とφ（ファイ）[%]

□ 室内の環境管理基準

労働安全衛生法に基づく事務所衛生基準規則

……事務所の環境基準について詳細を定めたもの

□ 健康の主な阻害要因

①空気の汚れ ②水の汚れ ③熱環境 ④照明の明るさ ⑤騒音と振動

⑥電磁波，磁場，電場

□ 人体生理系

①神経系 ②呼吸器 ③循環器系 ④感覚器系 ⑤消化器系

⑥腎臓・泌尿器系 ⑦内分泌系 ⑧免疫系

□ 生体機能の恒常性

環境が変化しても，体内の体温や血糖値などを一定に保って，生命を維持しようとする機能（ホメオスタシス）

□ ストレス

ストレッサー……外部から生体に加わる一定以上の刺激

ストレス……ストレッサーに適応するために生じるさまざまな変化

室内環境と環境管理の基準

1 温度／湿度

室内は人工的な環境を提供する閉鎖空間であり，空気環境は室内にいる人々に大きな影響を与えます。中でも，温度と湿度は，人体にとって快不快を表す大きな指標といえます。

温度の表現には，理論的な絶対温度K（ケルビン）（0K＝－273℃），一般的なセルシウス温度の摂氏（℃）があります。

また，空気には必ず水蒸気が含まれており，この状態を**湿り空気**，この逆の状態を**乾き空気**といい，空気に含まれる水蒸気の割合を湿度といいます。

湿度の表現には，水蒸気の絶対量を表す**絶対湿度** x [kg/kg(DA（ドライエア）)]，一定量の空気に含まれる水蒸気の割合 ϕ（ファイ） [%] があり，一般的には後者が用いられます。

2 室内の環境管理基準

室内における熱，空気，音，光などを総合した環境を，**室内環境**といいます。現代の建築物は高断熱化や高気密化が進んでいるため，室内は以前にも増して衛生的かつ快適な環境であることが求められています。

たとえば，エアコンの普及などにより，外気に触れることが少なくなったビルの室内では，一酸化炭素や二酸化炭素濃度の上昇，建築材料やインテリア製品に含まれる有害物質，喫煙による空気汚染などが原因で頭痛やめまい，喉の痛みなどといった，**シックビル症候群**となる場合があります。

快適な環境を維持し，こうした症状が発生しないよう，室内環境基準が設けられています。事務所に関する環境基準に関しては，**労働安全衛生法**に基づいた**事務所衛生基準規則**が適用されます。

開口部の面積
外気に対して開口できる部分は，換気設備を設ける場合を除き，床面積の1/20以上と定められています。

シックビル症候群
アセトアルデヒド，ホルムアルデヒドなど，多種多様の原因物質があります。発症には，個人差が観られます。十分な換気が有効な対策となります。

3 建築物の衛生的環境因子

建築物において，人間の健康を阻害する要因はさまざまなものがありますが，以下の6つに大きくまとめることができます。

まず1つめは，**空気の汚れ**があげられます。閉鎖空間の中でたくさんの人が仕事をしている場合には，呼吸により二酸化炭素濃度が上昇しますので，不快感やインフルエンザなどの感染症の原因となりますし，地下駐車場のような閉ざされた空間では，自動車の排気ガスに含まれる一酸化炭素は人体に影響を及ぼします。

2つめは，**水の汚れ**があげられます。人が生活を営む上で飲料水は欠かせないものですが，飲料水の中に含まれる病原性微生物や，配管の腐食や銅，マンガンの溶出による赤水，青水，黒水といった濁り水などは，健康被害が集団発生する恐れがあります。

3つめは，**熱環境**があげられます。過剰な冷房による冷房障害，極端な冷暖房による急激な温度の変化，冷風や温風の方向や風速の過多などは，体温の調整が難しくなり，体調を崩しやすくなります。

4つめは，**照明の明るさ**があげられます。照明が極端に暗かったり，まぶしすぎるくらい明るかったりすると，眼にかかる負担が大きくなり，眼精疲労や肩こりなどの原因になります。また，パソコンを使用した長時間の作業は，ドライアイなど，眼の健康に影響をおよぼします。

5つめは，**騒音と振動**があげられます。自動車が頻繁に通る道路に面している建築物の場合には，騒音と振動の影響を受けやすくなりますし，室内でモーターや騒音を出す機械を使用している場合には，マスキングといってほかの音がかき消されたり，周囲にいる人の聴力が低下したり，不快感やイライラが増加したりすることがあります。

6つめには，**電磁波，磁場，電場**などがあげられます。電流が流れるところに発生する電磁波などは，健康被害をもたらす可能性が指摘されています。ただし，日常生活のレベルでどのくらい人体に影響があるのは，よくわかっていないのが現状です。

4 事務所衛生基準規則

事務所における環境基準は，労働安全衛生法の事務所衛生基準規則によって室内空気環境基準や開口部の面積，管理頻度規程などの基準が決められています。

ほかにも，化学物質，騒音，高温，寒冷，電磁場，振動などの許容基準は日本産業衛生学会によって決められており，この数値を超えなければ，健康にはほとんど問題はないとされています。

■ **事務所衛生基準規則（抜粋）**
（昭和47年9月30日労働省令第43号，最新改正令和4年4月1日）

項　目					衛生基準
事務室の環境管理	空気環境	気積			10m^3/人 以上
		窓そのほかの開口部			最大開口部分の面積が常時床面積の1/20以上
		室内空気の環境基準	一酸化炭素		50ppm以下
			炭酸ガス		0.5%以下
		温度	10℃以下のとき		暖房等の措置を行なう
			冷房実施のとき		外気温より著しく低くしない
		空気調和設備	供給空気の清浄度	浮遊粉じん量（10μ/m以下）	0.15mg/m^{3}以下
				一酸化炭素	6ppm以下
				二酸化炭素	0.1%以下
				ホルムアルデヒド	0.1mg/m^{3}以下(0.08ppm以下)
			室内空気の基準	気流	0.5m/s以下
				室温	18℃以上28℃以下
				相対湿度	40%以上70%以下
	照明			一般的な事務作業	300lx以上
				付随的な事務作業	150lx以上

事務室の管理頻度規定
外気温，室温，相対湿度，一酸化炭素，二酸化炭素については2カ月以内ごとに1回測定し，大掃除は6カ月以内に1回行い，ねずみや昆虫の被害状況については6カ月以内ごとに調査を実施し，防除などの措置をとることが決められています。

チャレンジ問題

問 1　　難　中　**易**

事務所衛生基準規則で基準として定められていない項目は，次のうちどれか。

(1)照明　(2)気積　(3)ホルムアルデヒド　(4)一酸化窒素　(5)浮遊粉じん

解説

事務所衛生基準規則には，一酸化窒素の基準はありません。このほかにも，室内で使用する燃焼器具，換気，騒音，給・排水，清掃，廃棄物，便所の個数，休憩，救急用具の備付けなども定められています。

解答 (4)

人体の生理と環境による影響

1 人体生理系

快適な室内環境を実現するには，さまざまな条件をクリアする必要がありますが，中でも人体にとって快適であることが重要となります。人体にとっての快適さを考えるには，人体のメカニズムや活動原理や機能を把握しなければなりません。人の生理機能は，主に以下の8つにまとめることができます。

神経系：中枢の命令を身体の運動器官に伝える運動神経，視覚や聴覚といった感覚器官からの情報を中枢に伝える知覚神経，消化器や血管系のように自分の意志とは無関係に機能する自律神経に分けることができます。また，神経系は脳と脊髄から成る中枢神経，それ以外のものから成る末梢神経に分類することもできます。

呼吸器系：酸素の摂取と二酸化炭素の排出の役割を持つ，肺，鼻腔，咽頭，気管支など呼吸機能を持つ器官の集まりです。

循環器系：主な役割は，人体内への酸素と栄養供給です。血液循環や栄養供給の役割を持つ心臓，動脈，静脈，毛細血管などがあります。毛細血管からにじみ出た組織液の一部はリンパ液となり，リンパ管を通じて回収されます。

感覚器系：外界から受けた刺激を神経系に伝える視覚，聴覚，味覚，嗅覚，触覚の五感を指します。

消化器系：栄養分摂取と分解，排泄の役割を持つ口から肛門に続く器官です。

腎臓・泌尿器系：血液中の老廃物などを排出する役割を持つ器官です。

内分泌系：栄養分の吸収，ホルモンによる生体機能の維持の役割を持つ下垂体や甲状腺などの器官です。血糖値はこの内分泌系と関係が深く，一般的には食前で約100，食後には約130まで増えます。

免疫系：有害な病原菌や危険物質などから体を守る役割を持つ，胸腺，骨髄，リンパ節などの器官です。

これらのほかにも，皮膚系，筋骨格系，造血系，生殖器系などがあり，人の活動は，これらが有機的に連係することで支えられています。

2 健康に影響する環境要因

人体は，外界にある環境に大きな影響を受けます。そこで人間は，自然環境に順応するだけでなく，建築物を建てて雨風をしのいだり，衣服を着ることで寒さをしのいだりと自ら人為的に環境を作り替えていくことで，生きてきました。

そのため，人体に影響をあたえる環境は**自然環境**と**人為的環境**の2種類となり，前者は動物，昆虫，細菌，ウイルスなどの生物的要因，後者は産業，文化，経済，交通，医療，教育などの社会的要因といった独自の要因を持つにいたりました。さらに，両環境には気候，温度，光，音，振動といった物理的要因，そして酸素，二酸化炭素，水，廃棄物などの化学的要因も深く関係しています。

環境要因の分類

物理的要因：気候，温度，湿度，気流，気圧，熱，光，放射線，音，超音波，振動など

化学的要因：空気，酸素，二酸化炭素，窒素，一酸化炭素，オゾン，硫黄酸化物，粉じん，水，し尿，廃棄物など

生物的要因：植物，ウイルス，リケッチア，細菌，寄生虫，昆虫，ねずみ，動物など

社会的要因：文化，産業，教育，医療，福祉，行政，経済，交通，情報，宗教など

チャレンジ問題

問1 難 **中** 易

人体の構造とその主な機能に関する次の組合せのうち，もっとも不適当なものはどれか。

(1) 免疫系 —— 外部からの刺激を受けて神経系に伝達
(2) 呼吸器系 —— 体内への酸素の摂取
(3) 消化器系 —— 栄養と水の体内への摂取

解説

(1) は神経系の説明で，免疫系は病原微生物などの非自己物質を排除する機能です。

解答 (1)

問2 難 中 **易**

健康に影響を与える室内環境要因のうち，物理的要因としてもっとも不適当なものは次のどれか。

(1) 温度　(2) 窒素　(3) 光　(4) 湿度　(5) 音

解説

(1)(3)(4)(5) は物理的要因で，(2) のみ化学的要因です。

解答 (2)

ストレスと生体機能の恒常性

1 生体機能の恒常性とは

生体には，気温や湿度，食物といったさまざまな環境が変化しても，体内の体温や血糖値などを一定に保って，生命を維持しようとする機能があります。これを，生体機能の**恒常性**（**ホメオスタシス**）といいます。恒常性は，生物が生物たる所以であり，健康を定義する重要な要素であることから生体恒常性ともいわれています。

ホメオスタシスとは，同一の（homeo）状態（stasis）を意味するギリシャ語から造語し命名されたもので，20世紀初頭にアメリカの生理学者であるウォルター・B・キャノン（Walter B. Cannon）が提唱しました。この恒常性は主に，体温調節，血圧や血糖値の維持，病原菌の排除，腎臓の体液浸透圧調節のほか，創傷の修復にいたる生体機能全般に見ることができます。恒常性を維持することは，人間が健康な生活を送る上で欠かせない機能となっているのです。

2 ストレスとは

生体は，常日頃より外部から多種多様な刺激を受けています。その中でも一定以上の強い刺激を**ストレッサー**といい，ストレッサーが加わると，生体は適用しようとして内部にさまざまな変化が生じます。この状態を**ストレス**といいます。1936年にカナダの生理学者ハンス・セリエ（H.Selye）が提唱した用語で，ストレスに基づいたストレス学説を展開しました。

ストレッサーには暑さ，寒さ，騒音といった物理的（精神的）刺激，一酸化炭素中毒，薬物といった化学的刺激，緊張，不安，恐怖などの心理的刺激，病原菌の感染などの生物的刺激などがあります。特に生体機能の恒常性を大きく乱すものは，有害なストレッサーといえます。

セリエのストレス学説では，生体にこれらのストレッサーが加わることで，視床下部，下垂体前葉，副腎皮質系が働き，ホルモンの分泌，自律神経系の伝達活動などにより歪みを元に戻そうとする，つまり恒常性を保とうとすると考えられました。

恒常性を維持する力は調整や適応能力といった形で現れますが，すべての変化に対応できるわけではありません。そのような状態に陥らないように，人間は自然環境から身を守るべく人為的環境を構築したり，衣食住に工夫を凝らしたりすることで自然環境がもたらすストレスを克服しようとしてきました。このストレス耐性は，身体機能に大きく左右されるため，年齢を重ねるほど弱くなります。

血液検査
血液のpHは，内分泌の恒常性により7.3～7.4に保たれています。血液検査では，このpHと，赤血球の数（5×10^6個/mm^3），白血球の数（5×10^3mm^3），ヘモグロビンの量（15g/dL），血糖は食前100mg/dL，食後130mg/dLが基準値とされています。

人体と水分
人体の約60～70%は水でできており，成人では1日約1.5～2Lの水分が必要で，これを水の生理的必要量といいます。

3 生体のフィードバック機能

生体機能の恒常性を維持するには，**生体のフィードバック機能**が不可欠です。これは，外部環境の変化が受容器に伝わり，神経などの働きにより調節中枢に伝わると，変化に反応して，再度神経などの働きが効果器に伝わり，筋肉を動かして行動したり，反応したりするものです。

チャレンジ問題

問1　　難　**中**　易

外部環境の変化に対する生体のフィードバック機能に関する次の文章の（　　）内に入る語句の組合せとして，もっとも適当なものはどれか。

外部環境の変化は，まず生体の（　ア　）でとらえられ，神経系などにより（　イ　）に伝達される。（　イ　）は，神経系などにより，筋肉などの（　ウ　）に指令し，反応などを起こす。

(1) ア．受容器　　イ．調節中枢　　ウ．効果器
(2) ア．受容器　　イ．効果器　　ウ．調節中枢
(3) ア．調節中枢　　イ．効果器　　ウ．受容器
(4) ア．効果器　　イ．調節中枢　　ウ．受容器
(5) ア．効果器　　イ．受容器　　ウ．調節中枢

解説

受容器は外部環境の変化が伝わる場所で，調節中枢はその変化が伝達される場所です。そこから今度は，筋肉などの効果器へ指令がでます。

解答 (1)

体温と代謝

1 体温（基礎体温と深部体温）

人間の**正常体温**（平熱）は，おおよそ36～37℃で一定に保たれています。この体温は，1日の周期であるサーカディアンリズムによって変化し，早朝睡眠時では最低値となり，夕方に最高値となりますが，変動幅は0.7～1.0℃程度です。この早朝睡眠時の体温を，**基礎体温**と呼びます。

体温の測定には体温計を使い，脇の下に挟んだり，口腔で測りますが，こうした場所を用いるのは，脇の下や口腔は気温の影響を受けにくいので，人間にとって重要である頭部や内臓などに流れる血液の温度，すなわち**深部体温**を測定することができるからです。一般的に体温という場合は，この深部体温を指します。

人体は，外界の刺激に応じて，さまざまな活動を行なって体温を一定に保とうとします。たとえば，外気温が高い場合には皮膚の血流が増えたり，汗をかいたりして体内の熱を外へ放出しようとしますし，外気温が低い場合には皮膚の血管が収縮して体内から熱が逃げないようにしたり，身体がガタガタと震えることで体温を上昇させようとしたりします。

こうした体温の調節機能は，加齢とともに徐々に衰えていきます。高齢者になると，暑い場合には汗が出にくくなるので熱中症に，寒い場合には血流量が普段とさほど変わらないため体内の熱が逃げてしまい，低体温症になりやすいといったリスクが生じてきます。そのため，暑い場合にはこまめに水分を補給する，寒い場合には温かい飲み物や食べ物をとるといったことで予防しなければなりません。

また，体温は運動時には高くなる傾向にあります。運動すると，体内に蓄えられているグリコーゲンがブドウ糖に変化し，血液によって筋肉などに運ばれて，エネルギー源となるからです。

このほかにも，人体の外側に位置し，外界との熱交換に大きな影響を持つ皮膚の温度，すなわち皮膚温がありますが，部位によって大きく異なっています。この皮膚温のことをシェル（人体表面部分）の温度，一方の深部体温のことをコア（人体内部）温度ともいいます。暑熱時にはコアの割合が大きく，寒冷時にはシェルの割合が増えます。コアは周囲の寒暑に関わらず，一定温度に保たれています。また，人体の各部位の温度は高い順に，直腸温（深部体温），顔面の体温（皮膚温），手の温度（皮膚温），足の温度（皮膚温）となっています。

2 人体の熱平衡

人体が体温調節する場合，体外放出される熱量（**放熱**）と，体内でつくられた熱量（**産熱**）とのバランスが重要です。産熱は主として筋肉や肝臓で，放熱は呼吸器や皮膚で行なわれます。産熱と放熱の関係は，以下のようになります。

±S=M－（R+C+K+E）
S：身体の蓄熱量　M：産熱量　R：放射による放熱量
C：対流による放熱量　K：伝導による放熱量
E：蒸発による放熱量

深部体温は，産熱量と放熱量が等しく，体熱平衡が保たれるため，恒常性を維持することができるのです。

3 代謝

人体の体温を一定に保つために行なわれる活動や現象を，**代謝**といいます。このうち，安静時に生命維持に必要な最低限の代謝を基礎代謝といい，化学エネルギーを熱や力学的エネルギーに変換することをエネルギー代謝といいます。このエネルギー代謝で発生するエネルギーが産熱量となります。体内で消費される熱量は**代謝量**といい，W（ワット）（またはJ/h）で表します。Wは時間あたりの熱量です。空腹時に仰向けになった状態の代謝量は基礎代謝量といい，安静時のエネルギー代謝量は，基礎代謝量より20%ほど多く，睡眠時は基礎代謝量より5%ほど少ないとされています。

なお，日本人の20歳代の平均的な基礎代謝量は，体表面積あたり男性で約43W，女性で約39Wです。体表面積あたりの基礎代謝量は幼児期が最大で，成人の1.6倍です。以降20歳代まで低下していき，その後は大きく変化することはありませんが，老化とともに低下していきます。また，物質を代謝し，熱が細胞から放出されることを**熱産生**といいますが，この熱産生は代謝エネルギーに由来します。

冷房と健康
室外温度が35℃であれば室内は7℃ほど低い28℃程度に設定しておくと，快適に過ごすことができます。

人体の発熱量
人体の発熱量は，空腹かつ安静状態で仰向けの状態の基礎代謝量は約70W，一般的な活動時で約100W，事務作業では約128W，歩行時には約233Wとなっています。

基礎代謝量の内訳
基礎代謝量には，温度変化に費やされる顕熱，その逆で状態変化のみに費やされる潜熱があります。

エネルギー代謝率
作業消費されるエネルギー量を表すもので，作業代謝量から基礎代謝量を引き，その数値を基礎代謝量で割ったものです。何もせず椅子に座っている状態は，基礎代謝量の1.2倍程度で，これを1metと表します。

4 着衣量の単位

衣服による断熱性能を**着衣量**といい，単位はcloで表します。裸の場合を0として，1cloは気温21℃，相対湿度50%，気流速度0.1m/sの室内で標準的な背広を着た人が快適に感じる値です。数値が少なければ薄着，多ければ厚着であることを表します。

チャレンジ問題

問1　難　**中**　易

体温に関する次の記述のうち，もっとも不適当なものはどれか。

(1) 体温調節は，自律性体温調節と行動性体温調節に分類される。
(2) 顔，手，足等の身体表層部の温度は，外気温の影響を受けやすい。
(3) 寒冷環境では，温暖環境に比較して体内と身体表層部との温度差が小さくなる。
(4) 直腸温は，核心温の1つである。
(5) 平均皮膚温は，各部位の皮膚温を個々の皮膚面積で重みづけ平均した値である。

解説

体温を37℃，温暖環境を30℃，寒冷環境を3℃と仮定した場合，温暖環境は体温との差が少なく，寒冷環境は体温との差が大きくなります。

解答 (3)

問2　難　**中**　易

体熱平衡に関する次の記述のうち，もっとも適切なものはどれか。

(1) 熱産生は，摂取した食物の代謝によるエネルギーに由来する。
(2) 熱放射量が熱産生量より大きければ体温は上昇する。
(3) 早朝覚醒後の空腹時で立位姿勢のエネルギー代謝を基礎代謝という。
(4) 低温環境でのふるえは，熱産生量を低下させる。
(5) 熱放散のうち放射は，流体の流れに伴う熱エネルギーの移動現象である。

解説

(2) 熱放射量が大きいと体温は低下します。(3) 立位姿勢ではなく仰向け姿勢。
(4) ふるえは熱を産み出し身体を温める。(5) 放射は電磁波による熱の移動。

解答 (1)

室内の温熱要素と温熱指標

1 温熱要素とは／温熱指標とは

人に暑さや寒さ，快適さ，涼しさなどを感じさせる要素を温熱要素といいます。この温熱要素には，人が自ら調節できる代謝量と着衣量のほかに，環境要素の空気温度，気流，放射温度，湿度があります。このうち，空気温度は身体周辺の温度で，放射温度は人体を取り巻く天井，壁，床，家具といった物質の表面温度，気流は冷却効果を感じる空気の流れです。

温熱要素はこれら6つの要素が絡み合い，総合的に影響を与えるため，非常に複雑になるとともに，快適さを求める組み合わせの答えはひとつではなく，複数存在することになります。室温が28℃の場合，湿度が80%であれば不快感が強くなりますが，40%程度であれば快適に過ごすことができます。また，温熱要素と快不快の関係について，客観的に示された指数や指標を**温熱環境指数**といいます。

2 不快指数

温熱環境指数の中でもっとも身近なものが，ニュースや天気予報などでも見ることがある**不快指数**（DI：Discomfort Index）です。これは夏の蒸し暑さを表すための指数で，気温と湿度は考慮していますが，気流については除外されています。式はDI=0.72（乾球温度+湿球温度）+40.6となります。

不快指数が75以上になると，半数以上の人が不快に感じ，79以上になると我慢できないくらいの不快さとなります。

主な温熱指標

温熱指標には，以下のようなものがあります。

有効温度（ET）：気温（℃），気湿100% RH，気流0M/Sのときと同じ温冷感覚が得られる温熱因子の組合せです。

修正有効温度（CET）：有効温度に放射の影響を加味したものです。

不快指数（DI）：DI>75で50%が不快，DI>79で100%不快となります。

作用温度（OT）：熱平衡式（放射･伝導･対流･蒸発）を基礎とする最初の指標です。

新有効温度（ET*）：基礎湿度が50% RH，発汗を含む熱・平衡式です。

WBGT指数（WBGT）：高温環境に特化，熱中症の予防などの指数です。

風冷指数（WCI）：寒冷環境に特化，気温と気流による総合的な冷却力の指数です。

3 有効温度（感覚温度）

温熱環境指数には，6つの温熱要素のうち，何をどのように使用するかによっていくつかの種類に分けることができます。

有効温度（ET：Effective Temperature）は，温度，湿度，気流の3つの要素を総合して快適さを表すもので，実感温度などとも呼ばれています。この指標では，ある乾球温度，湿度，気流の室内環境と同じ体感が得られる風速が0m/s（無風），湿度が100%のときの温度で表し，夏であればET22～23℃，冬であればET18～20℃程度であれば快適な室温と評価できます。逆に，暑くて不快となるのはET25℃以上です。

例として有効温度の線図を見てみましょう。無風状態で乾球温度と湿球温度がともに25℃のときには，両者を線で結び，中央の風速との交点を求めると，体感温度は25℃となります。しかし，湿球温度が20℃まで低下した場合には，体感温度は23℃に変わり，風速2m/sの風が吹くと，さらに体感温度は低下して20℃となります。

この有効温度は，温熱環境指数として長い間使われてきましたが，蒸し暑い環境では気流がうまく評価できないといった問題点が明らかになり，現在では問題点を修正した新有効温度や標準有効温度，予測平均申告などが用いられるようになっています。

■有効温度の線図

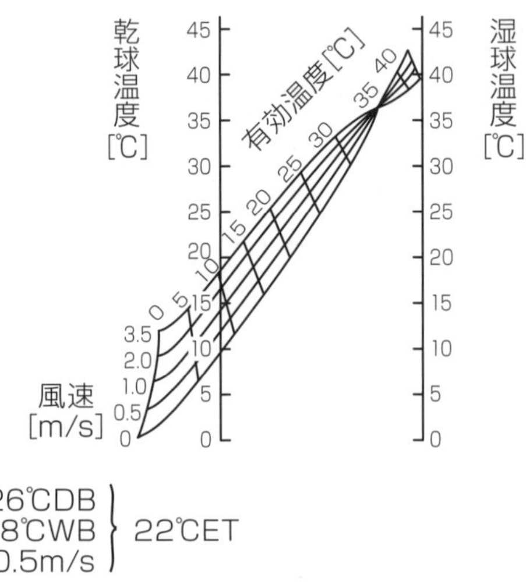

4 修正有効温度（修正実効温度）

修正有効温度（CET：Corrected Effective Temperature）は，修正実効温度，修正感覚温度などとも呼ばれています。読んで字のごとく，有効温度の問題点を修正した指標で，温度，湿度，気流に加え，有効温度では無視されていた放射熱を考慮しています。計測には，黒色の銅球に棒状の温度計を差し込んだグローブ（黒球）温度計を用います。グローブ温度計は，気温だけでなく，放射熱も測定できる特徴を持っています。

長時間の滞在や，壁や天井からの放射熱が多い場合には，有効温度ではうまく測定できないため，修正有効温度の利用が効果的です。

5 新有効温度

新有効温度（ET*：New Effective Temperature）は，アメリカ暖房冷凍空調学会のアシュレイ（ASHRAE）が提唱した指標です。温度，湿度，気流，放射熱，着衣量，作業強度を考慮しているのが特徴です。有効温度では，湿度は一般的な環境とはかなり異なり，100%の状態を基準にしていたのに対して，新有効温度ではその半分である50%に変更されています。風速は，有効温度と同じく0m/sが基準です。新有効温度は温熱要素を総合的に評価できるため，広く用いられるようになりました。新有効温度の算出には，快適線図を用います。

■湿り空気線図上における至適温湿度域

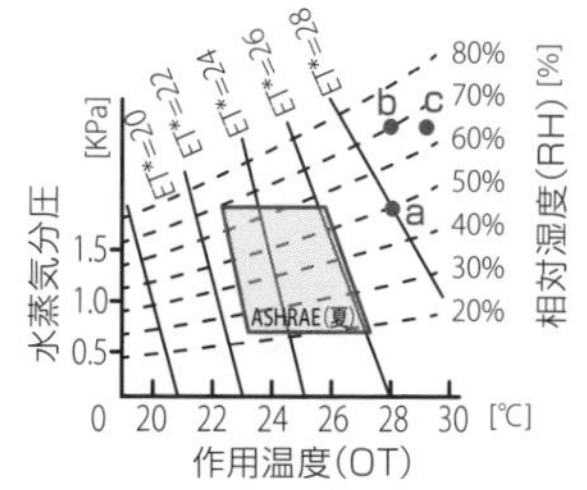

半袖シャツ, 座った状態, ほぼ無風の夏のオフィス環境においての快適から不快までの新有効温度を示したもの。
ここで, 作用温度=(DB乾球温度+MRT平均放射温度)/2

a：標準状態
DB28℃, RH50%　MRT=OT=ET*=28℃　やや暑い

b：湿度が高い状態
DB28℃, RH70%　ET*=29℃　蒸し暑い

c：さらに, 日射が強くなった状態
DB28℃, RH70%　OT=(MRT(30℃)+DB28℃)/2=29℃
→ET*=30.5℃　かなり蒸し暑い

補足

健康関連の尺度と単位
健康に関する尺度や単位は，次のようなものがあります。
代謝量：WまたはkJ/h（1W=1J/s）
体内で消費される熱量を表す単位です。
栄養：kcal
人間の活動の源となるエネルギーを表す単位です。
衣服の抵抗性（熱絶縁性）：clo
裸の場合は0cloで，数値が大きいほど熱を逃がしにくくなります。
作業強度（身体の活動量）：met
運動量を表す単位で，静かに座っている状態が1metとなります。

6 標準有効温度（SET*）

アメリカ暖房冷凍空調学会（ASHRAE）の基準で，新有効温度では考慮されていなかった代謝量，風速を評価項目に加えています。代謝量は椅子に座った状態で軽作業をしている状態の1.0～1.2met，着衣量は0.6clo，気流は0.1～0.15m/s，平均放射温度と気温が等しい状態で表した温度です。

標準新有効温度で，80％以上の人が快適と感じる状態は22.2～25.6℃（SET*）とされており，これをアシュレイの基準温度といいます。

7 作用温度（OT：Operative Temperature）

作用温度は，温度，気流，放射熱の3要素を評価基準としたものです。人体に対して，気温と周囲（たとえば室内の壁面）の放射熱が与える影響を調べることができます。ただし，湿度が除外されているため，湿度の高い環境の評価には向いていません。作用温度の気流が，0.2m/s以下の微気流の場合，以下の式で求めることができます。

OT≒（T+MRT）/2

T：室温　MRT：平均放射温度

異なる温度の壁に囲まれた人体表面の放射熱取得量と，これと同等の放射熱が取得できるような部屋の均一な表面の放射温度をMRT，すなわち平均放射温度（Mean Radiant Temperature）といいます。つまり，これは室内平均表面温度となりますが，正確には在室者の位置などによって異なります。

8 予測平均申告（PMV：Predicted Mean Vote）

これは，気温，気流，放射温度，湿度，着衣量，代謝量の6つの要素を用いて快適方程式を計算し，−3～+3までの数値で評価したものです。1984年に国際規格化され，現在では幅広い分野で使用されています。

■PMVの評価数値

−3	−2	−1	0	+1	+2	+3
寒い	涼しい	やや涼しい	どちらでもない	やや暖かい	暖かい	暑い

9 快適感覚と快適温度

人体が快適と感じる基準，すなわち**快適感覚**は性別，年齢，季節，健康状態，衣服などによって大きく異なりますが，一般的な傾向は次のようにまとめることができます。

性別では，女性の**快適温度**は男性よりも高く，年齢では老人の快適温度は成人よりも高くなる傾向にあります。

また，季節では，夏の方が冬よりも快適温度は高くなる傾向にあります。

10 負荷量と個体レベルの影響

人体が外部のストレッサーにうまく適応している状態では，恒常性を維持することができていますが，有害で強いストレッサーに襲われた場合には，その**負荷量**に応じて機能障害や病気を患うことになり，やがては死に至ります。こうしたストレッサーの負荷量と影響の大きさの関係を**量－影響関係**といいます。

等価温度（グローブ温度）
グローブ温度計で計測できる温度のことで，グローブ温度計は黒球温度計ともいいます。

WBGT指数（WBGTI: Wet-Bulb Globe Temperature Index）
乾球温度，湿球温度，等価温度（グローブ温度）から算出した，高温下の環境での熱ストレスを計測するための指数。

PPD（Predicted Percentage of Dissatisfied）
予測不快者率ともいい，人間が寒い，または暑い状態のとき，どのくらいの割合の人がこの環境に満足していないかを表す指標です。

チャレンジ問題

問1　　難 **中** 易

環境中における有害物質などの基準を設定する科学的な根拠として，もっとも不適当なものは次のうちどれか。

(1) 疫学調査　(2) 量－影響関係
(3) 量－反応関係　(4) 動物実験のデータ
(5) 世論調査

解説

世論調査は社会調査であるため，有害物質の基準を設定する上での科学的な根拠とはなり得ません。

解答 (5)

2 室内の光と照明

まとめ&丸暗記　● この節の学習内容のまとめ ●

□ 電磁波
電磁波は光源の電気振動によって発生する波動を指し，可視光線はその一部

□ 目の構造
視覚情報を取り入れる器官で，眼球と視神経から構成されており，像を結ぶ網膜には明るい場所で色を見ることに関わる錐(すい)体細胞，色は見分けられないが暗い場所で光を電気信号に換える桿(かん)体細胞の2種類の視細胞がある

□ 照度／輝度
光源によって照らされた面の明るさを照度，明るさの中でも輝いて見えるものを輝度という

□ 光度／光束
光源の明るさを光度，光源を頂点にしてそこから一定方向，一定面積に対して光源から出た光の束がどの程度通っているかを表す光の束を光束という

□ 照明計算

$$照度\ [lx] = \frac{光源の光度\ [cd]}{光源からの距離^2\ [m]}$$

□ VDT作業とグレア
パソコンによる事務作業および代表されるVDT作業では，光の反射などでディスプレイが見えにくくなるグレアが発生すると，まぶしさによる不快感や目の疲れなどで健康を損ないやすくなる

光と照明

1 波長

私たちが普段明るさを感じる光は**可視光線**といい，光源の電気振動によって発生する波動の一種です。波動は，波のように空間を伝わっていくしくみとなっており，音や電波などもこうした波動の一種です。

1つの波から次の波までの長さを**波長**といい，nm（ナノメートル）で表します。1nmは，10^{-9}mで，可視光線は380～780nmの波長を持っています。この可視光線が目に入ると，短い波長から紫，青，緑，黄，オレンジ，赤と色の感覚が引き起こされます。つまり，波長の長さの違いが色の違いとなって現れるのです。

■波長

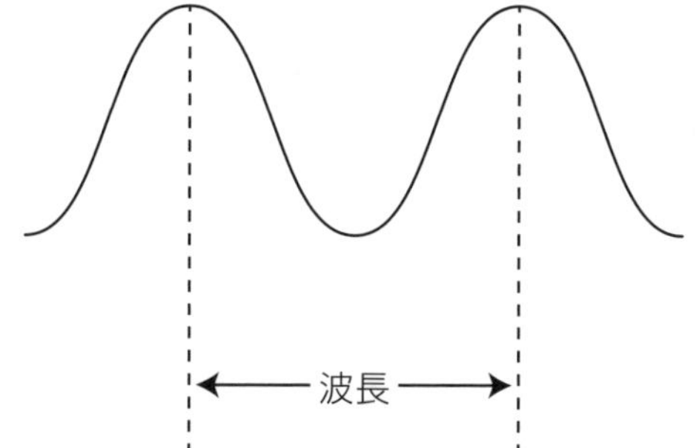

2 電磁波

可視光線は私たちの目に見えますが，目に見えない波長もあります。紫よりも短い波長を持つものは紫の外にあるという意味で紫外線，赤よりも波長が長いものは赤外線といいます。ほかにも，波長が短いものはX線，ガンマ線，宇宙線，波長が長いものはマイクロ波，レーダー波，テレビ，FM，短波，中波などがあり，これらをまとめて**電磁波**といいます。

紫外線と赤外線

紫よりも波長が短い紫外線は，日焼けや殺菌作用がありますが，多量に浴びると皮膚がんになる恐れがあります。赤よりも波長が長い赤外線は，熱を運ぶ作用があり，780～1400nmを近赤外線，1400nm以上を遠赤外線といいます。

3 人の目の構造と働き

人間の目は，視覚情報を取り入れる器官で，眼球と視神経から構成されています。眼球と脳とは近い距離にあるため，目から入った情報はすぐに脳に伝達され，処理されます。

目の構造としては，眼球の中でもっとも外側にあるのが角膜です。その奥にある虹彩は取り入れる光量を選択する絞りの役割をし，虹彩の奥にある毛様体は水晶体の厚みを調節し，網膜に像を結びます。

■目の構造

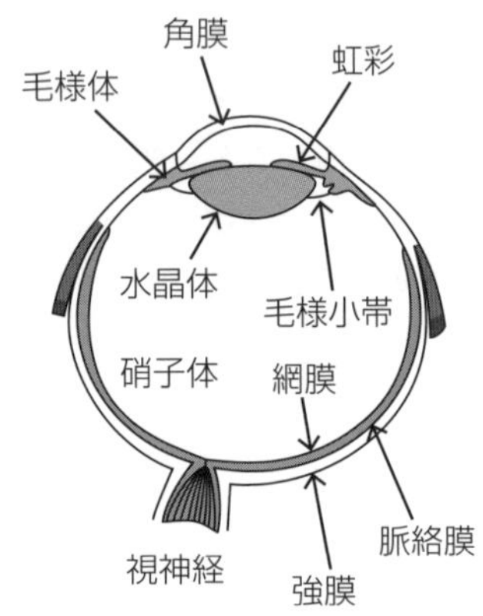

4 視細胞と視感度

像を結ぶ網膜は**神経節細胞**，**水平細胞**，**視細胞**の3層構造になっていて，視細胞は可視光線を電気信号に変換する役割を担っています。視細胞には，明るい場所で色を見ることに関わる錐体細胞，色は見分けられないが暗い場所で光を電気信号に換える桿体細胞の2種類があります。明るい場所から急に暗い場所に入ったときに周囲がよく見えないのは，錐体細胞が機能しなくなったあとで，桿体細胞が徐々に機能しはじめるからです。

人が光の強さを感じる能力を視感といい，明るい環境では目に見える光のうち555nmの波長（緑～黄）にもっとも感じます。この光を基準にして，明るさの度合いを表したものが視感度です。555nmの波長の視感を0.1としてほかの波長における視感の比は，**比視感度**といいます。また，暗い所から明るい所，明るい所から暗い所といった明るさに慣れる作用を順応といい，**明順応**では視力の回復は早いが，**暗順応**では時間がかかります。

5 照度の影響／輝度の影響

目の働きに大きな影響をおよぼすのが，光量です。光源によって照らされた面の明るさを**照度**といい，単位はlx（ルクス）を用います。1lxは面積1m^{2}あたり，1lm（ルーメン）の光が平均的に照射する場合の照度を表します。室内環境における光の役割は，主に照明が果たします。照明の照度が高くなるほど目が細部まで識別できるようになり，視力は10000lxまでは照度の上昇に比例し，このとき光量を調節する役割を持つ瞳孔は小さくなります。逆に，照度が低下していくと，瞳孔は大きくなります。3lx以下になると，錐体細胞が働かなくなるので色を識別するのが難しくなります。

また，**輝度**は明るさの中でも輝いて見えるものを表すもので，快適性に関わっています。

錐体細胞
赤錐体，青錐体，緑錐体があります。

lm（ルーメン）
光束の単位です。58ページ参照。

チャレンジ問題

問１　難 **中** 易

光環境と視覚に関する次の記述のうち，もっとも適当なものはどれか。

(1) 輝度は，快適性を表す指標である。
(2) 照度が低下すると，瞳孔の大きさが縮小する。
(3) 網膜にある桿体細胞は，明るいときに働きやすい。
(4) 網膜にある錐体細胞には，赤・青・緑の光に反応する3種類の細胞がある。
(5) 光源の色温度が高いということは，赤みを帯びた光を意味する。

解説

錐体細胞は，明るい場所で色を認識する役割を持っています。

解答 (4)

光量の単位

1 光度と光束

明るさを表す単位はさまざまな種類がありますが，このうち，光源の明るさを表す単位を**光度**といい，cd（カンデラ）を用いて表します。

光源を頂点にして，そこから一定の方向，一定の面積に対してどのくらい光源から出た光の束が通っているのかを計測するとき，この光の束を**光束**といい，lm（ルーメン）で表します。lmは，LED照明の明るさを表す単位にも用いられています。

1lmは，1cdの光源を中心にして半径1mの球の中に1m²の面積をとり，ここを通る光束の量です。1cdは，光源を頂点にしてある方向へと向かう，単位立体角あたりから放出される光束の量となります。

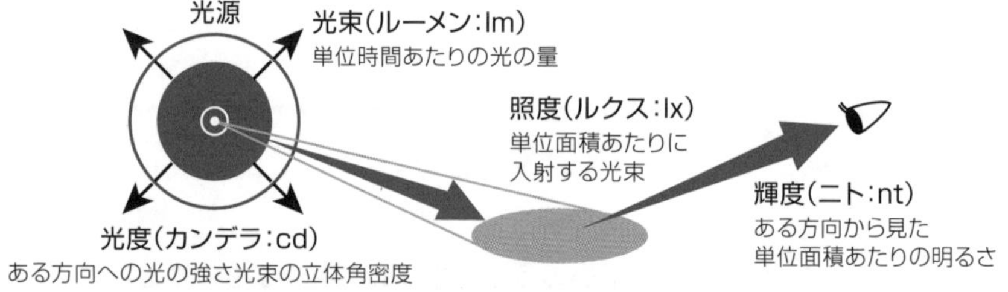

2 照度／輝度

光源が照らした面の明るさを**照度**といい，単位はlx（ルクス）を用いて表します。具体的には，ある面積に入射した光束を，その面積で割った値です。1lxは，1lmの光束が1m²の面積に入射するときの受光面の照度を表します。

小さな点光源の場合，照度は距離の2乗に反比例して小さくなります。いい換えれば，光源に照らされる面が，光源から遠ざかるほど，照度が小さくなるということです。これを照度の逆2乗の法則といいます。ほかにも，照度は入射角が大きくなるほど低くなる特徴があります（入射角余弦の法則）。

光は，光源から直接照射されたものだけでなく，受光面にあたって反射した光や屈折した光，透過光など，実にさまざまな種類があります。

こうした光が目に入る光の量を**輝度**といい，cd／m²（カンデラ毎平方メートル）で表します。具体的には，観測した方向から見たみかけの面積で光度を割った値です。輝度は，輝きという字が表す通り，輝いて見える明るさを意味しています。

3 光束発散度

光がある場所でものを見たとき，目には照度や反射率などが作用しています。この面から発する光束を**光束発散度**といい，rlx（ラドルクス）で表します。具体的には，面Aから出る光束を，Aの単位面積で割ったもので，単位はlm/m^2（ルーメン毎平方メートル）となります。

■ さまざまな光の単位

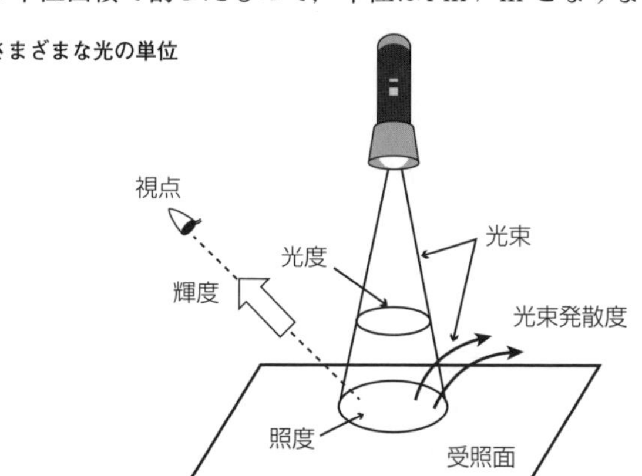

照度と年齢
年齢によって，一定の照度でもものの見え方は変わります。視力1.0，20歳の成人がある照度で100%ものを見ることができた場合，50歳では約70%，60歳では約40%，70歳では約30%程度しか見えなくなるため，照度の高い照明が必要になります。

チャレンジ問題

問1　難 **中** 易

測光量に関する次の文章の（　）内に入る語句の組合せとして，もっとも適当なものはどれか。

光度は，単位立体角当たりから放出される（ ア ）である。光度の単位は，通常，（ イ ）と表される。
さらに，光度を観測方向から見たみかけの面積で割った値が（ ウ ）である。

(1) ア．光束　イ．cd　ウ．光束発散度
(2) ア．光束　イ．cd　ウ．輝度
(3) ア．照度　イ．lm　ウ．光束発散度
(4) ア．照度　イ．lm　ウ．輝度
(5) ア．照度　イ．cd　ウ．輝度

解説

光度は光の強さで単位はcd，輝度は光源の輝き，光度をみかけの面積で割ったものとなります。

解答 (2)

照明方式と照明計算

1 照明方式の種類

室内を明るくするには，窓から差し込む太陽光や，光源を利用した照明を利用します。この照明には，光源と照らす場所との関係で考えると，大きく分けて3つの方式があります。

直接照明：光源の光で，室内の特定の場所を直接照らします。室内を明るくするにはもっとも効果的ですが，光源を見るとまぶしさを感じる欠点もあります。

間接照明：光源からの光を一度，天井や壁面にあて，その反射光で室内を明るくする方法です。効率を犠牲にする反面，光源が直接見えないのでまぶしくないのと，照度を一定に保ちやすい利点があります。

半間接照明：この両者を取り入れたもので，例としては光の大部分が天井に向かい，残りの一部が直接室内を照らすシーリングライトがあります。

照明をあてる部分とそのほかの部分との関係で考えた場合，室内全体を一定の照度に保つ全般照明，作業場のみ明るくする局部照明，両者を取り入れた全般局所併用照明の3つに分類することもできます。

2 照明器具

室内を照らす照明器具にはいくつか種類がありますが，近年急速に普及しているのが，発光ダイオードを使用した長寿命かつ低消費電力のLEDです。

白熱電球はフィラメントの放熱を利用した電球で，LEDと比べて寿命が短く，消費電力が大きいため現在では市場が急速に縮小しています。ハロゲン電球も白熱電球と同様，放熱によって発光します。

蛍光ランプは，蛍光物質に紫外線をあてて発光させるもので，白熱電球よりも発熱が少なく，効率がよい特徴があります。

HIDランプは高圧水銀ランプや高圧ナトリウムランプなどの総称で，自動車やオートバイの前照灯などに用いられています。野球場のナイター用照明などに用いられるメタルハライドランプも仲間です。

3 均斉度と平均照度

均斉度（きんせいど）は，照明器具の照度の分布変動を表したもので，室内におけるもっとも明るい場所の照度でもっとも暗い場所の照度を割った値となります。この数値が大きいほど，照度が均一に近いことを表しています。室内の場合，窓の付近は明るくなりがちですが，それでも1/10，人工照明では1/3が望ましいとされています。

平均照度は室内の照度の平均値を表します。室内の5か所で測定した照度の合計が2000lxだった場合には，平均照度は400lxとなります。

4 照明計算

照明計算は，照明設備の設計に欠かせない計算式です。水平面の照度を求める場合は，光源の光度に比例し，光源からの距離の2乗に反比例することから，以下のような式を用います。

$$照度\ [lx] = \frac{光源の光度\ [cd]}{光源からの距離^2 [m]}$$

■照度の逆2乗の法則

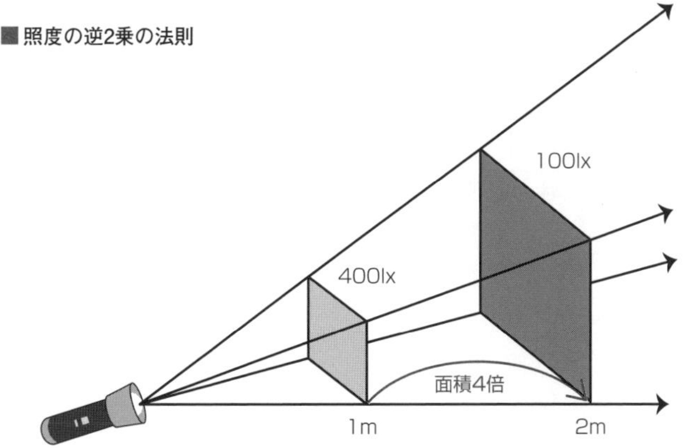

具体的には，スポットライト直下1mでの照度が1000lxだった場合，2m下では$1000 \div 2^2 = 250$lxとなります。

室内の照明設計
室内に同じ明るさの光源が複数あるとき，室内の照度は，（光源の数×光源1つの光束［lm］×照明率×保守率）÷床面積［㎡］で表すことができます。

照明率
光源の光束が，作業面にたどり着く割合を示したもので，作業面上に到達した光束を光源の全光束で割って算出します。

保守率
施設を新設したときに計測した作業面の平均照度と，一定期間使用したあとの作業面の平均照度の比が，保守率となります。

5 照明率と保守率の計算

実際に，照明率と保守率を計算してみましょう。作業面上に到達した光束が750lx，光源の全光束が3000lxだった場合，照明率は以下のようになります。

$$\frac{750}{3000}=0.25$$

蛍光灯を使用し，一定期間使用した後の作業面の平均照度が700lx，施設の新設時に計測した作業面の平均照度が1000lxだった場合，保守率は以下のようになります。

$$\frac{700}{1000}=0.7$$

チャレンジ問題

問 1　　難　**中**　易

ランプに関する用語の組合せとして，もっとも不適当なものは次のうちどれか。

(1) ハロゲン電球 ―――――― 放電発光
(2) 高圧ナトリウムランプ ―― HIDランプ
(3) 白熱電球 ――――――― 温度放射
(4) LED ――――――――― 電界発光
(5) 蛍光ランプ ―――――― 低圧放電ランプ

解説

ハロゲン電球は，白熱電球と同じように放熱によって光を発します。

解答 (1)

VDT作業者の健康管理と照度基準

1 VDT作業とグレア

近年は，パソコンで事務作業を行なうことが多くなってきました。このようなディスプレイやキーボードなどによるVDT（Visual Display Terminal）機器を使用した作業を，**VDT作業**といいます。具体的には，データ入力，画像処理，文章の編集，プログラミング，映像編集，交通の監視などがあります。

VDTのうち，ディスプレイ（モニタ）は，画面の向かい側に照明器具や窓があると，映り込みが発生します。特にコントラストが高く，光沢のある液晶モニタの場合には顕著です。そのため，周辺に照明器具を置かないようにする，ディスプレイの輝度を下げる，窓がある場合はブラインドやカーテンを設置するなどの方法でグレアを避けるようにします。

平成14年4月策定の「VDT作業における労働衛生管理のためのガイドライン」（厚生労働省）では，ディスプレイ画面上の照度は500lx以下，書類およびキーボード上の照度は300lx以上と定められています。

色温度

光の色を表す尺度を，色温度といいます。単位は絶対温度のK（ケルビン）で，昼白色の蛍光灯は5000K，白熱電球は2800Kと，数値は高くなるほど青や白を帯びた色に，また，数値が小さくなるほど赤や黄を帯びた色になります。

2 グレア

直射日光の反射などが光沢紙やスマートフォンの液晶画面にあたった場合，ものが見えにくくなったり，目が疲れたりします。こうした過剰な輝度や輝度対比による不快なまぶしさで，対象が見えにくくなる現象をグレアといいます。直接光が目に入る場合を直接グレア，光源の光が反射して目に入る場合の間接グレアの2種類があります。

グレアの防止にもっとも効果的なのは，視線30°以内のグレア帯域に照明器具を置かないことです。

■ グレア帯域

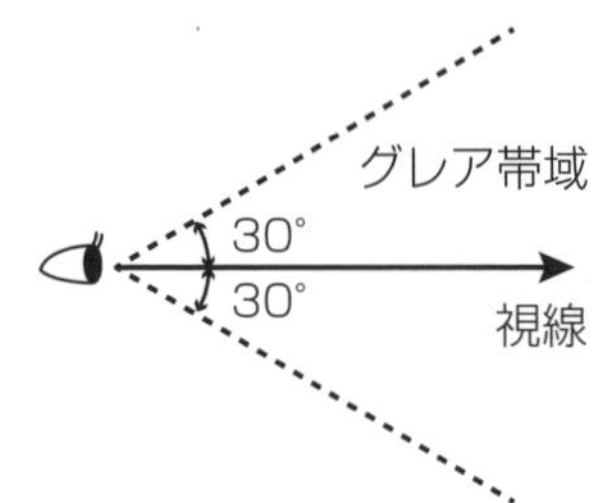

3 明視

明視とはものの見やすさのことをいい，主に4つの条件が必要となります。

明るさはものを見るのに不可欠で，明るいほど作業効率が高まり，目の疲労も少なくてすみます。

対比はコントラストともいい，見る対象と背景の明るさの違いを指します。紙に書かれた黒い文字を読む場合，背景が黒に近づくと対比が小さくなるので読みにくくなり，白に近づくほど対比が大きくなり読みやすくなります。

動きは，動きが遅い，もしくは止まっているものほど見やすく，動きが速いものほど見えにくくなります。

大きさは，対象物が大きいほど見やすいということです。

4 日射と昼光率

昼光率とは，室内の明るさを示す指標のことです。

直射日光を除いた太陽からの拡散光である天空光の照度を全天空光照度といい，この値で室内のある点の照度を割って算出します。

$$\text{昼光率（\%）} = \frac{\text{（室内のある点の照度）}}{\text{全天空光照度}} \times 100$$

作業における基準昼光率は，精密製図・精密工作では5%，長時間の読書・製図一般では3%，会議・応接では1.5%，ホテルのロビーや居間一般では0.7%となっています。

5 照度基準

照度に関しては，JIS Z 9110が場所や作業の水平面に関する照度推奨値を示しています。JIS Z 9110は2010年に改正され，グレア作業や活動の種類別に，照度，照明施設に対して許容できるUGR値の上限値（グレア制限値）などが規定されています。

■屋内作業における照度基準（JIS Z 9110：2010）

領域，作業，または活動の種類	照度（lx）	照度均斉度（Uo）	グレア制限値（UGRL）	平均演色評価数（Ra）
精密な視作業	1000	0.7	19	80
非常に精密な視作業	1500	0.7	16	80
超精密な視作業	2000	0.7	16	80

VDT症候群
長時間のPC作業によって心身に不快な症状が現れることをVDT症候群といいます。症状としては，目の疲れや乾き，頭痛，疲労，肩こり，腰痛，腕や指の痛みとしびれなどがあります。

VDT症候群の予防
VDT症候群予防には，作業の時間，姿勢，定期診断の3つが重要です。1時間毎に10分程の休憩を設ける，正しい姿勢で作業する，定期的に健康診断や視力検査を受けることです。

チャレンジ問題

問 1　　難　**中**　易

VDT作業の光環境に関する次の文章の（　　）内に入る数値の組合せとして，適当なものはどれか。

厚生労働省のガイドラインでは，ディスプレイを用いる場合のディスプレイ画面上における照度は（　ア　）以下，書類上およびキーボード上における照度は（　イ　）以上とすることが推奨されている。

(1) ア．1000lx　イ．500lx
(2) ア．1000lx　イ．300lx
(3) ア．500lx　イ．300lx
(4) ア．500lx　イ．100lx
(5) ア．300lx　イ．100lx

解説

「VDT作業における労働衛生管理のためのガイドライン」（平成14年4月5日基発第0405001号）では，ディスプレイ画面上の照度は500lx以下，書類およびキーボード上の照度は300lx以上と定められています。

解答 (3)

色彩

1 色彩関連用語

光とともに，色彩も室内を彩ります。ここでは，色彩に関する重要な用語を覚えていきましょう。

ものの色は，赤や青などの有彩色と，白や黒などの無彩色に分かれており，有彩色は色相，明度，彩度の3種類の属性を持ちますが，無彩色は明度の1種類のみとなっています。

色相は，赤，青などの色合いのことです。暖かく積極的なイメージの暖色，中道，平凡なイメージの中性色，冷たく静かなイメージの寒色があります。

明度は，色の明るさを表すための指標で，純黒から純白に至るまで，11段階に分かれており，彩度は色の鮮やかさを示すもので，無彩色（白と黒）の0から，純色の赤に至るまで14種類に分かれています。

2 色彩の心理的効果

色がもたらす心理的な効果は，主に4種類に分けることができます。

対比効果：青色を見たあとに，その補色であるオレンジを見ると鮮やかに感じたり，周囲が暗い色の中にある黒は，より暗く見えたりすることです。この対比には，時間をかけて見たときに作用する継続対比，同時に見たときに作用する同時対比があり，同時対比には，色相が変化して見える色相対比，明度が変化して見える明度対比，彩度が変化して見える彩度対比があります。

面積効果：明るい色は膨張して見える傾向にあり，面積が広い場合には彩度が高く見える傾向にあることです。

進出と後退効果：暖色は大きく，近づいて見えるのが特徴で，この逆に寒色は小さく，後退しているように見えます。

軽重効果：暗い色は重く，明るい色は軽く見えることです。

3 色の使い分けと色彩調節

色が持つさまざまな性質を利用して，室内はもちろんのこと，標識や工場の設備などの環境を整えていくことを色彩調節といいます。交通標識や危険設備の表示などがこれにあたり，JIS規定によってガイドラインが設定されています。たとえば，禁止区域や防火設備を警告する場合には赤と白，安全状態を表示する場合には緑と白の組合わせにするといった決まりがあります。

こうした安全を図るための意味を持った安全色は，以下のようにまとめることができます。

安全色	目的と意味
赤紫	放射線
青	指示，業務的行動
緑	安全，保護，進行
黄	注意
黄赤	航海，航空の保安施設，危険
赤	禁止，防火，停止，危険

誘導標識やラベルに使用される主な色
標識や配管は，安全色を用いて見分けがつきやすいように作られています。たとえば，消火器には赤，安全カバーには黄赤，注意標識には黄黒，避難口誘導灯には緑などが用いられています。

マンセル表色系
アメリカの画家マンセルが考案した色の表示法で，色相・明度・彩度に従い，赤・黄・緑・青・紫色とその中間色の計10色を基準にして組立てられています。

チャレンジ問題

問1　難　**中**　易

色彩に関する次の記述のうち，もっとも不適当なものはどれか。

(1) 色相，明度，彩度の3つの属性の組合せによって表現される。
(2) マンセル表色系は，色彩の表現の一方法である。
(3) 彩度によって暖色系と寒色系が区別される。
(4) 暗い色は明るい色に比べて，より重厚な感覚を与える。
(5) 暖色系は，手前に進出して見える進出色である。

解説
暖色系と寒色系を区別するのは，色相です。

解答 (3)

3 音と騒音・振動

まとめ&丸暗記

この節の学習内容のまとめ

- □ 音の感覚の三要素
  音の高さ／大きさ／音色

- □ 音圧と音圧レベル
  音圧20μPa（マイクロパスカル）を基準に，音圧レベル（SPL）で表現
  音圧が10倍になると，音圧レベルは約20dB増える

- □ 音の大きさと強さ
  音の大きさは，1 sone（ソーン）を基準に，これと同等に感じる音の周波数と音圧を調べた等ラウドネス曲線から導く
  音の強さ（SIL）は，面積当たりのエネルギー通過量J（W/m^2）

- □ 騒音
  身の回りの音で，不快なもの。工事音や自動車走行音など

- □ 騒音の距離による減衰
  距離が2倍になると6dBずつ減衰する

- □ 騒音性難聴／マスキング
  騒音性難聴は騒音に長期間さらされ，聴覚機能が回復不可能になるほど低下すること。マスキングは，音で妨害されてほかの音が聞こえなくなる現象

- □ 振動／振動レベル
  振動は一定周期で繰り返される，状態が一定に定まらない波の動きをいう。振動レベルは，振動感覚補正された振動加速度レベルとして表現される

音の計算と残響時間

1 耳の構造と働き／音の3要素

耳は，身体の外側から**外耳**，**中耳**，**内耳**の3種類に分かれ，耳介から外耳道を通った音は奥の鼓膜を振動させます。鼓膜の音は耳小骨の機械的な振動となって，内耳に伝わり，大脳の聴覚野へと送られて，はじめて音として理解されます。

音は，空気中を伝わる縦波（音波）で，空気密度の高いところと低いところが交互に繰り返されて伝わります。

音の感覚の3要素としては，音波が1秒間に振動する回数を表した**周波数**（Hz）によって表現される高さ，音のエネルギーが大きいほど大きく聞こえ，**デシベル**（dB）によって表現される大きさ，音に含まれる成分の違いによって生まれる特性である**音色**があります。

■耳の構造

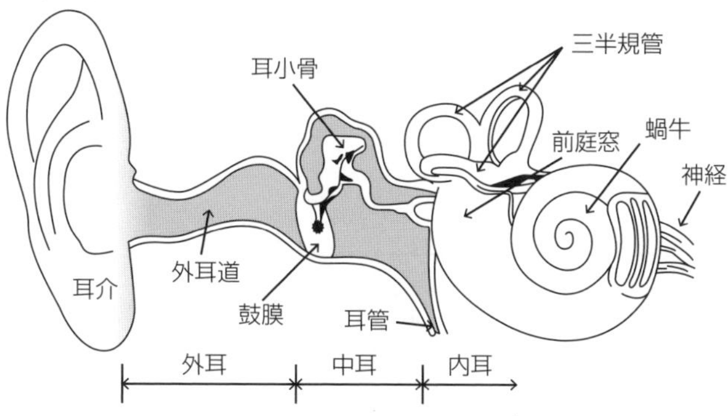

2 音の速さ／人間の聴覚範囲

音の速度である音速は15℃で約340m/sで，温度の上下により変化します。また，人間の可聴範囲は，20～20000Hz（20kHz）といわれ，4000Hz付近がもっともよく聞こえます。20Hz以下は低周波振動，20000Hz以上は超音波となります。

音速

音速は340m/sで，1秒間に340m進むことを意味し，時速換算すると約1224kmとなります。100kmで走る車の10倍以上のスピードで進むことができるのです。

音の単位

人が感じる音の大きさはphon（フォン）で表します。これは1000Hzの純音（正弦波）の音圧で表したもので，音の強さレベルは面積あたりのエネルギー通過量SILで表します。基準値は，1kHzの純音を聞き取ることができる最低レベルの10^{12}W/m^{2}です。

残響時間

天井や壁などで反射された音が，発音体が停止したあとでもしばらく断続的に聞こえるのが残響です。この残響音が60dB減衰するまでの時間が残響時間です。

3 音圧と音圧レベル・デシベルの計算

音は，空気圧力の変化現象で，音の圧力は音圧といい，Pa（パスカル）で表します。この音圧は，人間が聞き取ることができる限界の20 μ Pa（マイクロパスカル）を基準としています。音圧は一般的に，基準の音圧とある音の音圧Pとの比の2乗の対数を取り，音圧レベル（SPL）$=10\ \log_{10}\ (\frac{P}{20})^2$（dB）で表します。これが音圧レベルSPL（Sound Pressure Level）で，単位はdBを用います。音圧が10倍になると，音圧レベルは約20dB増えることになります。

4 音の大きさ（ラウドネス）と強さ（SIL）のレベル

音の大きさは，英語でラウドネス（Loudness）といい，周波数1000Hz，音圧40dBの純音を感じる大きさ（1 sone（ソーン））を基準に，これと同等に感じる音の周波数と音圧を調べたものを，**等ラウドネス曲線**といいます。左軸の音圧レベル40dBの音で，右軸の周波数が250Hzの音は，両者の交点上にある曲線から求めると，約30phonです。

ほかにも，音の強さのレベルを表す指標の**SIL**（Sound Intensity Level）があります。これは面積あたりのエネルギー通過量J（W/m²）で，1kHzの純音を聞き取ることができる最低レベルの$J_0=10^{-12}$W/m²が基準値となり，SIL$=10\ \log_{10}\ (\frac{J}{J_0})$（dB）となります。

■等ラウドネス曲線

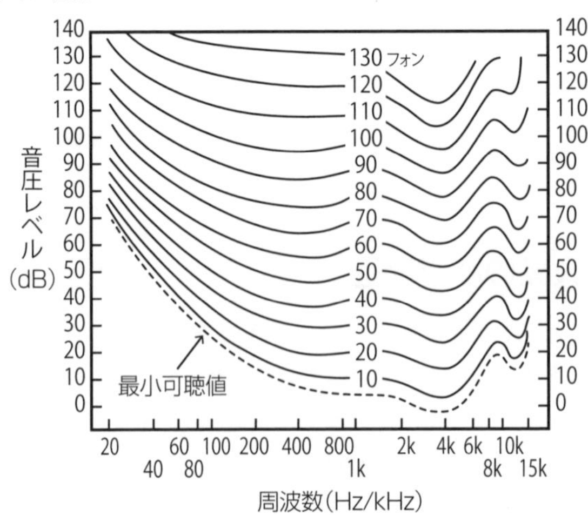

騒音基準と防音・遮音

1 騒音とは／騒音レベル

身のまわりで鳴り響いている音の中で，不快なものを騒音といいます。その音を騒音と判断するかは，聞いた人や聞く場所などによって異なりますが，一般的には，工事や工場の大きな音，衝撃性の音，周波数の低いうねりや高いキーンとした音，自動車走行音などが騒音に該当します。

騒音の測定には，JIS規格の普通騒音計によるA特性を用います（単位はdB）。A特性は音圧レベルと周波数によって変化する聴覚の特性を考慮しており，等ラウドネス曲線の40phonの等感度曲線に近いものです。

■周波数重み特性（A，C，Z）

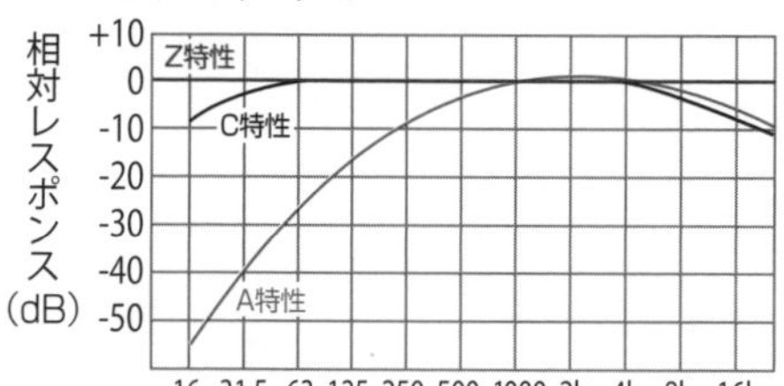

※周波集重み特性とは，音の周波数に対する耳の感度が異なることから決められ，A特性，C特性があります。Z特性（FLAT）とは重み付けしない特性で，音圧レベル（物理量）測定に用いられます。

2 騒音の距離による減衰

騒音は音の一種ですので，距離とともに騒音レベルが弱くなる性質を持っています。点状音源から球面状に音波が出ている場合，音波の強さは距離の2乗に反比例して小さくなるので，距離が2倍になった場合，音波の強さは1/4となります。これを音圧で表すと，以下のようになります。

$$10\log\frac{1}{2^2}=10\log2^{-2}=-20\times0.3=-6\text{dB}$$

距離が2倍になると，6dBずつ減衰していきます。

暗騒音
測定騒音以外の騒音が暗騒音です。車の騒音を測定する場合，車以外の航空機や電車の音，街の喧噪などが暗騒音です。

騒音の許容値
普通騒音計のA特性の測定値は，騒音の許容値に用いられます。これに似た特性はほかにもB，C，D，E，F，G特性があり，B特性は70dB，C特性は85dB以上の聴覚特性に近似させた特徴を持っています。

S/N比
Signal to Noise Ratioの略で，信号対雑音比ともいいます。

会話妨害度（SIL）
騒音環境の評価基準のうち，騒音がある中で器具を用いることなくどの程度会話を聞き取ることができるかを評価したもので，Speech Interference Levelの略です。

3 複数騒音の加算

騒音をもたらす音源が複数ある場合の騒音の計算方法を考えてみましょう。ここでは例として，同じ大きさの騒音源が2つある場合を想定します。

各騒音エネルギーJ（W/m^2）の合計は2J（W/m^2）です。以下のように計算すると，Jと比べて2Jのレベルは3dB増加していることがわかります。

$$10\log_{10}\left(\frac{2J}{J_0}\right)=10\log_{10}2+10\log_{10}J-10\log_{10}J_0=3+10\log_{10}\left(\frac{J}{J_0}\right)$$

$(\because \log_{10}2 \fallingdotseq 0.3)$

騒音レベルが異なる場合は，以下のように計算します。AとBは，各騒音レベルを表しています。

$$10\log_{10}(10^{A/10}+10^{B/10})$$

また，表を使用して概略値や精密値を求めることもできます。

4 騒音の目安

騒音の中でも，かなりうるさいものは飛行機のエンジン音，ロックやラップといったポピュラー音楽のコンサート，自動車の警笛などがあります。

ただし，こうした騒音は場所や時間によっても感じ方が変わってきますので注意が必要となります。

■大きな騒音の例

聴覚的な目安	事例	dB
聴力機能に障害	飛行機のエンジンの近く，落雷	120
	自動車の警笛，ポピュラー音楽のコンサート	110
きわめてうるさい	ガード下（電車通過時），地下鉄構内	100
	犬の吠える声，カラオケの音（店内中央）	90

5 騒音性難聴／マスキング

騒音に長期間さらされ，回復不可能なほど聴覚機能が低下することを**騒音性難聴**といい，4000Hz付近の聴力低下をC^5ディップといいます。ある音の妨害によって，ほかの音が聞こえなくなる現象は**マスキング**といいます。

6 騒音防止の種類

騒音の物理的防止法は，騒音源から距離を取る**距離減衰**，吸音材料に吸収させる**吸音**，騒音を遮る**遮音**の3種類です。

■騒音防止の種類

距離減衰	音源からの距離が大きくなるほど，音の強さは小さくなる。減衰のしかたは音源の種類や形状で異なり，点音源の場合は音源からの距離の2乗に反比例して減衰する。線音源の場合は，距離が2倍になると音のレベルは半分（1/2）になる
吸音	吸収材などの材料を用いて騒音を防止する
遮音	空気中を伝播する音波を，壁や窓などで遮って騒音を防止する

明瞭度と了解度
明瞭度は，正しく発音された言葉の一言一言が，どのくらいの正確さで相手に伝わったかを%で表したものです。了解度は，単語や文章がどのくらいの正確さで相手に伝わったかを%で表したもので，ともに教室や劇場の設計などに用いられます。

透過損失
音が壁などの物体によって遮られる量をいい，単位はdBで表します。

チャレンジ問題

問1　難　**中**　易

音に関する次の記述のうち，もっとも不適当なものはどれか。

(1) 騒音によって，4000 Hz付近の聴力低下をC^5ディップという。
(2) 音の感覚の3要素とは，音の大きさ，音の高さ，音色である。
(3) 音として聞こえる最小の音圧レベルを最小可聴値という。
(4) 1つの音によりほかの音が遮蔽されて聞こえなくなる現象を，音のマスキングという。
(5) 加齢に伴い高い周波数域よりも低い周波数域で聴力低下が起こりやすい。

解説
高齢になると高い周波数の音が聞き取りにくくなります。

解答 (5)

振動

1 人の振動感覚と人体への影響

地震のように，一定周期で繰り返される，状態が一定に定まらない波の動きを振動といい，dBで表現します。こうした振動のうち，人が不快に感じる公害振動は振動規制法によって規制されています。

振動は人間の皮膚や内耳，知覚神経などを通して感知されますが，振動の周波数や身体全体や一部分などにより感じ方は異なっています。身体への直接的な影響は，約100dB以上で発生することが知られています。このとき，不快感はもちろんのこと，不安や疲労，焦りといった心理的，さらに心拍数の増加，血圧，呼吸数の増加といった生理的な影響が現れます。

2 振動感覚の特徴

振動を感じる感覚の振動感覚には，いくつかの特徴があります。振動には，地震や船酔いなど，人体全身が感じる全身振動と，チェーンソーなどの工具や機械などから感じる部分的な局所振動の2種類があります。

局所振動は，ひどくなると指のむくみや皮膚の硬化，手指の蒼白化や壊死といったレイノー症候群（白ろう病）になる場合があります。

振動の感じ方は，皮膚や末梢神経などによりますが，身体が立位なのか座位なのかといった姿勢によっても変化します。立っているときは両足から，座っているときは臀部や背中などで振動を感じるからです。揺れが比較的小さな地震の場合，静かに座っているときには気がつきますが，歩いているときには気がつきにくいのもその一例です。

また，振動が鉛直方向であれば周波数4 ～ 8Hz，水平方向であれば1 ～ 2Hzがもっとも感じやすいとされ，振動レベル65dB以上になると睡眠障害が発生し，呼吸数の増加など，内分泌系への直接的な影響は約100dBを超えると発生します。

3 振動レベル

振動レベル（単位はdB）は，振動感覚補正された振動加速度レベルです。振動感覚補正は，周波数によって感じ方が異なる振動の特性を補正した値です。振動加速度レベルは，地震で地面が30cm隆起した際，どの程度隆起したか（変位）ではなく，今まで速度に変化がなかった（加速0）地面が，30cm上に加速したという考え方をもとにしています。

4 振動に関する基準

振動は，**振動規制法（環境省管轄）**に基づいて測定が行なわれます。特定工場での振動レベルの規制基準は，おおむね55～70dBとされています。

振動に関する規格
振動に関する規格としては，ISOで規定されているものがよく知られています。ISOは1974年に「全身振動に関する暴露の評価に対する指針」ISO-2631を発行後，1985～89年に「全身振動の規格ISO-2631-1，ISO-2631-2，ISO-2631-3」と「手腕振動の規格ISO-5349」を発行し，振動による人体への作用の評価法について定めています。

チャレンジ問題

問1 難 **中** 易

振動に関する次の記述のうち，もっとも不適当なものはどれか。

(1) 振動感覚閾値は，地震の震度0（ゼロ）の限界に相当する振動レベル55dBである。
(2) 全身振動の大きさの感覚は，振動継続時間によって異なる。
(3) 全身振動は，鉛直振動と水平振動に分けて評価される。
(4) 約100dB以上の強い振動は，胃腸の働きの抑制や血圧上昇などを起こす。
(5) 振動レベルとは，聴覚補正した振動加速度レベルのことである。

解説

(5) は聴覚補正ではなく，振動感覚補正です。

解答 (5)

4 室内環境汚染と健康への影響

まとめ&丸暗記

● この節の学習内容のまとめ ●

☐ 主な大気汚染物質と人体への影響

一酸化炭素（CO）：酸素の運搬を阻害（一酸化炭素中毒）
たばこ煙（ニコチン）：血管収縮作用，発がん性物質
ホルムアルデヒド：目と鼻の痛み，頭痛，嘔吐，流涙
オゾン（O_3）：目や鼻，喉の炎症，呼吸困難
アスベスト（石綿）：アスベスト肺，喉頭がん，肺がんなど
揮発性有機化合物（VOC）：多種多様で人体にさまざまな影響をおよぼす
浮遊粉じん：アレルギー，肺がん
臭気：不快感，嘔吐，嫌悪感／ラドン（Rn）：肺がん

☐ 感染症と伝染病

感染症：病原体が人体に侵入，増殖して引き起こされる病気
伝染病：感染症のうち，人から人へたやすく伝染するもの

☐ 室内汚染に関係する病原体

細菌：細胞分裂で増殖，大きさは1 μm程度。大腸菌，レジオネラ菌など
真菌：細菌よりもやや大きく，菌糸が成長して枝分かれし，胞子を出して成長。カビやキノコ類など

☐ 感染症の感染経路

直接感染・接触感染／経口感染・水系感染／飛沫感染／糞口感染／媒介感染

☐ 感染症の予防

早期発見，隔離，除去，消毒・滅菌が重要。日常生活では，手洗いにより経口経由での感染を防ぐ

室内の空気汚染源

1 主な汚染物質と発生源

室内の空気は，酸素や二酸化炭素のほかに，さまざまな物質によって構成されています。中でも，有害な汚染物質とその発生源には以下のようなものがあります。

■汚染物質とその発生源

汚染物質の発生源	→	汚染物質
暖房器具，調理器具，自動車の排気ガス	→	一酸化炭素(CO)
人間の呼吸，暖房器具，調理器具	→	二酸化炭素（CO_2）
塗料，家具，接着剤	→	揮発性有機化合物（VOC）
開放式燃焼器具	→	窒素酸化物（NOx）
接着剤，塗料，カーテン	→	トルエン
たばこ	→	ニコチン，タール
合板，パーティクルボード，壁紙等の接着剤	→	ホルムアルデヒド

2 窒素酸化物(NOx)／二酸化炭素(CO_2)

窒素原子（N）と酸素原子（O）の化合物で，調理器具や石油ストーブなどの暖房器具の燃焼過程で発生します。代表的なものとしては，**一酸化窒素**（NO）と**二酸化窒素**（NO_2）があり，光燃焼過程でNOが生成されたあと，大気中の酸素と結びついてNO_2となります。また，自動車の排気ガスにも多く含まれており，外気から侵入することもあります。

窒素酸化物は紫外線による光化学反応により，オゾンの生成，肺気腫や気管支炎の原因となります。

酸素（O）
酸素は人体の活動に不可欠で，欠乏状態になると判断力の低下，眠気，ひどくなると昏睡状態に陥ります。また，酸素はほかの有害物質と結びつくことがあるので注意が必要です。

アレルゲン
アレルギーを引き起こす環境因子や物質をアレルゲンといいます。ダニや花粉症の原因となるスギ花粉がよく知られており，アレルゲンが体内に入ると，アレルギー抗体が作られ，再度入ったときに抗体が反応して鼻水やくしゃみといったアレルギー反応が起こります。

3 一酸化炭素（CO）／たばこ煙（ニコチン）

一酸化炭素（CO）は，自動車の排気ガスなど，燃料の不完全燃焼などが原因で発生します。無色無臭の気体で，体内に取り込まれると血液中のヘモグロビンと結びついて酸素の運搬を阻害します。これが一酸化炭素中毒です。

たばこの煙に含まれる成分にはニコチン，窒素酸化物，揮発性有機化合物，粉じん，タールなどさまざまな有害物質があります。喫煙者が吸う主流煙はもちろん，たばこの先から出る副流煙にも多くの有害物質が含まれています。

ニコチンは依存症を引き起こす上，血管を収縮させる作用があり，タールは発がん物質を含んでいます。さらに，一酸化炭素は動脈硬化や心筋梗塞などの心臓病のリスクを増大させます。

4 ホルムアルデヒド／オゾン（O_3）

ホルムアルデヒドは無色の水溶性ガスで，合板の接着剤や紙の生産過程などで用いられます。加工剤などから発生するガスに，粘膜への刺激性を中心とした急性毒性があります。また，光化学スモッグの反応物質のひとつでもあり，たばこの煙や排気ガスなどにも含まれています。

人体への影響としては，目と鼻の痛み，頭痛，嘔吐，流涙などがあり，室内の空気中に放出されるとシックビル症候群の原因ともなります。ちなみに，ホルムアルデヒドが37％以上含まれた水溶液は，生物標本の防腐処理によく使われるホルマリンと呼ばれます。

オゾン（O_3）は自動車などの燃焼過程で窒素酸化物と炭化水素との光化学反応の結果発生する，生臭い刺激臭の気体です。成層圏に存在するオゾン層は地表に届く紫外線量を減らす役割を果たしていますが，地表付近に存在するオゾンは目や鼻，喉に炎症を起こしたり，呼吸困難の原因となったりします。

さらに，大気汚染を引き起こす，光化学スモッグの原因にもなっています。

5 アスベスト(石綿)／揮発性有機化合物(VOC)

アスベストは繊維状の鉱物で，石綿とも呼ばれています。耐薬品性，耐火性，耐摩耗性に優れているため，断熱材，遮音材，セメントなどに使用されてきました。しかし，繊維が細かい上に大気中に飛散しやすいため，吸い込むと呼吸器系疾患，アスベストが肺に詰まるアスベスト肺，喉頭がん，肺がんなどの悪影響があるため，現在では使用が禁止されています。

VOCは**揮発性有機化合物**（Volatile Organic Compounds）といい，トルエン，ベンゼン，酢酸エチル，フロンなどが代表例です。蒸発しやすく，大気中で光化学反応を起こすと光化学スモッグが発生します。接着剤，塗料，ガソリン，シンナーに含まれる有機溶剤に多く含まれており，多種多様な大気汚染物質があるため，人体に対する影響もさまざまです。

6 浮遊粉じん

空気中に存在している微粒子のことを**浮遊粉じん**，または**エアロゾル**といい，粒径10μm（マイクロメートル）（1μmは1mmの1/1000）以下のものは浮遊粒子状物質（SPM: Suspended Particulate Matter）と呼ばれています。浮遊粉じんは，アスベスト粉じんや花粉などがよく知られており，ニュースなどで目にするPM2.5は，粒子径が2.5μm以下の浮遊粉じんを指しています。

特に粒径1μm以下の花粉，ハウスダスト，たばこの煙，細菌，カビなどは，肺に沈着してアレルギーや肺がんの原因になるなど，人体に悪影響をおよぼします。

悪臭防止法の主な悪臭物質の基準値

事業所などから出る臭気の中でも悪臭公害の原因とされている特定悪臭物質に関しては，悪臭防止法によって基準値が定められています。たとえば，畜産事業所やし尿処理場から出るアンモニアは1～5ppm，硫化水素は0.02～0.2ppm，塗装や印刷を行なう事業所から出る酢酸エチルは3～20ppm，トルエンは10～60ppm，化学工場などから出るアセトアルデヒドは0.05～0.5ppmなどです。

7 臭気／ラドン（Rn）

臭気は40万種もあるといわれている不快な臭いを持つ化学物質で，不快感や嘔吐，嫌悪感をもよおします。そのため，臭気は悪臭防止法による臭気指数をもとに規制されています。

臭気指数は臭気の強さを表したもので，臭いのある空気や水を，その臭いが感じられないところまで薄めたときの希釈倍率を求めてから，その常用対数値に10をかけたもの，すなわち臭気指数＝10 log（臭気濃度）となります。たとえば，30倍に薄めた時，ほとんどの人が臭いを感じなくなったら，臭気濃度は30，臭気指数は15となります。

ラドン（Rn）は岩や土，石の建材，コンクリートなどが発生源の放射性ガスで，微少な粒子状物質の娘核種（放射性の核種が崩壊して生じるもの）を経て崩壊しますが，これが肺に付着すると肺がんの原因になります。

チャレンジ問題

問1 難 **中** 易

ホルムアルデヒドに関する次の記述のうち，もっとも不適当なものはどれか。

(1) 可燃性である。
(2) 常温では液体である。
(3) 発がん性がある。
(4) 尿素系やフェノール系の合成樹脂の生産に用いられる。
(5) たばこ煙中に存在する。

解説

ホルムアルデヒドは気体で，ホルマリンはホルムアルデヒドを水に溶かしたものとなります。

解答 (2)

感染症を引き起こす空気汚染源

1 感染とは／建築物と感染問題

私たちの身のまわりには，さまざまな微生物が存在していますが，こうした微生物のうち，細菌やウイルスなどの病原体が人の体に侵入，増殖することで引き起こされる病気を**感染症**といいます。特に，コレラやインフルエンザなど，人から人にたやすく伝染するものは，伝染病といわれています。

建築物の内部には空調，給排水衛生設備が存在しています。これらの衛生管理を怠ると，病原体の発生源になる場合があります。たとえば，細菌がダクトを通って空気清浄装置によってまき散らされたり，給排水設備内に細菌が繁殖して水が汚染されたりと，本来は快適に過ごすための設備が人体の健康を阻害することになってしまいます。

こうした問題が発生しないよう，建築物衛生法では衛生管理基準が定められています。

臭気指数
臭気の強さを表す数値で，嗅覚測定法により正常な嗅覚を持っていると判断された被験者（パネル）が嗅いで，臭いのついた空気や水を臭いが感じられなくなるまで無臭空気（無臭水）で薄めたときの希釈倍数（臭気濃度）を求めて，その常用対数に10を乗じた数値です。臭気指数を求める式は以下になります。
臭気指数
=10×log（臭気濃度）

2 細菌と真菌

感染症の原因となる病原体は**ウイルス**，**細菌**，**真菌**の3種類があり，室内汚染に関係するのは細菌と真菌です。

細菌は1μm程度の大きさの単細胞生物で，細胞分裂によって増殖していきます。代表的なものは，**大腸菌**，**サルモネラ菌**，**コレラ菌**などです。

真菌は細菌よりもやや大きく，菌糸が成長して枝分かれし，胞子を出して成長していきます。代表的なものは，カビやキノコ類です。

3 レジオネラ菌（土壌菌）

レジオネラ菌は土壌菌の一種で，自然界の土壌や淡水に生息し，冷却塔水や循環式浴槽水などは水温20℃以上の状態となっており，特に衛生管理されていない場合はレジオネラ菌が繁殖しやすい環境となっています。この細菌は，こうした環境内に存在するアメーバに寄生して増殖，ついにはアメーバを食い殺すことで水中に放出され，レジオネラ菌を含んだ水から人の体に感染します。レジオネラ菌の感染によって起こる疾患をレジオネラ症といい，病形はレジオネラ肺炎とポンティアック熱とに分けられます。レジオネラ肺炎は，有効な治療がされないと死亡することもある恐ろしい病気です。

■ レジオネラ症の病形と主な症状

病形	症状
レジオネラ肺炎	高熱，悪寒，筋肉痛，吐き気，意識障害などを主症状とする肺炎で，重症になる場合もある
ポンティアック熱	インフルエンザに似た非肺炎型熱性疾患で，一般的には軽症で，数日で軽快する

4 主な病原体

感染症を大きく病原体で分けると，ウイルスによって起こるもの，真菌・細菌によって起こるもの，原虫によって起こるものの3種類となります。

原虫とは，運動能力や捕食能力を持つ単細胞の微生物で，人にしか寄生できないマラリア原虫や，人にも家畜にも感染症を起こす赤痢アメーバなどが知られています。

人の体に悪影響をおよぼす病原体のうち，主なものは以下の通りです。

■病原体と症状

病原体名	症状
原虫	マラリア，アメーバ赤痢，クリプトスポリジウム感染症，トキソプラズマ症
真菌	白癬症，コクシジオイデス症，ヒストプラスマ症
細菌	コレラ，結核，レジオネラ症
リケッチア	つつが虫病，紅斑病，発疹チフス
ウイルス	インフルエンザ，はしか，水ぼうそう，HIV感染症，B型肝炎

5 感染経路と病例

感染経路別では，感染症は以下のように分類できます。

直接感染・接触感染は，性感染症の直接接触，被服を介した疥癬などで，**経口感染・水系感染**は，O-157など汚染されたものや水を経口摂取することです。

飛沫感染は，インフルエンザなどくしゃみや咳で空気中に飛散した病原体を，**空気感染**は，はしかなど水分蒸発した飛沫を吸い込むことです。糞口感染はノロウイルスなど便や便の汚染物を触った手指などから口に入り，**媒介感染**は日本脳炎のように虫などを，**介達感染**は結核や食中毒のように汚染物を媒介するものです。

6 感染症の分類

感染症は，感染症予防法で7種類に分けられています。

■感染症の類型

類別	主な感染症	対応
一類感染症	エボラ出血熱，ペスト，ラッサ熱	原則として入院
二類感染症	結核，ジフテリア，重症急性呼吸器症候群（SARS），鳥インフルエンザ（H5N1）	必要に応じて入院
三類感染症	細菌性赤痢，コレラ，腸管出血性大腸菌感染症，腸チフス，パラチフス	特定業務への就業制限
四類感染症	E型・A型肝炎，狂犬病，つつが虫病，ボツリヌス症，マラリアなど	動物の検疫，消毒，隔離
五類感染症	クリプトスポリジウム症，ウイルス性肝炎（E型・A型を除く），梅毒，麻しんなど	発生動向の収集把握と情報提供
指定感染症	一～三類に分類されていない既知の感染症で，一類から三類に準じた対応の必要性のある感染症	原則として入院
新感染症	人から人に伝染する疾病で，既知の感染症と症状等が明らかに異なり，その伝染力と罹患した場合の重篤度から判断した危険性が極めて高い感染症	政令で指定

レジオネラ症
レジオネラ菌は衛生管理されていない冷却塔や加湿器，貯湯槽などに入り込んで繁殖し，細かい水滴とともに空中に伝わり，レジオネラ症（在郷軍人病）という感染症を引き起こします。症状は発熱，頭痛などのポンティアック熱，高熱，呼吸困難，意識障害などのレジオネラ肺炎の2種類で，レジオネラ肺炎は重症になると死に至ることがあります。

病原体の大きさと形態
病原体は種類によって大きさと形態が異なっています。原虫は20～50μm以上の単細胞生物，真菌は1～10μm，細菌は1μmの球形または桿状の単細胞生物，リケッチアは300～500nmで球形または桿状，ウイルスは10～40nmの球体などです。

B型肝炎
B型肝炎は，五類感染症に属します。

7 主な感染症の症状の特徴

感染症にはさまざまなものがありますが，主な感染症の特徴は以下のようになっています。

■主な感染症とその特徴

類別	名称	特徴
一類	ペスト	ペスト菌に感染したノミに刺されることで感染。肺に感染すると咳によって容易に伝染する。高熱，発疹，リンパ節の腫れや痛みなどが現れる
二類	結核	肺結核患者の咳やくしゃみによって感染。咳，痰，胸痛などで，症状が出ない場合が多いのが特徴
三類	コレラ	コレラ菌に汚染された食物や水から感染。潜伏期間は5日間ほどで，下痢，嘔吐などの症状が現れる
四類	日本脳炎	日本脳炎ウイルスに感染した豚から，蚊を媒介して感染。潜伏期間は15日間ほどで，頭痛，嘔吐，けいれんなどの症状が現れる
五類	クリプトスポリジウム症	便や，便で汚染された食品，水などを摂取することで感染。潜伏期間は3～14日間ほどで，下痢，腹痛，脱水などの症状が現れる

8 感染症予防と具体的な感染症の対処法

感染症は早期発見と隔離，除去が肝要で，感染経路ごとに異なった対処が必要となります。接触感染する赤痢やコレラなどの場合は，患者の隔離管理，患者との接触にはガウンや手袋などを使用します。空気感染する結核などの場合は，患者を隔離した上で，排気は外に出すようにします。飛沫感染するインフルエンザなどの場合は，患者の隔離管理，患者との接触にはマスクを使用します。

■具体的な感染症の対処法

感染形態	病原体の種類	具体的手法
空気を介して感染するもの	結核菌，麻疹ウイルス・水痘（帯状疱疹ウイルス）	患者は個室管理を行なう。個室はマイナス圧とし，ウィルスを室内から出さないようにする。また，換気回数に配慮し，排気は外気に直接排気する
		病原体に感受性のある担当者は，患者との接触を避ける
		患者の移動は，なるべく制限する
飛沫を介して感染するもの	ジフテリア菌，百日咳・インフルエンザ菌，インフルエンザウイルスほか	個室あるいは同病者を集めて隔離管理する。隔離管理が不可能な場合は，ベッドの間隔を1m以上あける
		看護者はマスクを着用する
		患者の移動はできるだけ制限し，必要な場合は患者にマスクを着用させる
接触を介して感染するもの	赤痢菌，コレラ菌，ジフテリア菌，病原性大腸菌ほか	隔離管理する
		看護者は手袋を着用し，終了後は手洗いをする
		患者との接触する場合は，ガウンを着用する

9 消毒

感染症の発生や蔓延を防止するには，特定環境内で病原体のみを殺滅する消毒と，特定環境内の微生物をすべて殺滅する滅菌（殺菌）があり，いずれも感染機会を減らすことができる特徴があります。

消毒・滅菌方法については，以下のように物理的方法と化学的方法の2種類があります。

■主な消毒・滅菌方法

消毒・滅菌方法	名称	内容
物理的方法	流通蒸気法	100℃の蒸気に30～60分通す
	高圧蒸気滅菌法	オートクレーブを使い，121℃で15分以上接触させる
	熱水法	80℃以上の湯に10分以上浸す
	煮沸法	15分以上沸騰させる
化学的方法	浸漬法	容器に入れて消毒薬と接触させる
	清拭法	消毒薬を布やガーゼにしみこませて，必要な部分を拭き取る

10 日常の予防

日常生活の中で，感染症の感染経路は経口感染が非常に多く，予防法としては手指を常に清潔にしておくことがあげられます。そのためには，石けんで脂を除去したり，温水で微生物を洗い流したりすることで，手に付着した病原体を口にする機会を減らすのがもっともよい方法といえるでしょう。

また，身辺や室内を常に清潔に保ち，換気をして新鮮な空気を取り入れることで身のまわりの病原体を減らす，病原体を媒介する昆虫や動物がいる空間に近寄らないといった工夫も効果的です。

感染症予防法（厚生労働省所管）

感染症の予防と感染症患者の医療については，感染症予防法（感染症の予防及び感染症の患者に対する医療に関する法律施行規則）によるさまざまな規定があります。危険度の高い順に一～五類まで分類し，特別の対応が必要な場合には，政令で指定感染症に指定することで対応できるようになっています。

チャレンジ問題

問１　　難　中　易

次の病原微生物のうち，飲料水の汚染による水系感染を起こすものとして，もっとも不適当なものはどれか。

(1) ノロウイルス
(2) 風しんウイルス
(3) O－157
(4) クリプトスポリジウム
(5) 赤痢菌

解説

風しんウイルスは飛沫感染です。

解答 (2)

問２　　難　中　易

次の感染症のうち，ウイルスによって引き起こされる疾患の組合せとして，正しいものはどれか。

ア　日本脳炎　　イ　B型肝炎　　ウ　コレラ　　エ　レジオネラ症
オ　つつが虫病

(1) ア　と　イ　　(2) ア　と　オ　　(3) イ　と　ウ
(4) ウ　と　エ　　(5) エ　と　オ

解説

日本脳炎は日本脳炎ウイルス，B型肝炎はB型肝炎ウイルス，コレラはコレラ菌，レジオネラ症はレジオネラ菌，つつが虫病はツツガムシリケッチアが原因です。

解答 (1)

シックビル症候群とアレルギー疾患

1 シックビル症候群の定義と発生要因

ビルの室内で発生する，さまざまな不快感やめまいなどの症状をまとめてシックビル症候群（SBS：Sick Building Syndrome）といいます。目や喉，鼻の痛み，胸焼け，吐き気，めまい，疲労といったさまざまな症状が見られます。

ビルの居住者の20％以上が症状を訴えていることと，ビルから離れると症状がなくなった場合，シックビル症候群と定義できます。主に換気不足と汚染物質の増加が原因といわれており，ほかにも循環空気の使用や建物の高気密化，室内にカーペットが使われていることなども発生要因といわれています。また，それらとほかの物理的要因や心理的要因，アレルギーやアトピーといった個人の体質などとも複雑に結びついて発症します。

2 建築物における課題

近年では，建物の気密化が進んでいることや，化学物質を含んだ建材や家具などにより，室内に汚染物質が放出されシックビル症候群になりやすい環境にあるといえます。日本では住宅で同様の問題が多発し，シックビル症候群を転用したシックハウス症候群が使われています。シックビル症候群の発生要因は実に多岐にわたるため，簡単に解決できない問題を抱えています。そのため，日頃からの空調設備などの衛生管理をしっかり行なうことが重要です。

シックビル症候群の背景

石油価格の暴騰が発端となった2度にわたるオイルショックは，これまで石油を大量に消費していた欧米諸国に省エネルギー化を進めるきっかけを作りました。ビルの外気取入量削減などが進められたことで，光熱費の削減が可能になった反面，めまい・頭痛・喉の痛み・声のかすれ・吐き気などのシックビル症候群の症状を訴える居住者が急増しました。原因は換気不足に加えて各種汚染物質の大量発生があり，共通していたのはいずれも再循環空気を利用した空気調和設備を設置していたことでした。

3 アレルギーとアレルギー疾患

細菌やウイルスといった病原体から身体を守るための免疫反応のうち，過剰もしくは不適切な形で身体に障害を与えてしまうことを**アレルギー**といいます。このアレルギーは，アトピーなどの遺伝とアレルギーを起こしやすいアレルゲンの摂取の2種類があります。

アレルゲンが身体に入ると，免疫システムが異物と認識して，次回に入ってきたときにはすぐ排除できるように準備態勢を整えます。この状態でアレルゲンが身体に入ると，炎症物質が放出されてじんましん，咳，嘔吐，下痢，鼻水，呼吸困難などさまざまな症状が発生するのです。

こうしたアレルギーによって発症する病気を**アレルギー疾患**といい，具体例としては気管支炎，アレルギー性鼻炎，アレルギー性結膜疾患，花粉症などがあります。

4 気管支喘息

人体がアレルゲンを吸収することによって，気管支が炎症を起こして内腔が狭くなり，その結果，空気の通りが悪くなることを**気管支喘息**といいます。炎症で気管支の壁がむくみ，さらに気管支を取り囲んでいる筋肉が収縮することで気管支を狭くするため，これが，息苦しくてゼーゼー，ヒューヒューといった呼吸の喘息発作や，突然咳が出るといった症状となります。炎症が強い人ほど，発作の程度が強く，また，頻度も多くなります。

アレルゲンとしては，室内のダニの死骸や糞，カビ，ペットの毛，花粉などがあり，防止には湿度の保持やカーペットの不使用などが効果的で，症状によってはステロイドの吸入薬や，気管支拡張薬による治療も効果があります。また，喘息を悪化させる喫煙は禁止される場合があります。

気管支喘息で恐いのは，重症になると死亡することです。また，近年では小児の気管支喘息が増加している特徴があります。

5 アレルギー性鼻炎

アレルギー性鼻炎には，花粉などが原因で起こる一過性の季節性アレルギー性鼻炎と，季節に関係のない通年性アレルギー性鼻炎の2種類があり，いずれもハウスダストや花粉，カビなどがアレルゲンとなっています。

これらが人体に入り込み，抗体が作られたあと，再びアレルゲンが身体に入ることで，肥満細胞が炎症を引き起こす化学物質を放出，くしゃみ，鼻水，鼻づまりといった特有の症状を引き起こすのです。

抗原と抗体
外部からの異物である抗原（アレルゲン）に対して，自己を守るために生体中の白血球が作る物質が抗体（免疫グロブリン）です。この自己を守る反応が過剰となるのが，アレルギーです。

6 過敏性肺炎

カビや動物性タンパク質，化学物質など，本来は病原体ではないものを繰り返し吸い込んでいるうちに，肺胞にアレルギー性の炎症が発生することを**過敏性肺炎**といい，ウイルスや細菌といった病原体に感染する一般的な肺炎とは異なっています。

症状としては発熱，だるさ，咳，呼吸困難，頭痛，悪寒，胸痛などがあり，急性の場合には原因となるアレルゲンから離れると回復しますが，慢性になるとアレルゲンにさらされていなくても吐き気，筋肉痛，倦怠感などの症状に悩まされることになります。

過敏性肺炎の例としては，カビが原因で，夏になると発症しやすい夏型過敏性肺炎，衛生管理をしていないエアコンや加湿器のカビが原因の換気装置肺炎などがあります。治療法としては，衛生管理をしっかりしてアレルゲンを吸い込まないようにすることが第一です。

7 花粉症

アレルギー性鼻炎の一種で，症状も同様ですが，**花粉症**の主なアレルゲンはスギ，ヒノキ，ブタクサなどの草花の花粉です。衛生管理ができていない外気フィルタの使用や，花粉飛散時の窓の開放などで，室内に花粉が飛散してアレルギーを起こす場合があります。

こうした花粉症の症状が出る，出ない，発症時期や発症年齢などは個人差があり，遺伝要素と環境要素も影響しています。

チャレンジ問題

問1　難　中　易

シックビル症候群の発生要因として，もっとも不適当なものは次のうちどれか。

(1)　室内を適度に明るくしている。
(2)　室外空気の導入量（換気）を低減させている。
(3)　気密性が高すぎる。
(4)　室内がカーペット仕上げになっている。
(5)　室内の空気を循環させている。

解説

室内の明るさは，シックビル症候群とは関係ありません。

解答　(1)

第3章

空気環境の調整

1 空気環境の化学物質の基礎

まとめ＆丸暗記　● この節の学習内容のまとめ ●

□ **物理量と単位**

圧力：Pa（パスカル），N/m^2（ニュートン毎平方メートル）（$1Pa=1N/m^2$）と表し，N（ニュートン）は力の単位

比エンタルピー：J（ジュール），[J/kg]

熱水分比：絶対温度の増加量 Δx（デルタエックス）[kg/kg]に対するエンタルピーの変化量 Δh（デルタエイチ）

比容積：単位質量あたりの容積（体積）

比重量：単位体積あたりの質量[kg/m^3]

□ **気体の体積と質量の関係**

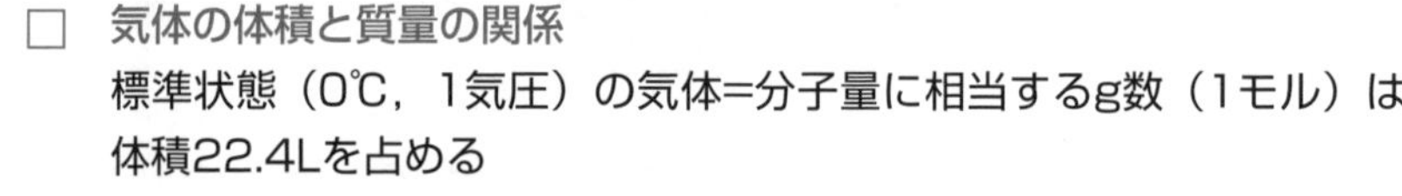

標準状態（0℃，1気圧）の気体=分子量に相当するg数（1モル）は体積22.4Lを占める

□ **化学物質の量の単位**

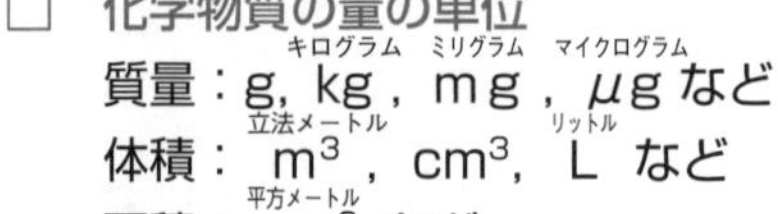

質量：g，kg（キログラム），mg（ミリグラム），μg（マイクログラム）など

体積：m^3（立法メートル），cm^3，L（リットル）など

面積：m^2（平方メートル）など

濃度：%，mg/L，ppm（10^{-6}の濃度）など

□ **濃度換算**

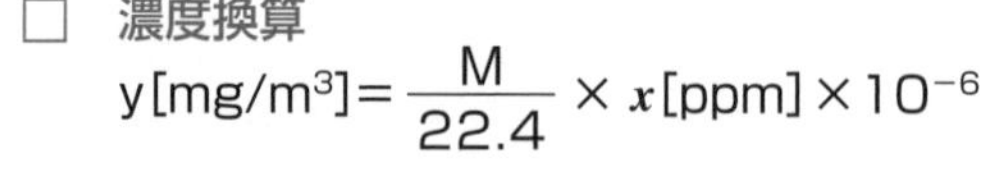

$$y[mg/m^3]=\frac{M}{22.4}\times x[ppm]\times 10^{-6}$$

（標準状態の気圧の場合。温度によってその値は異なる）

□ **大気汚染に係る環境基準に設定されている室内汚染物質**

二酸化硫黄，一酸化炭素，浮遊粒子状物質，二酸化窒素，光化学オキシダント，ベンゼン，微小粒子状物質

物理量および化学物質の基礎

1 圧力

単位面積に働く力が圧力で，その大きさを表す単位はPa（パスカル），N/m²（ニュートン毎平方メートル）（1Pa=1N/m²）と表し，N（ニュートン）は力の単位です。

完全真空との差の圧力を**絶対圧力**といいます。通常の圧力計では大気圧との差を測定するため，絶対圧力から大気圧を引いた値を測定します。これを**ゲージ圧**と呼び，以下のような関係になります。

絶対圧力＝ゲージ圧＋大気圧

また，水銀柱で圧力を表すときは，mmHg（ミリメートルエイチジー）が用いられます。1mmHgは，水銀柱1mmの圧力となり，760mmHgが1気圧に相当します。

2 比エンタルピー

ある温度を基準にして量った流体1kg中に含まれる全熱量をエンタルピーといい，一般に0℃を基準とします。0℃以下の温度でも，すべての物質は熱エネルギーを持っています。温度湿り空気のエンタルピーとは，この空気の持つすべての**全熱量**のことをいいます。

空気の持つ全熱量とは，「空気が0℃からその温度に達するまでの熱量（空気量×比熱）」＋「水が蒸発するために必要な蒸発熱」＋「水が0℃からその温度に達するまでの熱量（水分量×比熱）」となります。

3 熱水分比

熱水分比とは，湿り空気の温度と湿度が変化するときの絶対温度の増加量 Δx（デルタエックス）[kg/kg]に対するエンタルピーの

水銀柱
真空の細いガラス管の中に吸い上げられる水銀の高さ（mmHg）で気圧を測定する。気圧計の一種。

比重量［kg/m³］および比体積[m³/kg]
比重量とは，その物質の1m³（単位体積）あたりの質量のことで，これは密度と同じです。比体積は，比重量の逆数で，1kg（単位質量）あたりの体積をいいます。乾き空気の比重量は，1.293kg/m³で，湿り空気は湿り度によって異なりますが，一般に1.2kg/m³とします。水の分子量は，空気の平均分子より軽いので，湿り空気は乾き空気よりも軽くなります。比容積や比重量の比は，容積や体積を基準にしているための比です。

変化量Δh（デルタエイチ）をいいます。熱水分比をU[kJ/kg]とする場合，以下の式となります。

$$U=\frac{\Delta h}{\Delta x}\,[kJ/kg]$$

4 倍数を示す単位の接頭語

単位の接頭語は，10進の倍数や分量の単位を作成するために単一記号で表す単位に付ける記号で，国際単位系（SI）として単位の前に付けられる接頭辞です。

■主なSI接頭語

乗数	名称	記号	乗数	名称	記号
10^{1}	デカ	da	10^{-1}	デシ	d
10^{2}	ヘクト	h	10^{-2}	センチ	c
10^{3}	キロ	k	10^{-3}	ミリ	m
10^{6}	メガ	M	10^{-6}	マイクロ	μ
10^{9}	ギガ	G	10^{-9}	ナノ	n
10^{12}	テラ	T	10^{-12}	ピコ	p

5 化学物質の量を表す単位

化学物質の量は質量や体積で表され，混合物などの量は濃度で表されます。主に用いられる単位には，以下のようなものがあります。

質量：g，kg（キログラム），mg（ミリグラム），μg（マイクログラム）など
体積：m^3（立法メートル），cm^3，L（リットル）など
面積：m^2（平方メートル）など
濃度：%，mg/L，ppmなど

m^3は「立部（りゅうべ）」，m^2は「平部（へいべ）」とも読まれます。ppmは，10^6の濃度です。

6 気体の体積および質量の関係

0℃，1気圧の状態（標準状態）にある気体は，分子量に相当するg（グラム）数（=1モル）が，体積22.4Lを占める法則があります。標準状態の堆積を，$m^3{}_N$やL_Nと添字のNを付

けて示すことがあります。

7 濃度の換算

分子量Mの物質が空気中に混在しているときの体積濃度x［ppm］と，質量濃度y［mg/m^3］の関係における関係式は，以下のようになります。

$$y[mg/m^3] = \frac{M}{22.4} \times x[ppm] \times 10^{-6}$$

22.4は標準状態の場合です。温度によってその値は異なります。

8 水と親和性のある物質

水と親和性のある**親水性物質**には，以下のようなものがあります。

■水との親和性と該当物質

水との親和性	該当物質
水溶性で酸性の物質	二酸化炭素，二酸化窒素，二酸化硫黄
水溶性でアルカリ性の物質	アンモニア
水溶性で中性の物質	ホルムアルデヒド
水に溶けにくい物質	メタン，一酸化炭素，一酸化窒素

9 室内汚染に係る環境基準物質

室内汚染に係る汚染物質で，大気汚染に係る環境基準に設定されている物質には，以下のものがあります。

二酸化硫黄，一酸化炭素，浮遊粒子状物質，二酸化窒素，光化学オキシダント，ベンゼン，微小粒子状物質

国際単位系（SI）
メートル法による単位系の統一を目的として，1960年，国際度量衡総会で採択された単位系です。SIは，フランス語 Systeme international d'unitesの略。

標準状態の気体中の酸素量
酸素（O_2）の分子量は32。したがって，標準状態の気圧の体積22.4L中にある酸素は32gとなります。

10 ラドン

ラドン（Rn）は希ガス放射性物質で，地殻中のラジウムの崩壊により生じたあと，地表面から大気中へ拡散され，建築物の室内に侵入することがあります。濃度としては極めて小さく，ほとんど化学反応しませんが，放射能を発することで人体の健康に影響をおよぼすことが問題となります。ラドンは気体として呼吸器に取り込まれ，その娘核種が気管支や肺に付着するといわれています。

ラドン濃度は，建材や土壌に含まれるラジウムによって高くなりますので，石造りの家や地下室などは，ラドン濃度調査で特に気をつけるべき建築物といえます。また，ラドン濃度の量は体積濃度ではなく，放射能強度（線量）で示します。

線量：シーベルト[Sv]，ミリシーベルト[mSv]，マイクロシーベルト[μSv]

11 半減期

物質濃度が一定の比率で半分まで減少するまでを半減期といい，放射性元素などでよく用いられています。ラドンの半減期は3.8日です。

■主な放射性物質の半減期

放射性物質	半減期
ラドン222	3.8日
ストロンチウム90	29年
セシウム137	30年
炭素14	5715年
プルトニウム239	2.4万年
ウラン233	16万年
ヨウ素129	1570万年
カリウム40	約13億年

チャレンジ問題

問1　難　中　易

単位につける接頭語で，次の倍数と接頭辞の組合わせのうち誤っているものはどれか。

(1) 10^{12} ―― T（テラ）
(2) 10^{9} ―― G（ギガ）
(3) 10^{3} ―― k（キロ）
(4) 10^{-6} ―― μ（マイクロ）
(5) 10^{-9} ―― d（デシ）

解説

10^{-9}の接頭辞は，n（ナノ）です。T（テラ）やG（ギガ）はパソコンのメモリ容量などで使われています。

解答 (5)

問2　難　中　易

室内の空気中に含まれる場合がある次の物質のうち，水に溶けて酸性となる物質はどれか。

(1) アンモニア
(2) メタン
(3) 二酸化炭素
(4) 一酸化窒素
(5) ホルムアルデヒド

解説

(1) のアンモニアはアルカリ性を，(2) と (4) は水に溶けにくい物質です。(5) のホルムアルデヒドは中性を示します。

解答 (3)

2 空気の熱と湿度

まとめ&丸暗記

● この節の学習内容のまとめ ●

□ 熱の性質と伝わり方
熱は高温部から低温部へと移動する性質を持ち，熱が伝わる形態には伝導，対流，および放射（ふく射）がある

□ 熱貫流
個体壁の両側に温度差があるときの高温側から低温側への熱通過現象
熱伝達→熱伝導→熱伝達の3過程で行なわれる伝熱

□ 熱貫流率と熱伝達率の単位
W / （m^2・K）
熱貫流率：壁体の熱の流れやすさを示した値
熱伝達率：対流，伝導，放射の値で壁表面と周囲空気間の熱の伝わりやすさ

□ 熱伝導率の単位
W / （m・K）
熱伝導率：建築材の熱の伝わりやすさの度合いの数値で材料によって異なる

□ 湿り空気線図
空気線図上に示す状態点のいずれか2つの値を求めることにより，湿り空気の状態が分かるようにした線図のこと

□ 飽和空気・露点温度・結露
飽和空気：湿度100%の湿り空気
露点温度：湿り空気が飽和空気（湿度100%）になる温度
結露：室内空気の露点温度以下に下がった部材表面に現れる水

熱について

1 熱の性質と伝熱過程

熱は，外部からのエネルギーを受けない限り必ず高温部から低温部へ流れる性質を持っており，その逆はありません。夏期は，密室状態の室内でも屋外の空気熱が外壁を貫通し，屋外より低温の室内空気へと熱が伝わり，温度が変化します。冬期には，暖かい室内の熱が温度の低い屋外へと移動します。熱移動しやすい建築物の室内は，こうした外気温の影響を受けやすく，不快な室内気温になりやすくなります。

また，建築物各部に熱が伝わる伝熱過程は，高温側の空気の熱は低温側の空気に①熱伝達され，壁材の表面で②熱対流や熱反射し，壁材内を③熱伝導されます。さらに，中空層（隔壁）で熱対流や④熱放射のあと通過し，再び壁材表面から熱対流や熱反射しながら低温側の空気へ熱伝達します。この全過程による伝熱を，⑤熱貫流（熱通過）といいます。

■ 建築物の伝熱過程

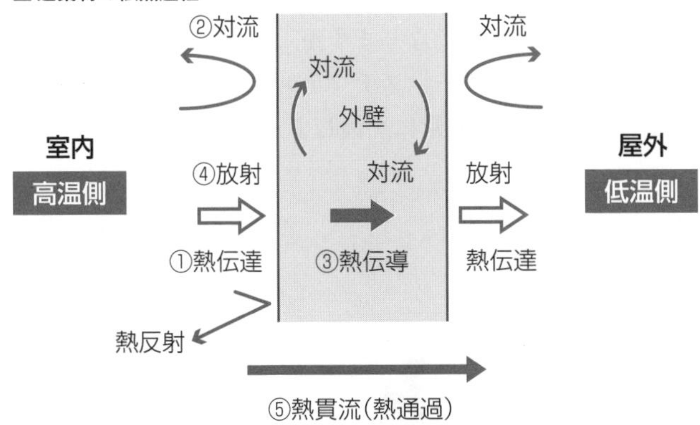

熱の伝わり方
熱が伝わる形態には，伝導・対流・放射（ふく射）があります。

熱量と比熱
2つの異なった物体の間を熱として移動するエネルギーの量で，単位はJ（ジュール）です。比熱とは，1kgの物質の温度を1℃上げるのに必要な熱量で，単位はJ/kg・k（ケルビン）です。また，比熱は固体・液体・気体のいずれにもあり，気体には圧力を一定に保ったまま温度を1℃上げる場合の比熱の定圧比熱（Cp）と，体積を一定に保ったまま温度を1℃上げる場合の比熱の定容（定積）比熱（Cv）の2種類があります。

2 熱伝導

物質の移動をともなわずに固体や流体内で，高温部から低温部へ**熱が移動**（伝わる）する現象です。高温部および低温部の2点間の伝熱量は，その温度差（伝熱温度差）に比例します。

熱伝導性は，金属，そのほかの固体，液体，気体の順に悪くなります。

3 対流（対流熱伝達）

流体を温めると熱膨張して密度が減り，軽くなって上昇します。一方，冷たい流体部分は重いため，温度の高い流体の下へ入り込みます。このように温度の密度差により，流体自体が熱を持って移動する現象を**熱対流**といいます。

たとえば，コンロで鍋に湯を沸かすとき，鍋底部分のみ加熱しても鍋全体の湯が温められるのは，この熱移動の特性によるものです。しかし，熱対流はその密度差によって**高温部が上方へ**，**低温部が下方へ**移動するため，対流式暖房で室内を暖める場合，上から暖めると上の方ばかり暖まり，部屋全体は均一に暖かくなりません。暖房器具は床に置く方が部屋全体が暖まり，逆に冷房器具は天井近くに設置することが多いのはこのためです。

4 放射（ふく射）

高温の物体から低温の物体に，熱が放射線によって伝達される現象を**放射**（ふく射）といいます。陽の光を浴びると暖かくなりますが，この太陽からの放射はもっとも身近な熱放射です。放射エネルギーはステファン＝ボルツマンの法則により，その物体の表面温度（絶対温度）の4乗に比例します。

■熱の移動プロセス

5 熱貫流（熱通過）

固体両側に流体の温度差があるときの，高温側から低温側への熱通過現象で，固体表面での熱伝達→固体内の熱伝導→固体表面での熱伝達の3過程を経て移動し，この全過程による伝熱をいいます。

6 熱貫流量と熱貫流率

熱貫流によって建築物の各部に流出入する熱量を熱貫流量といい，この熱量によって室内の温度は変化します。

熱貫流率は，建築物を構成する壁やガラスなどからの熱の伝わりやすさを表す値で，単位はW/(m²·K) で表します。

① 熱貫流量の求め方

$$Q = K \times (t_1 - t_2)$$

Q：熱貫流量[W]　K：熱貫流率[W/(m²・K)]
t_1-t_2：高温側と低温側の温度差

上記は単位面積あたりの熱貫流量を算出します。壁体の熱貫流量を求める場合は，壁体の面積[S]を掛けます。

$$Q = K \times (t_1 - t_2) \times S$$

② 熱貫流率の求め方

$$K = \frac{1}{1/\alpha_0 + \Sigma d/\lambda + 1/\alpha_i}$$

α_0：外気側熱伝達率[W/(m²・K)]
α_i：室内側熱伝達率[W/(m²・K)]
d：材料の厚さ[m]
λ：材料の熱伝導率[W/(m・K)]

ステファン=ボルツマンの法則
黒体が出す放射エネルギーの総量は，その絶対温度の4乗に比例するという法則です。

総合熱伝達
固体表面から対流熱伝達と熱放射が同時に行なわれるときの，これらすべてを合わせた現象をいいます。

熱抵抗（伝熱抵抗）
熱の移動を妨げる程度，つまり熱の伝わりにくさのことで，単位は m²・K/Wです。値が大きいほど熱が伝わりにくく，熱を伝えたい機器などでは伝熱性能の低下指標となり，この抵抗を汚れ系数ともいいます。

7 熱伝達率

壁などの材料の表面と空気との間での熱の伝わりやすさを示す値を熱伝達率といい，単位はW/（m^2・K）です。

8 熱伝導率

熱伝導率とは，壁を構成する各材料内部での熱の伝わりやすさを示す値です。熱伝導率は，材料の種類によってその値は異なります。単位は，W/（m・K）で表します。

■各種建築材料の熱伝導率

材料名	熱伝導率 [W/(m・K)]	材料名	熱伝導率 [W/(m・K)]
鋼　材	45	木　材	0.15
アルミニウム	210	パーティクルボード	0.15
板ガラス	0.78	合　板	0.15
タイル	1.3	石こう板	0.14
コンクリート	1.3	硬質ウレタンフォーム	0.027

チャレンジ問題

問１　難　中　易

建築材料の熱伝導率に関する次の記述のうち，もっとも不適当なものはどれか。

(1) パーティクルボードの熱伝導率は，木材と同程度である。
(2) 木材の熱伝導率は，普通コンクリートより小さい。
(3) 石こう板の熱伝導率は，硬質ウレタンフォームと同程度である。
(4) 普通コンクリートの熱伝導率は，タイルと同程度である。
(5) 板ガラスの熱伝導率は，木材より数倍大きい。

解説

石こう板の熱伝導率は0.14，硬質ウレタンフォームの熱伝導率は0.027です。したがって，この2つの材料の熱伝導率は同程度とはいえません。

解答 (3)

湿り空気について

1 湿り空気

混合気体である空気には，酸素，窒素，二酸化炭素，炭酸ガス，アルゴンなどが含まれています。これに水分を含んだ空気を**湿り空気**といいます。空気中の水分は水蒸気として存在し，一般に空気と呼ばれているものはこの湿り空気のことで，含まれる水蒸気量は質量比で1～2%以下です。

一方で，まったく水蒸気を含まない空気を**乾き空気**といいます。また，湿度100%でこれ以上空気中に水蒸気を含むことができない状態の空気を**飽和空気**といいます。

湿り空気を表す要素には，絶対湿度・相対湿度・乾球温度・露点温度・比エンタルピーなどがあります。

比較湿度（飽和度）
空気中の水蒸気の混合比と，同じ温度・圧力で飽和する空気の混合比を%で示したものが比較湿度ψ（プサイ）です。比較湿度は，飽和状態にいたるまでの余裕を示しているため，飽和度とも呼ばれます。

2 絶対湿度

湿り空気中の乾き空気1kgに含まれる水蒸気の量x[kg]を**絶対湿度**といい，x[kg/kg（DA）（ドライエア）]で表します。DAは乾き空気を意味します。水蒸気を含んだ空気の重さは（1+x）[kg]で，一般的にxの大きさは0.005～0.03[kg/kg（DA）]程度です。

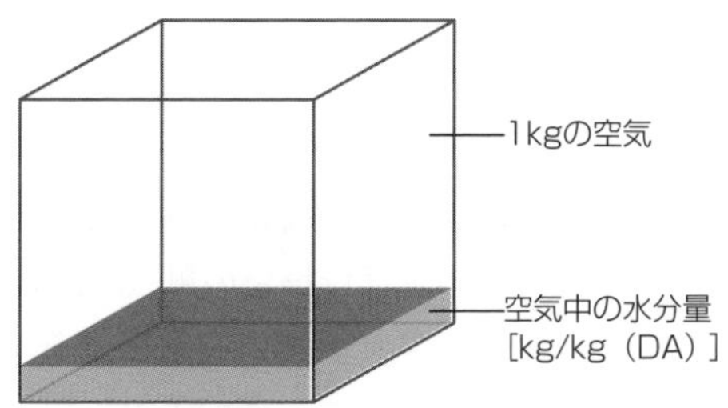

3 相対湿度

蒸気圧をもとに計算される湿度を**相対湿度**といい，ある状態（温度）の湿り空気の水蒸気分圧をpw［kPa（パスカル）］同温の飽和空気の水蒸気分圧をps［kPa］とした場合，相対湿度（関係湿度）φ（ファイ）［%］は以下の式で表されます。

$$\phi = \left(\frac{pw}{ps}\right) \times 100 [\%]$$

相対湿度は湿度を表す場合に使われ，絶対湿度は水蒸気の絶対量を表します。

4 乾球温度および湿球温度

乾球温度［℃］とは，通常の温度計（感温部が乾いている状態）で測った湿り空気の温度で，寒暖の目安となる温度です。**湿球温度**［℃］は，通常の温度計の感温部に水でぬらしたガーゼを巻いて測定した温度（水膜温度）です。感温部にあたる風の強さによって値は異なりますが，風速5m/s程度以上では一定値を示すようになり，空気線図などでは湿球温度としてこの値を用いています。

湿度を測る計測器類は，主に以下の2種の計測器が使われています。

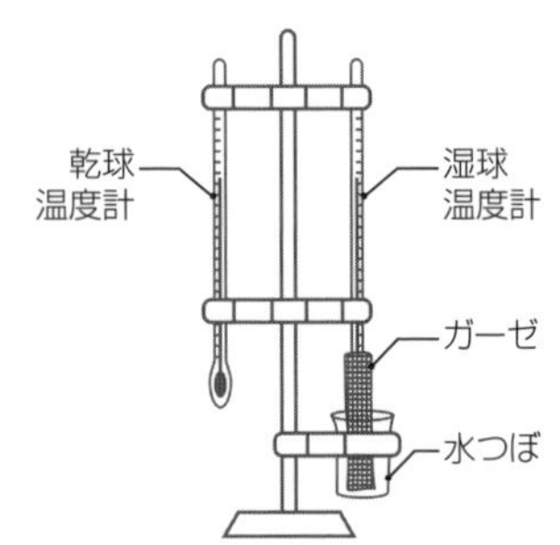

アウグスト乾湿計

室内の温湿度測定によく用いられ，2本の温度計の一方を水でぬらしたガーゼを巻き，湿球温度を測ります。

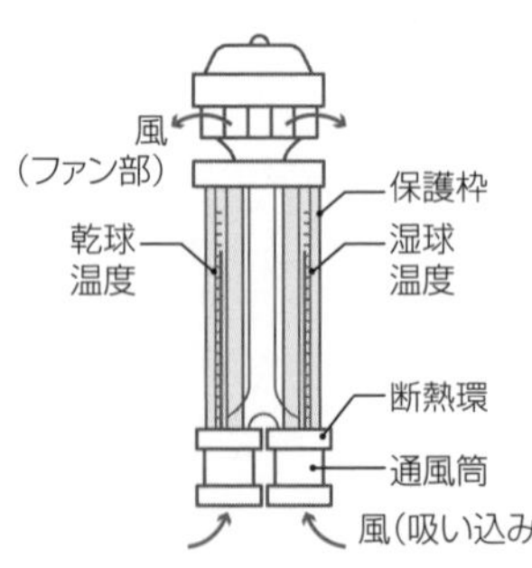

アスマン通風乾湿計

原理はアウグスト乾湿計と同じですが，乾球温度は温度計の球部に一定の風（3m/s以上）をあてて測定します。湿球に空気を送るゼンマイまたはモーターのファン部があり，風速が一定になるよう調節しています。

5 露点温度

湿り空気が飽和空気になる温度を，**露点温度**[℃]といいます。湿り空気が露点温度以下に冷やされると，空気中の水蒸気が過剰になって露になります。露点温度は空気中の水蒸気量で変化し，水蒸気が多いと露点温度は高く，少ないと低くなります。

6 湿り空気の比エンタルピー

1kgの乾き空気の熱量（顕熱）とx[kg]の水蒸気が持つ全熱量を合計した値が，湿り空気の**比エンタルピー**h[kJ/kg（DA）]で，以下の式で計算されます。

$$h=Cpa\cdot t+(\gamma+Cpv\cdot t)x$$

Cpa：乾き空気の定圧比熱[1.006kJ/(kg(DA)・℃)]
Cpv：水蒸気の定圧比熱[1.805kJ/(kg(DA)・℃)]
γ：1気圧，0℃の水の蒸発潜熱[2501kJ/kg]
t：湿り空気の温度[℃]
x：絶対湿度[kg/kg（DA）]

湿り空気の比エンタルピーhは，温度が同じであっても絶対湿度が大きいほど，その値も大きくなります。

7 顕熱と潜熱

物質の温度が変化する際の熱を**顕熱**，物質が固体・液体・気体などに変化する際に必要な熱（たとえば水から水蒸気になる際の気化熱など）を**潜熱**といいます。

水蒸気が含まれている湿り空気には，必ず顕熱と潜熱があります。

空気の組成（成分の濃度）
空気は，大まかに約78%の窒素ガスと約21%の酸素ガス，約1%弱のアルゴンとそのほか微量の二酸化炭素，ネオン，ヘリウム，クリプトン，キセノン，水素，メタン，一酸化窒素からなっています。

空気の密度
空気の密度は常温で約1.2kg/m^{3}で，分子量28%の窒素ガス80%と，分子量32の酸素ガス20%から概算します。標準状態では，以下のようになります。
<窒素ガス>
28g÷22.4L
=1.25g/L
<酸素ガス>
32g÷22.4L
=1.43g/L
よって，
1.25×0.8+1.43×0.2=1.29g/L
（0℃，1気圧）

8 湿り空気線図の構成

湿り空気線図（h-x）とは，湿り空気のさまざまな状態を状態点で示した二次元座標チャートです。比エンタルピーh，絶対湿度xを座標軸として湿り空気の熱的性質を標準大気圧（760mmHg）のもとで線図化しています。線図中の空気の状態量いずれか2種の値が決まれば，ほかの状態量もすべてわかるようになっています。

■ 湿り空気線図の構成

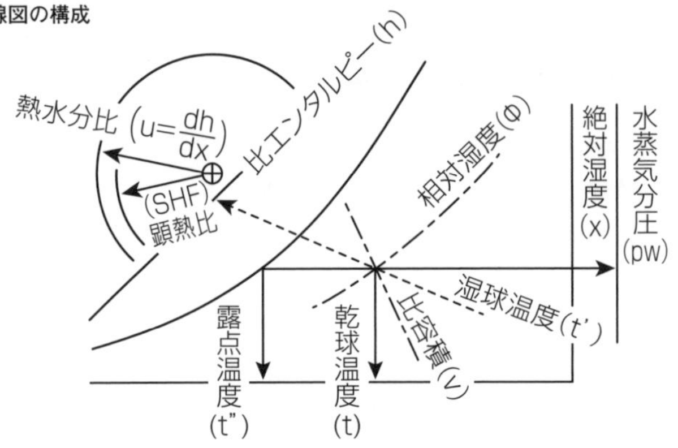

乾球温度 t[℃]：横軸
湿球温度 t′[℃]：斜め点線
露点温度 t″[℃]：相対湿度100%の温度
比容積 v[m^3/kg（DA）]：斜め1点鎖点
相対湿度 ϕ[%]：右上がりの曲線

絶対湿度 x[kg/kg（DA）]：縦軸
水蒸気分圧 pw[kPa]：縦線
比エンタルピー h[kJ/kg（DA）]：斜め実線
熱水分比u：円内の斜線

9 空気の状態変化

湿り空気線図を使って，空気状態の変化を見てみましょう。

① 混合

外気状態Aと室内状態Bの空気が空調機の入口でk：（1-k）の割合で混合する場合，混合空気の状態点CはAとBの直線上の（1-k）:kの内分点Cとなります。

■混合空気の状態変化

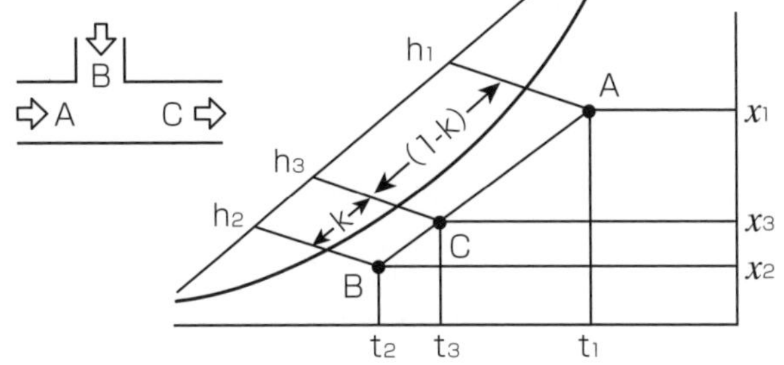

② 加熱と加湿

室内空気Aを加熱器で加熱する場合，絶対湿度xの加熱変化はないためx線上をB方向に移動し，相対湿度は低下します。一方，加熱器の出口空気Bが加湿されるときは，加湿方式によって変化は異なります。

水噴霧方式加湿器の場合：水の蒸発潜熱により空気が冷され絶対湿度が増加するため，空気状態はBからCに左上へ変化します。

蒸気噴霧方式加湿器の場合：蒸気熱が室温に影響し，空気状態はBからC′に右上方向に移動します。

■加熱と加湿の状態変化

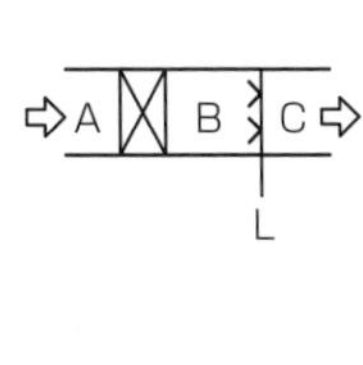

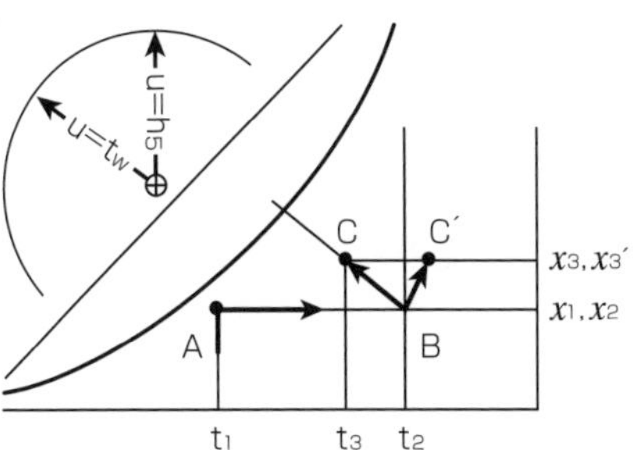

③ 冷却と減湿

空気を冷す場合は，冷却器の特性で変化は異なります。

冷却器の表面温度が空気の露点温度より低い場合：空気Cが冷され，水分が除去されて左下がりでDの状態になります。

化学減湿

シリカゲル（固体）や，塩化リチウム（液体）などの吸湿性化学物質を用いた減湿では，湿り空気線図上での状態変化方向は，右下方向に移動します。吸着熱（固体）または溶解熱（液体）の発生と，水蒸気の凝縮潜熱の発生によって昇温減湿となります。シリカゲルでは，−2.970kJ/kgという熱水分比一定の線上を動きます。

冷却器の表面温度が空気の露点温度より高い場合：空気Aの水分は除去されずに冷され，絶対湿度x線に沿って左方向Bに移動します。

■冷却の状態変化

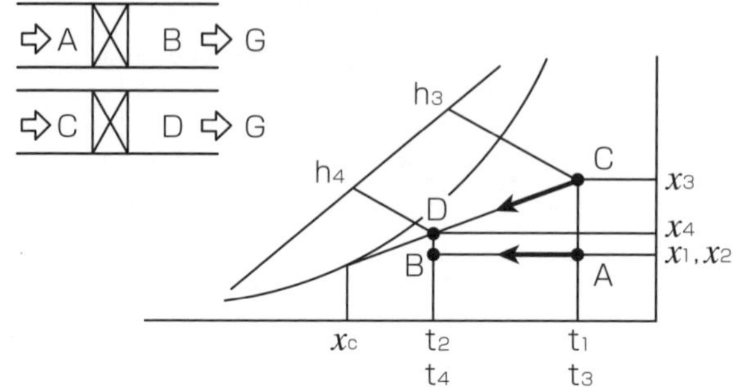

④ 冷房の基本プロセス

室内からの還気1と取り入れられた外気2を混合した空気3が冷却コイルを通過して4まで冷却，減湿する過程です。

■冷房の基本プロセス

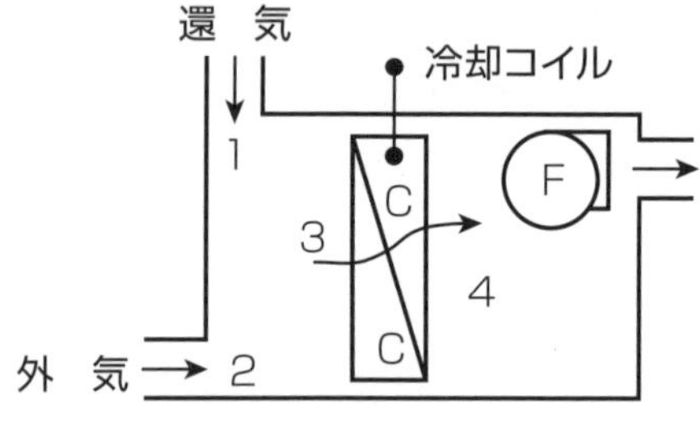

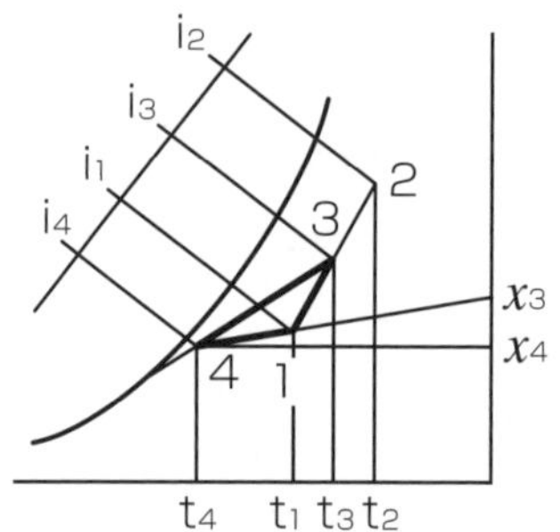

⑤ 暖房の基本プロセス

室内からの還気1と取り入れられた外気2を混合した空気3が加熱コイルを通過して4まで加熱されます。また，ここに水加湿で加湿した場合，絶対温度はx4からx5に増加します。

■暖房の基本プロセス

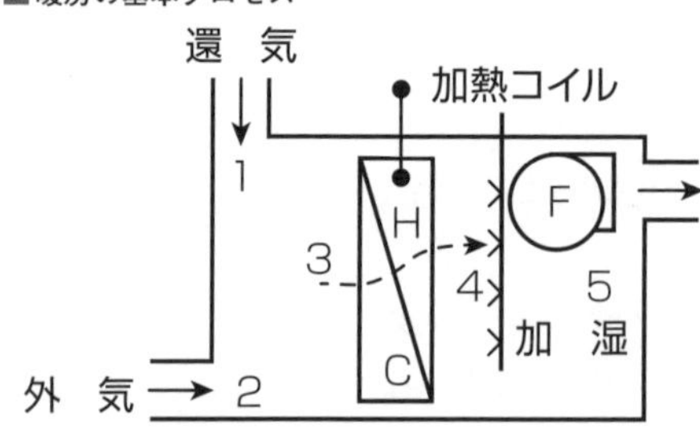

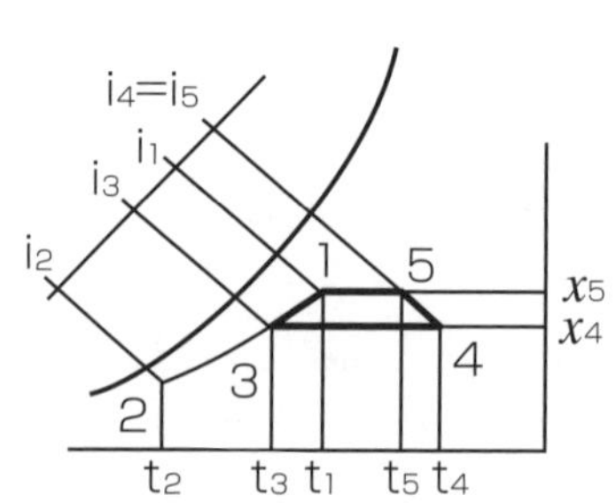

10 空気調和設備の状態変化

空気調和機筐体（きょうたい）の中には，**加熱器・冷却器・加湿器**が設けられています。空気はこれらの各機器によって加熱，冷却，加湿され，これら各機器を順に通過していくことで空気の状態は変化します。

11 結露現象

天井や壁，床や窓ガラスの表面または内部温度が周囲の湿り空気の露点温度以下になると，空気中の余分な水蒸気が凝結して水滴になります。この現象が**結露**です。結露には，水滴が壁や窓ガラスなどの表面につく**表面結露**と，低温時に壁などの内部に水蒸気が侵入して結露する**内部結露**とがあります。天井裏などの結露も一般に内部結露と呼ばれています。以下の湿り空気線図で結露現象を見てみましょう。室温18℃，湿度60%，外気温0℃の場合の外壁の結露です。

露点温度
空気の温度が下がって，空気中に含まれる水蒸気が水滴になり始める温度が，その空気の露点温度となります。

■湿り空気線図と結露

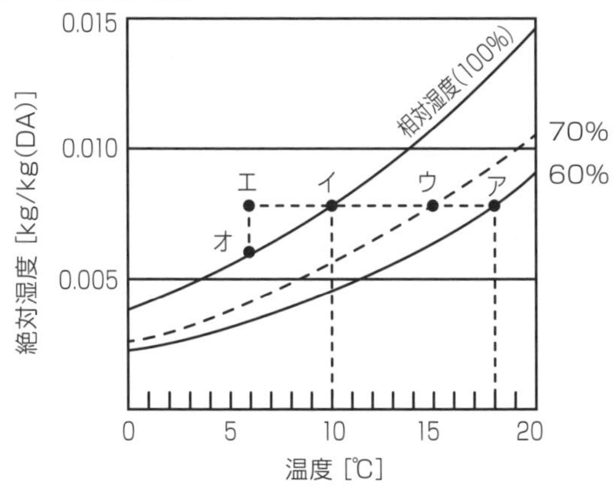

この場合の外壁の結露現象では，外壁は外気温の影響で冷やされ，室内側の壁の表面温度は室温よりも低くなり，室内の空気は室温よりも低い温度の壁表面に接触することになります。

室温18℃，湿度60%の空気中に含まれる水蒸気質量（絶対湿度）はア点です。ア点の空気が引き続き冷却され，温度がウ点になると相対湿度は70%になります。さらに温度が低下すると相対湿度100%（露点温度）のイ点に達します。露点温度を過ぎ，さらに温度低下が進むと空気中の余分な水分（水蒸気）が凝縮して露となって結露が現れます。

線図上の露点温度は10℃で，室内側の壁の表面温度が10℃以上ならば壁表面に触れる空気の状態はア点からイ点の間にあります。表面温度15℃のウ点では相対湿度は70%ですが，室内側の壁の表面温度が露点温度以下，たとえば表面温度6℃のときは，エ点に相当します。6℃の空気の水蒸気質量（絶対湿度）の許容量はオ点までで，エとオの間に相当する水蒸気は，空気中の過剰な水蒸気となって結露となり，水滴となるのです。

露点以下になった壁などの建築材料に湿った空気が接したときに，結露現象は起こります。ですから結露の発生の有無は，室内側各部の表面温度によって決まるといえます。

室内に結露が発生すると水滴で窓や床が汚れたり，カーテンやじゅうたんが濡れてダニや真菌（カビ）が発生する原因となって人体に悪影響をおよぼしたり，室内環境汚染などさまざまな問題を引き起こす可能性があります。したがって，結露の発生防止対策が不可欠です。

12 結露の対策

結露の発生を防ぐには，室内側の壁や床，天井などの表面温度が露点以下にならないようにし，熱貫流量を軽減して熱伝導率の小さい建築材の使用で断熱効果を高めるようにします。構造材に熱を伝えやすい金属などが使われている場合にはこれが熱橋（ねっきょう）となり，金属部分の室内側表面温度を下げてしまい，結露が現れやすくなります。

特に冬期の暖房で閉め切った室内や水蒸気の多く発生する部屋では，換気や通風で室内湿度を下げるようにします。居室外壁の内面結露防止対策を，以下に記します。

① 断熱材を外壁に入れ，室内表面温度を上げる
② 露点温度以下の場所を室内につくらない
③ 室内に水蒸気を過度に発生させない

④ 外壁に接する押入れ壁近くや，家具と壁の間の風通しをよくする
⑤ 外壁内断熱部には断熱材より高温側に防湿層を設置
⑥ 絶対湿度の低い外気を取り入れる
⑦ 適度な換気で室内の絶対湿度を下げる

熱橋
ヒートブリッジともいい，外壁と内壁の間の柱などが熱を伝える現象で，断熱性能の低下につながります。特に熱伝導率の高い鉄骨は，外気と室内の熱を伝えやすく，内部結露の原因となる場合が多いため注意が必要です。

チャレンジ問題

問1　　難　中　**易**

湿り空気線図（h-*x*線図）を用いて絶対湿度を求める場合に必要となる項目の組合わせとして，もっとも不適当なものは次のうちどれか。

(1) 乾球温度と湿球温度　　(2) 風速と相対湿度
(3) 湿球温度と相対湿度　　(4) 比容積と乾球温度
(5) 比エンタルピーと乾球温度

解説

湿り空気線図は,線図上の空気の状態量いずれか2つの値が決まればほかの状態量も分かるようになっています。風速はその条件に合わず誤りです。

解答 (2)

3 空気の流れと空調

まとめ&丸暗記

● この節の学習内容のまとめ ●

□ 空気調和設備とは
室内の温度，湿度，気流速度，清浄度（粉じん・臭気・炭酸ガスなど）を良好で快適な状態に維持するための設備機器である

□ 空気調和設備の構成設備
主に熱源設備，搬送設備，空気調和設備，自動制御設備によって構成される

□ 対象別空気調和の種類
空調の対象は「人」と「物」に大別される
保健空調：建築空間に居住する人の健康や快適性の維持を目的とした空調
産業空調：製品の品質維持や工場労働者の労働環境維持を目的とした空調

□ 空調方式の分類
熱源位置により，中央熱源方式と個別分散熱源方式に大別される

□ 熱媒体の分類
全空気方式，水－空気方式，全水方式，冷媒方式に分類される

□ 代表的な中央熱源方式
単一ダクト方式，ファンコイルユニット方式，二重ダクト方式など

□ 代表的な個別分散熱源方式
パッケージユニット方式，マルチユニット方式など

流体の基礎知識

1 ベルヌーイの定理

流体に粘性のない理想流体には定常流の場合，ある管の中を流れる流体の運動エネルギー，位置エネルギーと圧力エネルギーの値は一定になります。これをベルヌーイの定理といいます。流体が流れる場合，その圧力をp，密度をρ（ロー），位置（高さ）をh，流速をvとすると以下の式が成り立ちます。これをベルヌーイの式といい，流体の保存則を表します。

$$P_A+\frac{1}{2}\rho v_A^2+\rho gh_A=P_B+\frac{1}{2}\rho v_B^2+\rho gh_B$$

g：重力の加速度（定数）　添字A・B：別な位置の2点

2 動圧と静圧および全圧

流体の流速により生ずる圧力を動圧といいます。一方，流体が静止した状態で周囲におよぼす圧力が静圧です。この動圧と静圧の和が流体の持つ全圧力で，全圧といいます。

流体の流れについて

流体の流れは，流体が規則正しく流れる層流と，不規則に乱れて流れる乱流の2つの状態があります。この層流と乱流の判定には無次元のレイノルズ数Reが用いられ，以下の式で表されます。

Re=ud/v

u：管内の平均流速[m/s]

v：動粘度[m²/s]

d：管内径[m]

層流はRe≦2300，乱流はRe≧2300で，層流から乱流移行には遷移領域があり，その際のレイノルズ数は臨界レイノルズ数といわれます。

レイノルズ数

流体の慣性力と粘性力の比を表す無次元数のことをいいます。

チャレンジ問題

問1　難　中　易

ベルヌーイの定理の以下の記述が正しければ○，誤っていれば×で答えよ。

ベルヌーイの定理にしたがう流体においては，全圧=静圧+$(\frac{1}{2})$動圧で表せる。

解説

動圧は，流れをせき止めたことで生じた圧力上昇値といえます。

解答 

気流と換気効率

1 気流

気流とは空気の流れのことで，建築物衛生法の管理基準では室内の気流を0.5m/s以下とするよう規定されています。室内環境においては，強すぎる気流が人に直接あたるとドラフト（人体に不快感を与える局所気流）を感じて快適に過ごすことが困難となり，逆に弱い場合は室内換気が十分に行なわれません。気流は，吹出口や吸込口の位置により，快適さや換気に大きく影響してきます。

2 吹出口および吸込口の位置と特徴

吹出口とは気流を室内に吹出す口のことで，多くの種類と形状があります。また，吹出口と吸込口を設置する位置で室内の気流の流れも異なります。

■吹出口と吸込口の配置パターンと気流の流れ

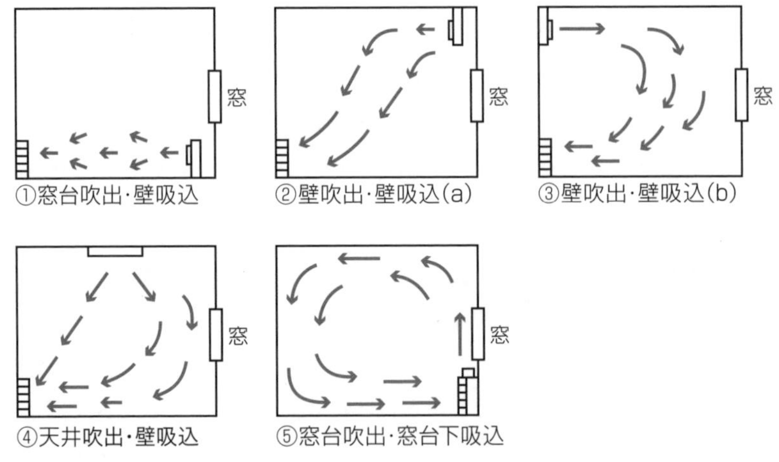

① 窓台吹出・壁吸込

吹出口と吸込口が低位置で平行設置されている場合，気流が人に直接あたるため，ドラフトを感じます。しかし，暖房のみで小風量のときは有効です。

② **壁吹出・壁吸込（a）**

気流停滞したデッドゾーンが窓側に生じ，コールドドラフトが増します。

③ **壁吹出・壁吸込(b)**

室内気流状態が良好となりますが，部屋の奥行きや天井高と吹出速度の関係により異なります。ただし，窓側の負荷が大きい場合にはよい状態とはいえません。

④ **天井吹出・壁吸込**

気流状態は良好となりますが，窓側負荷が大きい全面ガラスや寒冷地では窓側を適温に保ちにくい配置です。

⑤ **窓台吹出・窓台下吸込**

負荷の大きい窓側を補う効果が高く，冷暖房どちらにも最良な状態の配置です。

コールドドラフト
人に不快な冷感を与える気流のことです。

居住域
空調における居住域は，床面から1.5m以下の高さをいいます。

壁面取付け用吹出口の許容吹出速度
騒音防止のため，吹出風速には制限があります。各建物，部屋の許容吹出風速は以下の通りです。
<スタジオ，放送局>
1.5～2.5［m/s］
<住宅･アパート･劇場･ホテル>
2.5～3.8［m/s］
<映画館>5.0［m/s］
<事務室（個室）>
4.0［m/s］
<一般事務所>
5.0～6.3［m/s］
<デパート(2階以上)>
7.0［m/s］
<デパート(1階)>
10.0［m/s］

3 吹出口および吸込口の種類

吹出口は，吹出し空気が居住域に到達する前に室内空気を誘引して，適切な空気分布および快適な室内環境となるよう吹出し速度に注意します。吸込口にはグリル形やスロット形などが多用され，一般に壁面に設置しますが，扉などにアンダーカットを設けて廊下を換気経路とする場合もあります。

■ 主な吹出口の種類と用途

種類	名称	主な形状	主な用途
ふく流型	アネモ型	丸型アネモ	天井吹出口として使用する
	パン型		比較的小風量を限定した床面積を処理する
軸流型	ノズル	バンカルーバ	気流の到達距離を大きく採る場合に使用される
	パンカルーバ		スポットの冷暖房に使用される
	グリル型		天井や壁からの吹出し，吸込みに使用される
線状型	ラインディフューザ	スロット	天井吹出口として使用する
	スロット		

4 換気の効率と空気齢

室内空間に生じる局所的に換気不十分な領域の換気性状を評価対象とした概念を換気効率といい，室内のある点に供給空気が到達するまでの平均時間を示します。変数には空気齢と呼ばれる評価指標が用いられます。

空気齢とは，給気口（吹込口）から入った新鮮な空気が室内のある点に至るまでの時間のことで，局所空気齢ともいいます。また，その点から排気口（吸込口）にいたるまでの時間のことを余命といいます。給気口から排気に至るまでの時間は，空気寿命といいます。空気寿命は，空気齢+余命で表すことができます。空気齢の評価方法には，計算機流体力学（CFD：Computational Fluid Dynamics）を用いた気流シミュレーションを活用するのが一般的です。

■空気齢・余命・空気寿命

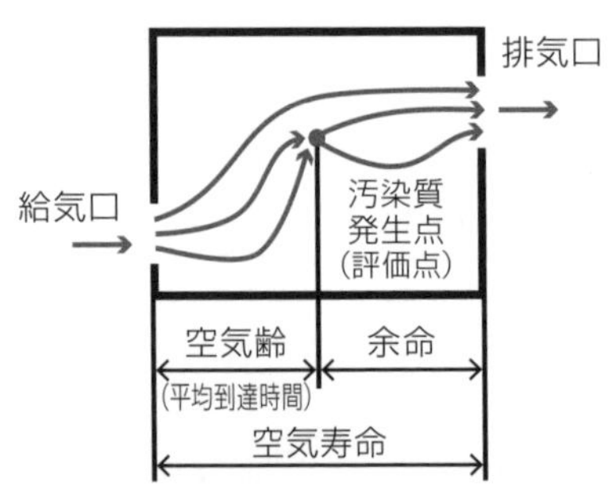

給気口付近の点は一般に空気齢が短く，余命が長くなります。排気口付近の点は一般に空気齢が長く，余命が短くなります。空気齢，余命ともに短く，つまり空気寿命が短くなるような換気は速やかに空気が入れ替わり，理想的な換気といえます。

チャレンジ問題

問 1　難　中　易

換気効率についての次の記述が正しければ○，誤っていれば×で答えよ。

換気効率とは，室内全体の換気性状を評価対象とした概念のことである。

解説

換気効率とは，局所領域における換気性状を評価対象とした概念のことです。

解答　×

空気調和について

1 空気調和負荷とは

室内を目標の湿温度に維持するのに必要な冷却・加熱・減湿・加湿のための熱量の総称を**空気調和負荷**といい，室内の取得・損失熱量，室熱負荷，空気調和装置負荷，熱源装置負荷などに分類されます。

① 室熱負荷の取得・損失熱量

室内を目標の湿温度に維持されるときの外気と室内の温度差，日射などによる窓，壁，屋根などから流入，流出する熱量，室内の人体，照明，熱発生機器，ダクトや配管などから発生する熱量，すきま風による熱量などの合計です。

② 空気調和負荷の計算

各機器の容量決定のための最大負荷計算，最適設計またはエネルギー消費量算出のための期間負荷計算などがあり，計算を行なうときは，1室だけの場合から，ゾーン，建築物全体または建築物群からなる地域冷暖房施設の場合まであります。

2 冷房負荷計算

冷房負荷の種類は大まかに，顕熱負荷のガラス窓を透過する日射，壁体を通過（貫流）する熱負荷と，潜熱負荷の要素も含むすきま風による熱負荷，室内で発生する熱負荷に分類することができます。

土間床，地下壁からの負荷は冷房負荷では負荷軽減要素ですが，一般的に暖房負荷（熱損失）に利用するため安全をみて無視します。

冷暖房負荷
室内をある一定の温湿度に保っているとき，その温湿度を保つために空気から取り除く熱量，または空気に供給する熱量のことです。

顕熱負荷
冷暖房負荷のうち顕熱により室内温度を上下させる原因となるもので，建物外壁からの熱移動，窓からの日射，室内照明器具，人体，取り入れ外気などがその発生源となります。

潜熱負荷
冷暖房負荷のうち潜熱によるもので，水蒸気量の出入りによる増減をいい，人体や取り入れ外気，すき間風などによる水蒸気がその発生源となります。

全熱負荷
顕熱負荷と，潜熱負荷を合計したものです。

顕熱比（SHF）
全熱負荷のうちの顕熱負荷が占める割合です。以下の式で表されます。

$$顕熱比 = \frac{顕熱}{顕熱 + 潜熱}$$

3 暖房熱負荷計算

暖房の場合は窓，外壁，屋根から損失する熱量は方位に関係し，天空ふく射や風速，室内上下温度差を考え合わせて**暖房負荷**を修正します。間仕切り，天井，床，すき間風などによる熱負荷については，冷房負荷と同様に求めることができます。したがって，暖房負荷計算については各負荷のうち，冬期に損失負荷（−）になるものを求めて，取得負荷（+）になるものは一般に安全のため無視します。ただし，より正確な負荷を求めるには実情に沿った取得負荷を加算する場合もあります。

4 負荷計算の一例

以下の3つのパターンについて負荷計算をしてみましょう。

① 人体からの発熱量計算

人体発熱には人体表面からの対流と，放射から放熱される顕熱および発汗により放熱される潜熱があります。各値は，作業形態や室温などで異なります。室温26℃，20人が勤務する事務室。顕熱64［W/人］，潜熱55［W/人］の値でこの部屋の人体からの顕熱と潜熱の発熱量を求めます。

顕熱=20人×64［W/人］=1280［W］　潜熱=20人×55［W/人］=1100［W］

② 窓ガラスから入り込む冷房負荷計算

窓ガラス面積6m^2，夏期のガラス内外の温度差7℃，ガラスの熱貫流率5.8W/（m^2・K）の窓ガラスから入り込む冷房負荷を求めます。

6×7×5.8=243.6W

③ 簡単な暖房負荷計算

熱源機器のボイラで消費される良質重油1時間あたりの消費量50l，建築物の延べ床面積5000m^2，良質重油の発熱量40MJ/lのときのこの建築物の単位時間あたりの暖房負荷を求めます。

5000=0.4MJ/（m^2・h）

5 空気調和設備の役割と機能

室内の空気は，人や物などの目的に応じて温度，湿度，気流速度，清浄度（粉じん・臭気・炭酸ガスなど）を空気調和設備により調節し，快適で良好な状態に維持しています。これを空気調和（空調）といい，その対象によって保健用空気調和（保健空調），産業用空気調和（産業空調）に分けられます。以下の図で，一般的な空気調和設備（単一ダクト方式）の装置構成を，表で空気調和設備の設備と機能を示します。

■空気調和設備の構成（単一ダクト方式）

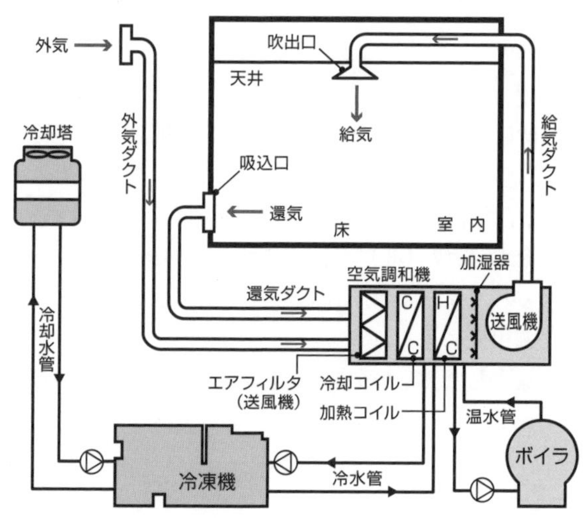

■空気調和設備の設備と機能

設備	各種機器	機能
熱源設備	冷凍機，ボイラ，冷温水発生機，ヒートポンプなどの機器，蓄熱槽	空気調和のために必要な冷水・温水・蒸気などを製造蓄熱する
熱搬送設備	配管，配管付属品，ポンプ，ダクト，吹出口などのダクト付属品，送風機	熱源装置および空気調和機から熱媒体を送る
空気調和機	空気調和機，ファンコイルユニット，パッケージ空気調和機	空調する室内が目的の状態となるように空気を加熱および冷却する
自動制御設備	自動制御弁などの制御機器，温度などの測定器，中央監視設備	空調する室内の温度などの制御および設備機器全体の制御・監視を行なう

補足

保健用空気調和（保健空調）
建築空間内に居住する人の健康や快適性維持を目的とした空気調和です。保健空調では「建築物衛生法」により，公衆衛生向上のため一定の条件を満たす設備の空調条件の基準が定められています。

産業用空気調和（産業空調）
産業用に用いられる空気調和で，工場の製造工程や貯蔵製品の品質維持，労働者の労働環境維持，研究開発分野での製品評価や分析精度の安定化などを目的とした空気調和です。産業空調はその用途により求められる空調条件の目標値や精度が異なります。

一般的な空気調和設備の主な構成として，空気調和機で空気を冷やし暖めるための冷水や温水・蒸気を作る熱源装置，空気調和機へそれらの熱媒を送るための配管およびポンプ，さらに空気調和機から室内へ冷温空気を送るダクトや送風機といった搬送装置，熱媒で室内の空気状態を目的の温度に調整する空気調和機，加えて外気取り入れや室内空気を排気する換気装置の4つがあります。

また，空気調和設備には機器全体を監視し，コントロールするための自動制御装置が設けられており，これらの設備を動かす機器としてボイラ・冷凍機・冷却塔・空気調和機・ダクト・送風機・ポンプ・配管・制御盤・計装機器があります。

空気調和設備を構成するこれら機器すべてが正常に機能することによって空気調整が行なわれ，1つでも不具合が発生したり故障したりすると空調設備としての機能を果たすことができなくなります。

6 熱源設備

空調設備は室内の冷暖房負荷に応じ，冷風あるいは温風を送風して熱の除去や供給を行なうことによって室内の適性温度を維持しています。この熱のもととなる冷水や温水・蒸気を作るのが熱源設備の機能と役割です。

冷熱源装置では，冷凍機が冷水・冷媒（液）を作ります。温熱源装置としては，ボイラで蒸気または温水が作られます。ここで作られた熱は，水を熱媒としてポンプにより配管を通して空気調和機に送られます。

また，冷凍機には室内から除去した熱を室外に排出する冷却塔が別途設置されています。

7 空気調和機

空気調和設備の心臓部ともいえる装置が，空気調和機で，空気の冷却・除湿，加熱・加湿，ろ過，換気が基本機能です。構成機器としては，外気や室内から還気空気を集めて浄化するエアフィルタ（空気ろ過器），空気冷却する冷却コイル（空気冷却器），空気加熱する加熱コイル（空気加熱器），空気に水分を加える加湿器，空気を室内に送る送風機などがあります。これらの機器が集めた空気を浄化処理し，温度・湿度を調整して調和した空気を吹出口より室内に送り届けます。そののち，再び吸込口より取り込まれた室内の還気が還気ダクトを通って空気調和機に戻り，新鮮外気を加えて再度処理され，循環を繰り返して空調対象室内の空気状態を維持します。

8 監視および自動制御装置

空気調和設備は，さまざまな機器が複合して構成されています。**監視装置**は，各機器が正しく機能していることを監視し，**自動制御装置**は室内温度や湿度を自動調節するほか，ボイラや冷凍機などを安全に運転するための自動調節をします。空調設備の維持管理にとっても重要な装置です。

ペリメータゾーン
建物の窓や外壁に面するスペースのことで，外気温や日射などの影響を受けやすく，夏は冷房，冬は暖房が必要です。影響を受けにくい内部はインテリアゾーンといい，区別しています。

チャレンジ問題

問1 難 中 **易**

建築物の熱負荷に関する次の記述のうち，もっとも不適当なものはどれか。

(1) 照明やOA機器からの室内発熱負荷は，顕熱負荷である。
(2) すきま風の熱負荷は，潜熱負荷と顕熱負荷である。
(3) ガラス窓面積の大きい建築物におけるペリメータゾーンでは，冬期でも冷房負荷が発生することがある。
(4) ポンプや送風機に加えられる動力は，熱負荷として考慮する。
(5) ダクトや配管の熱負荷は，無視する。

解説

ダクトや配管の熱損失は，搬送する熱の漏洩損失と空調熱負荷の二重の損失になる場合もあるので，無視できません。

解答 (5)

問2 難 中 **易**

空気調和機の構成に関する次の文章の（　　）内に入る語句を答えよ。

空気調和機は，一般に上流側からエアフィルタ，(　　　)，(　　　)，(　　　)，送風機の順に構成される。

解説

空気調和機は，冷却コイル，加熱コイル，加湿器の順に構成されています。

解答 冷却コイル，加熱コイル，加湿器

空調方式

1 空気調和の諸方式

空調方式には，大きく分けて**中央熱源方式**と**個別分散熱源方式**の2つの方式があり，空調のための熱を運ぶ媒体には，空気・水・冷媒の3つがあります。その媒体の種類によって**全空気方式**，**水ー空気方式**，**全水方式**，**冷媒方式**の4つに分類されています。ボイラや冷凍機などの熱源を建物内の機械室に集約し，空調を行なう単一ダクト方式やファンコイルユニット方式などは中央熱源方式の代表的なものです。一方，個別分散熱源方式の代表的な方式のパッケージユニット方式やマルチユニット方式などは，熱源を個別に分散させて建築物の各階または空調のゾーンごとに個別に空調を行ないます。

以下の表に，代表的な空調方式の分類を示します。

■空調方式の分類

熱源方式	熱媒方式	熱媒方式の概要	空調方式
中央熱源方式	全空気方式	空気を熱媒体に利用した方式で，ダクト方式ともいわれる。空調機から調和された空気のみをダクトによって室内に送る方式のこと。	定風量単一ダクト方式（CAV方式）
			変風量単一ダクト方式（VAV方式）
			二重ダクト方式
	水ー空気方式	熱搬送媒体に水と空気を併用するシステム。空調機で調和外気を室内に送り，室内窓際に設置したファンコイルユニットや放射パネルで処理した冷・温水を送る方式。	ダクト併用ファンコイルユニット方式
			ターミナルユニット方式
			放射冷暖房方式
	全水方式	室内に設置した空調機に冷温水を送って空調を行なう方式。小規模建築に適し，外気取り入れには別途換気設備の設置が必要。	ファンコイルユニット方式
個別分散熱源方式	冷媒方式	比較的新しい方式で，小型冷凍機を持ち冷却機内部で冷媒を直接膨張させて冷房を行なう個別方式。家庭用エアコンや独立設置型パッケージエアコン，ビルマルチ空調システムはこの方式を採っている。	パッケージユニット方式
			マルチユニット方式
			ルームエアコンディショナ方式

2 単一ダクト方式

119ページの図で示したように，中央機械室の空調機で処理された空気を1本のダクトから分岐したダクトで各室に送る方式で，もっとも基本的な空調方式です。

3 単一ダクト定風量方式（CAV方式）

一定風量で送風温度を調節して室温を制御する方式を**定風量方式**（CAV：Constant Air Volume）といいます。中央機械室の空調機で処理された空気を各室に，1本のダクトを通して吹き出します。

4 単一ダクト変風量方式（VAV方式）

送風温度は一定で，各室の熱負荷変動に応じて風量を変えて室温を制御する方式が**変風量方式**（VAV：Variable Air Volume）です。単一ダクトから送られてくる空気を，各室に設置した変風量ユニットにより風量を調節します。

補足

単一ダクト方式の短所と長所

<長所>
① 保安管理が容易
② 中間期の外気冷房で省エネが期待できる
③ 消音計画が容易

<短所>
① 各室個別制御不可
② 温湿度制御性に劣る
③ ダクトスペースが大きくなる
④ 将来の用途変更に対応しにくい

■単一ダクト定風量方式（CAV方式）

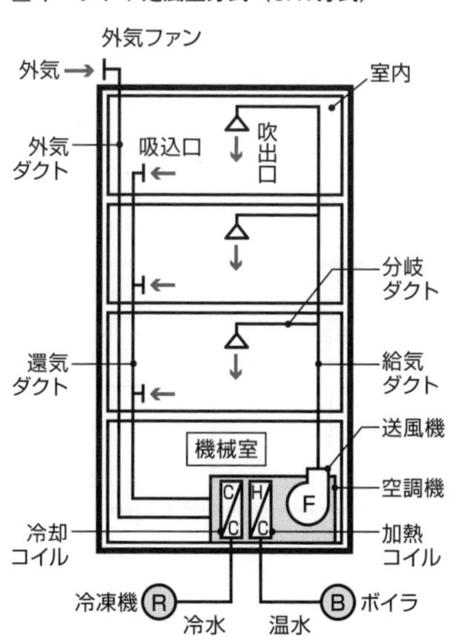

■単一ダクト変風量方式（VAV方式）

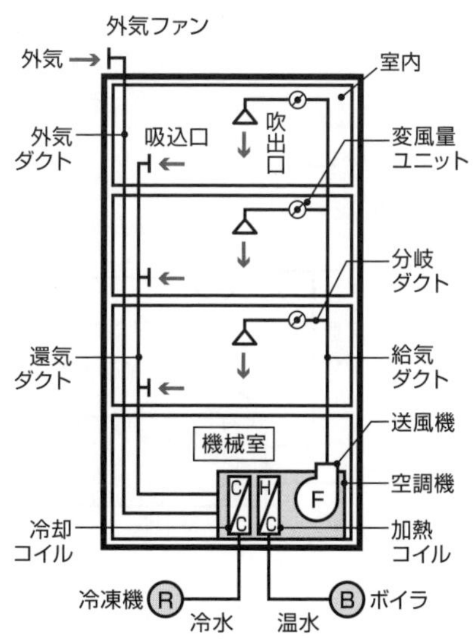

5 再燃コイル付き定風量単一ダクト方式（ターミナルレヒート方式）

一定温度の空気を，各室に設置した室内サーモスタットと各室に分岐したダクト途中に設けた**再熱器**（レヒータ）で温度調節を各室個別に行なう方式です。冷房時にも比較的低湿度の空気を送ることが可能ですが，一度冷やした空気を再度温めるのでエネルギー効率が低く，省エネルギーには適しません。精密な温湿度や恒温恒湿室を必要とする半導体工場や製薬工場，病院手術室や研究所，放射線施設などの産業用空調などが適用例としてありますが，近年ではあまり採用されていません。

■ターミナルレヒート方式

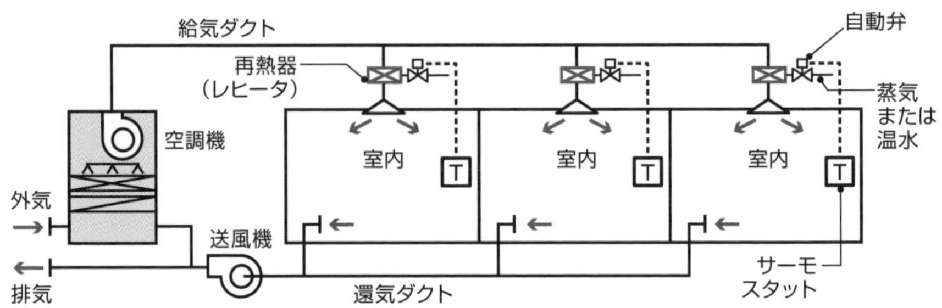

6 二重ダクト方式（デュアルダクト方式）

中央の空気調和機で別々に作った冷風と温風を2本のダクトで各室に送り，混合ユニットで冷·温風を混合して各室の負荷に応じて温度調節して用いる方式で，デュアルダクト方式とも呼ばれています。

■二重ダクト方式

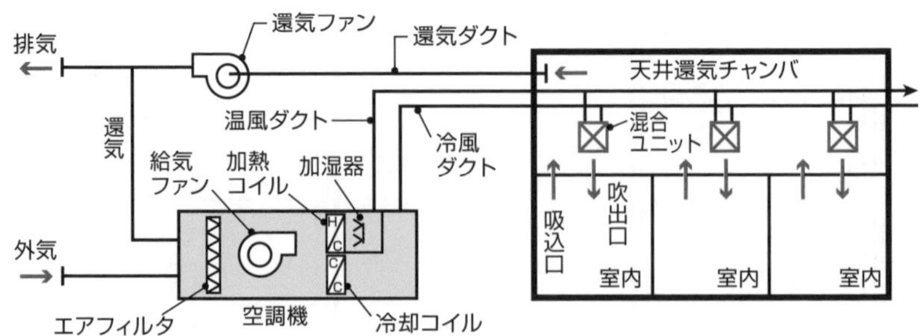

7 ファンコイルユニット方式

中央機械室から送られる冷温水を，各室に設置したファンコイルユニットで冷風や温風に変えて各室個別に温度調節する方式です。しかし，循環室内空気で空調するファンコイルユニットのみでは外気取り入れができないので，換気用の外気用空調機を設け，ダクトで各室に外気を送ります。これをダクト併用ファンコイルユニット方式といい，国内の中規模以上のオフィスビルでは標準的な方式です。また，暖房時には別途加湿器を設置するなど，加湿にも考慮が必要です。

ファンコイルユニットの配管方式には，2管式と4管式があり2管式は，冷温水を切り換えて使用する往き返り2管の往復配管です。4管式は，自由に冷暖房できるよう冷水系と温水系の配管が独立した専用往復配管を持っています。

■ファンコイルユニット方式

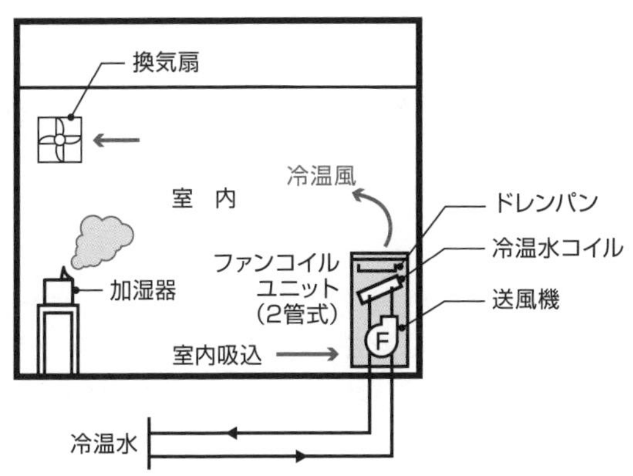

8 放射冷暖房方式

放射パネルとして天井や床面を冷却・加熱して，放射熱で快適な空気環境にする方式です。暖房時は温熱環境的にとても有効な方法ですが，冷房時は十分に湿度を下げないと天井や床面などの冷却面に結露が発生するため，注意が必要です。

変風量方式（VAV方式）の短所と長所

<長所>
① 個別制御が可能
② 送風量を増減して送風機を制御するので動力の節約になる
③ 吹出風量調整が容易

<短所>
① 潜熱によって風量が絞られ，湿度との関連性がとりにくい
② 冷房時の低風量状態のときにコールドドラフトが起きやすい

ドレンパン

しずくを受ける容器のことをいいます。

9 パッケージユニット方式

冷凍機やファン，エアフィルタ，自動制御機器などで構成される小型パッケージ空調機です。中央熱源をもらわない個別タイプで，ビルなどの各階に単独で設置してダクトで各室へ調和空気を送り，空調する方式です。

ユニット内に冷凍機を内蔵した冷房専用が一般的でしたが，近年では冷暖房両用のヒートポンプ方式が主流になりつつあります。

10 マルチユニット方式

1台の外調機（室外機）に複数台の室内機を冷媒管で接続して各室ごとに空調するヒートポンプによる空調方式です。基本構成は一般家庭で用いられるエアコンと同様で，ダクトは使用しません。また，マルチユニット方式は，単独では換気機能を持っていないので，別途換気システムの導入が必要です。

しかし，部分空調や個別制御が可能で，制御性のよさや設置の省スペース化などから中小規模のオフィスビルやマンションをはじめ，近年では機器の性能向上もあり，大規模ビルでも設置されるようになってきています。

マルチユニット方式などのヒートポンプには，利用する熱媒体によって2つの種類があり，1つは空気熱を利用した空気熱源ヒートポンプで，もう1つは水の熱を利用した水熱源ヒートポンプです。

11 各階ユニット方式

単一ダクト方式の空調機を，各階ごとに設置して空調する方式です。中央機械室の空調機から冷温水の供給を受け，さらに各階の二次空調機で調節して各室に調和空気を送ります。

12 インダクションユニット方式(誘引ユニット方式)

中央機械室の一次空調機で調整した一次空気を高圧にして各室に送り，各室においてそれを吹出しノズルから高速噴出させて室内の空気（二次空気）を誘引し，熱源装置で温度調節して空調する方式です。

13 エアハンドリングユニット

蒸気や温・冷水を受け入れて空気調和を行なうユニットで，ダクト方式の空調システムです。壁面設置型（壁掛型）や天井隠ぺい型（天井カセット型）などがあり，センサや制御盤内蔵のコンパクトなタイプもあります。

ファンコイルユニットの短所と長所

<長所>

① 各ユニットごとに調整でき，個別制御が可能
② 負荷変動時のファンコイルユニット増設可
③ 全空気方式に比べダクトスペースが小さい

<短所>

① 給気量が少ないため，外気冷房がしにくい
② 保安管理に人手必要
③ 高性能フィルタでの空気清浄ができない
④ 建築の室内平面計画上の支障となりえる

チャレンジ問題

問1　難　中　易

全空気方式の単一ダクト方式についての次の記述が正しければ○，誤っていれば×で答えよ。

全空気方式の単一ダクト方式は，自動制御用の検出器が設置されている代表室以外の室内も目標温度を維持できる。

解説

検出器が設置されている代表室のみでほかの室内は制御，維持することはできません。

解答　×

4 空気の浄化と換気

まとめ＆丸暗記

● この節の学習内容のまとめ ●

☐ 換気の種類

自然換気：風力換気と温度差換気（重力換気）がある

機械換気：第1種換気方式・第2種換気方式・第3種換気方式がある

☐ 空気浄化装置

空気浄化の原理：粘着式，静電式，ろ過式，吸着式，吸収式がある

空調機のフィルタの役目：室内の粉じん制御と空調機内の汚染防止

☐ ダクトとダンパ

建設設備のダクト：空調用，換気用，排煙用がある

ダンパの種類：風量調節ダンパ，防火ダンパ，防煙ダンパなどがある

☐ ポンプ

ポンプの特性曲線：揚程曲線，軸動力曲線，効率曲線，回転数など

ポンプの運転点：揚程曲線と抵抗曲線の交点

☐ 加湿器の種類と管理

気化式，蒸気式，水噴霧式がある。加湿器の水は飲料水の水質基準に適合したものを供給し，微生物の発生に対する管理が重要

☐ 室内空気の測定

室内空気汚染原因には生理現象，燃焼，生活行為によるものがあり，汚染物質はガス系，粉じん系物質，細菌類，放射性物質，臭気に大別

浮遊粉じん測定法：標準測定法，相対濃度測定法

ホルムアルデヒド測定法：精密測定法，簡易測定法

揮発性有機化合物の測定：GC-MS法

窒素酸化物の測定法：ザルツマン法，化学発光法，フィルタバッジ法

換気の方法

1 換気の目的と方式

換気は，室内の空気を外気と入れ替えることを目的としています。換気の目的とその概要には，以下のようなものがあります。

■換気の目的と概要

換気目的	換気概要	対象となる部屋
室内空気浄化	室内の汚染空気（粉じん・有毒ガス・臭気など）を室外に排出して，室外の新鮮な空気を供給	居室／トイレ／厨房／病室 など
熱除去	火や熱を発する電動機器などを扱う厨房や工場などの室内の熱を室外へ排除	厨房／機械室／屋根裏 など
酸素供給	室内にいる人や厨房などの燃焼機器の燃焼のための酸素を室外から供給	湯沸し室／厨房／ボイラ室 など
水蒸気除去	室内で発生した水蒸気や多湿になった空気を室外に排出し，結露を防ぐ	浴室／厨房／床下／屋根裏 など
臭気除去	タバコや調理によって発生する臭い，トイレ臭や体臭，更衣室や新築の室内の新建材などのこもった臭いの除去	居室／厨房／トイレ／更衣室 など

換気の方法には，大きく分けて**自然換気**と**機械換気**の2つの方式があります。

自然換気の別呼称
動力を使わないことからパッシブ換気ともいわれます。また，給排気に機械を使わないということから第4種換気といわれることもあります。

ベンチュリー効果を利用した換気
風通しのよい建物の屋根面に，小屋根やベンチレーター（換気筒）などを設けて，これらの排気装置を通り抜ける風の吸引作用によって室内の空気を排出して換気する方法です。

■自然換気と機械換気

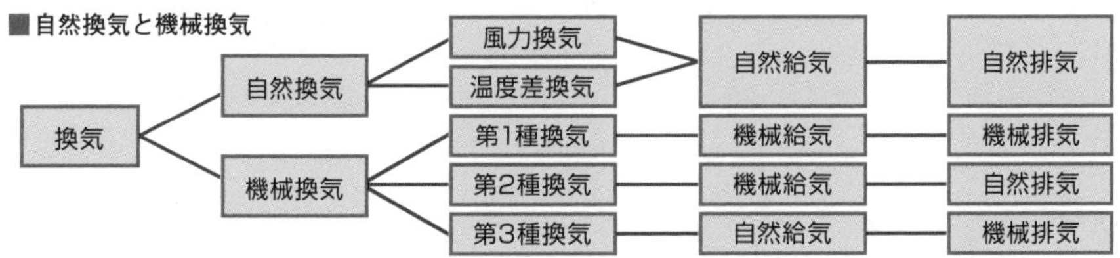

2 自然換気

自然換気には，自然の風による室内外の圧力差による**風力換気**と，建物内外の温度差で発生する空気密度の差（浮力）による**温度差換気**があります。建築基準法では，自然換気のみの場合には窓やそのほかの開口部の換気可能面積が該当居室の床面積の1/20以上なければならないと規定されています。

① **風力換気**

風力換気は，風が建物の外壁にあたった際に発生する風上側（正圧）と風下側（負圧）の**圧力差を利用した換気方法**です。風力換気の換気量は，外部風速，有効開口面積に比例し，開口部前後の圧力差の平方根に比例します。

② **温度差換気**

空気は，冷たい空気から暖かい空気の方へと流れる性質を持っています。これは空気密度の差によるもので，温度の高い空気は膨張して密度が小さいので比重が軽く上昇し，一方の冷たい空気は密度が大きいので比重が重く床付近に流入します。この温度差によって循環する空気の流れを利用した換気方法が温度差換気で，**重力換気**とも呼ばれています。温度差換気は，室内外の温度差および給・排気口の高低差があるほど換気量は多くなります。つまり，内外空気の密度差および温度差の平方根に比例し，開口部間の高低差の平方根に比例します。

■風力換気

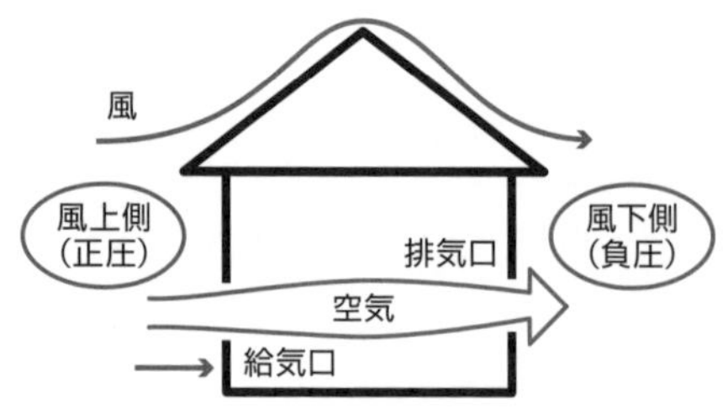

■温度差換気

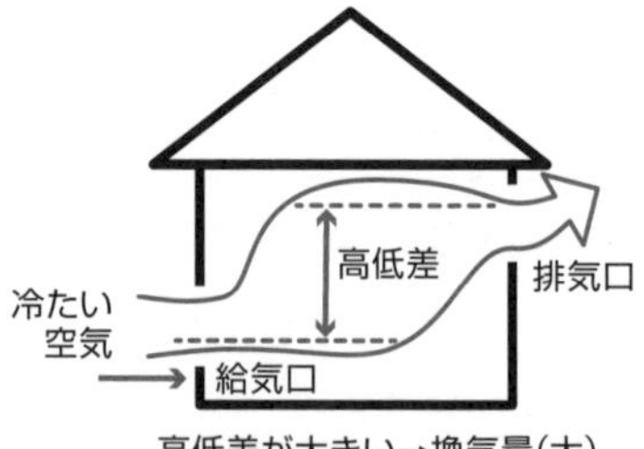

3 機械換気

機械換気は，ファンなどの動力を利用して換気する方法で，**人工換気**，**強制換気**ともいいます。給・排気ともに機械を使うか，給気あるいは排気のどちらかのみに機械を使うのかによって，**第1種換気・第2種換気・第3種換気**の3つの種類があります。

■機械換気の方式

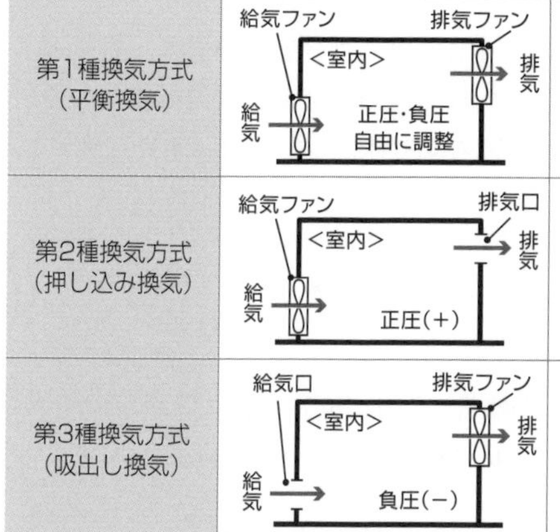

第1種換気方式（平衡換気）	給・排気ともに機械を使う方式。給気側，排気側双方を機械的にコントロールできるため，室内圧を自由に設定できる。一般事務所，地下駐車場，劇場などさまざまな建物で採用されている換気方式。
第2種換気方式（押し込み換気）	給気に機械，排気に自然排気口を使う方式。押込まれた空気により室内圧は常に正圧となり，室内に汚染物質が侵入するのを防ぐことができる。手術室やクリーンルーム，ボイラ室などに適した換気方式。
第3種換気方式（吸出し換気）	給気に自然給気，排気に機械を使う方式。機械で強制的に排気を行なうので，室内圧は常に負圧になります。トイレ，キッチン，湯沸し室など臭気や熱，水蒸気などが発生する室内に適した換気方式。

4 局所換気と全般換気

局所換気は，換気したい箇所にフードなどを設けて汚染物質を直接排気できるよう局所的に換気します。キッチンや浴室，トイレなどの換気がこれにあたります。一方，全般換気は，建物全体を1つの空間として換気する方法です。

5 清浄空気の流し方

給気から排気までの空気の流し方の方式です。

① 整流方式

清浄空気を一方向の流れとなるように室内に取り入れ，汚染物質を室内に拡散させることなく排気口へ押し出す方式で，クリーンルームなどで採用されています。

② 乱流方式

清浄空気を室内の多方向に流して行なう換気方式です。

③ 混合方式

清浄空気と室内空気を混合して室内に送気する方式で，一般事務室や会議室などで採用されています。

排気フード
局所換気に使用される排気フードには，主に厨房などに用いられる開放型フードと，学校や研究施設などで用いられる囲い型フードの2つの種類があります。

全般換気
全般換気は希釈換気ともいわれます。

6 外気導入率

外気導入率とは，空気調和設備系統による外気の導入割合をいいます。外気導入率を求める式は，以下のようになります。ただし，この空気調和設備は空気の受け送りをしている状態で，汚染物質そのものを減らす機能はない場合のものです。

$$CS = xCo + (1-x)CR$$

外気濃度：Co[ppm，mg/m^3，あるいは%]
還気濃度（室内から空調設備に入る空気濃度）：CR[ppm，mg/m^3，あるいは%]
空気調和設備からの吹出口濃度：CS[ppm，mg/m^3，あるいは%]
外気導入率：x[－]

7 外気取り入れ量

空調室内の空気汚染抑止のために取り入れる，外部の新鮮な空気の量を**外気取り入れ量**といいます。外気取り入れ量は，時間あたりの空気導入量[m^3/h]と時間あたりの入れ替え回数[回/h]で表されます。入れ替え回数で表す場合は，室内の気積[m^3]を掛けることで時間あたりの空気導入量に換算できます。

時間あたり空気導入量[m^3/h]=室内の気積[m^3]×入れ替え回数[回/h]

建築基準法では，機械換気設備を設ける建築物での必要換気量として20m^3/[人・h]が義務づけられており，建築規模や使用目的によって基準が定められています。1人あたりの換気量と面積あたりの換気量は以下の通りです。

■所要換気量

	1人あたりの換気量 m^3/[人・h]	面積あたりの換気量 m^3/[m^2・h]
教室	30～60	20
事務室	30	12
工場	40～60	15
レストラン	30	25
病室（個室）	60	15

8 たばこと換気

厚生労働省の「職場における受動喫煙防止対策に関する検討会」では，0.15mg/m^3を基準とした場合の喫煙1本あたりの浮遊粉じん発生量に対する必要換気量は，130m^3/本を換気基準としています。

たばこ1本あたり，喫煙者に対しては約15m^3/h，非喫煙者に対してはその2倍の換気が必要といわれています。

たばこ1本あたりの煙からの主な物質発生量と必要換気量

① 粉じん
発生量：12mg/本
必要換気量：130m^3/本
② 一酸化炭素
発生量：42mL/本
必要換気量：4.2m^3/本
③ 二酸化炭素
発生量：2.2L/本
必要換気量：3.7m^3/本

9 汚染物質清浄のための換気量の計算

人は，呼吸することによってCO_2（二酸化炭素）を空気中に排出しています。換気は，CO_2濃度を低減させるために有効で，換気のために取り入れる新鮮な空気の量を**必要換気量**といいます。

建築基準法では，喫煙者や燃焼機器などがない一般的な居室で，人の呼吸のみを基準にした場合の必要換気量を人1人につき1時間あたり**20m^3**以上としていますが，これは成人が静かに腰掛けている状態のCO_2発生量（0.013[m^3／h・人]）を想定した値を基準としています。しかし，実際には30m^3程度の換気量が必要とされています。

必要換気量は，CO_2濃度の許容量を基準にして以下のような計算式（ザイデルの式）で求めることができます。

$$Q=\frac{K}{P_i-P_o}$$

Q：必要換気量[m^3/h]
K：在室者1人あたりのCO_2発生量[m^3/h]
Pi：室内のCO_2許容濃度[m^3/m^3]
Po：外気のCO_2濃度[m^3/m^3]

なお，必要換気量は在室者の人数によってその値は大きく変動します。先の計算式で求めた値は毎時1人あたりの必要換気量ですが，これに在室者の人数を掛けるとその部屋全体の必要換気量が算出できます。

また，室内空気が汚染される状況においては，その室内にある空気の大小によっても必要換気量の値は異なります。

■作業強度別人のCO_2発生量

作業強度	作業例	CO_2発生量 [m³/h・人]
安　静	休　息	0.013
事務作業	事務作業	0.02
極軽作業	休憩・食事	0.022
軽 作 業	軽腰掛作業・炊事	0.030
中等作業	歩行（80m/分）・ダンス	0.046
重 作 業	歩行（100m/分）	0.074

■人1人あたりの必要換気量［m³／h・人］

作業強度	外気CO_2濃度［ppm］				
	300	350	400	500	600
安　静	19	20	22	26	33
事務作業	29	31	33	40	50
極軽作業	31	34	37	44	55
軽 作 業	43	46	50	60	75
中等作業	66	71	77	92	115
重 作 業	106	114	123	148	185

10 温度の上昇による換気量の計算

室内の温度上昇時における，熱排出のための必要換気量は以下の計算式により求めることができます。

$$Q=\frac{H}{\lambda\,(t_i-t_o)}$$

Q：必要換気量［m³/h］
H：室内の発熱量［kJ/h］
λ：室内の比熱［kJ/(m³・K)］
t_i：保つべき室内温度［℃］
t_o：外気温度［℃］

この場合，一般にλ=0.28kJ/(m³・K）ですが，この式による換気量は大きくなります。したがって，換気方法としては，局所換気とするとよいでしょう。

11 換気回数

必要換気量を，その部屋の容積で割った値が**必要換気回数**［回/h］で，以下の計算式により求めます。

$$N=\frac{Q}{V}$$

N：必要換気回数［回/h］　Q：必要換気量［m^3/h］
V：部屋の容積［m^3］

12 燃焼に必要な空気と排ガス量

燃料と空気の完全混合は不可能で，実際の燃焼には理論値より1.2倍程度の空気が必要となり，排ガス量も増加します。

■燃焼に必要な理論空気量および理論排ガス量

燃　料	発熱量	理論空気量	発生CO_2	理論排ガス量	備　考
製造ガス	20.9 MJ/m^3	4.58 m^3/m^3	0.5 m^3/m^3	5.34 m^3/m^3	
天然ガス	39.8 MJ/m^3	7.89 m^3/m^3	0.98 m^3/m^3	9.17 m^3/m^3	メタン98%のガス
LPガス	51.0 MJ/m^3	13.3 m^3/kg	2.75 m^3/kg	15.43 m^3/kg	プロパン98.6%のガス
灯　油	44.0 MJ/m^3	10.9 m^3/kg	1.57 m^3/kg	11.61 m^3/kg	

必要換気回数の目安
一般的な住宅の居室で2～3回程度，熱や臭気，一酸化炭素など汚染物質の発生量が多いレストラン厨房などで30～60回程度の必要換気量が求められます。

すきま風
建築物におけるすきま風は，温度差および風速が大きくなると内外圧力差が増し，漏気量が増えるといわれています。漏気は換気効率の悪化や，冷暖房の熱損失も大きくなります。

理論発生排ガス量の倍数
建築基準法は，燃焼器具についてその燃料消費による理論発生排ガス量に対する一定の倍数の換気量を要求しています。
開放式：40倍
フード付き：20倍
排気筒直結式：2倍

4 空気の浄化と換気

チャレンジ問題

問1　難　中　易

機械換気についての次の記述が正しければ○，誤っていれば×で答えよ。
第2種換気方式は，主にキッチンやトイレなどで使用される換気方式である。

解説
第2種換気方式は，ボイラ室や発電機械室などで用いられます。

解答　×

空気浄化装置とエアフィルタ

1 空気浄化装置の方式別分類

空気調和機に内蔵される**空気浄化装置**は，空気中の主に粉じんなどの汚染物質をろ材（エアフィルタ）でろ過，あるいは吸着などをして除去し，室内空気の清浄を保つための装置です。

さらに，空気調和機内の冷却・加熱コイルや送風機への粉じん付着による性能低下を防ぐ働きもあります。

空気浄化装置は，浄化原理による方式別に大きく分けて以下のような種類に分類されます。

■空気浄化装置の方式

浄化原理（方式）	捕集方法など	用途・特徴など
粘着式	粘着油などに浸した金網・金属板などへ空気中の粉じんを衝突させて付着・除じんする方式	比較的大きな粉じんに用いる
静電式	空気中の粉じんを帯電させ，高圧電界によって荷電・吸着除去する方式。2段荷電方式，誘電ろ材式がある	空調用の静電式では一般に，オゾン発生量の少ない陽極放電が用いられる
ろ過式	ガラス繊維や合成繊維不織布などの中を粉じんを通過させ，拡散・衝突・さえぎりなどによって除じんする方式	代表的なものに，ユニット型，自動巻取型がある

このほかにも，有害ガスなどを吸着して除去する**吸着方式**や，吸収液でガスを洗浄して有害ガスなどを吸収除去する**吸収方式**もあります。吸着フィルタの代表的なものには，活性炭フィルタがあります。

2 エアフィルタの種類

空気浄化装置に装備されるエアフィルタにはさまざまな種類があり，使用する場所や用途によって使われるエアフィルタも異なります。以下のほかにも，海岸付近などでは塩害対策用の除塩フィルタを空調機内に設置する場合もあります。

■ エアフィルタの種類

エアフィルタ	概　要	主な使用施設など
ユニット型フィルタ	ろ材をユニット型の枠内に納めたもので，乾式と粘着式とがある	オフィスビルや商業施設などに広く用いられる
高性能エアフィルタ（HEPAフィルタ）	ろ材に特殊加工を施したガラス繊維を使用。ろ材面を広くするため，金属箔のセパレータを入れて間隔を保っている	クリーンルームなど
自動巻取型フィルタ	ロール状に巻いたろ材を自動的に巻き取り，1巻で約1年使用できる。ガラス繊維，不織布，特殊ろ紙などが用いられる	保安管理の容易なことから一般ビル，工場など
静電式電気集じん機	二段荷電式の電気集じん機，一段荷電式の誘電ろ材型がある	病院，精密機械室など
キャピラリフィルタ	ガラス繊維やプラスチック繊維のろ材に，水あるいは薬品を噴霧し，空気と液の接触面を広くとり集じんする	亜硫酸ガスやインクミストなどの除去
活性炭フィルタ	平行な多孔板でジグザグした断面に活性炭を充填したフィルタを使用	空気中の有毒ガスや臭気などを除去

ユニット型フィルタは，空気調和機やフィルタユニットへの収まりがよく，風量に応じたフィルタ枚数の調節が可能で，ろ材も乾式・粘着式のどちらにも対応ができるため，除去対象の粉じん粒径や捕集効率によって使い分けることができます。そのため，一般の建築物から商業，工業施設など多くの建築物において広く使われています。

エアフィルタの取替え時期
フィルタの取替えは，圧力損失が初期損失の2倍になった時期に行ないます。フィルタが目詰まりを起こすと，一般に室内の粉じん濃度は増加します。なお，フィルタは，粉じん保持容量が大きいほど長寿命です。

3 エアフィルタの性能評価

定格風量時の**汚染除去率**，**圧力損失**，**汚染除去容量**の値によって，エアフィルタの性能を示すことができます。

① **汚染除去率**

汚染物質がエアフィルタを通過した際に，エアフィルタによって汚染物質が除去される割合のことで，パーセントで示されます。

除去される汚染物質が粉じんの場合は**粉じん除去率**といい，有毒ガスの場合は，**ガス除去率**といいます。

② **汚染除去容量**

エアフィルタが，使用限度いっぱいまで保持することが可能な汚染物質の質量で示される値です。**粉じん保持容量**と，**ガス除去容量**とがあります。

粉じん保持容量：一般的に，圧力損失が初期値の2倍となるまでの量を示しますが，粉じん捕集率が最高値の85%に低下するまでにフィルタが捕集した粉じん量として示す場合もあります。

ガス除去容量：ガス除去率が規定値の85%に低下するまでに捕集された有害ガス重量として示されます。

③ **圧力損失**

エアフィルタに汚染物質を含んだ空気が通過するとき，空気の流れが妨げられて抵抗が生じます。圧力損失とは，フィルタを空気が通過する際の空気抵抗による空気圧の損失のことで，フィルタをある処理風量で使用したときの空気圧（静圧）の差圧値（低下値）をいいます。圧力損失は，静圧の差を測定することで計測でき，計測器は微差圧計を用い，単位はPa（パスカル）で表示します。圧力損失は，粉じん捕集が進むほど上昇しますが，清浄空気の風量は減少していくので，フィルタの清掃に配慮する必要があります。

4 捕集率

粉じんを捕集する効果を示した値が捕集率で，捕集率の測定には以下の3つの方法があります。

■捕集率の測定方法

測定方法	適　用
重量法（質量法）	一般に粗い粉じん（粗じん）用フィルタに用いられる
比色法	やや微細な粉じんを捕集する中性能フィルタに用いられる
計数法	ごく微細な粉じんを捕集する高機能フィルタに用いられる

また，汚染物質の捕集率は以下の計算式で求められます。

$$捕集率 = \left(1 - \frac{捕集後濃度}{捕集前濃度}\right) \times 100 \quad [\%]$$

捕集率の測定
3つの測定方法がありますが，それぞれ測定する粉じんが異なることに注意が必要です。

チャレンジ問題

問1　難　中　易

空気浄化装置に関する次の記述のうち，もっとも不適当なものはどれか。

(1) ろ過式空気浄化装置は，拡散作用を利用して粉じんを繊維に捕集する。
(2) 静電式空気浄化装置は，高圧電界による荷電および吸引吸着によって粉じんを捕集する。
(3) 粉じん捕集率は，質量法，比色法，計数法のいずれの方法によっても，ほぼ同じ数値が得られる。
(4) HEPAフィルタは，クリーンルームなどのろ過式の空気浄化装置に用いられる。
(5) 活性炭フィルタは，ガスフィルタの一種である。

解説

質量法，比色法，計数法の粉じん測定法は，それぞれ測定する粉じんの性状が異なるので，一様に比較することは難しい。

解答 (3)

ダクトとダンパ

1 ダクト

空気調和機などの送風機から送られた空気を搬送するための管がダクトで，空気の通り道という意味で風道とも呼ばれています。建設設備で用いられるダクトには，以下のような種類があります。

■ダクトの種類

空調ダクト	温・湿度のコントロールのために設置されるダクトで，冷温風や新鮮外気を室内まで搬送する
換気ダクト（給排気ダクト）	機械室・電気室・トイレ・湯沸し室などで発生する熱や臭気，汚染物質を搬送するダクトで，人がいる建物には法的に設置が義務づけられている
排煙ダクト	火災時に発生する煙を外に搬送するダクト

ダクトは，断面の形状から角ダクト，丸ダクト，オーバルダクトなどがあります。また，材質としては鋼板に亜鉛めっきを施した亜鉛鉄板製のものが主流ですが，使用する場所や搬送する空気によってステンレス製，硬質塩化ビニル製など，耐湿性や耐食性のある材質のものが使われています。

さらに，ダクト内の風速が15m/s以上のものを高速ダクト，それ以下のものを低速ダクトといい，一般に空気抵抗の少ない丸ダクトは高速ダクトに，丸ダクトと比較して抵抗の多い角ダクトは低速ダクトに用いられています。

■ダクトの形状

角ダクト	丸ダクト	オーバルダクト
矩形ダクトともいい，一般的に低速ダクトに使用される	板状の鋼材をらせん状に巻いて円形としたスパイラルダクトが一般的で，高速ダクトに使用される	収まりのよい角ダクトと，空気抵抗の少ない丸ダクトの中間的な特性を持つ

2 ダクトのアスペクト比

角ダクトの断面形状は正方形に近いほど抵抗が少なく，よりスムーズに風を通すことができますが，設置場所の制約などにより扁平な長方形となる場合もあります。そこで，ダクト断面の長辺と短辺の比であるアスペクト比が設定されています。アスペクト比は正方形が1で，値が小さいほど抵抗も少なく，1.5～2程度が理想的ですが，4以下となるようにするのが一般的です。

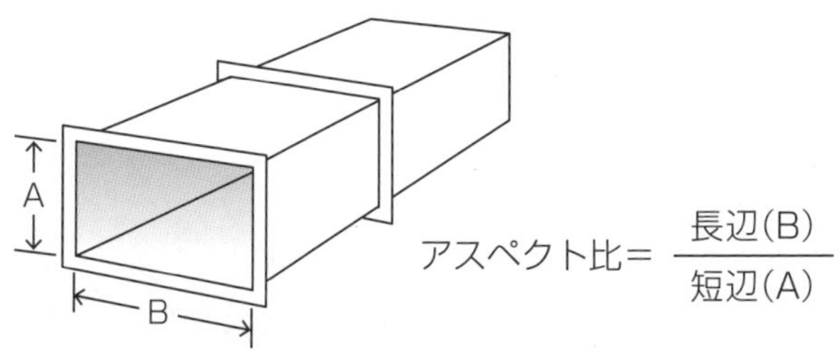

ダクト内の圧力分布
ダクト内に空気を通すと，空気が持っている粘性によってダクト表面に抵抗が生じて，空気が通りにくくなったり，ダンパなどの付属品を通過する際の気流の乱れなどで同じく抵抗が生じます。そのため，設計時にはダクトの空気抵抗を計算し，その抵抗よりも大きな静圧を持つ送風機を選ぶ必要があります。

3 ダクトの風圧と風圧測定法

ダクト内には，全圧・静圧・動圧の3つの圧力があり，全圧=静圧+動圧といった関係となります。また，ダクト内風圧の測定法として，ダクト表面に直角な穴を通してU字管を用いて測定する方法があります。

■ダクトの風圧測定法

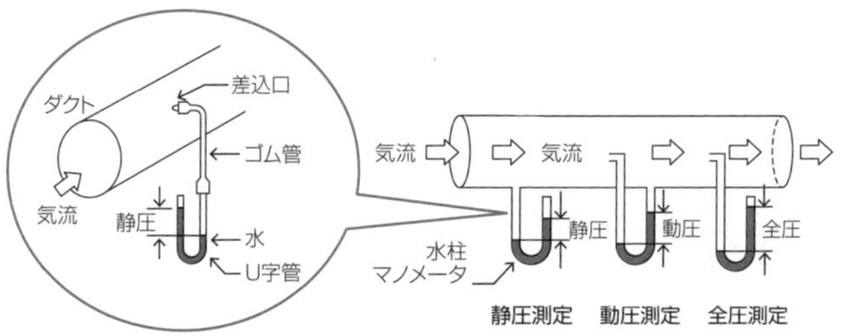

静圧：大気開放した端とダクト壁につないだ端との差圧を求める
動圧：他端をダクト壁の別な位置につなぐ
全圧：他端は大気開放とする
※動圧と全圧はダクト内気流を受ける形で動圧を受けます

4 ダンパ

ダクト内を通過する風量を調節，あるいは遮断するための装置がダンパです。銅板製の可動羽根の角度を変えて流路を開閉します。ダンパの代表的なものに，以下のようなものがあります。

① **風量調節ダンパ（VD：Volume Damper）**
ダンパ外部の手動ハンドルで羽根を動かして風量調節をします。ボリュームダンパともいわれます。

② **逆流防止ダンパ（CD：Check Damper）**
ダクト内の気流を一方向に固定して，逆方向から入る空気を遮断するダンパです。チャッキダンパとも呼ばれます。

③ **防火ダンパ（FD：Fire Damper）**
ダクトが防火区画を貫通する箇所に設けるダンパで，火災時の延焼防止の役割を果たし，ファイヤダンパともいわれます。内蔵された温度ヒューズが火災の温度上昇を感知し，設定された温度まで達するとヒューズが溶けて羽根が閉まる構造になっています。ほかに，風量調節ダンパ（FVD）という，通常は風量調節，火災時には防火ダンパとして作動するものもあります。

④ **防炎ダンパ（SD：Smoke Damper）**
設置された煙感知器と連動して作動するダンパで，ダンパを通して広がる煙を遮断するダンパです。防煙と防火どちらの機能も兼ね備えた，防煙防火ダンパ（SFD）といったダンパもあります。

⑤ **分岐ダンパ（BD：Balance Damper）**
ダクトの分岐箇所に設けて，風量配分や風量を増減するために用いられるダンパです。バランスダンパ，あるいはブランチダンパとも呼ばれます。

5 吹出口および吸込口

吹出口および吸込口とは，空気調和や換気用として室内への空気の吹込みや室内から空気を吸込む器具です。これらはダクトに接続して取付けられ，主に天井面や壁面，まれに床面などに取付けられます。本体には，アルミニウム材や鋼板といった材質が使われています。

吹出口は，空気調和する室内全体に適切に行き渡るように気流特性を持たせています。この気流特性はふく流と軸流の2つがありますが，ふく流吹出口は主に天井面に取付けられ，気流を吹出口全体から放射状に吹出します。一方，軸方向に気流を吹出す軸流吹出口は，一般に壁面や天井面に取付けられます。

吸込口は単に空気を吸込む機能のみのため，吹出口より簡単な形状のものが多く，固定羽根のグリル形のものが多用されていますが，意匠面などを考慮して羽根ではなく，パンチングメタルなどを取付けた吸込口もあります。吸込口はリターングリルとも呼ばれています。

ふく流吹出口と軸流吹出口

ふく流吹出口には，アネモ型吹出口，パン型吹出口，ルーバ型吹出口などがあります。また，軸流吹出口には，ノズル型吹出口，ライン状吹出口，グリル型吹出口などがあります（115ページ表「主な吹出口の種類と用途」参照）。

6 ターミナルユニット

ターミナルユニットは，空調ダクトの途中に設けて風量や温度，空気の混合などを制御する装置です。ターミナルユニットの主なものに，以下の2つがあります。

① **定風量ユニット（CAV：Constant Air Volume）**
ダクト内の圧力変動に応じて自動的に通過する風量を一定に制御する装置です。

② **変風量ユニット（VAV：Variable Air Volume）**
負荷変動に応じて給気量を制御するための装置で，変風量方式の空気調和システムに用いられます。変風量ユニットには，以下の2種類があります。

絞り式：定風量と同機構で，室内温度によってその設定値を変え，送風量を変えるものです。

バイパス式：風量の一部をバイパスさせて天井内などに放出して室内への送風量を変えるもので，一般に小規模設備に用いられます。

7 消音装置

空気調和機や送風機，ダクトのダンパや曲がり部分などで発生する空気調和設備の騒音は，その室内にいる人にとって有害で，室内環境を悪化させる要因ともなります。したがって，騒音防止のためにも要所に**消音装置**を設置することが不可欠です。

消音装置は，その設置箇所や騒音の特性に応じた対応が用いられます。ダクト内の騒音には，消音材を内張りする方法や吸音材を内張りした吸音ボックス，マフラー型吸音装置などがあります。ダクト内に吸音材を内張りする装置の場合，低音波領域には効果が少ない一方で中高周波領域においては効果が増す特性があり，その**減衰特性**に配慮する必要があります。

チャレンジ問題

問 1　　難　**中**　易

ダクト系に関する次の記述のうち，もっとも不適当なものはどれか。

(1) 吸込み気流には，吹出し気流のような指向性がない。

(2) 防火ダンパは，防火区画を貫通するダクト内に設置され，温度ヒューズによって流路を遮断する。

(3) 定風量ユニットは，ダクト内の圧力が変化しても常に一定の風量を維持する。

(4) アネモ型吹出口は，ふく流吹出口に分類される。

(5) 吸音内張りダクトの騒音の減衰特性は，低周波数域では大きいが，中高周波数域では小さい。

解説

吸音内張りダクトの騒音の減衰特性は，低周波数域では小さく，中高周波数域では大きい。

解答 (5)

通風と送風量について

1 通風

室内に新鮮な空気を通して換気することを通風といいます。効果的な換気のためには，通風経路および速度をよく検討することが大切です。

しかし，換気向上のために室内気流を増大させすぎると体感的にも作業的にも不快な状態となってしまうため，建築物衛生法の管理基準では室内気流を0.5m/s以下にしなければならないと規定されています。

このような点を考慮しつつ，自然通風による室内換気では，屋外の風圧力の影響に気をつけ，四季の中でも特に夏場の最多風向に合わせた方角に給気開口部を設けます。さらに，室内外の温度差で換気を行なう場合は，密度の低い高温空気は室内上部にたまるため，排気開口部を高い位置に設けるようにします。

また，機械換気を行なう場合には，排気口や給気口から流入する新鮮空気が室内の汚染空気と効率よく入れ替わるような通風を計画することが大切です。

オイラー方程式
通風に関する理論式に，オイラー（Euler)の連続方程式があります。たとえば，南側流入口①の面積S1，流速V1の場合，流量Q1=S1V1となります。また，北側の流出口②の面積S2，流速V2の場合は，流量Q2=S2V2となり，流入量Q1と流出量Q2は等しくなるというものです。

2 送風量決定の手順

空気調和機の送風量を決定する方法の手順は，一般的に以下の5段階により決定します。

① 空気調和機が受け持つ空間の冷房室の顕熱負荷および潜熱負荷を用いて，**顕熱比**（SHF：Sensible Heat Factor）を計算します。

② 湿り空気線図上で作図し，室内吹出し状態点および冷却コイル出口空気状態点を決めます。
③ 吹出し温度差（冷房吹出し温度および室温との差）を確認します。
④ 吹出し温度差より空気調和機の送風量を算出し，必要換気回数を満たしているかを確認します。必要換気回数に満たない場合は，必要換気回数から風量を決定します。
⑤ 空間の吹出し風量を算出します。

また，送風量決定時には，以下の3要素に注意します。

① 室内負荷の処理
② 室内清浄度の保持
③ 居住域のコールドドラフト，室内温度上下差の防御

確実に室内熱負荷処理を行なうために，冷房時の負荷条件を満たすように検討し，室内の清浄度を保つためにある程度以上の換気回数で室内空気を循環することが大切です。

3 送風量計算

送風量を求める計算は，以下の式で求めることができます。

$$G=\frac{q_s}{C_p(t_r-t_d)} \cdots\cdots\cdots\cdots\cdots\cdots\cdots\cdots \text{式①}$$

G：送風量［kg/s］　qs：顕熱負荷［kW］　tr：室温［℃］　td：吹出し空気温度［℃］

ここで，Cpは吹出し空気の定圧比熱ですが通常は乾燥空気の定圧比熱Cpaを使用します。Cpaは1.006［kJ/(kg・K)］です。したがって以下のようになります。

$$G=\frac{q_s}{1.006\times(t_r-t_d)}\fallingdotseq\frac{q_s}{(t_r-t_d)}\cdots\cdots\cdots \text{式②}$$

4 送風機

送風機はファンとも呼ばれ，モータの回転を利用して空気に運動エネルギーを与え，ダクトや管に圧送する機械です。送風機は空調設備に欠かすことのできない装置で，空気調和機の中やダクト中継点，冷却塔の中などに設置されています。空気調和に用いるものは，一般に低速用では吐出圧として1kPa以下のものがほとんどで，高速用でも3kPaほどです。

送風機を使用することによって，より遠くへ空気を送り出したり，空気を撹拌・循環させたり，放熱や換気のためにも使われ，その使用目的はさまざまです。

送風機は，羽根車の回転軸と空気の流れる方向によって，以下の4つの方式に大きく分けられ，方式ごとにファンの形状によって各種送風機があります。

送風機の相似則

一般的に送風機は相似に設計されるため，同種送風機については以下のような相似則が成立します。

①風量は回転数に比例
　Q1/Q2=N1/N2

②風圧は回転数の2乗に比例
　$P1/P2=(N1/N2)^2$

③軸動力は回転数の3乗に比例
　$L1/L2=(N1/N2)^3$

① 遠心式

軸方向より空気を吸込み，遠心方向（軸に対して直角）に送風します。

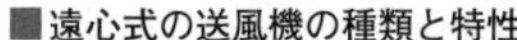

■遠心式の送風機の種類と特性

送風機の種類	風量 [m³/min]	静圧 [Pa]	ファンの形状	特性	適用
シロッコファン（多翼送風機）	10～2000	100～1230	回転方向に対して幅の狭い多数の前向きの羽根が羽根車に取付けられている	風圧変化による風量および動力変化は比較的大きく，風量増加で軸動力も増加する	低速ダクト空調機，レンジフードファン，浴室の天井扇など
リミットロードファン	20～3000	100～1500	12～16枚の後方にわん曲したS字型の羽根を持つ	運転動力にリミット性を備え，風量が一定値以上に上昇しないため，過負荷になりにくい	高速ダクト空調機，産業用など
エアホイルファン（翼形送風機）	30～2500	1230～2450	10～16枚の飛行機の翼のような翼形の断面形状の羽根を持つ	空気の流れに無理がなく，高効率で騒音も少ない。騒音レベルが低く，大風量に適している	高速ダクト空調機など
ターボファン（後向き羽根送風機）	30～2500	1230～2450	幅広の後向き羽根が羽根車に取付けられている。羽根の数は12～18枚程度	丈夫で効率がよく，高圧高速で空気圧送するため，高速ダクトに用いられる	高速ダクト空調機など

② 軸流式

プロペラの回転で軸方向より空気を吸込み，軸方向に送風します。効率的な送風ができますが，騒音値が高いという問題点もあります。

■軸流式の送風機の種類と特性

送風機の種類	風量 [m³/min]	静圧 [Pa]	ファンの形状	特性	適用
プロペラファン	20～500	0～100	プロペラ形の羽根で構成される	プロペラの回転により空気が軸と同方向に流れ，低圧力で大風量を処理するのに適している	換気扇，ユニットヒータ，ユニットクーラ，小型冷却塔など
チューブ形ファン	500～5000	50～150	羽根車を筒状のケーシングの中に納めている	高効率・高圧力で，直線的にダクトに接続できるのでダクト途中に挿入して使用される	局所通風，大型冷却塔など
ベーン付きファン	40～2000	100～790	羽根車の上流または下流側に室内羽根を付けている	チューブ形ファンよりもさらに圧力が高く，効率もよい	高速ダクト空調機，産業用など

③ 斜流式

軸方向から空気を吸込み，軸の斜め方向に送風します。ケーシングや整流板で流れを変えて軸方向へ送風することもでき，遠心式と軸流式の中間的な性質を持っています。風量は10～300m³/min，静圧は100～590Paで，ダクトファンとして多用され，騒音が小さくコンパクトなことから，トイレなどの局所換気に用いられています。

④ 横流式

羽根車の一方の半径方向から空気を吸込み，直角（90度）の半径方向から送風する送風機で，空気は軸を巻き込むように流れます。小型・軸方向に長い・小風量という特徴があります。風圧は低く，効率もよくありません。また，静圧が低いので，高速ダクトに使用することはできません。風量は3～20m³/min，静圧は0～8Paで，ファンコイルユニットやエアカーテンに多用されています。

2 送風機の運転特性

送風機の運転特性には，以下の3つがあります。

① 特性曲線

送風機の性能は，特性曲線（性能曲線）で表します。横軸に風量をとり，縦軸に静圧をとって風圧・送風機効率・軸動力・騒音をグラフ化したものです。風量が0のときに，送風機効率も0となります。また，軸動力は基本的に右上がりとなります。

■ 送風機の特性曲線

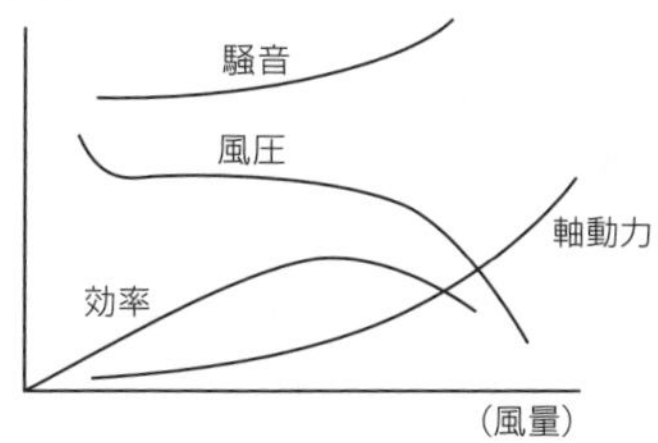

② 送風機の直列運転と並列運転

同じ特性の送風機を2台，直列または並列につないで運転すると，特性を変化させることができます。

直列運転した場合は，風量に応じて最大静圧が2倍になります。ダクト抵抗が以前より変化がないとき，風量はQ_1からQ_2へ増加します。並列運転した場合には，圧力に応じて最大風量が1台運転時の2倍となります。ここでも直列運転同様，ダクト抵抗が以前より変化がないとき，風量はQ_1からQ_2へ増加します。

■ 送風機の直列と並列運転時の特性曲線

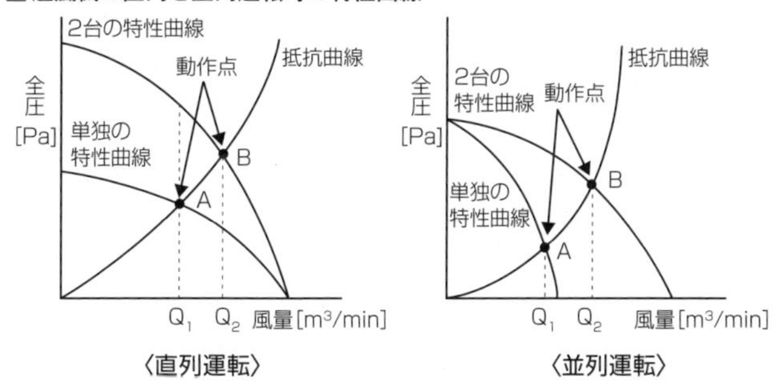

送風機の振動
送風機の振動の原因には，アンカーボルトのゆるみ，羽根車のバランス不良，ベアリングの摩耗，ベルトのゆるみなどが考えられます。

3 送風機の風量制御

送風機の風量制御には，台数制御，吐出ダンパ制御，インバータによる速度制御，吸入ダンパ制御，ベーンコントロール，可変翼制御などがあります。

チャレンジ問題

問1　難　中　易

送風機に関する次の記述のうち，もっとも不適当なものはどれか。

(1) 多翼送風機（シロッコファン）は，低速ダクト空気調和用として使用される。
(2) リミットロードファンは，所要静圧が小さいダクト系に適している。
(3) 斜流式送風機はダクトの中間に設置され，トイレなどの局所換気に使用される。
(4) プロペラ型軸流送風機は，小型冷却塔などに用いられる。
(5) 横流式送風機は，エアーカーテンなどに用いられる。

解説

リミットロードファンは，高圧力を必要とする場合に適した送風機です。

解答 (2)

問2　難　中　易

送風機に関する次の記述のうち，もっとも不適切なのはどれか。

(1) 送風機は，ファンとブロアに分類される。
(2) 遠心式送風機は，空気が軸方向から入り，径方向に通り抜ける構造である。
(3) 送風機の特性曲線は，グラフの横軸に風量をとり，縦軸に各風量における圧力・効率・軸動力・騒音をとって表したものである。
(4) 横流式送風機は，空気が羽根車の外周の一部から入り，反対側の外周の一部へ通り抜ける構造である。
(5) 軸流式送風機は，空気が軸方向から入り，軸に対し傾斜して通り抜ける構造である。

解説

軸流式送風機は空気が軸方向から入り，反対側の軸方向へ通り抜ける構造で，軸に対し傾斜して通り抜けることはない。

解答 (5)

ポンプ

1 ポンプの種類

ポンプとは，モータ（電動機）やエンジン（内燃機関）などから動力の供給を受けて液体に移送エネルギーを与え，低いところから高いところへ，低圧から高圧へ圧力を高め，液体を送る機械のことです。

ポンプは作動原理面から，以下の3つに分類できます。

■ポンプの種類

分類	方式	種類
ターボ型	遠心式	渦巻ポンプ（ボリュートポンプ）
	斜流式	斜流ポンプ
	軸流式	軸流ポンプ
容積型	往復式	ピストンポンプ，プランジャーポンプ，ダイヤフラムポンプ，ウイングポンプ
	回転式	歯車ポンプ，ベーンポンプ，ねじポンプ
特殊型		渦流ポンプ，ジェットポンプ，気泡ポンプ，水撃ポンプ

ターボ型は，ケーシング内で羽根車を回転させ，液体に運動エネルギーを与え，これを圧力に変換します。容積型は，ケーシングおよび内接する可動部材の移動などにより，液体を押し出します。特殊型は，上記2種以外の原理によって液体をコントロールします。

建築設備で使用されるポンプは，ほとんどが遠心式の渦巻きポンプです。空気調和機においては，冷・温水の循環のほか，冷却用水などに用いられています。

渦巻きポンプには，ボリュートポンプのほかに，タービンポンプがあります。羽根車の外側に固定された案内羽根があるのが特徴で，これにより効率的に圧力を高めることができ，高揚程に適します。羽根車の数が1つの単段タービンポンプと，複数段の多段タービンポンプがあります。また，タービンポンプの吸込み口には片吸込み型と，水量をより多くする両吸込み型があります。

配管抵抗
液体を送る配管系にある抵抗で，圧力損失または損失水頭といいます。これら抵抗には，液体摩擦損失，曲管損失，管拡大損失などがあります。

揚程（ヘッド）
ポンプが水を揚げることのできる高さのことで，実際に水を揚げることのできる高さ（実揚程）と損失水頭との和を全揚程といいます。

サージング
ポンプおよび配管に外圧がない状態で，流量や圧力が周期的に変動する現象をいいます。

キャビテーション
高速で流れる液体中の低圧部が気化し，短時間に蒸気が生成・消滅する現象をいいます。また，キャビテーションに対するポンプの余裕水頭のことを有効吸込みヘッド（NPSH）といいます。

2 ポンプの特性曲線

ポンプごとの特性を示す曲線があり，これを**ポンプの特性曲線**といいます。以下の図では，縦軸にポンプの揚程を，横軸にポンプが送る水量である流量をとってあります。

ポンプの特性曲線は，ポンプが送る水量が増加すると揚程が減少するという特徴があり，図の曲線も右下がりを示しています。一方の右上がりの曲線は流路の配管抵抗を示しています。この2本の曲線が交わる交点を運転点といい，ここで運転がなされます。

■ポンプの特性曲線

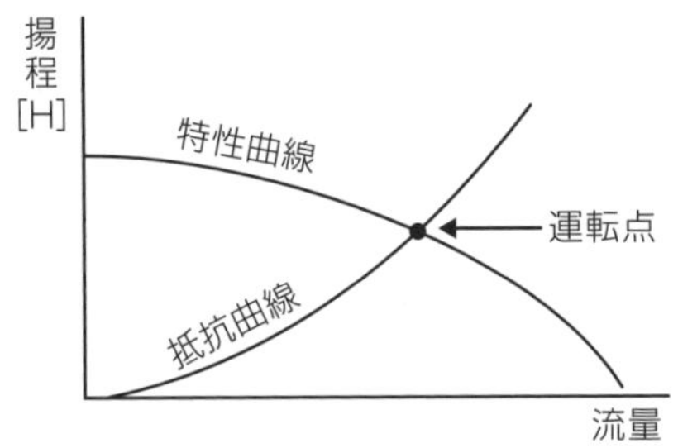

3 ポンプの並列運転と直列運転

空調配管系では多くの場合，性能の等しいポンプや性能の異なるポンプを**直列**または**並列**に組み合わせて運転します。並列の場合は水量が，直列の場合は揚程が，それぞれ増加します。

■ポンプの並列および直列運転の特性曲線

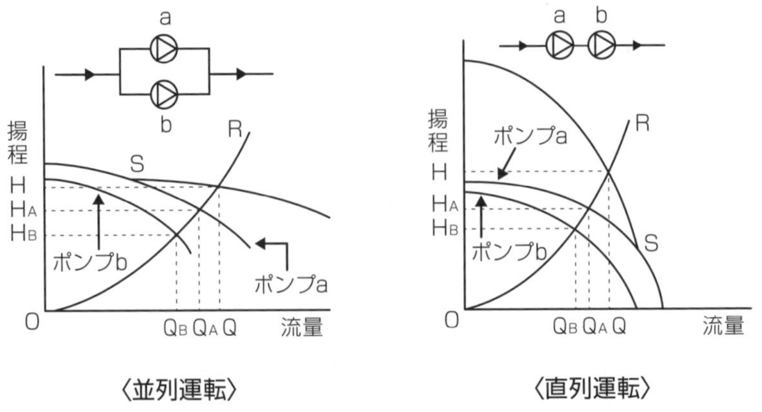

4 ポンプの運転点

特性曲線と抵抗曲線の交点がポンプの運転点です。

配管を通る液体をポンプで送る場合，ポンプは実揚程のほかに，配管の摩擦損失などに負けない揚程を出さなければいけません。以下の図で示す通り，通常は特性曲線と抵抗曲線の交点が流量を示しますが，配管にスケールが付着する，弁を少し閉鎖するなどの要因から配管抵抗が増えてしまうと，抵抗曲線は点線で示した位置となり，流量はQからQ′へ，運転点もBに変わります。

■ ポンプの運転点

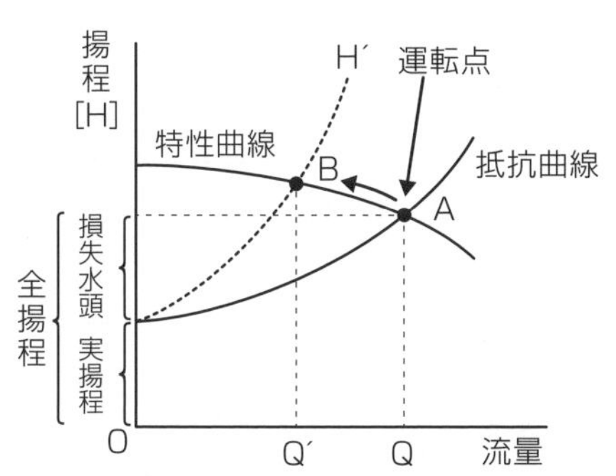

> **補足**
>
> **グランドパッキン**
> ポンプ内部が大気圧より高いときはパッキンで液体漏れを防止し，逆に低いときは溝リング部に封水を注入して外部からの空気侵入を防止すると同時に，パッキンのしゅう動の潤滑と冷却作用を行なっています。パッキンは連続滴下程度の水が外部に漏れる状態とし，締めすぎるとパッキンが発熱して寿命が短くなるので注意が必要です。
>
> **メカニカルシール**
> 一般にポンプの軸封に用いられますが，軸と一体回転する回転リングとパッキン箱の固定リングを，軸と直角なしゅう動面で滑らせて漏えいを防ぎます。

チャレンジ問題

問1 難 **中** 易

ポンプに関する次の記述のうち，もっとも不適当なものはどれか。

(1) ポンプの吸込み圧力がキャビテーションに対して安全か否かを判断するのに，有効吸込みヘッド（NPSH）が用いられる。

(2) 渦巻きポンプには，片吸込型と両吸込型があり，水量が多い場合，両吸込型が用いられる。

(3) 実際に水をくみ揚げる高さに相当する圧力を全揚程という。

解説

配管系には，流体摩擦損失，曲管の損失，拡大管の損失などの損失水頭があります。この損失水頭と実揚程（実際にくみ揚げる高さに相当する圧力）との和を全揚程といいます。

解答 (3)

加湿器

1 室内環境と湿度

建築物衛生管理法第4条の空気環境の調整規定により，室内の湿度が管理基準を下回らないよう維持管理しなければなりません。現行では，**40%以上70%以下**と規定され，適切な湿度管理を行なうことは不快感やアレルギー疾患，ダニやウイルスなどの問題から人の健康を守り，作業効率や生産性の向上，物の劣化を防ぐ上でも大切なことといえます。

2 加湿器の役割と種類

加湿器は空気中の湿度を高める機器で，快適な湿度状態に保つ役割を果たします。空調機に内蔵される加湿器には以下の3つの方式があり，加湿器の種類も各種あります。

① **水噴霧方式**

水を空気中に霧状に噴霧して加湿させる方式です。

水スプレー型加湿器：加圧された水をノズルから霧状に噴霧し，空気中で蒸発させ空気を加湿します。

超音波加湿器：超音波振動子を水槽中に設け，振動により水を霧化して空気を加湿します。振動子は水垢などの付着で能力低下し，5000～10000時間で寿命となります。

遠心式加湿器：水をモーター回転による遠心力で微細な霧状にし，空気を加湿します。

② **気化式**

水を蒸発させて気化して加湿する方式です。

滴下式加湿器（気化式加湿器）：滴水ノズルから吸水性のろ材に水を滴下させ，空気の顕熱で蒸発気化して加湿します。ろ材に微生物が発生する場合があるので，衛生管理に注意します。

エアワッシャ式加湿器：スプレーノズルで水と空気を接触させ，熱移動により水を蒸発気化して加湿します。

③ **蒸気式**

水をヒーターで沸騰させ，その蒸気で加湿する方式です。

蒸気スプレー加湿器：蒸気を空気中に噴射して加湿します。

電熱加湿器（パン型加湿器）：水をはった皿形容器（パン）に電気ヒーターを入れ，水を沸騰して発生した蒸気で加湿します。水中の不純物が高濃度とならないよう，パン内の水のオーバーフローが必要です。

結露現象
天井や壁，窓ガラスなどの表面温度が，周囲の空気の露点温度以下になることで水蒸気が凝縮して，水滴になる現象をいいます。

3 水の管理

建築物衛生法の管理基準では，加湿器の点検・清掃義務があり，使用開始時および使用期間中の1カ月以内ごとに定期的に汚染状況を点検して必要に応じた清掃を行ないます。また，加湿器には**飲料水の水質基準**に適合した水を供給します。

チャレンジ問題

問1　難 **中** 易

加湿装置に関する次の記述のうち，もっとも不適当なものはどれか。

(1) パン型加湿器は，パン内の水をオーバーフローさせる構造のものが望ましい。

(2) 超音波加湿器は，振動子の寿命が半永久的である。

(3) 滴下式加湿器は，加湿材の表面に微生物が発生することがある。

解説

超音波加湿器の振動子の寿命は，通常5000～10000時間とされています。

解答 (2)

環境測定機器と測定方法

1 温度と相対湿度の測定

室内環境の空気環境を維持するため，建築物衛生法により温熱環境の維持管理として，温度と相対湿度の測定が義務づけられています。室内温度は，18℃以上28℃以下で，居室における温度を外気より低くする場合は，その温度差を著しくしないこととされています。一方，相対湿度については，40%以上70%以下となっています。

① 温度の測定方法

温度測定を行なう場合は，次の2つのことに注意して測定します。1つは，計測者の体温や呼吸などの影響がないように測定し，壁などの放射熱の影響も考慮して計測位置に配慮します。2つめは，ガラス管温度計を使用して計測する場合は，できるだけ気象庁検定済みのものを用いて計測します。それ以外の温度計を使用する場合には，検定済みガラス管温度計にて定期的に校正を行なうようにします。

以下の5つは，温度の測定に使われる代表的な測定機器および測定方法です。

液体の容積膨張による方法：ガラス管に液体を封入し，その膨張または収縮によって温度を測定する**棒状ガラス管温度計**を使用します。アルコールなどの有機液体が封入されたものより，水銀が封入されたもののほうが正確かつ数百℃の高温まで測定できますが，破損時の危険性や有害性が高いという問題もあります。

金属の線膨張による方法：膨張率が異なる2枚の金属板を貼り合わせ，温度変化によって湾曲する性質を利用した**バイメタル式温度計**を使用します。主にダクト内の空気温度測定などに用いられ，メンテナンスしやすい簡単な構造で，安価なのも特徴です。

異種金属の熱起電力による方法：2種類の金属または合金を接続したもので，接点間の温度差に依存して発生する熱起電力を測定する**熱電対温度計**を用います。

金属・半導体など電気抵抗変化による方法：金属や半導体の電気抵抗が温度に依存することを利用した計測機器で，代表的なものに**白金抵抗温度計**や**サーミスタ温度計**があります。抵抗温度計としては，白金抵抗温度計がもっともよく用いられている温度計で，ITS-90で特性が指定されている標準用と，JIS規格の工業用とがあります。また，サーミスタ温度計は，半導体が測温部に使われている温度計で，エアコン，冷蔵庫などの家電製品，体温計，工業機器の温度モニタなどに用いられています。

熱放射による方法：室内中央に吊り下げ，周囲の壁や放射（ふく射）熱源からの平均放射温度を測定します。一般に，**グローブ（黒球）温度計**が用いられます。表面が黒色塗装の薄銅板製の中空球に棒状ガラス管温度計を挿入した形状で，平均的な放射影響を受けやすくするため黒球表面は艶消し処理が施されています。湿度の影響は受けません。放射熱計測は，建築物衛生法には規定されていませんが，気温や放射熱と体感の関係を示すのに用いられ，温熱環境を保つ上で大切な要素といえます。

② **相対湿度の測定方法**

相対湿度測定の代表的方法には，以下の3つがあります。

乾湿球温度測定から水蒸気圧を求める方法：アウグスト乾湿計あるいはアスマン通風乾湿計を用いて測定します。

毛髪などの伸縮による方法：脱脂した人の毛髪や動物の毛が，湿度に比例して伸縮する性質を利用した毛髪湿度計で測定します。

電気・電子センサなどの原理による方法：湿度変化に対応した抵抗値変化の電気信号を計測する，**半導体電気抵抗式湿度計**などが用いられます。

サーモメータ
温度計のことをサーモメータ（thermometer）ともいいます。

ITS-90
1990年国際温度目盛のことで，国際的な協約による温度測定法を定義したものです。各国の温度標準は，このメモリにしたがって設定されています。

2 気流・風速の測定

気流とは室内空気の流れをいい，建築物衛生法により測定が義務づけられており，0.5m/s以下と規定されています。快適な気流域は，0.1 ～ 0.2m/s程度です。気流および風速の測定器には，以下のようなものがあります。

① カタ温度計

温められた物体の冷却率が風速により異なる性質を利用して，冷却率から測定します。温度計を約40℃まで温め，計測点に移動し，温度計の上部指標線（38℃）から下部指標線（35℃）まで下がる時間をストップウォッチで読み取ります。この下降時間を測定することで気流速度が求められ，また，この時間と気温から風速を計算することができます。1m/s以下の風速測定に用います。

② 熱線風速計（アネモマスタ）

空気中で電流を流した細い白金線が，空気の冷却作用により温度が下がり，電気抵抗が減少することを応用した風速計です。測定方式に，ブリッジ平衡型温度動作方式，熱電対方式などがあり，0 ～ 40m/s程度が計測範囲です。

③ ビラム風速計

円筒の中にプロペラ形の風車を取付けたもので，風圧で回転する風車の単位時間あたりの積算回転数を測定して風速を算出します。1m/s以上の比較的速い風速測定の場合に用いられます。

チャレンジ問題

問 1　　難　中　**易**

測定器とその特徴の組合せとして，もっとも不適当なものはどれか。

(1) 電気抵抗式温度計 ― 白金線
(2) 熱電対温度計 ― 2種類の金属線
(3) グローブ温度計 ― 断熱材製の中空球体

解説

グローブ温度計は，表面を黒色艶消し処理された薄銅板製の中空球体の中心にガラス管温度計を挿入したもので，断熱素材ではありません。

解答 (3)

室内空気の測定

1 室内の空気汚染要因

室内の空気は，人の呼吸や発汗などの**生理現象**，暖房機器などの燃焼によって増加する**二酸化炭素**や**臭気**，衣服などからのじんあい，建材，家具などから発生するホルムアルデヒドなどの**有機化合物**のほか，さまざまな要因が重なり合って汚染され，衛生環境状態は悪化します。

■室内空気の主な汚染要因

生理現象によるもの	燃焼によるもの	生活行為によるもの
呼吸や発汗作用による酸素の減少および二酸化炭素，水蒸気の増加	熱源として用いるガスや石油の燃焼による酸素消費と二酸化炭素，水蒸気の増加	さまざまな生活行為に伴い発生するじんあい
体臭や喫煙による臭気	酸素不足で不完全燃焼を起こした場合，毒性の強い一酸化炭素が発生	食べ物や食べかすの臭気
体熱放散による室温上昇	燃料の種類によっては煙，灰，臭気が発生	喫煙による煙や臭気
衣服などからのじんあい		

また，室内空気環境の汚染には上記のほかに，**化学物質**や**細菌**による汚染要因があります。これは，室内空気環境の快適性を損なうだけでなく，人の健康面に影響をおよぼすおそれのある汚染要因です。主な汚染物質には，以下のものがあります。

■室内空気環境における主な汚染物質

分類	種類
ガス系	一酸化炭素（CO），二酸化炭素（CO_2），二酸化硫黄（SO_2），二酸化窒素（NO_2）オゾン（O_3），ホルムアルデヒド（HCHO）
粉じん系	浮遊粉じん，アスベスト（石綿），たばこ煙，花粉
細菌類	浮遊微生物，レジオネラ菌，インフルエンザウィルス
放射性物質	ラドン（R_n）
臭気	

受動喫煙防止対策
健康増進法25条において定められ，受動喫煙とは「室内またはこれに準ずる環境において，他人のたばこの煙をすわされること」と定義されています。たばこの煙には，ニコチン，タール，一酸化炭素など200種以上の有害物質が含まれ，人の健康面に影響をおよぼす室内空気汚染の原因ともなっています。

2 アスベストの測定方法

繊維状粉じんの一種であるアスベストの測定方法には，主に以下の2つの方法があります。

① 検鏡法

被験空気中の粉じんを，ポンプでフィルタ上に捕集します。次に，捕集した粉じんを顕微鏡を用いて計数する方法です。また，アスベストの採取条件については一般に，以下のような条件下で行なわれています。

■室内の空気中アスベストの採取条件

測定項目	室内環境
測定箇所	工事などを行なっていない室内
吸引時間	毎分5ℓで2時間
管理濃度	10本／ℓ

採取したアスベストの繊維数濃度は，以下の式によって求めることができます。

$$CF=A\times(N-N_b)\div a\times n\times Q$$

CF：繊維数濃度（空気1ℓあたりの繊維数）　A：フィルタの有効ろ過面積（mm^2）
N：計数した繊維総数　Nb：ブランク値　a：計数時の顕微鏡の1視野面積（mm^2）
n：計数した視野数　Q：吸引空気量（ℓ）

② 散乱光による測定法

被験空気に光をあて，散乱光によって測定します。

3 ラドンガスの測定方法

ラドンガスの測定方法は，以下の2つに分類することができます。

① パッシブ法

ラドン崩壊時に放出するα線に感光する特殊フィルムを用いる方法です。

② アクティブ法

半導体型測定器およびシンチレーションカウンターを用います。

4 浮遊微生物の測定方法

室内空気中に浮遊する微生物の測定法には，大きく分けて以下の2つの方法があります。

① 落下菌測定法

寒天平板培地の入ったシャーレを測定場所に設置し，一定時間開放したシャーレに落下した微生物を捕集して培養簿の集落数を計測する方法です。操作が簡便な一方，落下微生物捕集のため，浮遊微生物の定量的な測定法とはいえず，捕集に要する時間も長いといった短所もあります。

② 空中浮遊菌測定法

エアサンプラーもしくはポンプを用いて一定量の空気を培地上に採取し，単位体積あたりの空気中の菌数を測定します。空気中の浮遊微生物を定量的に測定でき，捕集に要する時間が短いといった長所がある一方，測定装置が必要で，落下菌測定法に比べ操作がやや煩雑といった短所もあります。また，捕集法の違いにより以下のような方法があります。

■捕集法による分類

衝突法	寒天培地に吸引した空気を衝突させて微生物を捕集する。ピンホールサンプラー法，アンダーセンサンプラー法，遠心衝突法，スリットサンプラー法などがある
インピンジャー法	液体を入れた容器内に，吸引した空気を噴出させて液体内に微生物を捕集する
ろ過法	メンブランフィルタあるいはゼラチンフィルタを介して空気を吸引し，フィルタに微生物を捕集する

5 浮遊粉じんの測定方法

浮遊粉じん濃度の測定においては，化学的組成は考慮せず，粉じんの物理的粒径が10 μm以下の粒子について

粉じん計の較正係数と較正

粉じん計での計測では，計測された粉じん濃度に差が生じます。これは，室内の粉じんと標準粒子との間に化学的，物理的性質に差があるためで，この差を補正するために乗じるのが較正係数（K）です。粉じん計は較正を定期的に（1年以内ごとに1回）厚生労働大臣の登録を受けた者により行なうことが，建築物衛生法によって定められています。

0.15mg/m^{3}以下の質量濃度で測定することが規定されています。

浮遊粉じんの測定方法は，ろ過捕集して重量濃度を直接求める**重量濃度測定法**と，粉じんの重量濃度に対応する量を求める**相対濃度測定法**に大別されます。

① 重量濃度測定法

空気中（試料空気）の粉じんをエアサンプラーなどでフィルタに捕集し，捕集した粉じんの重量（W［mg］）を測定した値を，吸引空気量V［m^3/h］および吸引時間T［h］で割り，重量濃度（絶対濃度）C［mg/m^3］を求めます。重量濃度測定法は，建築物衛生法，大気汚染防止法などで規定されている標準的な測定方法で，標準測定法ともいいます。環境省の『浮遊粒子物質の測定方法について』には，「大気中の浮遊粒子状物質の濃度を評価するために行なわれる標準的な測定方法は，大気中に存在する粒子状物質からあらかじめ適切な方法によって粒径10μ以下のものを分離する装置（分粒装置）を装着した重量濃度測定方法によって行なうものとする」とあります。また，単位時間あたりの採取する試料空気量により，ローボリウムエアサンプラ法（小容量法）およびハイボリウムエアサンプラ法（大容量法）とがあります。

② 相対濃度測定法

粒子状物質の重量濃度（絶対濃度）に対応する量を求める方法です。標準測定法では，1時間平均濃度を連続的に測定することが困難であることから，相対濃度測定法でその量の継時的変動を連続的に測定し，重量濃度へ換算して大気中の浮遊粉じん濃度を評価することが適当とされています。相対濃度とは，標準測定法で測定された粉じんの重量濃度と1対1の関係にある物理量のことで，相対濃度測定法の代表的な方法としては以下の3つの方法があります。

光散乱法：散乱光の強度が浮遊粉じん濃度と相対的に比例することを利用したデジタル粉じん計と呼ばれる計測器を使用して計測します。浮遊粉じんに光を照射させる光散乱現象を基本原理とします。

デジタル粉じん計による濃度計算式　$C=(R-D)K_1 \times K_2$

C：粉じん濃度［mg/m^3］　R：1分間のカウント数［cpm］
D：ダークカウント値（試料投入前の測定値数）［cpm］
K_1：標準粒子の感度［mg/（m^3・cpm)］　K_2：室内粉じんの較正計数

電圧天秤法：一定周波数で振動している水晶板（電圧結晶板）表面に捕集された粉じんによって水晶板の質量が変化すると，その量に比例して周波数が変化するという原理を利用して計測する方法で，水晶圧電測定法，ピエゾバランス法ともいいます。計測には一般に，ピエゾバランス粉じん計が使用されます。

透過光法：ろ紙上に捕集された粉じんによって低下する光の透過率の変化量から，粉じん濃度を測定する方法です。粉じん濃度を，相対濃度（OD）としてメータ教示されます。

ピエゾバランス粉じん計
0.005μg/Hzの高感度で，24秒あるいは120秒という短時間のサンプリングで浮遊粉じん重量濃度［mg/m^3］が直接表示される粉じん計です。

労研じんあい計
粉じんを吸引装置でカバーグラスに衝突，吸着させて捕集し，顕微鏡で浮遊粉じんの粒子の数を数えます。粉じんの種類による影響が少ない簡易な方法ですが，計測する人によって個人差が生じる方法です。

分光ろ紙じんあい計
浮遊粉じんを捕集したろ紙に，波長の異なる2種類の光をあてて，波長の反射強度の違いから浮遊粉じん濃度やたばこ煙を測定するじんあい計です。

6 一酸化炭素の濃度測定方法

一酸化炭素（CO）は，室内での時間的濃度変化がほとんどなく、無味・無臭・無刺激ですが毒性は強力で少量でも危険な物質です。一酸化炭素濃度測定法は以下の2つがあります。

① 検知管法

ガス採取器に検知管をセットして気体を吸引し，検知管の目盛を読み取る計測法で，JIS K 0804に規定されています。測定の際は，検知試薬を活性炭に添着させない，使用前は冷暗所で保管するといった注意点があります。また，測定にあたっては，湿度による補正は必要ありません。

② 定電位電解法

試料空気中の一酸化炭素を，ガス透過性隔膜を通して電解槽中の電解質溶液に拡散吸収させて電気化学的に酸化させて発生した電解電流により一酸化炭素濃度を連続的に測定する方法です。

7 二酸化炭素濃度の測定方法

二酸化炭素（CO_2）は，空気汚染の増減に伴ってその濃度が変化するため，室内空気の汚染程度を測る尺度として用いられます。無色・無臭で水に溶けやすく空気より重いという特徴があります。二酸化炭素の濃度測定法には，以下の2つの方法があります。

① **検知管法**

一酸化炭素濃度測定と同じ方法で測定します。

② **非分散型赤外線吸収法（NDIR法）**

二酸化炭素や一酸化炭素などの汚染ガスは，それぞれ固有の赤外線波長を吸収する性質を持っています。試料空気中に全波長の赤外線を放射し，二酸化炭素が吸収した赤外線量を測定して濃度を測る方法です。

8 ホルムアルデヒドの測定方法

ホルムアルデヒドの測定方法は，**精密測定法**と**簡易測定法**に大別され，それぞれにパッシブ法とアクティブ法とがあります。以下は，ホルムアルデヒドの主な測定法の一覧です。

■ホルムアルデヒド測定法の一覧

パッシブ法	計測する室内に捕集剤（サンプラー）を8時間～24時間吊るし，化学物質を自然吸着させる方法	**精密測定法**
		DNPH含浸チューブ － HPLC法 TEA含浸チューブ － 吸光光度法
		簡易測定法
		検知紙法（バイオセンサ法）
アクティブ法	試料空気中の化学物質を，定量吸引ポンプで強制的に吸引して捕集剤（サンプラー）に捕集する方法	**精密測定法**
		◎DNPHカートリッジ捕集 － HPLC法 ◎ほう酸溶液捕集 － AHMT吸光光度法 ◎TFBAカートリッジ捕集 － GC/MS法
		簡易測定法
		◎検知管法（電動ポンプ式） ◎定電位電解法（DNPH干渉フィルタ法） ◎光電光度法（試験紙） ◎電気化学的燃料電池法 ◎光電光度法（AHMT試験紙） ◎化学発光法 ◎吸光光度法（拡散スクラバー法）

※ DNPH,TFBA などは試薬の名称　◎＝ビル管理法告示指定測定法

※ HPLC 法＝高速液体クロマトグラフ法　※ GC/MS 法＝ガスクロマトグラフ法

精密測定法は，捕集した化学物質の測定値を，分析機器で算出します。試料空気採取には，ダイアフラムポンプや積算流量計などを使用します。

一方の簡易測定法は，持ち運びが容易な小型機器などを使用して測定します。

9 揮発性有機化合物の測定方法

揮発性有機化合物（VOCs）の測定は，主に**加熱脱着法**と呼ばれる方法で測定します。

Tenax吸着管（Tenax：活性炭系の吸着剤）に試料空気を通過させて加熱脱着し，GC/MSに試料を導入するGC/MS法で個々の化合物濃度を測定します。また，溶媒で抽出する**溶媒抽出法**という測定法もあります。

なお，空気質の汚染については，VOCsの総量であるTVOC（総揮発性有機化合物）の濃度をもって，汚染指標とすることがあります。

■ VOCs測定法

加熱脱着法	活性炭などで吸着したのち，加熱によって活性炭から追い出し捕集し，GC/MS法で測定する
溶媒抽出法	活性炭などで吸着したのち，溶媒で抽出捕集し，GC/MS法で測定する。精度的に加熱脱着法より劣ることがある

10 そのほかの物質の測定および方法

室内空気汚染においては，これまでの物質のほかにもさまざまな汚染物質があります。室内空気環境を管理するためには，それらの物質についてもその測定や方法について知っておく必要があります。

パッシブ法の長所と短所

<長所>

- 自主測定が可能なため，測定費用が安価
- 複数箇所の同時測定が可能

<短所>

- 測定濃度は24時間あたりの平均値で，最大濃度測定が不可能なため，測定濃度はアクティブ法に比較して一般的に低くなる

アクティブ法の長所と短所

<長所>

- 正確に一定流量の室内空気吸引が可能なため，測定結果に対する信頼性が高い
- 有資格者による測定が原則のため，測定面からも信頼性が高い

<短所>

- 測定費用が高価

オゾンの測定

汚染物質であるオゾン（O_3）の測定には，一酸化炭素（CO）・二酸化炭素（CO_2）と同様，検知管法が用いられます。

① 酸素濃度の測定

一般的な室内環境において酸素濃度の測定が行なわれることはあまりありませんが，貯水槽，排水槽などでは酸素濃度測定が実施されます。

② 窒素酸化物の測定方法

窒素酸化物（NOx）の測定方法には，測定物質の捕集方法によってザルツマン法，化学発光法，フィルタバッジ法などの方法があります。

■窒素化合物濃度測定器の種類

計測器(測定法)	測定原理	測定範囲	測定時間（吸引流）
ザルツマン法	吸光光度法	0～0.2から 0～2［ppm］	0～0.2［ml/min］
化学発光法	化学発光法	0～0.02から 0～2［ppm］	0～0.5［ml/min］
フィルタバッジ法	パッシブ法 （吸光光度法により分析）	0～　［ppm/日］ （日平均濃度）	

③ 硫黄酸化物の測定方法

硫黄酸化物（SOx）の測定方法については，環境基準及び緊急時の措置に係る測定法として環境省告示第25号の「大気の汚染に係る環境基準について」および大気汚染防止法施行規則18条において，紫外線蛍光法または溶液導電率法を用いることとなっています。また，平成16年にJIS B 7952「大気中の二酸化硫黄自動計測器」が改正され，測定方式としては紫外線蛍光法および溶液導電率法が規定されています。

④ オゾンの測定方法

オゾン（O_3）の測定方法には，ヨウ素法，紫外線吸収法，化学発光法，変色法，半導体センサ法などがあります。また，不安定で強い酸化力を持つオゾンは，測定中に分解，濃度変化が起こる場合があるので，測定する際には注意することが必要です。

⑤ 臭気の測定方法

臭気の測定方法は大きく分けて2つの方法があります。1つは，臭気そのものを人の臭覚によって測定する官能試験です。2つめは，機器を用いて臭気の元となる化学物質の濃度を測定する方法です。

⑥ ダニアレルゲンの測定方法

アレルゲン量においてはアレルゲンごとに行なう免疫学的な方法を用いて測定します。ダニアレルゲンの代表的な免疫学的方法に，サンドイッチ・エライザ法があり，粉じん中のアレルゲン量を測定します。

また，ダニの数そのものを数えて計測する飽和食塩水浮遊法や，ダニを誘引剤で粘着性シートに捕獲してダニの数を計測するダニ検知シートなどがあります。

しかし，検知シートは生きているダニの数しか計測できないので，死んでいるダニも計測するためには，吸引法での計測が必要です。

酸素濃度の基準
労働基準法に基づく酸素欠乏症等防止規則（酸欠則）で定義されており，18%未満を酸素欠乏と定義しています。

騒音の測定
騒音の測定器と測定法はJISで規定され，騒音の大きさを人の聴感補正のためのA特性回路などを用いて騒音レベルとして測定します。

振動の測定
振動によるバネ変形により加速度を測定する振動計（加速度計）が一般的で，測定器と測定法がJISで規定されています。水平振動と鉛直振動の感覚補正を加えて振動レベルとして測定されます。

チャレンジ問題

問 1　　難 **中** 易

空気環境の測定に関する次の記述のうち，もっとも不適当なものはどれか。

(1) 酸素の測定法には，ザルツマン法がある。

(2) 二酸化炭素の測定法には，非分散型赤外線吸収法がある。

(3) 一酸化炭素の測定法には，定電位電解法がある。

(4) オゾンの測定法には，検知管法がある。

(5) 硫黄酸化物の測定法には，溶液導電率法がある。

解説

ザルツマン法は，主に窒素酸化物（NOx）の測定法の1つです。

解答 (1)

5 空調用設備の保守管理

まとめ＆丸暗記　● この節の学習内容のまとめ ●

□ 冷凍機の原理
液体蒸発時の潜熱を利用し，圧縮－凝縮－膨張－蒸発を繰り返す。この循環を冷凍サイクルといい，蒸気圧冷凍機と吸収冷凍機の2つに大別される

□ モリエル線図（p-h線図）
縦軸に圧力，横軸にエンタルピー（冷媒の熱量）をとって表す

□ 成績係数（COP）
出力／入力を示すもので，冷凍機の性能を表す重要な指標となるもの

□ 空気調和設備の蓄熱槽
蓄熱媒体別に，水が媒体の顕熱型と氷が媒体の潜熱型に分けられる

□ 冷却塔の役割
室内の冷房除去熱を屋外に放出する役割を持ち，冷却水の冷却には主に水の蒸発潜熱が使われる。開放型と密閉型がある

□ ボイラ
建築設備において一般に用いられるボイラには，蒸気ボイラおよび温水ボイラがある。ボイラの取扱いには資格が必要

□ 全熱交換器
静止型（透過式）と回転式（吸熱再生式）とがある

□ 地域冷暖房システム
冷暖房・給湯を，エリア全体で1つの熱源プラントから行なうシステム

冷凍機について

1 冷凍機の原理と分類

空調機における冷凍機とは，空調用の熱媒体である冷水を製造するための機器です。

① 冷凍機の原理

空調機の冷凍機は，液体が蒸発するときの潜熱を利用したもので，液体が蒸発して気体になるときに周囲から熱を奪う性質を用いて冷凍作用を行ないます。この冷凍作用を行なう液体（気体）が冷媒です。これを繰り返し循環させて冷凍作用を行なうのが冷凍機の原理で，**冷凍サイクル**といいます。蒸発させた気体をもとの液体に戻すには，機械的に圧縮する**圧縮冷凍**と，化学的にほかの物質（吸収剤）に吸収して行なう**吸収冷凍**があります。空調機の冷凍機は，蒸気圧冷凍機と吸収冷凍機の2つに大分されます。

冷凍機の圧縮方式の種類

ターボ圧縮機（遠心圧縮機）：インペラ（羽根車）の遠心力により蒸気を圧縮します。

ロータリー圧縮機（回転圧縮機）：回転子を回転させてシリンダ内の蒸気を圧縮します。

スクロール圧縮機：渦巻状の固定スクロールに沿って旋回スクロールを偏心運動させて圧縮します。

レシプロ圧縮機（往復動圧縮機）：シリンダ内のピストンを往復させて圧縮します。

■蒸気圧冷凍サイクルと吸収冷凍サイクル

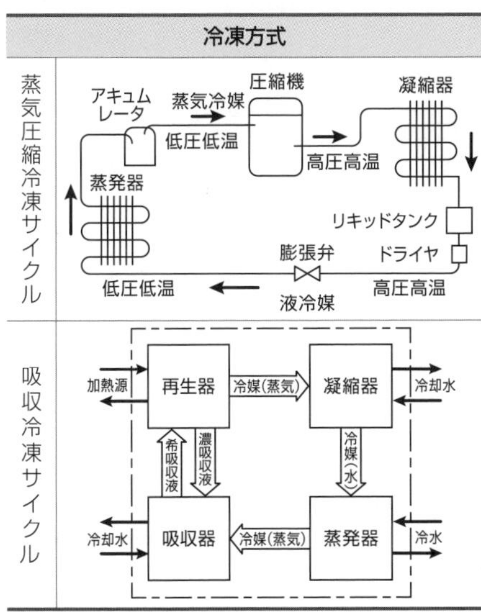

冷凍方式		冷凍サイクル
蒸気圧縮冷凍サイクル	（図）	圧縮機，凝縮器，膨張弁，蒸発器の4つの主要な装置で構成され，冷媒ガス（蒸気冷媒）を圧縮機で機械圧縮し，高圧高温の気体として凝縮器に送る。凝縮器を常温水や空気で冷却して液化した冷媒ガスを膨張弁で圧縮し，蒸発器に送る。送られた冷媒液は蒸発器で周囲の蒸発熱を奪って蒸発し，冷凍作用を行なう。その後，低圧定温となった冷媒ガスは再び圧縮機に送られ循環を繰り返す。冷媒には一般に，フロンやアンモニアが用いられる。
吸収冷凍サイクル	（図）	再生器，凝縮器，蒸発器，吸収器の4つの主要な装置で構成され，冷媒はこれら機器中を循環し，吸収液は吸収器と再生器の間を循環する。冷媒は蒸発器内で蒸発して冷凍作用を行ない，吸収器内で吸収液に吸収される。水蒸気を吸収して希溶液となった吸収液は再生器で加熱され，水蒸気を放出する。発生した水蒸気は凝縮器で冷却されて液化し蒸発器に送られる。再生器で濃溶液となった吸収液は吸収器に戻り，冷却水は吸収器を通って凝縮器に送られ，吸収器内の吸収熱と凝縮器内の凝縮熱を除去する。冷媒には水が用いられる。

② 冷凍機の分類

冷凍機には冷凍サイクル別に，それぞれ方式があります。その分類を以下の表で示します。

蒸気圧縮サイクルで使われる冷媒として使われているフロンは，以前はオゾン層破壊能力の高いフロンが使用されていましたが，近年ではオゾン層破壊能力の低い代替フロンなどに移行されています。

一方の吸収冷凍サイクルの冷媒は一般に水（水蒸気）が使用され，吸収液としては臭化リチウム（LiBr）水溶液などが使われています。吸収冷凍機は，駆動の原動力として温水，蒸気，廃熱などが利用され，電動機が不要なためコストパフォーマンスは高いですが，相対的に廃熱量が多く，比較的大きな冷却塔が必要となります。

■空調機用冷凍機の分類

<table>
<tr><th>冷凍サイクル</th><th>大分類</th><th>中分類</th><th>小分類</th><th>主な空調用途</th><th>主な冷媒</th></tr>
<tr><td rowspan="9">蒸気圧縮
冷凍サイクル</td><td rowspan="6">容積圧縮式</td><td rowspan="3">往復動式
（レシプロ式）</td><td>全密閉型</td><td rowspan="3">パッケージ型
空調機</td><td rowspan="3">フロン類など</td></tr>
<tr><td>半密閉型</td></tr>
<tr><td>開放型</td></tr>
<tr><td rowspan="3">回転式</td><td>ロータリー型</td><td rowspan="3">空調全般</td><td>フロン類，
アンモニアなど</td></tr>
<tr><td>スクロール型</td><td>フロン類など</td></tr>
<tr><td>スクリュー型</td><td>フロン類，
アンモニアなど</td></tr>
<tr><td rowspan="2">遠心式
（ターボ式）</td><td rowspan="2"></td><td>密閉型</td><td rowspan="2">大型空調</td><td rowspan="2">フロン類など</td></tr>
<tr><td>開放型</td></tr>
<tr><td>エグゼクタ式</td><td>蒸気噴射式</td><td></td><td>船舶，工場用
空調など</td><td>水</td></tr>
<tr><td rowspan="6">吸収冷凍
サイクル</td><td>一重効用型</td><td>蒸気加熱式</td><td></td><td rowspan="6">空調全般</td><td rowspan="6">水</td></tr>
<tr><td rowspan="3">二重効用型</td><td>蒸気加熱式</td><td></td></tr>
<tr><td rowspan="2">直だき式</td><td>油だき型</td></tr>
<tr><td>ガスだき型</td></tr>
<tr><td rowspan="2">小型吸収
冷温水器</td><td rowspan="2">直だき式</td><td>油だき型</td></tr>
<tr><td>ガスだき型</td></tr>
</table>

2 モリエル線図と蒸気線図の原理

冷凍サイクルを線図に示したものを，モリエル線図，p−h線図（圧力−比エンタルピー線図），または**蒸気線図**といいます。縦軸に圧力［p］，横軸に比エンタルピー［h］をとり，冷媒の状態を1点で表します。モリエル線図上で，冷媒は矢印に沿って回転し，この回転（サイクル）を**蒸気圧縮冷凍サイクル**といいます。

モリエル線図の縦軸は，実用上の便利さから圧力［p］の対数で目盛が付けられています。モリエル線図には細かい線がたくさん示されていますが，その線の意味をきちんと理解することが重要です。

補足

モリエル線図上の冷凍サイクルの書き方

モリエル線図上に冷凍サイクルを書くには，以下の方法で書きます。

① 凝縮器の線を引く
② 蒸発器の線を引く
③ 圧縮機の線を引く
④ 膨張弁の線を引く
⑤ 図を仕上げる

■モリエル線図（p−h線図）

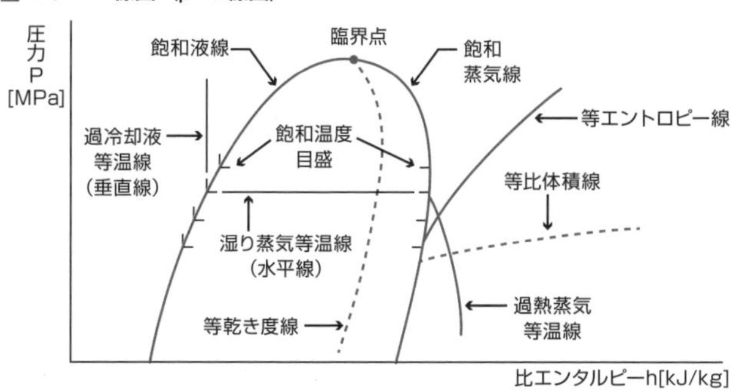

■モリエル線図上の冷凍サイクル

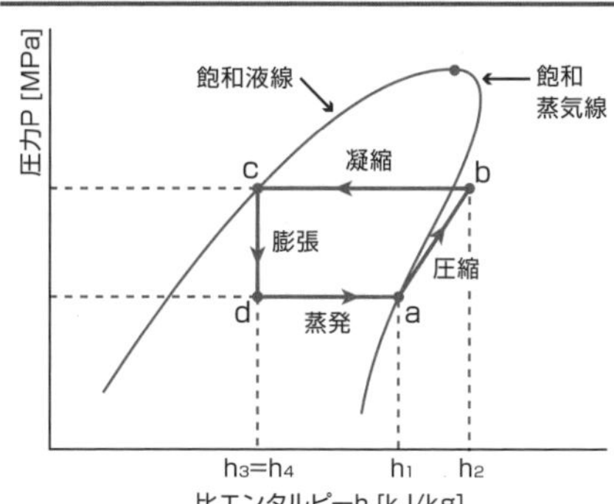

点a→b　圧縮機での冷媒状態変化
蒸気となった冷媒を圧縮機で圧縮加工

点b→c　凝縮器での冷媒状態変化
凝縮器で高圧・高温の蒸気を冷却・液化して外部へ熱を放出

点c→d　膨張弁での冷媒状態変化
凝縮器で液化し受液器に貯まった液冷媒を膨張弁で絞減圧して低圧・低温の湿り蒸気状態とする

点d→a　蒸発器での冷媒状態変化
蒸発器で湿り蒸気状態の冷媒を蒸発して外部より熱を除去

3 冷凍機の種類

空調機に用いられる代表的な冷凍機の種類は，以下の3つの方式に分けることができます。

① 往復式冷凍機

もっとも代表的な方式です。ピストンとシリンダの機構によって冷媒ガスを圧縮する形式で，近年では高速多気筒型が増えています。一般に，往復圧縮機，凝縮器，電動機が組み合わされたものをコンディショニングユニットといい，これに冷水却器（蒸発器）を組み合わせたものをチリングユニット（チラー）といいます。また，小型の往復式冷凍機では，圧縮機と電動機が一体容器（ケーシング）の中に密閉されている密閉型が多く用いられています。ほかにも，ロータリー式（主に小型のクーラー用）やスクリュー式（主に大型のヒートポンプ用）が用いられることもあります。

② 遠心式（ターボ式）冷凍機

遠心式冷凍機は，空調用としては大容量の場合に多く用いられ，ターボ式冷凍機とも呼ばれています。羽根車の回転による遠心力で冷媒を圧縮します。ターボ圧縮機，凝縮器，蒸発器（水冷却器），フロート弁（膨張弁）と，動力源の電動機を一体に組み立てられおり，通常，チラーユニットとして空調機用の冷水製造のために運転されています。動力源はほかに，中・大容量のヒートポンプなどにはガスエンジンが，特に大容量の遠心式冷凍機には蒸気タービンなどが用いられる場合があります。

③ 吸収式冷凍機

吸収式冷凍機は，濃縮器（再生器）→凝縮器→膨張弁→蒸発器→吸収器の順に冷媒である水が機内を循環します。冷媒の水を蒸発器にて低圧（真空）下で蒸発（気化）させます。吸収液には臭化リチウム（LiBr）の濃溶液を溶媒とするものが一般的です。冷媒の水の加熱には高温水や蒸気，ガスや油の直だき，または太陽熱による温水などにより，冷暖房兼用のものはガスや油だきの吸収式冷温水発生器です。

4 空気調和設備の熱源方式の分類と組合せ

冷房用冷水, 暖房用温水や蒸気の供給に際し, 空気調和設備の熱源方式で分類すると, 以下のような方式があります。

■主な熱源方式の組合せ

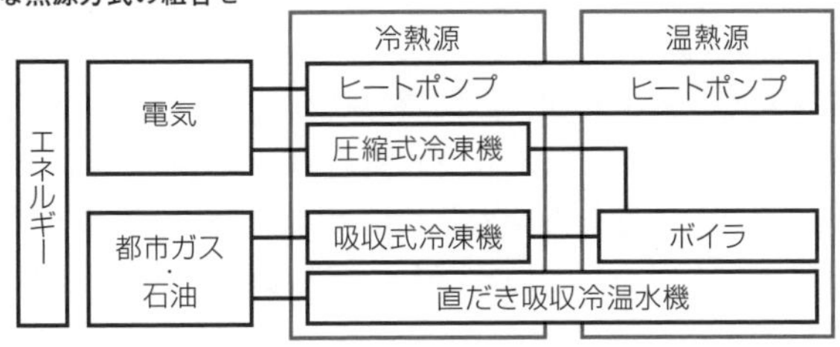

① **圧縮式冷凍機+ボイラ方式**

冷熱源に圧縮式冷凍機, 温熱源にボイラを用い, 遠心式冷凍機などの圧縮式冷凍機で冷水, ボイラで温水や蒸気を供給する方式です。

② **吸収式冷凍機+ボイラ方式**

冷熱源に吸収式冷凍機, 温熱源にボイラを用い, 吸収式冷凍機で冷水, ボイラで温水あるいは蒸気を供給する方式です。

③ **直だき吸収冷温水機**

吸収式冷凍機とボイラ機能が一体化したタイプで, 1台で冷温水を供給し, 冷温水発生器ともいわれます。

ヒートポンプ

空気調和設備の熱源方式の組合せには, ヒートポンプを用いるものもあります。空気や水からの採熱によるヒートポンプで冷温水を取出します。冷温水を供給するヒートポンプのことを, ヒートポンプチラーと呼びます。

チャレンジ問題

問1　難　**中**　易

吸収式冷凍機に関する次の記述のうち, もっとも不適当なものはどれか。

(1) 吸収器では, 冷媒が吸収液に吸収される。

(2) 再生器では, 冷媒と吸収液が分離される。

(3) 凝縮器では, 冷媒が気化する。

解説

凝縮器では, 再生器で分離された冷媒の水蒸気が冷却水で冷やされて液体の水に戻り蒸発器に供給されます。冷媒は気化しません。

解答 (3)

成績係数計算

1 成績係数（COP）

成績係数（COP：Coefficient of Performance）とは，空調機や冷凍機などの各種機器のエネルギー消費効率を表す指標で，消費される電力量に対する割合を示します。冷房あるいは暖房の比率として計算される数値です。動作係数ともいい，消費電力1kWあたりの冷却・加熱能力を表した値です。成績係数は数値が大きいほど，効率がよい（省エネルギー）ということになります。成績係数は，以下のような計算式で表されます。

$$成績係数(COP) = \frac{出力}{入力}$$

$$= \frac{有効利用されたエネルギー(冷房能力または冷暖房能力)}{外部付加電力などのエネルギー(消費エネルギー)}$$

この式から，成績係数を求めるのが冷凍機の場合は，分子は冷房能力となります。また，成績係数を求めるのがヒートポンプあるいは吸収冷温水機の暖房運転状態などの場合は，分子は暖房能力となります。いずれの場合も，分母は消費されたエネルギーなので電力やガスなどということになります。

成績係数を求める際に注意しなければならないのは，分子の数値の明確さに比べ，分母の数値には不確かな要素が含まれるということであり，単純な数値の大小のみで判断すると誤った数値の算出となってしまうことがある点です。以下は，成績係数計算をする上で注意するべき点となりますので，よく確認しましょう。

① 機器単体の値を算出するのか，設備全体の値を算出するのかを確認します。

② 機器単体の主エネルギーのみの値を算出するのか，主エネルギーではないものも含めた値を算出するのかを確認します。たとえば，吸収式冷凍機では，機械本体付属の補機動力がほかに比べて大きいため，補機エネルギーを含めた成績係数の値は低くなる傾向にあります。

③ 機器の定格値の値を算出するのか，部分負荷状態についての値を算出するのかを確認します。

■各種電動冷凍機の定格時成績係数（概略値）

機種		成績係数(COP)	備考
往復動冷凍機	水冷	3.5～4.2	50Hz
		3.2～3.9	60Hz
	空冷	2.8～3.0	50Hz
		2.5～2.7	60Hz
スクリュー式冷凍機	水冷	3.6～4.3	
	空冷	2.6～3.1	水スプレーなし
遠心式冷凍機	水冷	5.0～6.0	（ ）内は高効率型
		(6.0以上)	

④ ガスや油だき吸収冷温水機では，高位発熱量を採用しているのか，低位発熱量を採用しているのかを確認します。一般には，低位発熱量基準で表されます。高位発熱量の場合，燃焼時に生成される水蒸気の潜熱分を含むため，低位発熱量基準の成績係数より高位発熱量基準の成績係数の数値の方が10%程度低くなります。

以下は，冷凍機のヒートポンプの成績係数の計算式です。

ヒートポンプの成績係数(COP)

$$=\frac{\text{暖房能力}}{\text{外部付加エネルギー}}$$

$$=1+\frac{\text{冷房能力}}{\text{外部付加エネルギー}}=1+\text{冷房の成績係数(COP)}$$

冷凍機の循環において，低温部の熱を蒸発器でくみ上げ，高温部の凝縮器で放出していますが，この熱のくみ上げのための機械的仕事や化学的吸収作用のシステムをヒートポンプと呼んでいます。ヒートポンプには，空気を採熱源とした空気熱源方式，水を採熱源とした水熱源方式とがあります。ヒートポンプ方式には，蓄熱槽が併用されるのが一般的です。

成績係数（COP）の問題点

成績係数（COP）は，その計算式において分母の数値に不確かな要素があります。そのため，成績係数（COP）の数値の大小だけで評価するには注意が必要です。

2 モリエル線図上の成績係数（COP）

成績係数（COP）は，出力／入力を表します。以下のモリエル線図上の入力は，a→bが示しています。冷房の出力はd→aが示し，ヒートポンプの出力はb→cが示しています。

■モリエル線図

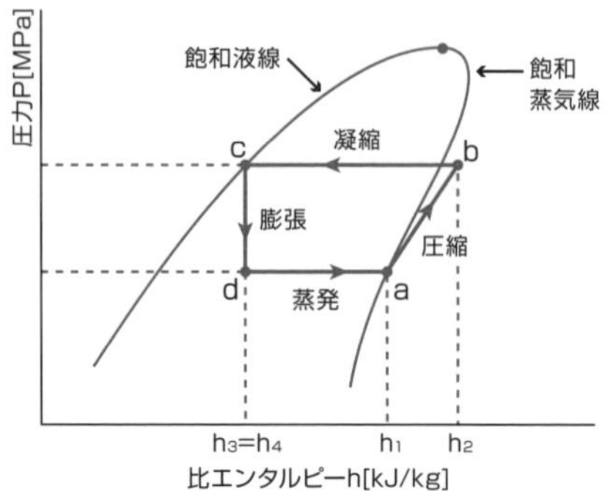

ここに，比エンタルピーhを用いた場合，成績係数（COP）は以下の式で求めることができます。

$$冷房の成績係数=\frac{h_a-h_d}{h_b-h_a}$$

チャレンジ問題

問1　難　中　易

成績係数（COP）に関する次の記述のうち，もっとも不適当なものはどれか。

(1) 成績係数（COP）は，冷凍機においては分子が冷房能力となり，ヒートポンプなどの暖房運転状態では暖房能力が分子となる。

(2) ガスあるいは油だき吸収冷温水機においての成績係数（COP）は，低位発熱量基準のCOPより高位発熱量基準のCOPの方が10%程度低い数値となる。

(3) 成績係数（COP）による数値は，各種機器の優劣比較や運転状態の良否を明確に判断できる優れた数値のことである。

解説

成績係数（COP）の分母には不確定要素が含まれているため，単に数値の大小のみで判断するのは誤る恐れがありますので，注意が必要です。

解答 (3)

蓄熱槽

1 蓄熱槽の目的

オフィスビルなどの空調負荷は，1日中変化しています。夏期の冷房時では外気気温が最大を迎える午後2～4時頃に空調負荷も最大に，一方，冬期の暖房時には室内の温度が冷えきっている状態の運転開始時が最大となります。空調設備の熱源計画では，熱利用ピーク時以外の熱源設備の余剰熱を蓄えておき，設備容量以上の負荷に対応することが必要となります。

こういったことから暖房用温水や冷房用冷水を一時蓄えるための水槽，すなわち**蓄熱槽**が利用され，空調用の蓄熱槽では通常，顕熱蓄熱としては水を利用し，潜熱蓄熱としては氷が使用されており，そのほかには砕石，化学物質，建築物の構造体などがあります。蓄熱槽を利用する場合には，熱源機器容量を小さめに設定することで，ピーク時には不足熱を蓄熱槽で補い対応する方法があり，ピークシフト運転やピークカット運転に対応しています。ほかにも蓄熱槽の効用として，熱源設備機器の高効率運転（定格に沿った安定運転）や深夜電力の活用，冷暖房使用時の温度変更（負荷変動）への対応負担の軽減などがあります。また，蓄熱に水を利用する蓄熱槽は，災害時の消火用水になります。

蓄熱とは
熱の利用にあたって，熱利用のピーク時以外の熱源設備の余剰熱を蓄え，その設備の容量以上の負荷に対応することで，蓄熱する物質には水，氷，砕石，化学物質，建築物の構造体などがあります。

蓄熱槽設置の主な目的
① 熱負荷のピークカット
② 熱源容量の軽減
③ 熱源機器台数の削減
④ 電力のピークカット
⑤ 夜間電力の活用(利用)
⑥ 受電容量の軽減
⑦ 非常時の停電対策ができる

■蓄熱運転イメージ（ピークシフト運転）

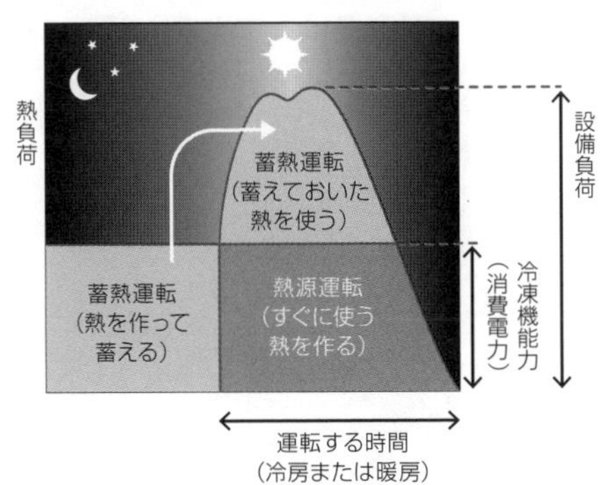

2 蓄熱方式の種類

蓄熱の原理による蓄熱方式には顕熱型，潜熱型，熱化学型，光化学型があり，用いられる蓄熱媒体別で大きく分けると，水を媒体とする**顕熱型**と氷を媒体とする**潜熱型**の2つに分類することができます。

また，蓄熱槽から空調機に冷水または温水を送る配管回路は，**開放式**と**密閉式**とがあります。以下の図は，開放式配管回路を表したもので，一般的な水蓄熱方式の配管フローです。

■開放式配管回路（水蓄熱は移管フロー）

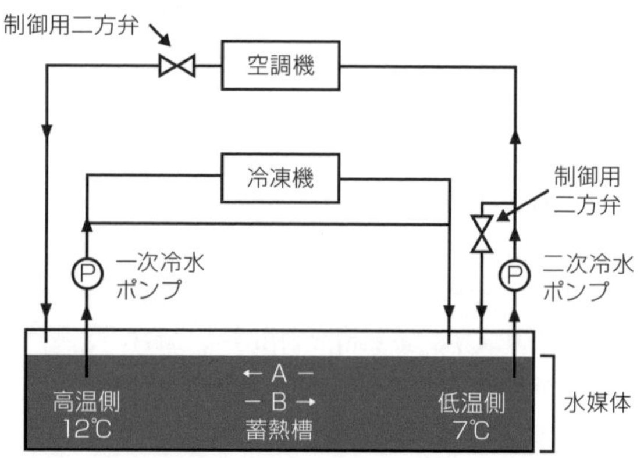

開放式配管回路（水蓄熱方式）は，冷凍機によって冷却された水を一次冷水ポンプで蓄熱槽に送られます。送られた冷水は，今度は二次冷水ポンプにより，空調機へと送られるシステムです。

もう一方の密閉式配管回路は，高層ビルなどにおける空気調和設備への設置に適した方式で，二次冷水ポンプへ蓄熱槽から熱交換器を介して送水するシステムとなっています。これによって，高所にある空調機に，二次冷水ポンプで冷却水を供給するためにかかる動力を低減させることができます。

3 蓄熱槽の長所と短所

蓄熱槽によって得られるメリットと，その反対のデメリットについても知っておくことは，空気調和設備の管理においては大切なことです。以下に，蓄熱槽の長所と短所を記しますので，確認しておきましょう。

<蓄熱槽の長所>

① 熱源機器の容量が低減できる
② 熱源機器を高負荷運転し，効率向上が図れる
③ 安価な深夜電力を利用できる
④ 将来の負荷増加についての対応が容易に可能
⑤ 短時間であれば，熱源機器の故障に対応できる
⑥ ビル内テナントの延長運転などといった部分負荷運転の対処が容易にできる
⑦ 災害や緊急時のコミュニティタンクとして利用できる

<蓄熱槽の短所>

① 蓄熱槽の築造費用がかかる
② 熱損失が避けられない
③ 開放式水槽ではポンプ揚程が増加し，動力費が増える
④ 蓄熱槽の蓄熱効率は一般に60～85%で，蓄熱した熱を完全に利用することはできない
⑤ 夜間運転移行の管理人人件費が生じる
⑥ 開放式で，特にコンクリート水槽の場合，配管の腐食対策や水質悪化による水質管理が必要になる
⑦ システムが複雑化し，運転管理に手間がかかる

機器の耐久性
蓄熱槽によって電力負荷を平準化できることは，機器の耐久性向上にもつながります。

チャレンジ問題

問1　難　中　易

水蓄熱方式蓄熱槽の特徴に関する次の記述のうち，もっとも不適当なものはどれか。

(1) 蓄熱槽の水を，火災時に消火用水として利用できる。
(2) 熱源機器のオン・オフ運転が少なくなるので，機器の耐久性が向上する。
(3) 時間外空調などの部分負荷に対する対応が難しい。

解説

水蓄熱方式は，ビル内テナントが延長運転するときなどの部分負荷運転が容易にできることも特徴の1つです。

解答 (3)

冷却塔

1 冷却塔の役割と構造

冷却塔はクーリングタワーとも呼ばれ，冷房の際に室内で除去した冷房負荷を大気中に放出させることを役割とした機器で，冷凍機の冷却水を大気で冷却して再び循環使用できるようにする装置です。

建物の屋上などに設置されるのが一般的で，内蔵された通風機で外気を吸込み，水滴となって落下する冷却水の一部が蒸発するときの潜熱を奪う働きを利用しています。冷却水が1％蒸発すると，冷却水温度を約6℃程下げることができます。

2 冷却塔の種類

冷却水を大気と直接触させて蒸発潜熱で水温を下げる開放型と，冷却塔内に取付けた熱交換器（コイル）を介して冷却する密閉型の2つの方式があります。

＜開放型冷却塔＞

開放型冷却塔は，冷却塔内部に空気と水の接触効率を上げるための充てん剤が詰められており，上部散布された冷却水が充てん剤表面を流れ，冷却水と大気を直接触させる方式です。冷却効率がよく安定した性能で，小型軽量化しやすく費用が安いことが長所ですが，大気中の汚染物質混入による水質悪化で凝縮器や配管などを腐食させたり，空気中のレジオネラ菌が冷却水に繁殖しやすいなどといった短所もあります。

■開放型冷却塔

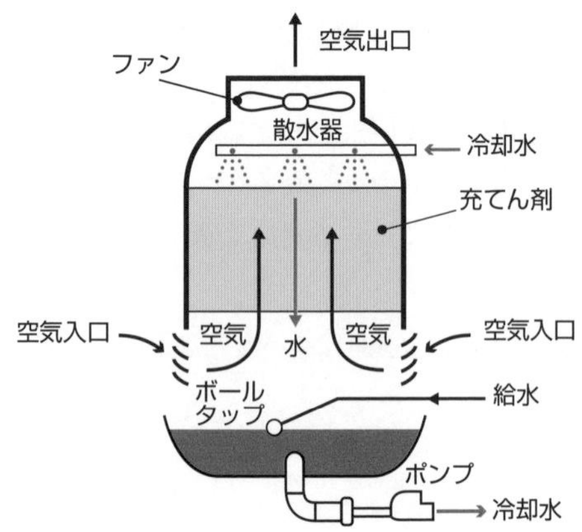

<密閉型冷却塔>

密閉型冷却塔は，大気汚染の著しい場所などで熱交換器（コイル）や冷却水配管などの腐食防止対策が必要な場合に用いられることがあります。密閉コイル内に上部から散布された水を通して大気と直接触させずに冷却し，その外側に別に水を散布します。冷却は，気流と散布された水の蒸発により行なわれます。これにより，凝縮器・配管系の水は汚染の影響は受けませんが，冷却塔の循環水は大気接触があり水質劣化は開放型同様で，そのための対策は必要です。

■密閉型冷却塔

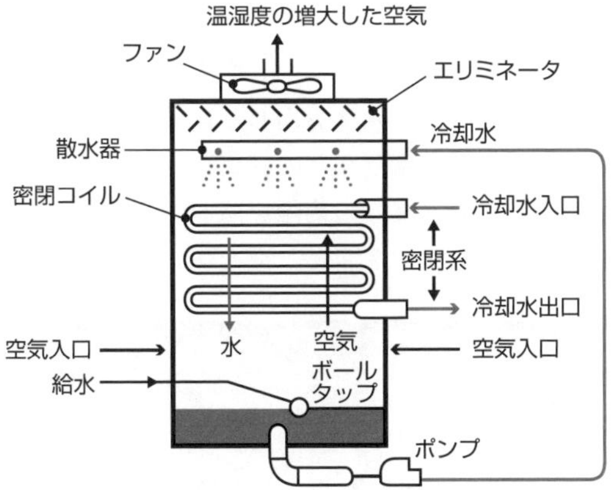

3 冷却塔の管理

冷却塔は屋上などの屋外に設置されるため，**腐食**や**汚染**といった**劣化促進要因**に対して十分に注意する必要があります。また，開放式冷却塔では水が外気と直接触することによる水質劣化による機器の性能劣化にも配慮します。

さらに水質管理については，特にレジオネラ属菌増殖防止対策において，建築物衛生法に定める管理基準に従わなければなりません。冷却塔の給水については，「**冷却塔および加湿装置に給する水は水道法の水質基準に適合すること**」とされています。

日常作業ポイント

① 運転状況の確認
② 運転中の異音
③ 振動発生の有無
④ 軸シール部からの漏れの変化
⑤ 電流の変化

冷却水の殺菌剤の種類

① 多機能型薬剤
総合水処理剤，複合水処理剤とも呼ばれ，スケール防止剤，腐食防止剤，スライムコントロール剤とレジオネラ属菌の殺菌剤（または抑制剤）を含有します。

② 単一機能型薬剤
スライムコントロール・レジオネラ属菌の殺菌機能を有するタイプで，この場合，腐食防止・スケール防止剤を含有する薬剤を別途注入するため2液型薬剤とも呼ばれます。

③ パック剤
スケール防止剤，腐食防止剤，スライムコントロール剤とレジオネラ属菌殺菌剤を含有する錠剤などをプラスチックなどの容器に入れた形状のものです。

以下に，冷却塔，冷却水における具体的に講じなければならない必要な措置についても記しておきます。

■空気調和設備に関する衛生上必要な措置（冷却塔，冷却水の項目のみ抜粋）

項目	措置内容	措置回数
冷却塔および加湿装置に供給する水	水道法第4条に規定する水質基準に適合させるための措置	
冷却塔，冷却水	汚れの状況の点検 ※必要に応じて清掃および換水などを行なう	使用開始時および使用期間中1カ月以内ごとに1回（1カ月を超える期間使用しない場合を除く）
	冷却塔，冷却水の水管の清掃	1年以内ごとに1回

4 作業従事者の安全管理

冷却塔の点検・清掃に際しては，作業従事者の安全を図るため，保護マスクや保護めがね，ゴム（ビニル）手袋などの保護具を着用して作業にあたることが重要です。これらの対策により，レジオネラ属菌などの細菌類への感染，原生動物類を含むエアロゾルの吸入および，目や皮膚への接触を防ぐことができます。さらに，作業実施終了後においては，手洗いや洗面などを行ないます。

チャレンジ問題

問1　難　**中**　易

冷却塔に関する次の記述のうち，もっとも不適当なものはどれか。

(1) 冷却水の殺菌剤は，一般に多機能型薬剤・単一機能型薬剤・パック剤に大別することができる。
(2) 密閉型冷却塔は，開放型冷却塔に比べて小型である。
(3) 密閉型冷却塔では，熱交換器の外面に散布した水の蒸発潜熱を利用する。
(4) 一般に開放型冷却塔は，充てん剤・下部水槽・散水装置・送風機などから構成される。
(5) 密閉型冷却塔は，大気による冷却水汚染という点で，開放型より有利である。

解説

密閉型は，開放型に比べて1回分熱交換回数が増えるので，同一機能では開放型より大型になる。

解答 (2)

ボイラ

1 ボイラの種類

燃料を燃焼して水を加熱し，蒸気や温水を発生させる装置がボイラです。蒸気を発生させるものを**蒸気ボイラ**，温水を発生させるものを**温水ボイラ**といいます。ボイラは，灯油，重油，軽油などの燃料油や，都市ガス，液化石油ガスなどの燃料ガスを燃焼させて熱源とするのが一般的です。ボイラの容量（能力）は，定格出力つまり最大連続負荷においての毎時出力により表します。通常，蒸気ボイラは換算蒸発量［kg/h］，温水ボイラは熱出力［W］で表示されます。

ボイラにはその構造により，さまざまな種類があります。以下に，ボイラの主な種類と概略容量，用途を示します。

■ボイラの種類と主な用途

ボイラの種類		ボイラから発生する熱媒の種類	ボイラ効率［%］	主な用途
鋳鉄製ボイラ		蒸気	80～86	給湯・暖房用
		低温水		
丸ボイラ	立てボイラ	蒸気	70～75	暖房・プロセス用
	炉筒煙管ボイラ	蒸気	85～90	給油・暖房・プロセス用
		中・高温水		地域暖房用
貫流ボイラ	単管式小型貫流ボイラ	蒸気	80～90	暖房・プロセス用
	多管式小型貫流ボイラ	蒸気	75～90	暖房・プロセス用
	大型貫流ボイラ	蒸気	90	発電用
		高温水		地域暖房用
水管ボイラ	立て水管ボイラ	蒸気	85	給湯・暖房・プロセス用
	二筒水管ボイラ	蒸気	85～90	暖房・プロセス・発電用
電気ボイラ		温水	98	全電気式空調補助熱源用
真空温水機	鋳鉄製	低温水	85～90	給湯・暖房用
	炉筒煙管式	低温水	85～88	

そのほかのボイラ
電気ボイラ：燃料燃焼の代わりに，電熱で加熱して温水を発生させます。
熱媒ボイラ：水の代わりに，熱媒を用います。

ボイラの換算蒸発量
換算蒸発量は，大気圧において100℃の飽和水を，100℃の乾き空気に蒸発させるのを基準とし，ボイラの実際蒸発量を基準条件での蒸発量にしたものをいいます。

ボイラ水への混入成分とその作用
ボイラ本体（ボイラ缶体）では，ボイラ水に混入した成分による作用として，以下のようなものがあります。
① 缶体内壁に堅いスケールを発生させる混入成分：硫酸カルシウム，ケイ酸マグネシウム
② 缶体の腐食を促進させる混入成分：塩化ナトリウムなどの塩類，溶解酵素，残留塩素

2 ボイラの型式

ボイラには，以下のような各種形式があります。

■ボイラの各種型式とその特徴

(型式)大分類	特徴	(型式）小分類	特徴
丸ボイラ	直径の大きい胴を用いたボイラ	立てボイラ	本体を直立にしたボイラ
		炉筒ボイラ	筒状の燃料室（炉筒）を用いたボイラ
		煙管ボイラ	燃料ガスが通る管（煙管）を用いたボイラ
		炉筒煙管ボイラ	炉筒と煙管を備えたボイラ
水管ボイラ	燃焼室と多数の水管で構成されている	自然循環式水管ボイラ	ボイラ水が熱によって缶体内を循環する
		強制循環式水管ボイラ	水を駆動ポンプで強制循環させる
		貫流ボイラ	大型の缶体を用いず，ほぼ管のみで蒸気を発生させる
鋳鉄製ボイラ	鋳物製	鋳鉄製組合せボイラ	鋳物を重ねて組立てたボイラで，高圧では使用できない
特殊ボイラ		廃熱ボイラ	廃熱で蒸気を発生させる
		特殊燃料ボイラ	廃棄物などの燃料を使用する
		特殊熱媒ボイラ	蒸気を発生させずに，熱媒を加熱する
		電気ボイラ	電気を熱源とする

3 ボイラの取扱い

ボイラの取扱いには，国家資格または講習受講の必要があります。

■ボイラの規模と資格

ボイラの規模	取扱いに必要な資格
小規模・小型ボイラ	免許不要(但し，ボイラー取扱い技能講習修了者)
中規模・中型ボイラ（電熱面積25m^{2}未満）	2級ボイラー技士免許
大規模・大型ボイラ（電熱面積25m^{2}以上500m^{2}未満）	1級ボイラー技士免許
すべてのボイラ	特級ボイラー技士免許

チャレンジ問題

問1　難　中　**易**

ボイラについての次の記述が正しければ○，誤っていれば×で答えよ。

鋳鉄ボイラは，地域冷暖房などの高圧蒸気が必要な場合に用いられる。

解説

鋳鉄ボイラは低圧のため，高圧蒸気が必要な地域冷暖房などには用いられません。

解答　×

全熱交換器

1 全熱交換器

空気と空気の熱を交換する機器を一般に熱交換器といいますが，**全熱交換器**は温度（顕熱）と湿度（潜熱）を同時交換します。また，温度のみを交換するものは顕熱交換器です。全熱交換器は，取り入れる外気に室内から排気する空気の熱を与えてエネルギー効率を高める働きをします。

空調設備の外気取り入れ負荷の割合は，夏の冷房時で30～40%，冬の暖房時で50～60%以上も占め，さらに年間負荷では冷房期間で15～20%，暖房期間で50～70%にもなるといわれ，こうしたことから外気負荷低減を目的に全熱交換器は省エネルギー機器として多くの建築物に用いられています。全熱交換器には，熱回収の方法により，**静止型（透過式）**と**回転型（吸熱再生式）**とがあります。

静止型全熱交換器：透湿性の処理が施された特殊紙が用いられ，これを境に取り入れ外気と排気が流れ，両者間で熱の交換をします。

回転型全熱交換器：ハニカム状ロータの回転により排気から取り入れ空気に熱交換する蓄熱式交換機で，ロータは吸湿性となっています。

熱交換器の種類

プレート式熱交換器：プレスされたプレートを積層し，その間にパッキンを挟んで組立てられた熱交換器で，一般に水対水の熱交換によく使われます。

プレートフィン型コイル：薄い角型のアルミ板を一定間隔で複数重ねて銅製の管群に差し込み密着させた構造で，一般に熱媒対空気の熱交換に使われています。フィンは，気体側の熱交換促進のためのヒレ状の突起です。

ヒートパイプ型熱交換器：フィン付の密閉配管に専用熱媒を封入したヒートパイプで熱交換をします。汚染された気体熱も，汚染が伝わらず利用できます。

シェルアンドチューブ熱交換器（円筒多管式熱交換器）：円筒形の筒内に複数の管を平行配列して納めた熱交換器で，管の内側と外側で熱交換します。もっとも一般的な熱交換器といえます。

■ 静止型全熱交換器と回転型全熱交換器

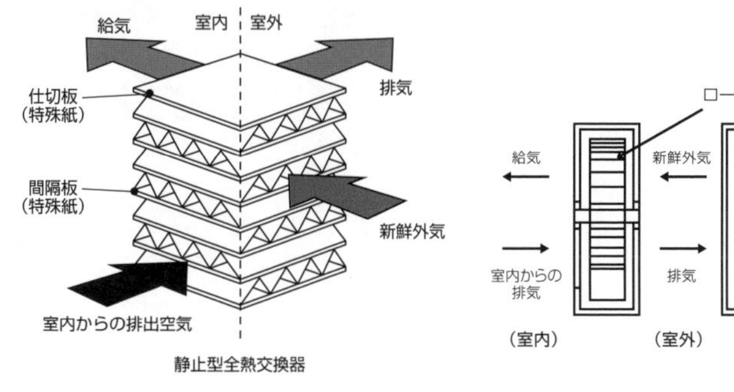

静止型全熱交換器

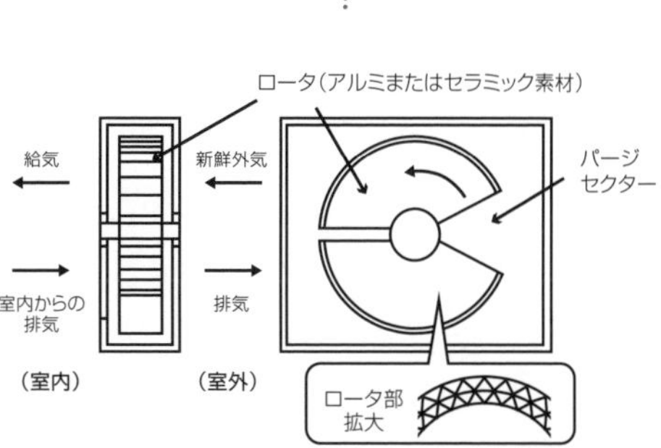

2 全熱交換器の利用

空調設備に全熱交換器を設置（適用）する方法としては，各階調和機方式の場合では，一般的に，建築物全体に対する外気取り入れ専用空調機の直前に設置します。この場合は，比較的大規模な回転型全熱交換器が用いられます。

一方，マルチユニット方式のように各室に小型屋内機を設ける場合で，外気取入れができない屋内機であれば，小型の全熱交換器を各部屋個別に設置する方法がとられます。

チャレンジ問題

問1　難　**中**　易

全熱交換器に関する次の記述のうち，もっとも不適当なものはどれか。

(1) 建築物における空気調和機の排気を利用して，空気中の顕熱と潜熱を同時に熱交換する。
(2) 通常の使用条件では，フィルタは一般的な粗じん用フィルタを使用する。
(3) 回転型は，吸湿性を持ったハニカム状のロータを低速回転させ，給排気間で熱交換を行なう。
(4) 顕熱交換器と比べて，結露凝縮を生じやすい。
(5) 静止型は，給排気を隔てる仕切板が電熱性と透湿性を持つ材料で構成されている。

解説

全熱交換器は，結露凝縮を避けるためなどの目的で，回転型ではエレメントに吸湿性を持たせます。また，静止型では，給排気を隔てる仕切板を伝熱性と吸湿性を持つ材質にするなどの工夫がなされています。それゆえ，顕熱交換器と比べて結露凝縮しにくいのが特徴といえます。

解答 (4)

地域冷暖房システムと環境対策

1 地域冷暖房システムとは

従来，各住居やオフィスビルごとに個別に行なってきた冷暖房・給湯を，エリア全体（一定地域の複数建物）で1つの熱源プラントから行なうことを**地域冷暖房システム**といいます。すなわち，各建築物が電源機器を持たずに，共同の電源プラントから地域配管によって冷水，温水，蒸気，高温水などの熱媒供給を集中供給するシステムです。

■ 地域冷暖房システム（イメージ）

個別熱源方式

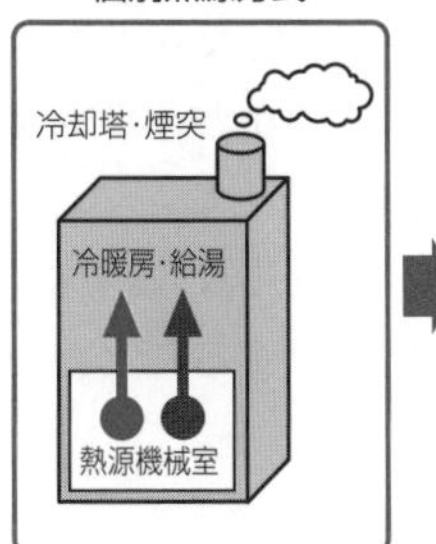

地域冷暖房システム

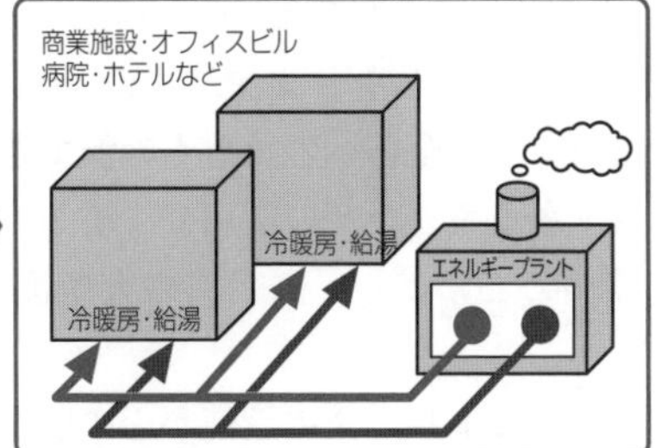

以下は，地域冷暖房システムにおいて用いられる一般的な施設および方式です。

熱源プラント：機械室建物，ボイラ，冷凍機，同付属機器，配管，電気設備，燃料貯蔵設備，煙突などです。高効率の熱源設備により，各ビルの冷暖房・給湯に利用する冷温水，蒸気を集中的に製造します。

熱媒：地域の熱需要の種類，比率，規模により，これまでの蒸気，高温水から，中温水，低温水，熱温水などが採用されるようになってきています。

高温水：日本国内では100℃以上の温水を指し，高温水暖房で用いられる多くの場合，120～180℃に設定されます。

地域熱供給事業
電気・ガス事業同様，公益事業として位置づけられ，「熱供給事業法」（昭和48年法律第88号）が制定されました。事業の開始，料金設定・変更などは経済産業大臣の許可または認可事項となっています。また，熱供給事業は，同法律のほかに，「都市計画法」，「道路法」などの関連法規を踏まえて進められます。

地球温暖化
国連地球環境サミットで，地球温暖化防止のための「気候変動枠組条約」が1992年，リオデジャネイロで締約されました。この条約は，のちの京都議定書へとつながります。

ヒートアイランド現象
郊外に比べ，都市部ほど気温が高くなる現象のことです。自然の温湿度循環が妨げられ，熱が地表面付近にとどまり，都市全体が高温化します。

ブリードイン方式：地域冷暖房の場合などに採用される方式で，二次側の建物内で一部再循環して温度調節を図る方法です。熱供給温度差の大きい高温水方式で用いられます。

配管網：熱媒の送り・戻り配管，配管用暗きょ，付属弁類などをいいます。

2 地域冷暖房の特徴

地域冷暖房システムの特徴としては，以下のようなことがあります。

① 地域内の各建物では電源設備が不要となり，電源機器がなくなることによって，床面積の利用率が向上します。
② 電源の集約により設備の運転･保守要員も集約され，人件費が軽減されます。
③ 各建物に熱源設備がなくなることで安全性が向上し，地震などの災害時における2次災害の発生を防ぎ，防災機能の高い町づくりが可能となります。
④ 地球温暖化や大気汚染防止策となります。また，騒音・振動などへの対策も集中的にできるため，環境全体への負荷も軽減できます。
⑤ ごみ焼却熱や未利用エネルギーなどの活用で，省エネルギーが図れます。
⑥ 熱源を集中化して持つことにより，高効率の大型機器を使用することが可能となります。
⑦ 発電設備を併設することにより，発電設備からの廃熱を利用できます。
⑧ 技術者の効率的な保守管理が可能となります。
⑨ ヒートポンプの利用で，ビルの冷却熱を温熱返還して利用できます。
⑩ 地域配管の設置などに，公共スペースが必要となります。
⑪ 21Gj/h以上の熱媒体を，不特定多数の需要家に供給する能力を持つ施設は，熱供給事業法の適用を受けます。
⑫ 熱源や機器，貯蔵庫などを集約することにより，危険物貯蔵や取扱い場所も集積しますが，個々に散在するよりは一括管理が可能となり，結果，全体的にはリスクを軽減できます。

3 地球環境対策

地球環境とその対策においても，ビル管理を行なっていく上で無関係ではいられない事柄です。

オゾン層破壊：1987年のモントリオール議定書により，特定フロン5種，特定ハロン3種の生産量削減が合意されました。
特定フロン（CFC）：冷凍機の冷媒として使用されていましたが，オゾン層破壊物質として国際的に規制され1995年をもって生産は全廃されました。
ハロン：消化剤として使用されていましたが，1993年をもって生産・輸出入が全廃されました。
二酸化炭素（CO_2）：京都議定書で対象となる6種類の温室効果ガス排出量の約9割を占め，建築分野のCO_2排出量は国内の全排出量の約3分の1を占めています。
酸性雨：湖沼生物の死滅や樹木の枯死，建築構造物の腐食や劣化など，近年深刻な問題となっています。

全廃フロンと代替フロン
「オゾン層保護法」（1988年制定）により全廃されたフロンとは，CFC11，12，113，114，115の5種類です。代替フロンは，一般的にHFCのことをいいます。代替フロンはオゾン層破壊係数が0ですが，一方でCO_2の数百倍～数万倍の温室効果があり，地球温暖化の要因となるとして問題になっています。

京都議定書
温室効果ガスの排出量削減に関する法的な枠組みを定めた国際ルールで，1997年に京都で開催された第3回気候変動枠組条約締約国会議で採択されました。

チャレンジ問題

問1　難｜中｜易

地域冷暖房方式に関する次の記述のうち，もっとも不適当なものはどれか。
(1) 規模の大小に関わらず熱供給事業法の適用を受ける。
(2) 熱源装置の大型化，集約化により効率的な運用が可能となる。
(3) 大気汚染防止などの郊外防止対策となる。
(4) 冷却塔を集約できるので，都市の美観を向上できる。
(5) 個別の建築物の機械室スペースを小さくすることができる。

解説

熱供給事業法の適用を受けるのは，加熱能力21Gj/h以上の熱媒体を不特定多数の需要家に供給する能力を持つ施設です。

解答 (1)

6 防音・防振および光・電気・省エネルギー

まとめ&丸暗記

● この節の学習内容のまとめ ●

☐ 低周波音
20Hz以下の人の耳に聴こえない周波数の非常に小さな音だが，建具などが振動して騒音を発生させる。ボイラやコンプレッサ，高速道路高架橋が発生源となる。

☐ 透過損失とコインシデンス効果
透過損失とは，入射音が壁や窓などによって遮音される量のことで，高音ほど大きくなるが，ある特定の周波数になると透過損失が小さくなる現象=コインシデンス効果が見られる。コインシデンス効果は材料の共振作用によって生じる。

☐ 人工光源
建築物の人工光源は，夜間光源だけでなく昼光による採光限界を補う役割も担う。

☐ オームの法則
電流Iは電圧Vに比例し，抵抗Rに反比例する（I=E/R）

☐ 契約電力の区分
契約電力は電圧により区分され，低圧，高圧，特別高圧に大別される

☐ 年間熱負荷係数 PAL
建築物の外壁や窓などを通じた熱損失防止に関する指数のことである

☐ エネルギー消費係数 CEC
空調（AC），換気（V），照明（L），給湯（HW），エレベータ（EV）ごとに1年間に消費するエネルギー量を，一定基準で算出したエネルギー消費量で除したもの

防音と防振

1 超低周波音／重量床衝撃音

人の耳に聴こえる音は一般に，20～20,000Hzの範囲とされています。Hzとは周波数の単位で，これは音に限らず1秒間における振動数のことです。一方，人の耳に聴こえない周波数の非常に小さな音（20Hz以下）を**超低周波音**といいますが，この超低周波音の発生によって建具などが振動して騒音をたてることがあります。こういった超低周波音の被害や感覚閾値には，個人差が大きいといった傾向が見られます。

超低周波音の主な発生源には，ボイラやコンプレッサ，送風機などの大型機器，また，高速道路の高架橋などがあります。吸音材による超低周波音の軽減は一般的に困難であり，吸音材には高周波音のほうが吸音しやすいといった特性があります。

2 重量床衝撃音

重量床衝撃音とは，床に重量物を落としたときに発生する衝撃音のことで，人が飛び跳ねたり，走ったりしても発生する場合もあります。軽量床衝撃音と比較して低周波数領域の音を多く含み，その対策としては床躯体構造の質量増加があります。

同厚のスラブ（鉄筋コンクリート構造で梁と一体形で作られる8～20cm厚の板材）では，質量の大きい方が重量床衝撃音の遮断性能が優れるのが一般的です。また，床の躯体構造の曲げ弾性を増加させることも，重量床衝撃音対策における遮断性能を向上させるには効果的です。

距離減衰

音源からの距離が大きくなるほど，音の強さが小さくなる現象のことをいいます。減衰の仕方は，音源の種類や形状で異なり，たとえば，1点から球面状に広がる音源（点音源）は，音源からの距離の2乗に反比例して減衰する性質があり，音源からの距離が2倍になれば音の強さレベルは1/4になって6dB低下します。一方，高速道路上の走行車のような線音源では，距離が2倍になると音レベルは1/2となり，3dB低下します。

吸音材の種類

多孔質材料：綿やグラスウールなど繊維状，連続気泡性の発砲樹脂など細粒状の通気性のある材料

板状材料：合板やハードボードなど薄い板状の材料

孔あき材料：合板など板状材料に多数の貫通孔をあけたもの

3 遮音と吸音による防音

音が空気中を伝わり壁などにぶつかると，音エネルギーの一部は壁表面で跳ね返り，一部は壁内部で熱に変わって吸収され，残りは壁を通過します。通過した音エネルギーは通過時に吸収されて弱められますが，通過した音は再び空気中を伝わって人の耳に聴こえます。

① 遮音による防音

壁を通過して室内に伝わる透過音は，入射音に比較して反射音と吸収音の和のみ減少することになります。壁などへの入射音エネルギーを1，反射エネルギーをr（反射率），吸音エネルギーをa（吸収率），透過音エネルギー（透過率）をτ（タウ）とすると，次の関係が成立します。　**$r+a+\tau=1$**

入射音が壁や窓などにより遮音される量を**透過損失**［dB］といいます。入射音の強さが材料への反射や吸収で減衰し，透過音が入射音強さの1/10に低下した場合，音の強さレベルでは10dB減少します。この減少した値が透過損失です。透過損失は次の式で定義され，これが大きい材料ほど遮音性能の優れた材料ということになります。　**透過損失$=-10\log\tau$**

■壁にぶつかった音エネルギー経路

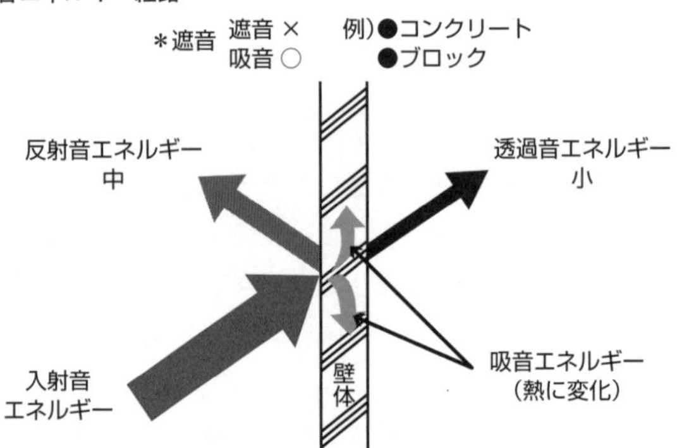

② 吸音による防音

騒音は広域に広がるとその防止が困難となるため，騒音が発生する音源に近いところで局部的に音を吸収し，吸音材料により音の強さを減衰させることが効果的です。主な吸収材料には，その吸音メカニズムにより，多孔型（繊維質型），共鳴型（レゾネータ型），リブ・スリット型，板張り型，孔あき型などがあり，グラスウールやロックウール，孔あき板などは吸音性能の高い材料ですが，遮音性能は一般的に低い傾向にあります。

4 振動の防止（防振）

防振の方法としては，震動源，伝播系，受振側に分けて対応するのが一般的で，加振機器などの振動源から発生する振動をできるだけ軽減し，振動の伝播を防ぐための防振系として防振ゴムや金属ばねなどの防振材を設けるなどします。これらによる方法を，**弾性支持**といいます。

また，防振効果を得るためには，防振系の基本固有振動周波数を機器の加振周波数の$1/\sqrt{2}$以下に設定する必要があります。さらに，機器などを設置した床の固有振動数と，防振系の固有振動数とが近い場合，**共振**という強い振動が発生して防振効果が悪化するので，こういったことも考慮する必要があります。

コインシデンス効果
透過損失は高音ほど大きくなるが，ある特定の周波数に達すると透過損失が小さくなる現象が見られます。これをコインシデンス効果といい，材料の共振作用によって生じます。

人の振動感覚
全身または局所で感じる振動に大別され，体位や振動周波数によっても異なり，内耳，皮膚，関節，内臓，知覚神経末端などの感覚器で振動を感じます。さらに，鉛直振動か水平振動かによっても異なり，一般に鉛直振動で4～8Hz，水平振動で3Hz以下がもっとも敏感に感じるとされています。

チャレンジ問題

問1　難　中　**易**

騒音・振動に関する次の記述のうち，もっとも不適当なものはどれか。

(1) 遮音性能が高い材料は，透過損失が大きい。
(2) 遮音材と吸音材は，密度や通気性などの物理的性状が似ている。
(3) 室内で電話などの音がうるさい場合には，天井に吸音材を貼るとよい。
(4) 壁厚が同じであれば単位面積あたりの質量が大きい材料ほど，一般に遮音性能が高い。
(5) 重量床衝撃音の伝搬は，仕上材と比較して躯体構造が大きく影響する。

解説

遮音材は重量があること，表面が固く隙間がないことが重要です。吸音材は，多孔質の吸音材にみられるように，重量が軽いことなどで，物理的性状はむしろ相反しています。

解答 (2)

光環境の管理

1 人工光源

光には，太陽の光などの自然の光と，白熱灯や蛍光などといった人が作り出した人工の光とがあります。人が室内において必要とする明るさは，昼の間は昼光によって得ることができますが，夜間や昼光の望めない室内（採光できる窓がないなど），曇天などによる昼光量の不足などといった場合は，人工の光，つまり**人工光源**によって必要な明るさを補います。これを，**照明**といいます。

一般的に用いられている人工光源には，白熱電球，蛍光灯，LEDなどさまざまなものがあり，一定の明るさを持続して保つことができるという点で照明は昼光による採光，つまり**自然光源**より優れているといえます。しかし，光の拡散性や演色性，経済性といった点では昼光におよぶことはできません。

■光源の分類

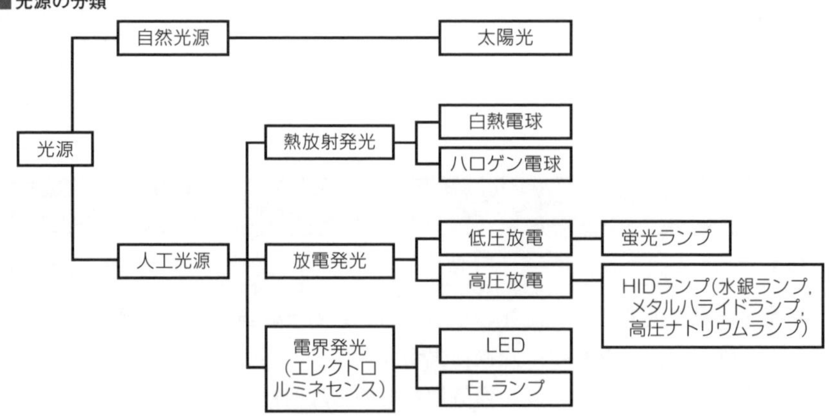

上記の図に示す通り，人工光源には発光の原理で以下の3つに大別されます。

熱放射発光：物質を熱すると発光する現象を利用しており，代表的なものに白熱電球があります。

放電発光：気体を封じたガラス管内の2つの電極間を，電子が飛んで発光します。代表的なものに，蛍光ランプや水銀灯，ナトリウムランプがあります。

電界発光（エレクトロルミネセンス）：半導体に交流電圧を加えて発光させる方法で，代表格にLEDランプがあります。

2 照明と見え方

照明の色や明るさ，光源の種類などで物や空間の見え方は，大きく変わります。また，光の来る方向や，物にあたる光が蛍光灯のような拡散光，すなわち**面光源**か，スポットライトのような**点光源**かによっても違います。

照明下での見え方については，以下のような用語や現象がありますので覚えておきましょう。

モデリング：照明によって対象となるものの立体感（凸凹など）や質感（滑らかさなど）が，よく見えることをいいます。対象物の最大と最小の輝度比が，2～6：1であるとよいとされています。

シルエット現象：対象となる物の輪郭が見えるのみで，その詳細が見えにくい現象のことを指します。たとえば，日中，窓を背にした人を見ても背後の明るさによって顔が薄暗く，識別しにくくなる場合がありますが，このような現象をシルエットといいます。これは，周囲の輝度が視対象よりも非常に高い，いわゆる逆光によって生じるものです。

演色性：光源により照らされたとき，対象物の色の見え方を決める光源の性質のことで，照明器具の光のもとで見たときに，自然光で見た状態にどれだけ近いかを表す用語です。光源の演色性を評価する平均演色評価数では，この数値が大きいとよい演色性を示す指標となっています。

均斉度：照度分布における，その分布の均一性の指標で，一般に床上80cmの作業面上の最低照度を最高照度で割った値です。推奨値は，人工照明では1/3以上，片側窓からの昼光照明で1/10以上とされています。

均斉度の求め方
照明の明るさ（照度，輝度）分布変動を表す尺度で，均斉度=最低照度／最高照度で表されます。

3 いろいろな光源

各種光源と主な特徴を以下の表にまとめます。

<table>
<tr><th>光源</th><th>寿命（時間）</th><th colspan="2">特徴</th></tr>
<tr><td>白熱電球
（白熱灯）</td><td>1000
～3000</td><td colspan="2">窒素を含むアルゴンガスをガラス球に封入し，フィラメントに電流を流して加熱し，放射熱（温度放射）により可視光線（光）を発生させる。演色性に優れ，赤身が加わり，暖かい感じがある。蛍光灯より輝度は高いが，効率が悪い。発光効率は10～15lm/W</td></tr>
<tr><td>蛍光灯</td><td>6000
～12000</td><td colspan="2">ガラス管に低圧の水銀蒸気とアルゴンガスを封入し，両端にある電極の放電により可視光線を発生させる。空間をすみずみまで均一に照らす白色光で，寿命が長く，主照明に適している。発光効率は40～50lm/W</td></tr>
<tr><td>ハロゲン
電球</td><td>2000
～4000</td><td colspan="2">白熱灯の改良型で，ハロゲンガスを封入することで寿命・効率を上げ，小型化できる。白熱電球より明るく，演色性も高いため，車のヘッドライトなどに用いられている</td></tr>
<tr><td rowspan="3">高輝度
放電ランプ
（HIDランプ）</td><td rowspan="3">6000
～18000</td><td colspan="2">高圧水銀ランプ，メタルハライドランプ，高圧ナトリウムランプなどの総称。金属原子高圧蒸気中のアーク放電による光源で，電極間放電の利用でフィラメントがなく，白熱電球に比較して長寿命だが，点灯までの時間が長いのが欠点。発光効率は60～90lm/Wと高い</td></tr>
<tr><td>メタルハライドランプ</td><td>水銀灯に金属ハロゲン化物を添加して演色性と効率を高め，高輝度，高効率，太陽光と色温度が近いなどが特徴</td></tr>
<tr><td>高圧ナトリウムランプ</td><td>効率は高いが，演色性に劣る。波長589nmの黄色光源で，道路照明に多用される</td></tr>
</table>

4 照明の種類

照明の種類も，その方式によってさまざまです。

ブラケット照明：柱や壁に照明器具を取付ける形式の照明です。
ルーバー照明：天井や壁体に金属や樹脂の薄い板などを格子状に組んだルーバーを張り，その上部に光源を配置した照明のことで，直接光源を見る頻度を減らしてまぶしさを和らげます。CRT画面への映り込みもなくなります。
タスク・アンビエント照明：室内照明とは別に，作業面に個別に照明を設けることで，天井照明をアンビエント光源とし，作業用のスタンド照明をタスク照明とする方法です。オフィス内に不均一に照明を用いることで省エネルギー効果を図る手法で，天井照明の電力を下げるのに効果的です。
建築家照明：建築物の天井や壁の中に光源を埋め込むなどして，建築物と一体化させた照明をいいます。天井照明やコーニス照明などがあり，天井に埋め込む形をダウンライティング（下向き照明）といいます。

グローブ照明：光源周囲を拡散透過性のある材料でつくり，上下左右に光を発散させる照明です。

間接照明：天井などに光源からの光を反射させて室内を照らす照明方法で，光源から作業面に直接届く光を全体の10%以下にします。

センサ照明：センサにより点灯する照明で，周囲が暗くなって点灯するものが一般的です。また，人などの動くものを感知して点灯する防犯などに用いられる照明のことは，人感センサといいます。

インバータ照明（蛍光灯）：交流電源をいったん直流に変換し，再び任意の電圧や周波数の交流に変換する装置をインバータといいます。点灯時の点滅がない，明るさ調整が可能，グロースタータ方式（グロウランプを使用した点灯）に比較して1.5倍の明るさで，同じ明るさでの電気代の削減，「ジー」という蛍光灯特有の音が出ず静かであることなどが特徴です。

5 照明設計条件

照明設計を行なう上で必要な要件は，以下の通りです。

① **照度**
② **照度分布と輝度分布**
③ **かげ**
④ **分光分布**
⑤ **照明器具の形・配置**
⑥ **室内内装としての照明**
⑦ **経済性と保守**

作業目的や用途，個人の好みなどによって，その室内にどの程度の明るさが必要なのかは違ってきます。JIS Z 9110の照度基準では，建築物の用途別，室別に維持照度などの照度基準が定められています。

グレア
光源から直接あるいは間接的に受けるまぶしさのことで，高輝度の光源や反射などによって目に不快感がもたらされます（不快グレア）。視野を囲む30度以内にある光源は，特にグレアを起こしやすく，照明にはこうした不快グレアがないのが望ましいとされています。

以下に，JIS照度基準より事務所についての照度基準を示します。

■事務所の照度基準（JIS Z 9110：2010より抜粋）

<table>
<tr><th>維持照度
[lx]</th><th>作業</th><th colspan="2">執務空間</th><th>共用空間</th></tr>
<tr><td rowspan="2">750</td><td rowspan="2">設計，製図</td><td colspan="2">設計室，製図室</td><td rowspan="2">玄関ホール（昼間）</td></tr>
<tr><td>事務室</td><td>役員室</td></tr>
<tr><td rowspan="4">500</td><td rowspan="4">キーボード操作，
計算</td><td colspan="2">診察室</td><td>会議室，集会室</td></tr>
<tr><td>印刷室</td><td>調理室</td><td rowspan="3">応接室</td></tr>
<tr><td colspan="2">電子計算機室</td></tr>
<tr><td colspan="2">集中監視室，守衛室</td></tr>
<tr><td rowspan="4">300</td><td rowspan="4"></td><td rowspan="4" colspan="2"></td><td>宿直室</td></tr>
<tr><td>食堂</td></tr>
<tr><td>化粧室</td></tr>
<tr><td>エレベータホール</td></tr>
<tr><td rowspan="5">200</td><td rowspan="5"></td><td rowspan="5" colspan="2"></td><td>喫茶室，オフィスラウンジ，湯沸室</td></tr>
<tr><td>書庫</td></tr>
<tr><td>更衣室</td></tr>
<tr><td>便所，洗面所</td></tr>
<tr><td>電気室，機械室，電気・機械室などの配電盤および計器板</td></tr>
<tr><td>150</td><td></td><td colspan="2"></td><td>階段</td></tr>
<tr><td rowspan="4">100</td><td rowspan="4"></td><td rowspan="4" colspan="2"></td><td>休憩室</td></tr>
<tr><td>倉庫</td></tr>
<tr><td>廊下，エレベータ</td></tr>
<tr><td>玄関ホール（夜間），玄関（車寄せ）</td></tr>
<tr><td>50</td><td></td><td colspan="2"></td><td>非常階段</td></tr>
</table>

チャレンジ問題

問 1　　難　中　易

ランプに関する次の記述のうち，もっとも不適当なものはどれか。

(1) ハロゲン電球――放電発光

(2) 高圧ナトリウムランプ――HIDランプ

(3) 白熱電球――温度放射

(4) LED――電界発光

(5) 蛍光ランプ――低圧放電ランプ

解説

人工光源のいくつかの分類の中で，ハロゲン電球や白熱電球は温度放射（熱放射）による白熱発光に位置づけられています。

解答 (1)

電気の基礎知識

1 電気回路およびオームの法則

電気回路とは，電気の流れる道のことで，単に回路ともいいます。この回路を流れる電気の流れには，直流と交流の2種類があり，回路中の起電力（電圧）が直流なら直流回路，交流なら交流回路といいます。

起電力
電流を流し続けようとする働きのことで，電流を連続して流し続ける力のことをいいます。

■直流回路と交流回路

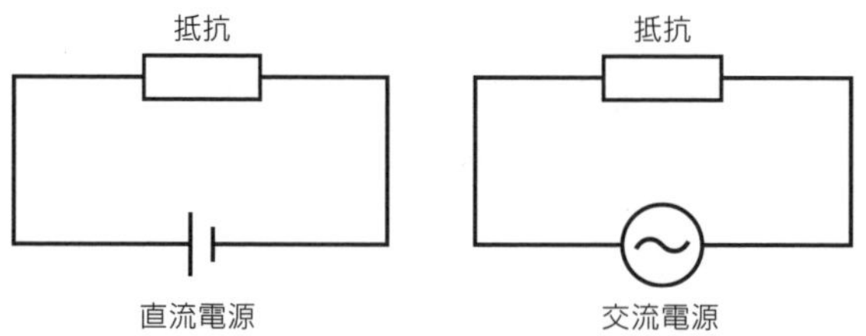

以下の図に示すように，抵抗R［Ω（オーム）］の負荷に電圧V［V］を加えると，電流I［A］が流れます。この電流Iは，電圧Vに比例し，抵抗Rに反比例します。これをオームの法則といい，電流［I］=電圧［V］÷ 抵抗［R］（I=V/R）という式が成り立ちます。これは電気回路におけるもっとも重要な公式です。電圧，電流，抵抗のうちの2つが分かっていれば，残り1つは計算で簡単に求めることができます。

電圧［V］＝抵抗［R］×電流［I］
抵抗［R］＝電圧［V］÷電流［I］

■オームの法則

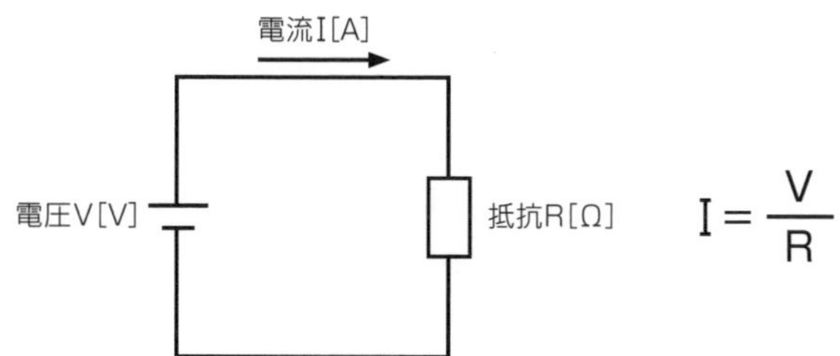

6 防音・防振および光・電気・省エネルギー

2 電力と電力量

単位時間内になされる物理的仕事を，仕事率（動力）といいます。この仕事率を電気としたとき，この電気的仕事率を**電力**といい，この電力とは，単位時間に電気器具によって消費される電気エネルギーを指します。

電力の記号にはPが用いられ，単位は国際単位系（SI）においてはワット［W］が用いられます。電力の関係式としては，電圧Eに電流Iを乗じて求めることができます。

P=E×I［W］

電力は単位時間あたりの仕事量を表しますが，電力を時間で積分したものを**電力量**といい，電力を時間積分した量は，その時間に電気エネルギーが外部に対して行なった仕事の総量を表します。

電力量は，電気が行なった仕事となるので表される単位は仕事の単位（エネルギーの単位）で表されます。国際単位系（SI）ではジュール［J］ですが，電力の単位（仕事率の単位）としてW（ワット）が一般的に用いられているため，電力量の単位としてのJ（ジュール）は，より実用的にワット時［Wh（ワットアワー）］と呼ばれています。

電力量の関係式としては，直流で電流Iが時間tにした仕事（電力量）Wを求める場合，電力Pに時間t［h］を乗じます。

W=P×t［Wh］

3 契約電力および電気供給方式

電気が発電所から需要家へと供給されるまでには，需要家の電気使用量によって供給される過程は異なります。発電所では，電圧50万V～20万Vの電力を発電しますが，そのままの電圧では使用できないため，各変電施設で降圧しながら適正な電力に変換されます。

以下の電力供給の仕組みの図の通り，発電所から送られた電力は，一次変電所で高圧の電力（11万V以上）を2.2万～6.6万Vに降圧します。大量の電力を必要とする大工場などの需要家には，ここから特別高圧電線路を介して送電されます。

特別高圧電線路は目安として，2000kW以上の電力を使用する需要家への送電に用いられます。続いて配電用変電所に送られ，一次変電所などで降圧された電力をさらに6.6千Vにまで下げ，電気の配電を行ないます。

50kW以上の電力を使用する中工場などの需要家には，ここから高圧電線路を介して送電されます。そののち，低圧電線路を介して50kW未満の電力を使用するコンビニや一般家庭などの需要家へと送電されます。低圧電線路は電圧100Vもしくは200Vの電力を送るための電線路で，配電用変電所から低圧電線路へ送られる電力は電柱に設置された柱上変圧器によって6.6千Vで送電された電力を100Vもしくは200Vに降圧して各需要家へと送られます。

■電力供給の仕組み～発電所から需要家まで

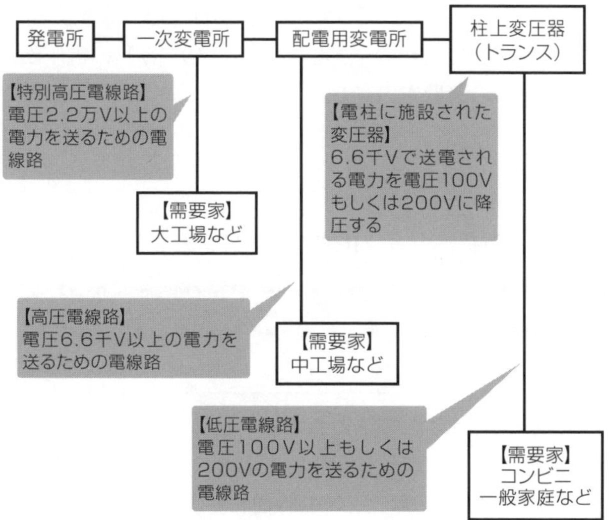

■契約電力と区分および供給電圧

契約電力	区分	供給電圧（電力会社より）
50kW未満	低圧	100V，200V
50kW以上 2000kW未満	高圧	6000V
2000kW以上	特別高圧	20000V以上

自家用受変電設備
ビルや工場などで使われている電気はほとんどの場合，一般家庭同様に電力会社から購入しています。一般家庭の場合は，柱上変圧器で降圧された電圧200/100Vで家庭内に引き込まれていますが，ビルや工場などの大容量の電気を必要とする施設では，6600V以上の高電圧で建物内に引き込まれます。この高圧の電気を施設内に設置した自家用受変電設備によって，100Vや200Vの電圧に降圧して使用しています。自家用受変設備の必要の有無は，契約電力による電力会社の供給電圧によって異なります。一般的に契約電力が50kW以上になると，6kVの高圧で引き込み，降圧して使用するため，自家用受変電施設が必要となります。

4 電気の計算

消費電力量の計算は，ビル管理において必要な知識です。ここでは，先に述べたオームの法則を用いて簡単な電気の計算をしてみましょう。

暖房用に定格電圧100V，消費電力2kWの電熱器を直列に2台接続して用いたときの総消費電力を求める場合は，以下のようになります。電熱器の定格電圧をE［V］，抵抗をR［Ω］，消費電力量をP［W］，定格電流をI［A］とします。これをΩの法則を用いて，

$$I=\frac{E}{R}$$

$$P=I\times E=\left(\frac{E}{R}\right)\times E=\frac{E^2}{R}$$

と表すことができます。P=2000W，E=100Vですので，R=5Ωとなります。

2台を直列に接続したこの電熱器の，1台の電熱器には（E/2）［V］の電圧が加わりますので，それぞれの電熱器の消費電力量は，

$$P'=\frac{50^2}{5}=500[W]$$

接続された2台の電熱器の合計消費電力量は1000W（1kW）となります。

チャレンジ問題

問1　難　中　**易**

次の記述のうち，もっとも不適当なものはどれか。

(1) オームの法則とは，電流Iは電圧Vに反比例し，抵抗Rにも反比例する。

(2) 電力量とは，電力に時間を乗じた量で，その時間に電気エネルギーが外部に対して行なった仕事の総量を表すものである。

(3) 契約電力の電圧区分では，高圧とは50kW以上2000kW未満の電力である。

(4) 暖房用に100V，4kWの電熱器を直列に2台接続して使用した場合の総消費電力は2kWである。

解説

オームの法則とは，電流Iは電圧Vに比例し，抵抗Rに反比例する（I=E/R）というものです。

解答 (1)

省エネルギーおよび自動制御

1 省エネルギーの基準

1979年10月に施行された「省エネルギー法」（正式名称：エネルギーの使用の合理化等に関する法律）により，1980年に省エネルギー基準が設けられ，度々改正が重ねられ，1992年（非住宅は1993年）に続く1999年の改正では全面的な見直しが行なわれ,「次世代エネルギー基準」とも呼ばれ，一般的には「平成11年基準」と表記されます。

その「次世代エネルギー基準」も，2013年，2015年の改正において，建物全体の省エネルギー性能をより分かりやすく把握できる基準とするため，「一次エネルギー消費量」を指標として建物全体の省エネルギー性能を評価する基準に改正されました。オフィスビルなどの非住宅建築物においては，空調・暖冷房設備（外皮性能考慮），換気設備，照明設備，給湯設備，昇降機の一次エネルギー消費量に対する基準が設けられました。

■一次エネルギー消費量基準の導入（非住宅建築物）

施設ごとに評価するCECの基準から, 建物全体の省エネルギー性能を評価する「一次エネルギー消費量」の基準へ変更されました

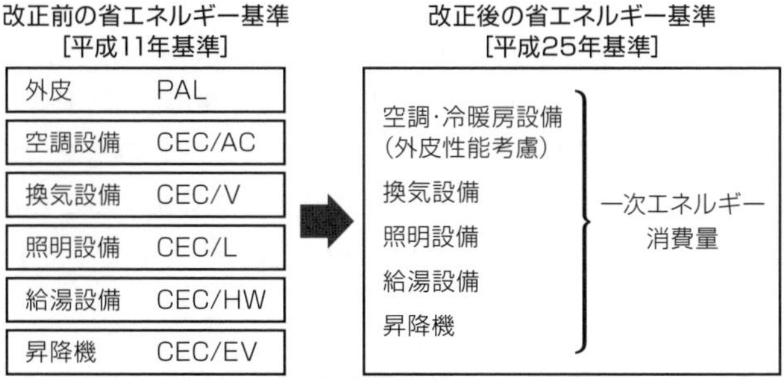

改正前の省エネルギー基準
[平成11年基準]

外皮	PAL
空調設備	CEC/AC
換気設備	CEC/V
照明設備	CEC/L
給湯設備	CEC/HW
昇降機	CEC/EV

➡

改正後の省エネルギー基準
[平成25年基準]

空調·冷暖房設備（外皮性能考慮）	一次エネルギー消費量
換気設備	
照明設備	
給湯設備	
昇降機	

※ PAL(Perimeter Annual Load)：年間熱負荷係数
※ CEC(Coefficient of Energy Consumption)：エネルギー消費係数

補足

省エネ法におけるエネルギーとは

省エネ法におけるエネルギーとは，燃料，熱，電気を対象としており，廃棄物からの回収エネルギーや風力，太陽光などの非化石エネルギーは対象となりません。

燃料：石油および揮発油（ガソリン），重油，そのほかの石油製品（ナフサ，灯油，軽油，石油アスファルト，石油コークス，石油ガス），可燃性天然ガス，石炭およびコークス，そのほかの石炭製品（コールタール，コークス炉ガス，高炉ガス，転炉ガス）であって，燃焼そのほかの用途（燃料電池による発電）に供するもの

熱：上記に示す燃料を熱源とする熱（蒸気，温水，冷水など）

電気：上記に示す燃料を起源とする電気

建築物の省エネルギー基準は，「建築主の判断基準」において，すべての基準に適用できる定量的に算定する「性能基準」（省エネルギー性能指標PAL，CEC）に示されています。以下に，PALおよびCECの定義とその算出方法を記すとともに，省エネ法において規定されるPALおよびCECの「性能基準」を表に示します。以下の方法にて計算を行ない，それらの数値が性能基準の表に示された数値以下であることとされています。

① 年間熱負荷係数

年間熱負荷係数（PAL：Perimeter Annual Load）は，建築物の外壁，窓などを通しての熱の損失の防止に係る指標で，以下の式でその数値を算出します。

$$PAL=\frac{\text{屋内周囲空間の年間熱負荷 [MJ/年]}}{\text{屋内周囲空間の床面積}[m^2]}$$

この式における屋内周囲空間をペリメータゾーンともいい，ペリメータゾーンとは外壁，窓などを通じて外部の気象条件の影響を受ける建物内部の空間を指し，地下階を除く各階の外壁中心線から水平距離5m以内の屋内空間と屋根直下階の屋内空間と外気に接する床（ピロティなど）の直上屋内空間をいいます。

建築物の用途ごとに空調使用時間の標準スケジュールを設定して，この間に生じる暖房負荷および冷房負荷を年間積算したものが，年間熱負荷となります。さらに，建築物の外壁などの断熱性能が高いほどPAL数値は小さくなり，省エネルギー性能は高くなります。

② エネルギー消費係数

エネルギー消費係数（CEC：Coefficient of Energy Consumption）とは，空調設備（AC），空調設備以外の換気設備（V），照明設備（L），給湯設備（HW），エレベータ（EV）ごとに1年間に消費するエネルギー量を，一定の基準で算出したエネルギー消費量で除したもので，以下の式によって算出することができます。なお，CECは，その効果性が高いほどその数値は小さくなります。

$$CEC=\frac{\text{年間エネルギー消費量 [MJ/年]}}{\text{年間仮想エネルギー消費量または年間仮想負荷}[MJ/年]}$$

■PAL，CECの性能基準（省エネルギー性能指標PAL，CEC）

	ホテル等	病院等	物品販売業を営む店舗	事務所等	学校等	飲食店等	集会所等	工場等
PAL	420	340	380	300	320	550	550	−
CEC/AC	2.5	2.5	1.7	1.5	1.5	2.2	2.2	−
CEC/V	1.0	1.0	0.9	1.0	0.8	1.5	1.0	−
CEC/L	1.0							
CEC/HW	1.5～1.9の間で，配管の長さ／給湯量（Lx）に応じて定める数値（注）							
CEC/EV	1.0	−	−	1.0	−	−	−	−

（注）

Lx	0<Lx≦7	7<Lx≦12	12<Lx≦17	17<Lx≦22	22<Lx
CEC/HW	1.5	1.6	1.7	1.8	1.9

2 自動制御

建築物において，快適な室内環境を保つ上で空気調和設備および，それを自動的に温度調整する**自動制御**は欠かせない装置となっています。

自動制御は，以下の図に示すようなフィードバック制御が基本となっており，これは一般的にもっとも広く採用されている方法といえます。

■フィードバック制御の構造（フィードバックグループ）

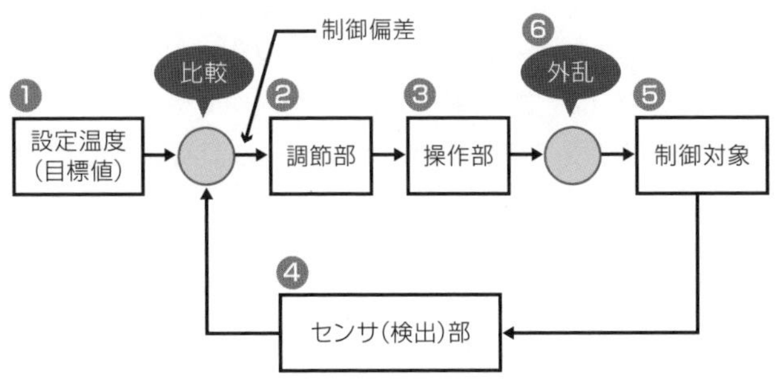

ピロティ
2階以上の建物において，地上部分が柱（構造体）を残して外部空間とした建築様式，あるいはその構造体をいいます。ピロティとは，フランス語で「杭」を意味しています。

自動制御装置の基本構成
自動制御（一般にフィードバック制御）を行なう上で必要な要素を大きく分けると，センサ（検出）部，調節（制御）部，操作部の3つからなります。

① **設定温度（目標値）**：制御の目標となる値です。
② **調節部**：設定温度と検出温度の差を比較し，その差を小さくするように操作部へ信号を出します。
③ **操作部**：調節部の信号によって作動（温度調節計または人の手によるON/OFFなどと同）し，制御対象の温度を操作します。
④ **センサ（検出）部**：制御対象の変化を検出します。
⑤ **制御対象**：制御される対象です。
⑥ **外乱**：制御対象に直接影響を与える（室温など）ものです。

また，よりきめ細かい制御を行なうには，オンオフ制御のような比例動作に加えて，比例+積分，さらに微分動作を加えた**PID制御**という複合制御があります。Pは比例，Iは積分，Dは微分の各制御を意味し，この3つで制御することによりスムーズな制御が可能となります。なお，最近の空調制御では，アナログ制御に替わる**DDC（Direct Digital Control）**という直接デジタル制御が広く導入されるようになってきています。

チャレンジ問題

問１　難　**中**　易

次の記述のうち，もっとも不適当なものはどれか。

(1) 年間熱負荷係数（PAL）は，建築物の外壁，窓などを通しての熱の損失の防止に関する指数である。
(2) PALの値は，建築物の外周部の断熱性能が低いほど，その値も小さくなる。
(3) エネルギー消費係数（CEC）は，空気調和（AC），換気（V），照明（L），給湯（HW），エレベータ（EV）の5種類のエネルギーの消費係数で示されている。
(4) CECの値は，その値が小さいほど，延べ床面積あたりのエネルギー消費量も小さい。
(5) 複合制御の代表的なものにPID制御があり，さらにDDC制御も広く導入されている。

解説

PALの値は，建築物の外周部の断熱性能が高いほど，その値は小さくなります。

解答 (2)

第4章

建築物の構造概論

1 建築物に関係する基礎知識

まとめ&丸暗記

● この節の学習内容のまとめ ●

□ 建築物の設計

設計図面：基本計画に基づき図面化した基本設計と，工事見積や施工のため詳細部まで図面化した実施設計がある

レンタブル比：ビル建設において収益計算の基になるもので，延べ床面積に占める収益部分の面積の割合

コア：エレベータ・階段・トイレなどの共用スペースや各種パイプシャフトなどの設備スペースが集約された部分

日射受熱：日射受熱を計算して冷暖房負荷などのコストを考慮した上で，建築物の向き，壁面構造・材質などを決める

□ 関連法規

建築基準法：建築物の敷地，構造，設備および用途に関して，国民の生命・健康・財産の保護のための最低限の基準

建築士法：「延べ面積が千平方メートルを超え，かつ，階数が2以上の建築物」は，一級建築士だけが設計・工事監理可能

都市計画法：都市計画区域によって建築物に制限が課される

□ 建築のプロセス

建築は ①建築計画 ②設計 ③工事監理 ④維持・保全という段階を踏む

工事監理：工事と設計図の照合・検査

□ 建築物の運用

LCM：建築物の一生に渡って，その効用の維持・向上を図り，同時に運営費用を削減していくマネジメント業務

LCC：建築物の一生に渡ってかかる費用総計

建築物の設計と関連法規

1 建築物の設計

オフィス（事務所）ビルの建築設計に必要な用語として，以下のようなものがあります。

① 設計図面

建築物の設計は，大まかに**基本設計・実施設計**に分けられており，それぞれの設計図面は，法令によって定められた建築士によって制作されます。なお図面段階から，工事費のみならず，維持運営・修繕費などを含むコスト計算も必要になります。

■主な設計図面

基本設計図	実施設計図
建築一般図	建築意匠図
平面図・配置図	建築構造図
立面図・断面図	電気設備図
構造計画概要図	空気調和設備図
設備計画概要図	給排水衛生設備図
工事費概算図	標準仕様書
透視図・模型	特記仕様書
全体工程図	工事費積算書

② レンタブル比

オフィスビルは，設計段階で収益モデルを出す必要があります。その基になるのが，**レンタブル比**です。これは，延床面積に占める収益部分の床面積の割合のことで，全体としては65%から75%程度，基準階では75%から80%程度必要とされます。レンタブル比は，以下の計算で求めます。

$$\text{レンタブル比} = \frac{\text{収益部分の床面積}}{\text{延床面積}} \times 100(\%)$$

LCC（Life Cycle Cost）
設計費用から解体費用まで，建築物の一生におけるトータルのコストをLCCと呼びます。

設計者の選定
建築設計者の選定方法には，特命随意契約，コンペ（設計競技），プロポーザル，資質評価方式，入札などがあります。

基準階
基準階とは高層建築物における基準となる平面を持つ階のこと。多数の階で繰り返し使用されます。

③ **コア**

建築物において，エレベータ・階段・トイレなどの共用スペースや，各種パイプシャフトなどの設備スペースが集約された部分をコアと呼びます。片寄せコア，センターコア，複数コアがあり，片寄せコアは高層ビルには不向き，センターコアは大半の高層・超高層ビルで採用されている，複数コアは複数の動線を有することで防災面での有意性が高いといった特徴があります。

設計時には，日射による建築物への影響も考慮する必要があります。日射量は，太陽高度の高い夏期には水平面で極めて大きく，鉛直面では東西が大きく南面が小さくなるといった特徴があります。逆に冬場では，南の鉛直面がもっとも大きくなります。こういった特徴から，建物の開口部の方位を南寄りとすることがエネルギー効率の観点からはもっとも有効になります。

また，建物各面の日射量および日射受熱を算出した上で，冷暖房負荷コストならびに材料や部位に対して適切な**日射遮へい対策**を施すことも重要です。

2 建築物の関連法規

建築物の設計・計画などについての関連法規は，主に以下のものがあります。

① **建築基準法**

建築基準法は，建築物の敷地，構造，設備および用途に関して，国民の生命・健康・財産の保護のための最低限の基準として定められたものです。敷地の安全性，自重・荷重や風圧・地震そのほかの震動および衝撃に対しての安全な構造，耐火・防火構造などについて基準が設けられています。また安全性を担保するための届出や検査などについても定められています。

② **建築士法**

建築士法によって，建築士は**一級建築士・二級建築士・木造建築士**に分類されます。免許交付は，一級建築士が国土交通大臣，二級建築士・木造建築士が各都道府県知事になります。それぞれの資格別に，設計･工事監理できる建築物が定められており，「延べ面積が千平方メートルを超え，かつ，階数が2以上の建築物」については，一級建築士のみ担当できます。

③ 都市計画法

建築物の設計時には，**都市計画法**にも留意する必要があります。都市計画法は「都市の健全な発展と秩序ある整備」を目的とするもので，都道府県が指定する都市計画区域・準都市計画区域に従って開発を進めることを求めています。

都市計画区域は，第一種・第二種低層住居専用地域，第一種・第二種中高層住居専用地域，第一種・第二種住居地域，準住居地域，近隣商業地域，商業地域，準工業地域，工業地域または工業専用地域などに分類され，それぞれの地域，地区・街区によって建築物に制限が課されます。

日射量の測定単位
日射量は，単位面積が単位時間に太陽から受ける放射エネルギーの量で測定します。単位はkW/m^{2}またはW/m^{2}です。

高度地区･高度利用地区
地域地区の高度地区では建築物の最高限度および最低限度の高さが，高度利用地区では建築物の容積率の最高限度および最低限度，建築物の建ぺい率の最高限度，建築物の建築面積の最低限度ならびに壁面の位置の制限が定められています。

チャレンジ問題

問 1　難　**中**　易

レンタブル比は $\frac{(ア)}{(イ)}$ ×100で求められる。（ア）（イ）に入る正しい組み合わせは次のうちどれか。

(1)（ア）収益部分の床面積　（イ）延床面積
(2)（ア）共用部分の床面積　（イ）収益部分の床面積
(3)（ア）収益部分の床面積　（イ）共用部分の床面積
(4)（ア）共用部分の床面積　（イ）延床面積
(5)（ア）延床面積　（イ）建造物全体の面積

解説

レンタブル比は収益計算に必要なもので，全体の面積に占める収益部分の割合です。

解答 (1)

図面の種類と表示記号

1 主な設計図の種類と特徴

設計段階での設計図には，基本設計図と実施設計図の2種類があります。基本設計図は事前の見積もり積算，許認可の取得に必要で，およその大きさや外観などを描くものです。建築確認申請時には，採光面積計算表と壁量計算書，排煙計算書が必要になります。

実施設計図は，構造図面，設備図面など，基本設計に基づいた詳しい図面で，施工段階ではこれを基に作業を進めていくことになります。

■主な設計図とその特徴

基本設計図	
周辺付近見取図	建築予定地周辺および建築物の立地場所を示す図
配置図	敷地のどの位置に建物を建てるかを示した図
平面図	各階ごとの間取り図。柱や筋交いの位置も示す
立面図	建物を東西南北の面から見た姿図
断面図	建物を切断した切り口で見る姿図
矩計図	断面図の詳細版。構成部材の材質や寸法を確認できる
求積図	敷地，建築面積，床面積に関する求積を示した図
構造図	特殊な基礎を計画する場合の構造図で，建築確認申請に必要
実施設計図	
各階平面図	形状，色彩，設置といったデザインが中心となる図面のこと
梁伏図	柱や梁など建築物の構造について詳細に記した図面
軸組図	柱など建物の垂直状態の部材の骨組みを表した図面
建具表	室内ほかに設置されるすべての建具の一覧表
設備図 （電気，給排水他）	電気，給排水，ガス，空調換気それぞれの設備図
配筋図	RC構造物コンクリート内部の鉄筋配置図
特記仕様書	工事に関する事項。設備機器の品番やメーカー名なども記載
仕上表	建物各部の仕上げ材の種類や厚みなどを一覧表にしたもの

■平面表示記号の一例

出入り口	出入り口一般	両開き戸
片開き戸	自由戸	格子付き窓
階段昇り表示（一般階）	たてどい	吹き抜け
エレベータ	コンクリートおよび鉄筋コンクリート	鉄骨

そのほかの図面
建築基準法によって定められた図書ではないもののよく作成されるものに，以下のものがあります。日陰図は，冬至における日照状況を示します。透視図は，空間の構成を理解しやすいように建築内部を絵で描いた図です。現寸図は，構造的に複雑な部分を現尺で描く図面です。

チャレンジ問題

問 1　難　中　**易**

図面の種類に関する次の記述のうち，もっとも不適当なものはどれか。

(1) 矩計図は，断面図の一種で，部材などを確認できる。
(2) 配置図は，敷地のどの位置に建物を建てるか示す図面である。
(3) 梁伏図は，柱や梁などの構造について詳細に記した図面である。
(4) 軸組図は，建物と水平状態の物の骨組みを表した図面である。
(5) 建具表は，室内などに設置される建具の一覧表である。

解説

軸組図建物と，垂直状態の物の骨組みを表した図面です。

解答 (4)

建築のプロセスと運用

1 建築のプロセス

建築は一般的には，建築計画からはじまり，設計，工事監理という段階を踏んで完成し，そのあとは維持・保全の業務が発生します。建築計画では，構想・基本計画・資金計画などが必要となります。各種法令などとの照合も，この段階で済ませます。基本計画の策定後は設計に移ります。設計には，基本設計図と実施設計図の2種類があり，後者は工事段階で参照されます。工事段階に入ったら，工事が設計図通りに進行しているか照合・検査する工事監理をする必要があります。これは，建築士法で定められた建築士が担当します。建築物の維持・保全は，建築物管理図に基づいて行ないます。

■建築設計のおおよそのプロセスと各工程に必要な作業・図面

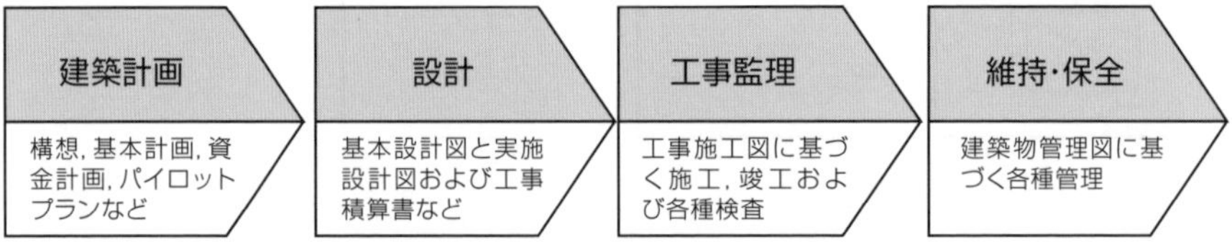

建築計画	設計	工事監理	維持・保全
構想，基本計画，資金計画，パイロットプランなど	基本設計図と実施設計図および工事積算書など	工事施工図に基づく施工，竣工および各種検査	建築物管理図に基づく各種管理

2 建築物の運用

オフィスビルの建築においては，収益をあげるために運営のマネジメントが重要になります。LCMに基づき計画を立て，また，LCCの削減を図り，収益力を高める必要があります。

① LCM

LCM（Life Cycle Management）は，建築物の一生に渡って，その効用の維持・向上を図り，同時に運営費用（LCC）を削減していくマネジメント業務を指します。また，そうした経済面の効果のみならず，環境面での計画・配慮も含まれます。主だったところでは，建築物における二酸化炭素排出量の抑制，エネルギー使用量の抑制があげられます。

② LCC

LCC（Life Cycle Cost）は，建築物の一生に渡ってかかる費用総計を指します。個別の項目としては，企画設計費・初期建設費，修繕などを含む運用管理費，廃棄費用が含まれます。以下のように建設初期段階よりも，完成後の運用管理費が占める割合が圧倒的に多くなるため，構想・設計段階からコストに関しての綿密な計画が求められます。

■一般的な事務所建築のLCCに占める各費用の割合のイメージ

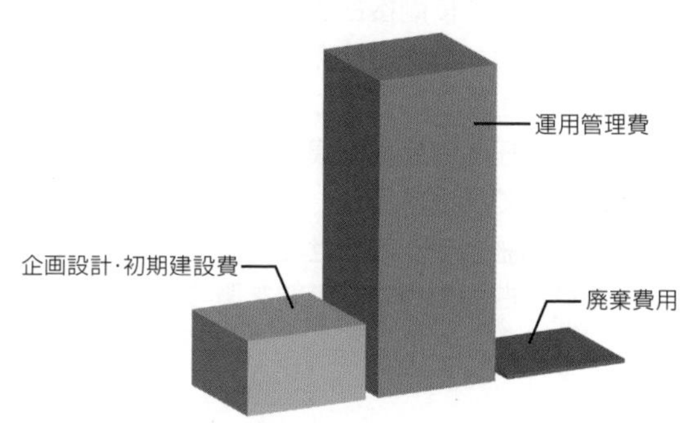

LCCの変動
LCCは，さまざまな社会状況や環境の変化などによって変動しうるものです。それらに対応するためには，LCMによって随時見直していく必要があります。

チャレンジ問題

問1　難　中　易

LCCに関する次の記述のうち，もっとも不適切なものはどれか。

(1) LCCは，建物の一生に必要な費用の総計である。
(2) 建設初期段階のコストが，もっとも多くなる。
(3) LCCには，建物の廃棄費まで含まれる。
(4) LCCは，設計段階から考慮されるべきである。
(5) 建設初期段階のコストは，運営コストに比べれば低い。

解説

LCCでは建設初期段階よりも完成後の運営管理コストが多くを占めます。

解答 (2)

2 建築物の構造

まとめ&丸暗記

● この節の学習内容のまとめ ●

□ 構造形式による分類

ラーメン構造：柱や梁などを長方形に剛接合する
トラス構造：三角形を基本に組み，部材の接点をピン接合する
アーチ構造：アーチ形状にして上からの荷重に対抗する
ニューマチック構造：内外の気圧差で屋根の膜を膨らませる
壁構造：壁や床などの平面のみで構成する
吊り構造：支点から吊り下げ引張力で安定させる
シェル構造：貝殻のような薄い曲面の板で支点間を覆う

□ 材料による分類

鉄筋コンクリート構造（RC構造）：鉄筋補強コンクリートを使用
鉄骨構造（S構造）：柱や梁などの骨組みに鋼材を使用
鉄骨鉄筋コンクリート構造（SRC構造）：鉄筋コンクリートと鉄骨を使用
木構造：建築物の主要な部分に木材を使用

□ 構造物に関わる物理的基礎知識

荷重：鉛直・水平の2種類あり，外力要因でさらに区分される
断面力と応力：断面力には軸方向力・せん断力・曲げモーメントの3種類があり，力の大きさは応力で表される
支点：可動端・回転端・固定端の3種類がある
梁構造の基本形と曲げモーメント図：支点の違い別に梁が実際にたわむ力を表すものを曲げモーメント図と呼ぶ

□ 地震に対応する構造

耐震構造，制振構造，免震構造の3種類がある

構造形式による分類

1 ラーメン構造

長方形に組まれた骨組みの角部を剛接合した構造で，外力により部材に曲げモーメントが発生した場合は，接合部材に伝達しながら部材全体で強度を保ちます。鉄骨造・鉄筋コンクリート造などの建築物の多くに採用されています。ラーメンとは，ドイツ語で枠・額物という意味です。

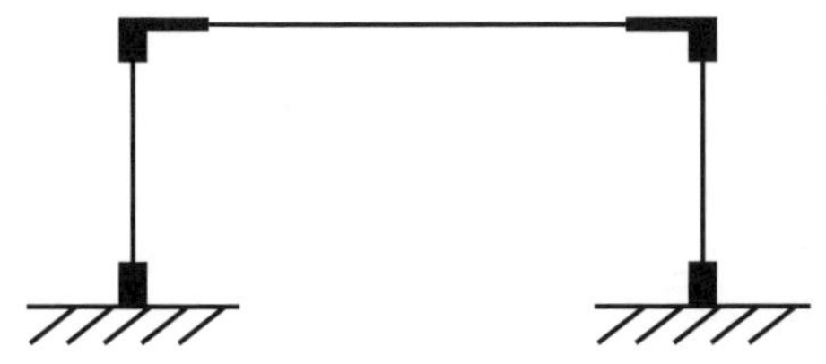

2 トラス構造

三角形を基本にした構造で，部材の接点をピン接合したものです。主に木材や鋼鉄を材質として使用する建築物において採用されています。引張力や圧縮力を接合部で伝達する一方，曲げモーメントは伝達できません。

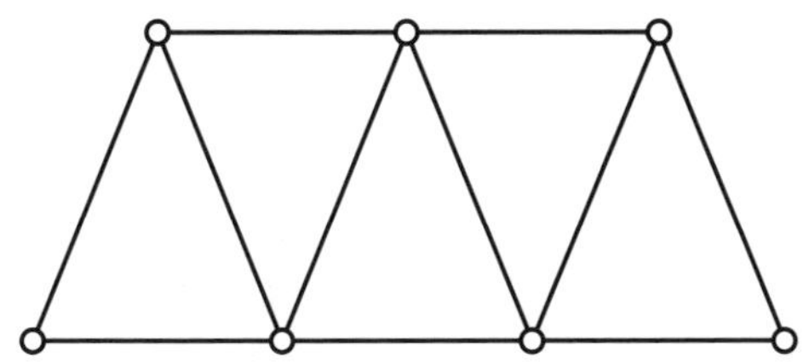

トラス構造の種類
ワーレントラス，プラットトラス，ハウトラスなどがあります。

トラス構造の建築物
木造建築の屋根を支える柱と梁部分や，鉄骨の橋梁などにも採用されています。

3 アーチ構造

アーチ形状を持った構造のことです。石積み造りの橋などによく使われます。石積みアーチの場合，1つ1つの材料の圧縮力によって成り立っていることから上からの荷重には強い一方，風や地震など，横からの荷重には弱いという面もあります。また，アーチ構造の建造物をつくる際には，支持点に発生するスラストという水平に広がろうとする力の適正な処理も求められます。

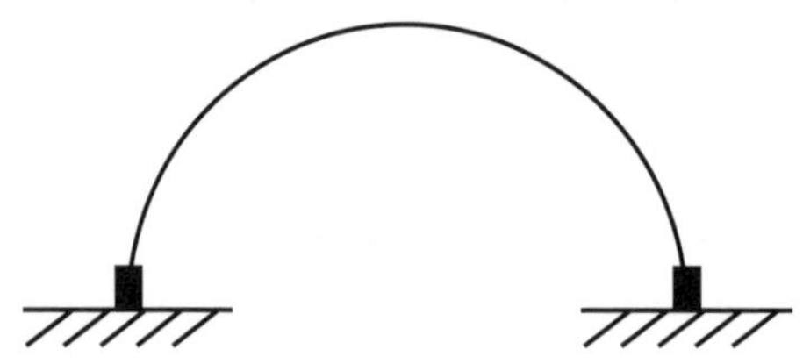

4 ニューマチック構造

空気膜構造ともいいます。屋根部分に合成繊維やガラス繊維などを材料とした皮膜を使い，内外の気圧差による引張力で膨らませ，建造物内部の空間を広く確保します。野球場をはじめとするスポーツ施設など，空間を広く利用する建造物において採用されています。膨らみを維持するための極めて高い気密性と，気圧維持のための空気供給設備が必要になるほか，引張のみを伝え圧縮や曲げを伝えないという膜の特性から，単独での構造は成り立たず，柱や骨組などの部材を組み合わせる必要があります。

5 壁構造

柱や梁を使用せず，壁や床板など平面のみで構成する建造物です。躯体にかかる力を壁で支えます。柱がないぶん空間を広くとれる，床と壁が直接接合されるため強度に優れる，コストが比較的低く済むなどの利点があり，主に中低層の集合住宅に採用されます。強度を保つために一定の壁量が必要になることから，窓など開放部のとり方が限定されやすいという短所もあります。

6 吊り構造

構造物を支点から吊り下げ，引張力によって安定させる構造です。吊り橋のほか，競技会場や博物館などで印象的な曲線デザインの屋根をつくるときなどに採用されます。代表的な建造物に代々木国立競技場の屋根があります。

7 シェル構造

1枚または数枚の薄い曲面の板で，支点間を覆った建造物です。円筒，球面，折板，双曲放物面などの形状があり，主に支点間が広くとられた建築物の屋根に使用されます。比較的薄いにも関わらず，1カ所の支点で外力に対して強度を持っている貝（シェル）の殻の構造を参考にしているため，こう呼ばれます。構造解析は複雑で困難なため，コンピュータプログラムを使用した有限要素法で求められます。

ニューマチック構造物
エアドームなどと呼ばれる野球場などの建造物は，ニューマチック構造で造られています。

2×4工法
壁構造の代表的なものに，木造枠組壁構法の2×4（ツーバイフォー）工法があります。2インチ×4インチの規格品の構造用製材で構成されることから，こう通称されています。

チャレンジ問題

問1　難　中　**易**

ラーメン構造に関する次の記述のうち，もっとも不適当なものはどれか。

(1) 長方形に組まれた骨組みの角部を剛接合した構造である。
(2) 鉄骨構造・鉄筋コンクリート構造などで採用されている。
(3) ラーメンはドイツ語で額物という意味である。
(4) 曲げモーメントが発生した場合は，部材全体で強度を保つ。
(5) 部材の接点は，ビス接合されている。

解説

中高層ビルは，ほぼラーメン構造が採用されています。特徴は，長方形の剛接合にあります。

解答 (5)

材料による分類

1 鉄筋コンクリート構造（RC構造）

鉄筋コンクリート（RC：reinforced concrete）は，鉄筋で補強したコンクリートのことで，これを柱や梁などの主要構造部に使用した建造物を鉄筋コンクリート構造または，RC構造といいます。主に，ラーメン構造および壁式構造の建築物に採用されます。中低層のビルで使われることが多い構造ですが，技術の進歩にともない最近では高層ビルで採用されることも増えてきています。

① 材料の特徴

曲げや引張に脆弱な点があるコンクリートを鉄筋が補う一方，径と長さの比率が一定の限度を超えるとたわみなどの曲りを生じる鉄筋の弱点を，その周辺を固めるコンクリートが補います。鉄とコンクリートの付着強度が大きく，熱膨張率がほぼ等しいということも，2つの材料の組み合わせを容易にする要因です。また，鉄は空気中にあると酸素と結合して酸化，錆を生じ腐食していきますが，コンクリート内部では，コンクリートの成分セメントがアルカリ性であることから，鉄筋に不動態が発生し，皮膜することで酸化せずに強度を保ち続けることができます。

■鉄筋の特徴

引張に対して強く，コンクリートの引張に対する脆弱性を補う
主に使われるのは，鋼を圧延して表面に凸凹を設けた棒状の鋼材「異形鉄筋」
径と長さの比率が一定限度を超えると曲がりが生じる
空気中の酸素と結合すると酸化し腐食，錆が生じる

■コンクリートの特徴

圧縮に対して強く，鉄筋の曲がりやすい弱点を補う
成分のセメントがアルカリ性であることから鉄筋の酸化を防止する
熱を伝えづらく，耐火に優れる
引張に対して弱い

② 構造の特徴

鉄筋コンクリート構造は，遮音性や保温性に優れること，ほかの工法と比較した場合に安価であることから，中低層のマンションなどで多く採用されています。ただし，地震による影響を受けやすいなどの短所もあるため，より耐震性に優れる鉄骨鉄筋コンクリート構造が採用されるようなケースもあります。

熱膨張率
鉄とコンクリートの熱膨張率は1.0×10^{-5}/K前後で，ほぼ等しくなっています。

■鉄筋コンクリート構造の長所と短所

長所	単位あたりの重量の重さから遮音性に優れる
	気密性が高く，そのため保温性に優れる
	平面および断面形状において自由度の高い形態を作りやすい
	耐火・耐久性に優れる
	比較的安価である
短所	自重が大きく，また，柱や梁の断面も大きくなる
	地震による影響を受けやすい
	施工期間が長い
	取り壊しが容易ではない
	一定階数以上または大空間建造物では，コスト高になることも

③ 鉄筋の形状および種類

鉄筋には，引張りが作用しても引き抜けないように両端をアルファベットのJの形状に曲げたものや，凹凸の突起を設けた棒状の鋼材「異形鉄筋」などが用いられます。

また柱，梁とも複数の鉄筋が配されますが，いずれも曲げ破壊を防止する主鉄筋，せん断破壊を防止するせん断補強鉄筋で構成されます。せん断補強鉄筋は，柱では帯鉄筋（フープ），梁で使われる場合にはあばら筋（スターラップ）とも呼ばれます。主鉄筋は部材の長い方向に，せん断補強鉄筋はそれに垂直に配置されます。主鉄筋は，梁の場合には荷重が上からかかるので上下端に，柱の場合はあらゆる方向からの外力に耐える必要性から，四辺ともに配されます。

帯鉄筋（フープ）
一般的に150mm以下の間隔で巻き付けます。形状は円形，または矩形スパイラルなどがあります。

スターラップ
一般的に250mm以下の間隔で巻き付けます。形状は両端がフックになっているもの，スパイラルなどがあります。

■ 鉄筋の構造

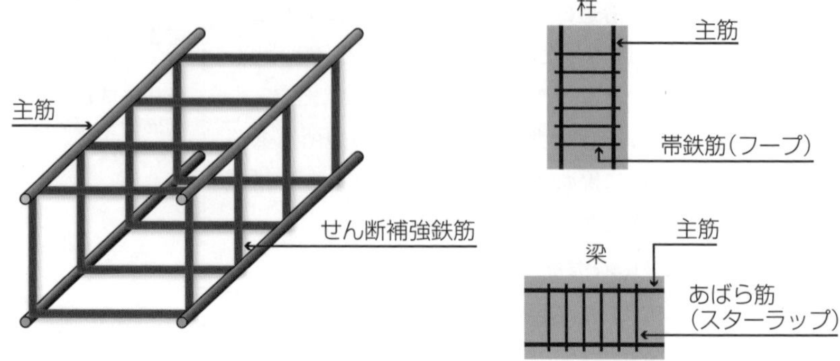

④ かぶり厚さ

鉄筋表面から，鉄筋を覆うコンクリートの表面までの距離をかぶり厚さといいます。設計通りの強度を得るために必要な距離で，これが不足すると鉄筋を酸化から守ることができず，その結果，建造物の安全性を損なうことにつながることから，建築基準法施行令の第79条でその厚さが定められています。

■ 建築基準法施行令第79条で定められたかぶりの厚さ

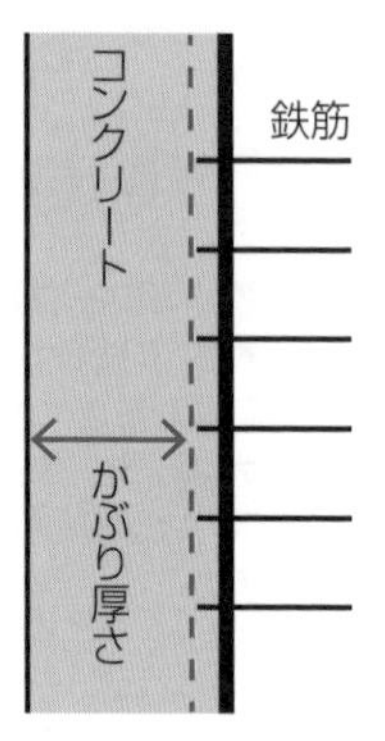

建築基準法施行令第79条で定められたかぶり厚さ

耐力壁以外の壁または床	2cm以上
耐力壁，柱，梁	3cm以上
直接土に接する壁，柱，床もしくは梁または布基礎の立上り部分	4cm以上
基礎（布基礎の立上り部分を除く）	6cm以上

2 鉄骨構造（S構造）

鉄骨構造は，建築物の軀体に鉄製や鋼製の部材を用いたもので，S（steel）構造，鋼構造とも呼ばれます。柱・梁・筋交いを使うブレース構造，柱と梁を剛接合したラーメン構造，三角形を多数組み合わせたトラス構造の3種類がありますが，特に断りのない場合，一般的に重量鉄骨ラーメン構造を指します。

① 鋼材の分類

鉄骨の鋼材は厚さ，製造工程，断面形状によって，以下のように分類されます。

■厚さによる分類

重量鉄骨	厚さ6mm以上の鋼材。主にラーメン構造，トラス構造に用いられる
軽量鉄骨	厚さ6mm未満の鋼材。主にブレース構造に用いられる

■製鋼工程による分類

高炉材	鉄鉱石を原料に，高炉で製鋼される。鉄骨構造の主要架構に用いられる
電炉材	スクラップ鉄を原料に，電気炉で製鋼される。不純物の問題がある。主な使い道は異形鉄筋など

■断面形状による分類

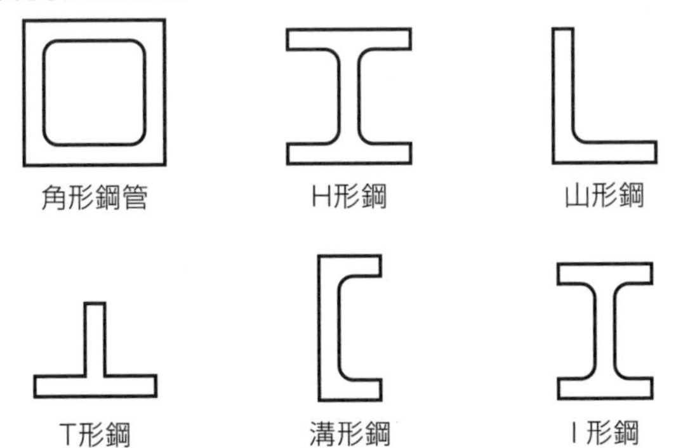

鉄骨の鋼材の分類
鋼材の分類は，左記のほか，JIS規格によるものもあります。用途に応じたさまざまな鋼材・鋼管があります。

鉄骨の断面形状の目的
荷重に対抗するための加工です。中でもH形鋼は引っ張り，曲げ，圧縮のいずれの応力にも耐えるため，多用されています。

② 接合

鉄骨の接合の大半で，高い強度を持ち，高い引張力に耐えることができる**高力ボルト**が使われます。高力ボルトは締付力を均一化できるよう製造されているため，現場での施工が容易で，技術者のレベルに左右されることなく一定の品質が保てるという特徴があります。

高力ボルトの接合方法としては，**摩擦接合**または**引張接合**と呼ばれる接合法があります。摩擦接合は，高力ボルトで接合材を締めつけた際に生じる大きな材間圧縮力によって得られる摩擦抵抗で応力を伝達するものです。引張接合は，高力ボルトの軸方向に応力を伝達します。

接合には**アーク溶接**という方法もありますが，大気中の窒素や酸素が混入するのを防ぐために溶接部をガスでシールドする必要があるなど，建築現場での作業には適していません。

③ 鉄骨構造の特徴

鉄骨構造は，鉄筋コンクリート構造と比較した場合，強度が大きく単位重量が軽いことから長い梁を使用できるほか，梁，柱の数が少なくて済むという特性があります。このため，高層ビルの建設などで採用されます。ラーメン構造では耐力壁も必要ないことから，間取りの自由度が上がるという利点もあります。トラス構造を採用すれば，体育館の屋根や鉄橋など長大なスパンを支える構造物も実現できます。

■鉄骨構造の長所と短所

長所	鉄筋コンクリート構造と比較して強度が大きく単位重量が軽い
	靭性に富むため，耐震に有利な構造にしやすい
	施行が短期間で済む
	重量鉄骨ラーメン構造では，現地での組立作業だけなので品質の一定を保ちやすい
	解体が容易
短所	鉄は摂氏550℃程で強度が失われるため，耐火を考慮した場合，耐火皮膜を施す必要がある
	構造材は強いものの，工法の問題から，耐震構造にしなければ地震の揺れに弱い
	断熱性が低いので，外断熱工法を採用する必要がある
	水分に弱いため，外部や水周りに用いる場合は，防錆処理を施す必要がある

3 鉄骨鉄筋コンクリート構造（SRC構造）

鉄骨鉄筋コンクリート構造は，柱や梁などの骨組みを鉄骨で組み，その周囲に鉄筋を配筋してコンクリートを打ち込んだ構造のことで，SRC（steel reinforced concrete）構造ともいいます。鉄筋コンクリート構造と，鉄骨構造の長所を兼ね備えています。柱や梁の断面を小さくすることができ，さらに耐震性に優れることから主に高層建築物に用いられます。

また，鉄骨構造との比較においては，鋼材がコンクリートに被膜されている分，座屈耐力および耐火性が向上しています。さらに，鉄筋コンクリート構造との比較では，鋼材が多い分，強度に優れます。鉄骨構造および鉄筋コンクリート構造との比較においても，耐力および変形性能が大きい分，耐震性能に優れています。

そのような利点がある一方，施工が煩雑で工期が長くなりやすい，さらに鋼材の多さなどからコストがかさむといった短所もあります。

■鉄骨鉄筋コンクリート構造（SRC構造）

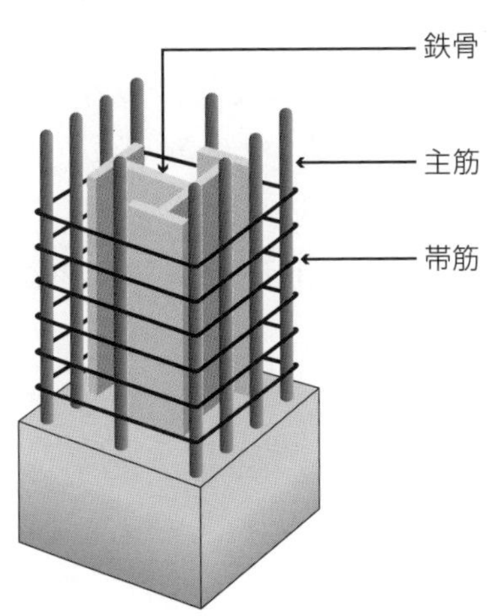

高力ボルト
締付けには1次締め，本締めと2度締めの3段階が必要。締付けトルクは，通常六角ボルトよりも高いといった特徴があります。

耐火鋼
耐火構造が求められる建築物においては，鉄骨に耐火皮膜処理を施す必要がありますが，その処理の省略を目的に開発された，耐火鋼と呼ばれる鋼材もあります。

CFT構造
コンクリート充填鋼管構造（CFT構造）は，鋼管の内部にコンクリートを流し込む構造で，主に柱に使用されます。RC構造，S構造，SRC構造に次ぐ第4の構造として注目されています。

4 木構造（木造）

一般に木造と呼ばれる**木構造**は，柱や梁など，建築物の主要な部分に木材を用いた構造です。寺社建築で使われる**伝統構法**や，日本の一般的な住宅で使われる**木造軸組工法**，**木造枠組壁構法**などがあります。

木材は軽量でかつ高い強度を有しているため，基礎が比較的簡素にすむという特徴があります。ただし，繊維方向と垂直の力に弱い，粘り強さに欠けるなどの欠点もあるため，木材同士の接合をすることなどで補強する必要があります。

また，火災への対策も必須となります。外壁・屋根・軒裏は原則として不燃材料で仕上げること，火災時に燃えしろを除いた部分だけでも構造が持つような太い断面の木材を使うことなどが求められます。

チャレンジ問題

問1　　難｜中｜**易**

鉄筋コンクリート構造に関する次の記述のうち，もっとも適当なものはどれか。

(1) コンクリートの圧縮力に対しての弱さを，鉄筋で補っている。
(2) 異形鉄筋を使用することで，さまざまな意匠のものにすることができる。
(3) かぶり厚さとは，鉄筋に定められた規格である。
(4) 鉄とコンクリートの熱膨張率がほぼ等しいことが，安定をもたらしている。
(5) 梁には，スターラップと呼ばれる主筋が使用される。

解説

鉄筋コンクリート構造は，鉄筋とコンクリートそれぞれの性質を把握しておく必要があります。

解答 (4)

建造に関わる物理的基礎知識

1 建築物の構造計画

構造設計にあたっては，**構造計画**を立てる必要があります。構造計画とは，外力などの諸条件を考慮した上で，建築物の用途に合う構造や材料を選定，適切に配置することです。その基礎になるのが，物理的な計算になります。

2 荷重

構造物にかかる外力を，**荷重**といいます。荷重は時間軸を基準に，**長期荷重**と**短期荷重**に分類できます。建物の構造計算をする際には，短期荷重は長期荷重の1.5 ～ 2倍の大きさを想定します。また，外力には以下のような2種類があり，これを集中荷重，等分布荷重といいます。

■集中荷重と等分布荷重

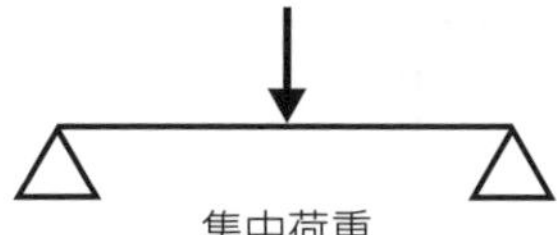

集中荷重

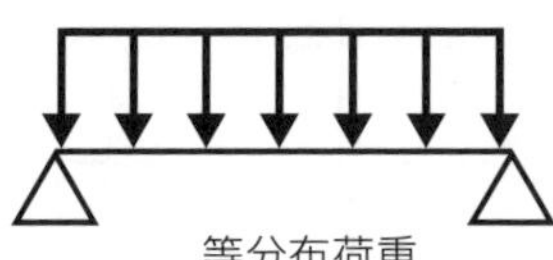

等分布荷重

① 建造物における主な荷重

建造物にかかる荷重には，重さとして作用する**鉛直荷重**と横からの力である**水平荷重**に大別できます。鉛直荷重には**固定荷重**，**積載荷重**，**積雪荷重**，水平荷重には**地震力**と**風圧力**があります。構造計画では，荷重がどのように流れ，どの部材に関係していくのかを確認・計算し，荷重に対応する構造にしていく作業が必要になります。

木構造の部位名称

床板を受ける「根太」，根太を支える「大引」，屋根の垂木などを支える横材「母屋」，柱と梁などの結合部の強度を補助する「方杖」などがあります。

荷重作用による分類

物体に作用する性質によっては，静荷重，動荷重に分類できます。静荷重は力の大きさや向きが常に一定している荷重のことです。動荷重は，力の大きさや向きが時間とともに変わる荷重のことです。

■荷重および外力の種類

方向の区分	荷重および外力の種類		時間の区分
鉛直荷重	固定荷重	建物自身の重さ	長期荷重
	積載荷重	人や家具の重さ	
	積雪荷重	雪の重さ	短期／長期荷重
水平荷重	地震力	地震の揺れの力	短期荷重
	風圧力	強風による力	

② 鉛直荷重に対する建造物の構造計画

鉛直荷重は上から下に力が流れ，最終的に地面に届きます。鉛直荷重に対してもっとも効果的なのは，以下の図1のように力を最短距離で地面に届ける構造です。一方の図2では，鉛直荷重は柱から2階部分の梁を通るため，梁にその力に耐えうるだけの厚みを持たせる必要が生じてしまいます。ここでは住宅を例にとりましたが，どのような構造物においても基本的な考え方は同じです。

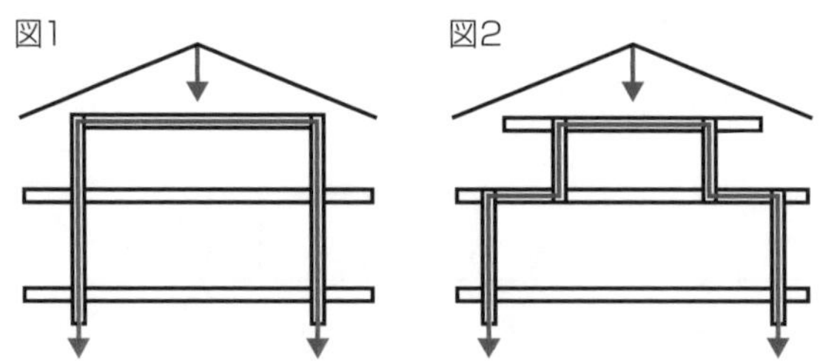

③ 水平荷重に対する建造物の構造計画

水平荷重に抵抗する部材は，垂直面です。以下の図3の部材に，図4のように筋交いを入れることによって水平荷重に対しての抵抗力が上がります。筋交いのほか，骨組や耐力壁など水平荷重に抵抗する部材をバランスよく配置するようにします。

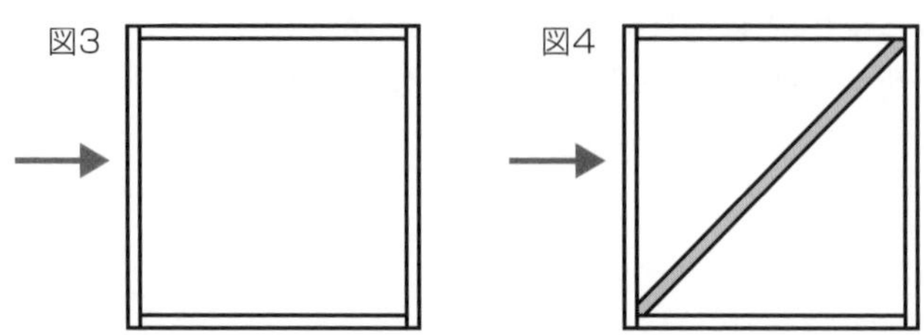

④ 地震力と風圧力の特徴

地震力は建築基準法で定められた構造計算法で，建物の重量（固定荷重+積載荷重）×0.2（または0.3）とされています。0.2というのは**地震層せん断力係数**で，中地震を想定した1次設計の値です。2次設計では大地震時で1.0になります。**風圧力**は，**風力係数×速度圧**で求められます。風力係数は建築物の形状に応じて，速度圧は屋根の高さや立地状況などに応じて値を求めます。

地震力=建物の重量（固定荷重+積載荷重）×0.2（または0.3）
風圧力=風力係数×速度圧

3 断面力

構造物に荷重が加わると，部材内部にもその力が伝わります。それを**断面力**といいます。断面力には方向性違いの3種類があります。断面の軸方向に作用する**軸方向力**，互い違いの方向に働く1組の力の**せん断力**，そして物体を曲げる方向に作用する**曲げモーメント**です。

① 軸方向力

物体の軸方向に，引張または圧縮荷重がかかった場合に発生します。部材軸方向に伸びたり縮んだりする変形によって，断面が離れたり圧縮されたりすることを防ぐ力です。図面ではNで表します。

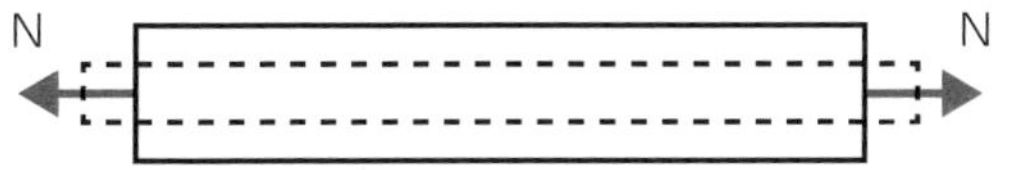

積雪荷重と地域
積雪荷重は地域によって短期，または長期荷重に分類されます。温暖な地域では短期になりますが，豪雪地帯では冬の一定期間積もることから，長期荷重となります。

保有水平耐力
保有水平耐力は，地震力に対する構造計算法において用いられるものです。地震力を受けた場合，各部材は復元可能な領域から，歪みを残留する領域，崩壊する領域へといたりますが，その過程，構造を明らかにするために用いられる概念です。主に，構造解析プログラムで算出されます。

② せん断力

物体軸をせん断する力が作用したときに生じる断面力で，物体がずれないように平行四辺形に変形する力です。材料のせん断に対する強さを超える力が働くと，境界で局部的な破壊が起き，すべりが生じます。Qと表記します。

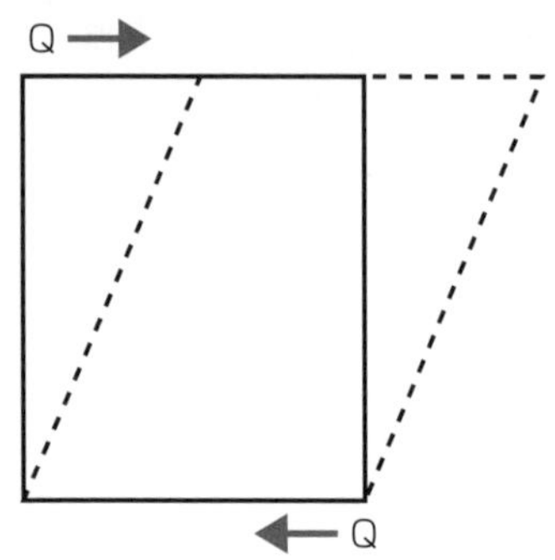

③ 曲げモーメント

部材が折り曲げられようとするときに，部材を扇形状にひし曲げて抵抗しようとする力のことです。Mで表します。

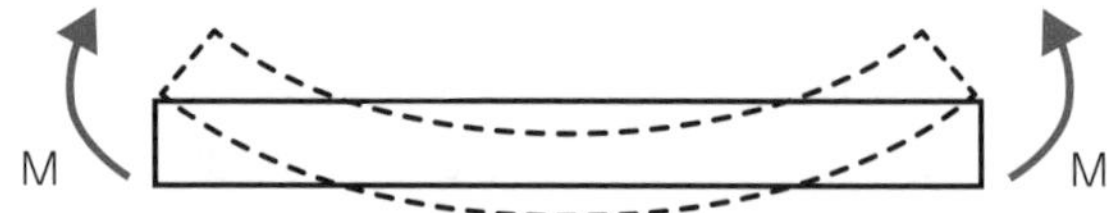

4 応力

応力は，それぞれの断面力を数値化したもので，部材に作用する荷重を部材の断面積で除した単位面積あたりの力の大きさで求めることができ，単位にはN／mm^{2}が用いられています。なお，曲げ応力やねじり応力の場合は，荷重が部材に均等に作用しないため，簡単に求めることはできません。

$$応力=\frac{部材に作用する荷重（N）}{部材の断面積（mm^2）}$$

5 梁のたわみ

梁に荷重が作用したときに発生する変位のことを，たわみといいます。安全性を確保する観点から，構造物の設計をする際には重要になります。

梁に荷重が作用した際に発生する支点に関わる角度を，たわみ角と呼びます。たわみ角の変化率を曲率といい，曲率と曲げモーメントの関係から，微分方程式を解くことでたわみを求めることができます。

その計算式は複雑なので覚える必要はありませんが，計算によって得られる結果の代表的なものについては，図の形で覚えておく必要があります。

① 支点

梁のたわみを考えるときには，支点を理解する必要があります。支点は，構造物と地盤または構造物同士を結合して，構造物を静止，安定させる支持点のことです。主な支点として3種類があり，それぞれ支点反力（荷重に対して発生する反力）が違います。**可動端**はローラー支点ともいい，水平方向に移動が可能です。鉛直方向にのみ作用します。**回転端**は回転が可能な支点で，水平方向と鉛直方向に作用します。ピン接合がこれにあたります。**固定端**は地盤や壁などに直接埋めこまれた状態にある支点で，鉛直方向，水平方向，回転方向に作用します。

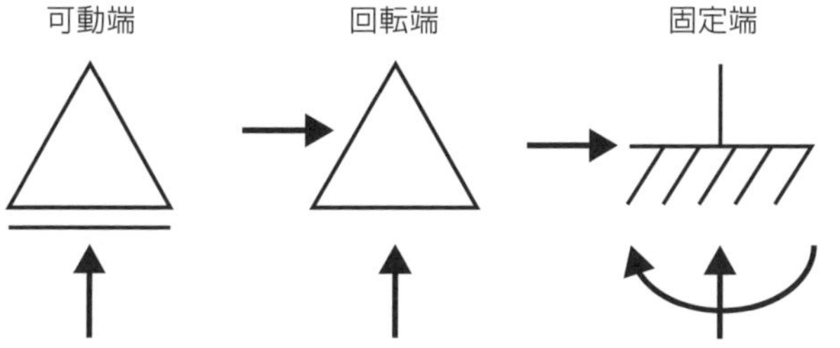

応力とひずみ

物体にひずみが生じた場合の応力の変化を示したグラフを，応力とひずみ線図と呼びます。ひずみに対して応力が直線的に上昇する弾性域では，ひずみを解放すれば材料はほぼ元の形に戻りますが，降伏点に達したあとは塑性域になり，ひずみを解放しても材料の形状は元に戻りません。さらに，ひずみをかけ続けた場合，材料は最終的に破断しますが，そのときのグラフの位置を破断点といいます。

② 梁構造の基本形と曲げモーメント図

梁構造には基本形として，単純梁，両端固定梁，片持梁，連続梁などがあります。単純梁は，一端がピン接合で他端がローラーからなる梁です。両端固定梁は両端が，片持梁は片方が固定されています。連続梁は両端をピン接合し，その間の支点をローラー接合したものです。これらに荷重を加えた場合，どのような曲げモーメントが発生するのかを示したのが，以下の図中の色で示した部分です。

■荷重により発生するさまざまな曲げモーメント

梁構造＼荷重の種類	集中荷重	等分布荷重
単純梁 	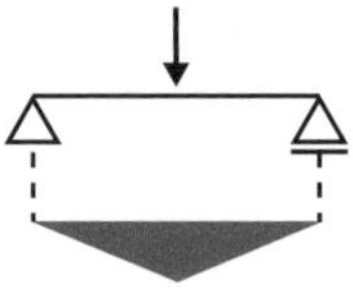	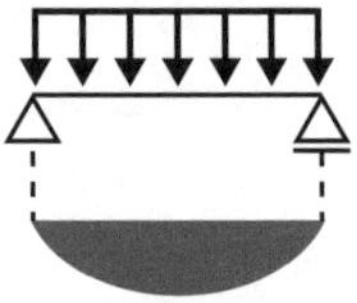
両端固定梁 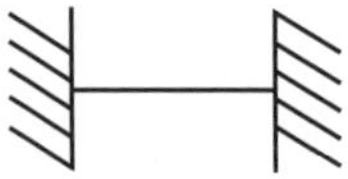	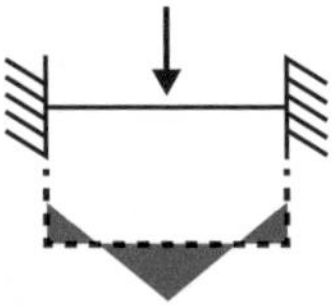	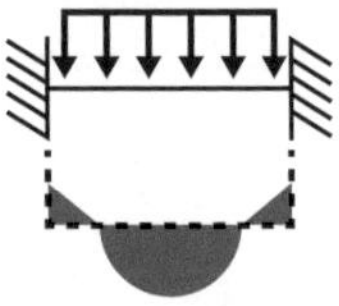
片持梁 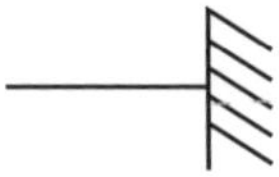	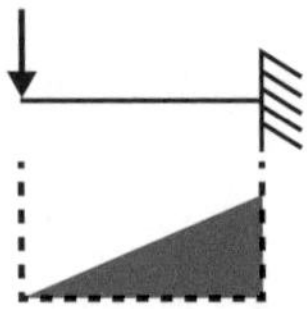	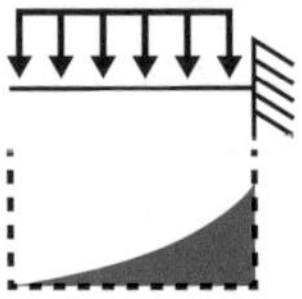

チャレンジ問題

問1　難　中　易

荷重に関する次の記述のうち，もっとも不適当なものはどれか。

(1) 鉛直荷重は，地面に向かって垂直に働く荷重である。
(2) 水平荷重に抵抗する部材は，垂直面である。
(3) 固定荷重は，建築物自身の重さと人や家具などの重さの総重量である。
(4) 風圧力は，風力係数×速度圧で求められる。
(5) 荷重は時間軸を基準に，短期荷重と長期荷重に分けられる。

解説

固定荷重は，建物自身の重さのことです。荷重は，短期・長期，鉛直・水平など，荷重の分類を正確に覚えておく必要があります。

解答 (3)

問2　難　中　易

応力に関する次の記述の（ア）（イ）に入る語句の組合せで，正しいものはどれか。

応力は，$\frac{（ア）}{（イ）}$ で求めることができる。

(1)（ア）部材に作用する荷重　（イ）せん断力
(2)（ア）部材に作用する荷重　（イ）部材の断面積
(3)（ア）曲げモーメント　（イ）せん断力
(4)（ア）部材の断面積　（イ）軸方向力
(5)（ア）軸方向力　（イ）曲げモーメント

解説

応力とは，断面積あたりにかかる荷重の大きさを数値化したものです。

解答 (2)

地震に対応する構造

1 地震対策

地震頻発国の日本において，耐震基準は人々の安全性を守る意味で非常に重要な要素です。耐震基準は，建築基準法により定められており，その基準を満たすための建築物の構造として，**耐震**，**制振**，**免震**の3種類があります。

2 耐震構造

強固な部材や，壁に筋交いを使用するなどの方法で建物に堅さと強度を持たせ，地震に抵抗する構造のことです。揺れの力は直接伝達してしまうため，建物の揺れは大きくなり，家具などの倒壊の恐れがあります。また，地震の規模が大きくなると，柱・梁・壁などに損傷が生じる可能性もあります。

3 制振構造

揺れを吸収する**制振部材**（ダンパー）を建物内に配置し，地震に対抗する構造のことです。地震の力が柱・梁・壁などに直接加わることを防ぐことで，建物の損傷を防ぎます。耐震構造よりも，地震時の揺れは小さくなります。また，コストは免震構造よりも安く済みます。

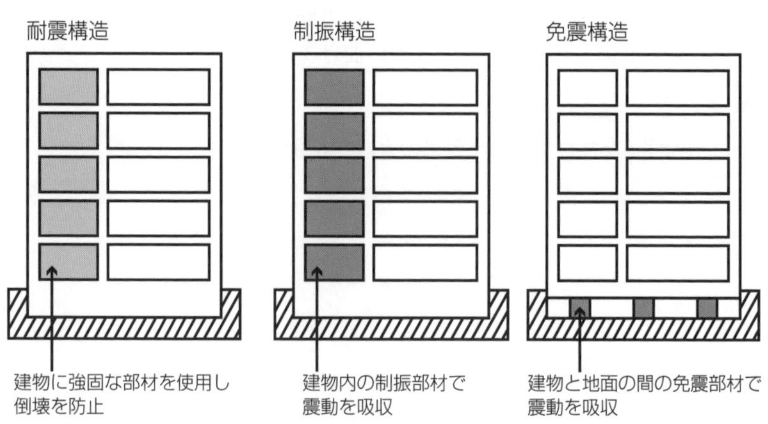

4 免震構造

建物と地盤との間に，ダンパーや水平に動くアイソレータからなる免震装置を配置し，地震の力が地盤から建物に伝わるのを防ぐ構造です。これによって建物には，免震装置で吸収できなかった地震の揺れが伝わるだけです。耐震構造，制震構造と比較して初期コストはかさみますが，地震から受ける建物の損傷リスクは低くなります。

5 耐震補強

建築物に必要な最低限の耐震基準が法改正によって変更された場合，建築物の増改築時にはその時点で最新の耐震基準に適合するよう，耐震補強をする必要があります。RC構造では鉄骨ブレース補強，耐震壁増設補強など，S構造ではプレート補強，柱根巻き補強などの方法があります。

マグニチュード
地震の規模，あるいは地震の際に放出されるエネルギーの量を表す指標です。

震度
各地点の地表の揺れの大きさを示す指標で，0・1・2・3・4・5弱・5強・6弱・6強，7の10段階で表します。

耐震基準
建築基準法および，建築基準法施行令などの法令により定められた基準で，建築の許諾に必要な構造物の最低限度の耐震能力が定められています。

チャレンジ問題

問1　難　中　**易**

耐震・制振・免震構造に関する次の記述のうち，もっとも適当なものはどれか。

(1) 耐震構造は，地震の揺れを軽減する仕組みを持っている。
(2) 制振構造は，ダンパーと呼ばれる制振部材を柱に組み込んでいる。
(3) 免震構造は，耐震構造や制振構造と比較してコストが安く済む。
(4) 建物の損傷リスクがもっとも低いのは，免震構造である。
(5) 免震構造の免震装置は，屋上に備え付けられている。

解説

耐震・制振・免震構造は，それぞれの違いを把握しておきましょう。

解答 (4)

3 建築物の材料

まとめ & 丸暗記

● この節の学習内容のまとめ ●

□ 構造材料

コンクリート：骨材（砂・砂利）・水・セメントを主原料とし，圧縮力に優れ，引張力に弱いことが特徴

モルタル：砂・水・セメントを主原料とし，コンクリートとは違って砂利が入らない

鉄鋼材：鉄筋や鉄骨に使われる鉄合金からなり，鉄筋には異形鉄筋が，鉄骨には引張力・圧縮力・曲げに強くするための断面加工が施された鋼材が使用される

鉄筋コンクリート：鉄鋼とコンクリートの熱膨張係数がほぼ等しいという性質から成り立つ構造

コンクリートの中性化：本来アルカリ性のコンクリートが大気中の二酸化炭素と化合して中性化する現象で，鉄筋コンクリート内部の鉄を酸化し腐食につながる危険性がある

□ 仕上げ材料

ガラス：珪砂（けいさ）（主成分はケイ酸）を主原料とし，ソーダ灰・石灰などと混合し作られる

□ 不燃材料・断熱材

不燃・準不燃・難燃材料：不燃は通常の火災による火熱が加えられた場合に，加熱開始後20分間は燃焼しないこと，準不燃は同10分，難燃は同5分と定められている

構造材料

1 建築物の構造材料

建築物を荷重から支える柱や梁，床，壁などの構造物には，**コンクリート**，**鉄鋼材**，**木材**，**石材**などの材料が使われます。建築物の設計には，それらの材料の持つ特性をつかみ，バランスのよい配置を考える必要があります。

■主な構造材料

コンクリート	柱，梁，壁など建築物全般の部材に使用される
鉄鋼材	RS構造，S構造などの中高層ビルには必須の材料
木材	主に木造住宅で使用される
石材	ヨーロッパでは住宅の床や壁などに使用される

2 コンクリート

コンクリートは，砂・砂利などの骨材，水，混和剤をセメントで凝固させたものです。コンクリートの強度は**水セメント比**で決まるため，**化学混和剤**を用いて水の分量を極力減らした**高強度コンクリート**が使用されるケースもあります。

■コンクリートの長所と短所

長所	圧縮力に強い
	耐火性に富む
	耐久性に優れる
	気密性が高く，重量があることから遮音・防音性が高い
	さまざまな形に加工することができる
短所	引張力に弱い
	重量が大きいため，建造物の自重が増大する
	硬化時，乾燥収縮による内部亀裂が生じる危険性がある
	施工時の問題で劣化が生じることがある

モルタル
モルタルは，コンクリートと類似した建材で，セメントと水と砂（細骨材）を混ぜたもので，コンクリートのように砂利（粗骨材）が入りません。

コンクリートの劣化
主な劣化事象として，中性化と塩害があり，中性化は，炭酸ガスの侵入により，本来アルカリ性であるコンクリートが変質するものです。塩害は，洗浄不十分な海由来の砂によって起きるものです。どちらも内部鋼材に錆などの腐食をもたらします。対策は，前者は水セメント比を低くし気密性を高めることなどがあります。後者は品質管理を厳しくすることで対応できます。

コンクリートの重量
コンクリートは重量が大きく，約2.3t/m^{3}あります。

3 鉄鋼材

建造物の鉄筋，鉄骨には**鋼材**が使われます。鋼（はがね）とは鉄の持つ各種の性能を高めた鉄合金のことで，RC構造では一般的には棒状に加工された**異形鉄筋**と呼ばれる棒鋼を使用します。これは，コンクリートと鉄筋の付着性を高めるために，表面にリブと呼ばれる凹凸加工を施したものです。

鉄骨も同様に鋼材が使われますが，こちらは曲げや圧縮の強度を高めるために断面形状が加工されています。**H形鋼**は引っ張り，曲げ，圧縮のいずれの応力にも強いため多用されています。**角形鋼管**，**円形鋼管**は柱材として用いられます。

なお，鉄筋コンクリートという構造は，鉄鋼の熱膨張係数がコンクリートとほぼ等しいという性質から可能になっているものです。

■ 鉄骨の断面形状

チャレンジ問題

問1　難　中　**易**

コンクリートに関する次の記述のうち，もっとも不適当なものはどれか。

(1) 圧縮強度が大きい。
(2) 硬化時に，収縮亀裂を生じやすい。
(3) 引張強度が小さい。
(4) 耐火性が低い。
(5) 普通コンクリートの重量は，約2.3t/m³である。

解説

コンクリートは，耐火性が高い材料です。

解答 (4)

仕上げ材料

1 建築物の仕上げ材料

仕上げ材料とは，建築物の内装や外装に使う材料のことです。ガラス材，非鉄金属材，高分子材，粘土焼成品などがあり，屋根，天井，壁，窓，床，建具などに使用されます。

補足

ガラスの主原料
ガラスの主原料は珪砂（主成分はケイ酸）で，ソーダ灰・石灰などとの混合で作られます。

■主な仕上げ材料とその種類・用途

ガラス材	単板ガラス，複層ガラスなど。窓や壁面に使用
非鉄金属材	アルミや銅，真鍮など鉄，鋼以外の金属のすべて。建具などに使用
高分子材料	ガラス繊維や炭素繊維を使った強化プラスチックなど。外壁，屋根などの防水など
粘土焼成品	瓦，れんが，タイルなど

2 ガラス

ガラスには単板ガラス，複層ガラス，合わせガラス，強化ガラスなどがあります。高層ビルなどで主に用いられるのは，日射熱を吸収する**熱線吸収ガラス**，ガラス表面の金属酸化物が日射光線を反射する**熱線反射ガラス**です。これらは建造物の温度上昇を抑え，冷房負荷を軽減します。

フロート法
錫（すず）はガラスより比重が大きく，ガラスと混じらないという性質を利用して，溶解錫の上にガラス融液を流し出し，平面を均一化した板状のガラスを生成する方式をフロート法といいます。

3 そのほかの仕上げ材料

ガラス繊維などを使った強化プラスチックは，安価で軽く，耐久性に優れます。主に住宅設備機器に用いられています。

ガラスの防火性
ガラスに防火性を持たせるには，防火ガラスおよび耐火ガラスを使用することが有効です。

チャレンジ問題

問1　難 **中** 易

ガラスに関する次の記述の○×を答えよ。

フロート法は，鉛とガラスが融解しない特性を利用した製法である。

解説

ガラスと融解しない材料は錫です。

解答　×

不燃材料・断熱材

1 不燃材料の種類

不燃材料は，建築基準法施行令第108条の2で定める技術的基準に適合する不燃性を持つ材料のことです。その下位には準不燃材料，難燃材料があります。準耐火構造や防火構造にする場合には，安全性確保の観点から一定の部位に不燃材料を使う必要があります。

2 不燃材料

不燃材料に定められている条件には，次の3点があります。① 通常の火災による火熱が加えられた場合に，加熱開始後20分間は燃焼しないこと　② 外部仕上げにおいては，防火上有害な変形，溶融，亀裂そのほかの損傷を生じないこと　③ 内部仕上げでは，避難上有害な煙またはガスを発生しないものであること。

これらの条件をクリアし，国土交通大臣から認可されたものには，鉄鋼，コンクリート，モルタル，ガラス，れんが，瓦などがあります。

3 準不燃材料

準不燃材料に定められている条件には，次の3点があります。① 通常火災による火熱が加えられた場合に，加熱開始後10分間は燃焼しないこと　② 外部仕上げにおいては，防火上有害な変形，溶融，亀裂そのほかの損傷を生じないこと　③ 内部仕上げでは，避難上有害な煙またはガスを発生しないものであること。

これらの条件をクリアし，国土交通大臣から認可されたものには，木毛セメント板，石膏ボード，セルロースファイバーなどがあります。

4 難燃材料

難燃材料に定められている条件には，次の3点があります。① 通常の火災による火熱が加えられた場合に，加熱開始後5分間は燃焼しないこと　② 外部仕上げにおいては，防火上有害な変形，溶融，亀裂そのほかの損傷を生じないこと　③ 内部仕上げでは避難上有害な煙またはガスを発生しないものであること。

これらの条件をクリアし，国土交通大臣から認可されたものには，難燃合板，難燃繊維板，難燃プラスチック板などがあります。

5 断熱材

熱伝導を抑えることにより，断熱効果を高めるための材料を断熱材と称します。建造物内の冷房・暖房のエネルギー効率を高めることで省エネになり，二酸化炭素の排出量も抑えることができます。RC構造の建築物においては，断熱材を躯体の内・外側のどちらに設けるかで，内断熱，外断熱に区別されます。

内断熱と外断熱
内断熱と外断熱は一長一短があり，建物用途によって使い分けられています。また，高層建築物においての外断熱では，断熱材の剥離に配慮する必要もあります。

■主な断熱材とその特徴

繊維系	グラスウール	短いガラス繊維。安価で広く使われている
	ロックウール	人造鉱物繊維。安価で広く使われている
	セルロースファイバー	古新聞または段ボールを原料とする
発砲系	ウレタンフォーム	硬質ポリウレタンを使用
	フェノールフォーム	耐熱性，難燃性に優れる合成樹脂
	ポリスチレンフォーム	堅くて難燃性の発砲スチロール

チャレンジ問題

問1　難 **中** 易

不燃材料・断熱材に関する次の記述のうち，もっとも適当なものはどれか。

(1) 不燃材料は加熱が加えられた場合，燃焼しないことが必要である。
(2) 準不燃材料には鉄鋼やモルタル，ガラスが含まれる。
(3) セルロースファイバーは，古新聞や段ボールを原料とする。

解説

不燃，準不燃，難燃の差は燃焼までの時間にあります。また，断熱材はそれぞれの特徴を覚えておく必要があります。

解答 (3)

4 建築物の設備

まとめ&丸暗記

● この節の学習内容のまとめ ●

□ ライフラインに関わる設備

空調設備：対人空調の保健空調，物品に対しての産業空調がある

非常用エレベータ：建築基準法で，地上から高さ31m以上または地上11階以上の建築物に設置が義務付けられている

BEMS：高層ビルなどに設置されているエネルギー機器・設備の運転やエネルギー使用状況を一元的に監視・管理し，ビル全体の省エネ促進，二酸化炭素排出量の削減を図るもの

□ 防火・防犯に関わる設備

防火設備：外壁の延焼のおそれのある部分に開口部を設ける場合に設置が定められたもので，火災の加熱開始後20分間，加熱面以外の面に火炎を出さないもの

特定防火設備：建物内部に設置するもので，常時閉鎖型防火戸と，随時閉鎖型防火戸の2種類があり，通常の火災の火炎を受けても1時間以上火炎が貫通しないことと定められている

警報設備：高層ビルでは各所に感知器を取り付け，火災が発生した場合は中央監視装置によって初期対応にあたる自動火災報知設備が主流

感知器：火災を感知する方式は大別すると熱・煙・炎の3種類

消火活動上必要な設備：消防隊の消火活動のために義務付けられている設備で，消防用水，連結送水管，連結散水設備，非常用コンセント，排煙設備がある

避難計画の原則：避難方向の2方向の確保，避難経路はシンプルにする，適切な防火区画を設ける，避難動線を人々の平常動線と一致させる，スロープや音声・視覚的案内の採用などの原則がある

ライフラインに関わる設備

1 ライフライン設備

建築設備にはライフラインに関わる電気，ガス，給水，空調，汚物処理，通信，昇降機などがあります。人々の安全に直結する事項も多いため，建物の管理運営にあたる者は，個々の設備の特徴を把握しておく必要があります。

2 電気・熱源・給排水設備

電気設備には，配線，配電盤，照明などがあります。

熱源設備は，ガスヒートポンプ，ボイラー，自家発電装置，排熱を利用するコジェネレーションなどです。

給排水設備には，受水槽，給水槽，排水管，悪臭やガスの侵入をブロックする排水トラップなどがあります。そのほか衛生にかかわる設備として，し**尿浄化槽設備**などもあります。

3 空調設備

空気調和設備は，建物内の温度，湿度，空気清浄などを維持・管理します。空調の対象別に，保健空調（人対象），産業空調（物品対象）に分類できます。また，熱輸送の方法別に，ダクトで空気を循環させる**全空気方式**，ダクトの水で温度管理する**水方式**，ダクトに水と空気を送る**水・空気方式**，エアコンに代表される**冷媒方式**などに分けられます。全空気方式は劇場などの大空間で，冷媒方式は小規模な雑居ビルなどで，主に採用されています。建築物の気密化もあって，空気調和設備の重要性は増す傾向にあります。

コジェネレーション
内燃，外燃機関などの排熱から動力・温熱・冷熱を取り出し，総合エネルギー効率を高めるためのエネルギー供給システムです。省エネの観点から注目されています。

ダクト
金属でできた筒で，全空気方式の場合は，ここに空気を循環させることで，建物内の温度を調整します。

4 エレベータ・エスカレータ設備

中高層，超高層建築物には不可欠な設備として，エレベータやエスカレータがあります。

① **エレベータ**

中高層，超高層建築物では，ロープを巻き上げる巻上機の駆動力によってエレベータ（かご）と釣り合い重りを操作するロープ式と呼ばれるエレベータが主に使われます。鉄筋コンクリートや鉄骨構造の昇降路（シャフト），かご，釣り合い重り，建築基準法によって安全率を10以上確保することが義務付けられているワイヤーロープなどからなります。そのほか，短距離の荷物用などに使われる油圧式のものもあります。

② **非常用エレベータ**

建築基準法（第34条2項）により，地上から高さ31mを超える建築物または地上11階以上の建築物には非常用エレベータの設置が義務付けられています。災害発生時に消防隊が使用するもので，平常時には人や荷物の運搬にも使用可能ですが，災害時には専用運転に切り替えられます。通常電源が遮断されても運転できるよう非常電源を有し，電線は耐火用のものが使われます。

③ **エスカレータ**

エスカレータには，勾配角度を30度以下にすること，踏段幅を1.1m以下とすることなどの規格が建築基準法によって定められています。制動装置および昇降口において踏段の昇降を自動停止させる装置の設置義務もあります。

5 中央監視システムとBEMS

中高層，超高層建築物には，室内環境などを監視するシステムがあります。不特定多数の人間が出入りする建築物においては，防犯の上でも重要な設備です。

① **中央監視システム**

中央監視システム（Central control system）は，建物全体に散在する情報を集積し，一元管理するシステムです。センサから集められた情報をもとに制御信号の発信，情報の蓄積，異常時の警報発信・外部への通報などの対応をします。高層ビルのシステムはビルコンピュータ（ビルコン），ビルオートメーションシステム（BASまたはBA）とも呼ばれ，室内環境や省エネルギーの管理に欠かせないものとなっています。

② **ビルエネルギー管理システム（BEMS）**

BEMSは，高層ビルなどに設置されるエネルギー機器・設備の運転やエネルギー使用状況を一元的に監視・管理し，ビル全体の省エネ促進，二酸化炭素排出量削減を図るものです。従来は，ビル内のシステムとして構築されていましたが，IT化の進展もあり，ネットワークを通じて外部から監視や管理を行なうサービスも増加しています。BEMSは，環境面に優れるだけでなく，コスト削減にもつながります。中央監視システムによって集積されたエネルギー消費傾向などから有効な対策を見出し，より効率的なエネルギー配分が可能になるためです。

BEMS
BEMSは「Building Energy Management System」の略です。

チャレンジ問題

問1　難　中　易

エレベータ設備に関する次の記述の（　　）内に入る語句の組合せとして，適切なものはどれか。

エレベータは，ロープ式と油圧式に分かれる。（　ア　）エレベータは中高層や超高層建築物に多用されている。また，建築基準法により，高さ（　イ　）を超える建築物には非常用の昇降機の設置が義務付けられている。

(1)（ア）ロープ式　（イ）25m
(2)（ア）ロープ式　（イ）31m
(3)（ア）ロープ式　（イ）42m
(4)（ア）油圧式　（イ）31m
(5)（ア）油圧式　（イ）42m

解説

エレベータでもっとも使用されるのは，ロープ式です。さらに，建築基準法では高さにより設置が義務付けられています。

解答 (2)

防火・防犯に関わる設備

1　ビル管理における防火設備

防火設備は大別して，建築基準法に定められた防火設備と，消防法によって定められた消防用設備に分類できます。建築物での実際の運用にあたっては，防火対策として一括して考えても問題ありません。ここでは防火ならびに防犯に関する設備に関して解説していきます。

2　防火設備

防火設備は，火災が起きたときに炎が回るのを防ぐための設備の総称で，狭義には**防火戸**を指します。防火戸は建築基準法上，**防火設備**と**特定防火設備**の2種類に分類されます。

① 防火設備

外壁の延焼のおそれのある部分に開口部を設ける場合，遮炎性能，または準遮炎性能のある防火戸などの防火設備の設置が義務づけられています。防火設備は，屋内で発生する火災，建築物の周囲で発生する火災のいずれの場合でも，加熱開始後20分間，加熱面以外の面に火炎を出さないものと定義されています。法令では鉄枠にはめた**網入板ガラス**が告示されているだけで，耐熱強化ガラスなどを使用する場合は，国土交通大臣の認定を受けた仕様や，寸法などに基づく必要があります。

■網入板ガラス

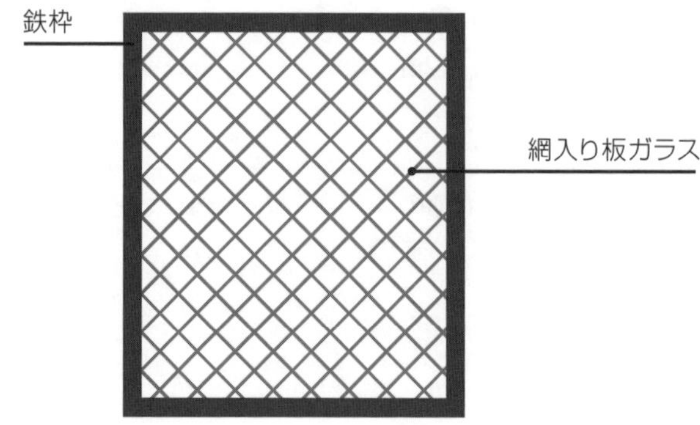

② 特定防火設備

特定防火設備には常時閉鎖型防火戸と，随時閉鎖型防火戸の2種類があります。常時閉鎖型防火戸は人が開けたとき以外は常時閉まっているもので，階段の竪穴区画で多用されていたこともあります。随時閉鎖型防火戸は，火災を感知すると自動に閉鎖される形式のもので，現在はこちらが主流です。スイング式の鉄扉，シャッターが下りてくるもの，耐火性のある特殊布が下りてくるものなどがあります。いずれの防火戸も，通常の火災の火炎を受けても1時間以上火炎が貫通しないことと定められています。なお，特定防火設備が避難経路にある場合には，設備そのものやその横にくぐり戸を設け，避難路を確保する必要があります。

■常時閉鎖型防火戸

実際には右側も扉が閉まっている

■随時閉鎖型防火戸（シャッター）

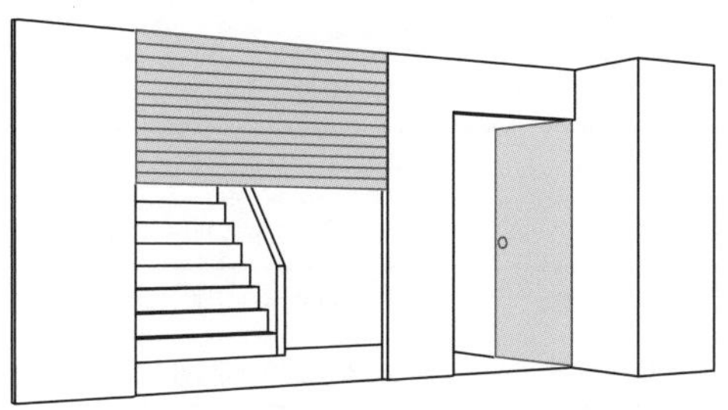

シャッター右側には避難扉（くぐり戸）が備え付けられている

防火戸の防煙性能
防火戸は，防煙性能については定められていませんが，実際に使用されている防火戸には，防煙の性能も持ち合わせたものがあります。

くぐり戸
くぐり戸も，特定防火設備である必要性から，ほぼ常時閉鎖式防火戸が採用されています。

3 消防用設備

消防用設備は，消防法で設置が義務付けられたもので，火災報知機などの警報設備，消火器などの消火設備，避難はしごなどの避難設備に大別されます。

① 警報設備

高層ビルなどでもっとも多く使われているのは，**自動火災報知設備**です。建物内各所に取り付けられた感知器が火災を常時監視し，感知時には自動的に警報を鳴らします。また，非常放送設備と連動し，音声で火災の発生や避難方法を伝達するものもあります。押しボタン式の警報器は，**非常警報設備**と呼ばれます。ボタンを押すことによって，ベル音やサイレンで火災の発生を伝えます。

一定要件を満たすホテルや病院などの建物では，非常警報設備の設置が義務付けられていますが，自動火災報知設備を備えていれば免除されます。備え付けられる感知器には，感知方式別に3種類があります。それぞれの特徴などは以下の通りです。

■ 自動火災報知設備の簡略図

■ 主な感知器

熱感知式	差動式スポット型感知器	周囲の温度による内部空気の膨張で感知
	定温式スポット型感知器	周囲の温度上昇を感知
煙感知式	光電式スポット型感知器	内部に入った煙を光の乱反射によって感知
	光電式分離型感知器	送光・受光部間のビームの遮へいで感知
炎感知式	紫外線式スポット型感知器	紫外線の量が一定数に達することで感知
	赤外線式スポット型感知器	赤外線の量が一定数に達することで感知

② 消火設備

もっとも一般的な消火設備は，消火栓・ホース・筒先・ホース掛けなどがボックスに一括して収められた屋内消火栓設備です。消火栓設備には，開閉弁およびノズルを2人で操作する1号消火栓，1人で操作可能な易操作性1号（E-1号）消火栓，ノズルから開閉弁操作可能で1人で扱える2号消火栓の3種類があります。そのほかの主な装置としては，スプリンクラー設備があげられます。いずれの場合も，消火隊が到着するまでの初期消火活動のためのものです。

③ 消火活動上必要な設備

消防用水，連結送水管，連結散水設備，非常用コンセント，排煙設備は，消防隊の効率的な消火活動のために義務付けられている設備です。連結送水管は建物外部の送水口，内部の送水配管・放水口からなり，ポンプ車がホースおよびノズルを送水口にセットし加圧放水することで，各階に備え付けられた放水口から消火用水が放出される仕組みです。高層ビルなどではポンプ車と直接つながるホースの持ち込みが困難なため，こうした設備が必要になります。また，高さ70m以上の建物には，ポンプ車による送水を補助する非常用電源を備えた加圧送水装置を設ける必要もあります。連結散水設備は，地階の床面積の合計が700m^{2}以上の地階部分および，延面積が700m^{2}以上の地下街に設けられ，ポンプ車で加圧した消火用水を送水して，通常天井に備え付けられた散水ヘッドから散水します。

排煙設備は建築基準法で定められたものとは別で，消防法により定められたものです。このほか，地下街など消防無線が通じづらい環境にある場合には，無線通信補助設備の設置が必要です。

④ 避難設備と避難計画

建物は消防法により，2方向に避難できる構造にすることが定められていますが，避難設備はその一方のルートになるもので，そうした避難設備として避難階段，

イオン化式感知器
煙感知器の一種にイオン化式感知器がありますが，これは煙感知に使用している放射性物質が平成17年に法律で禁じられたため，以降は光電式に切り替えられています。

消防用設備の点検
消防用設備は，消防法により，設置および定期検査が建築物の管理権限者に義務付けられています。また，消防計画の作成，消防用設備の管理などについては，防火管理者が行なうように義務付けられています。

避難はしご，救助袋，緩降機などがあります。このうち，中高層ビルで使われるのは，避難階段です。避難階段は建築基準法によって，火災時などに火炎や煙の侵入を防ぎ，安全に避難できることを目的とする階段と定義され，屋内においては区画壁を耐火構造にすることや，天井を不燃材料にすること，予備電源を備えた照明設備を設けること，出入口には常時または随時閉鎖型の防火戸を設けることなどが定められています。避難階段は屋内避難階段，屋外避難階段，特別避難階段の3種類に分類され，基本的に建築物の5階以上の階と地下2階以下の階には屋内または屋外の避難階段，15階以上の階と地下3階以下の階には特別避難階段の設置が義務付けられています。特別避難階段は，避難上の安全を高める目的で階段手前に附室またはバルコニーを設けた屋内避難階段です。附室またはバルコニー手前には防火戸が備え付けられ，避難ルートは屋内から附室またはバルコニーを通って階段となります。いずれの避難階段も，階段に出たら同じ階段で地上への出入り口がある階（避難階）に出られる直通階段と呼ばれる構造になっています。

避難計画は火災に備えて，あらかじめ立てておく必要があります。避難の2方向確保のほか，避難経路はなるべくシンプルにすること，適切な防火区画を設けること，避難動線を人々の平常動線と一致させることが望ましいこと，スロープや音声・視覚的案内の採用など高齢者や障害のある人への配慮が必要であること，などの原則があります。

⑤ 非常用照明設備と避難誘導のための設備

非常用照明は，火災などで停電が発生したときに一定の照度を確保し，避難を速やかに行なうためのもので，建築基準法によって設置基準が定められています。通常の電気系統とは別口の電源を持つ必要性から，電池式，蓄電池式，電源別置き式などがあります。いずれの場合も，通常の電源が絶たれると自動的に点灯する仕組みになっています。誘導灯は非常用照明の1つですが，災害時に避難階段ほか避難経路への速やかな誘導を図るために設置されるもので，消防法により商用施設・工業施設・宿泊施設への設置が義務付けられています。避難口誘導灯と通路誘導灯の2種類があります。そのほかの非常用照明として，非常用進入口表示の赤色灯があります。

非常用進入口は非常時に消防隊が破壊して進入できるように，3階以上の階で高さ31m以下の部分に設置が義務付けられたものです。

■避難口誘導灯の緑色のピクトグラム

3 警備・防犯設備

建築物の警備は，警備業法で1号警備業務に該当します。防犯対策は，警備設備および防犯設備とともに，防犯体制や防犯知識についてもきちんと整備することが大切です。

① 警備設備

警備設備は機械警備と呼ばれるもので，建物内にセンサを設置して建造物侵入などの異常を察知し，異常があった場合には遠隔地に自動通報，通報を受けた警備員が現場へ急行することで初期対応をとる形態のことです。警備会社との契約によって運営します。主なセンサとして赤外線型があり，これは廊下の天井などに設置してその下を熱量を持つものが通過した場合に反応します。

■機械警備の仕組み

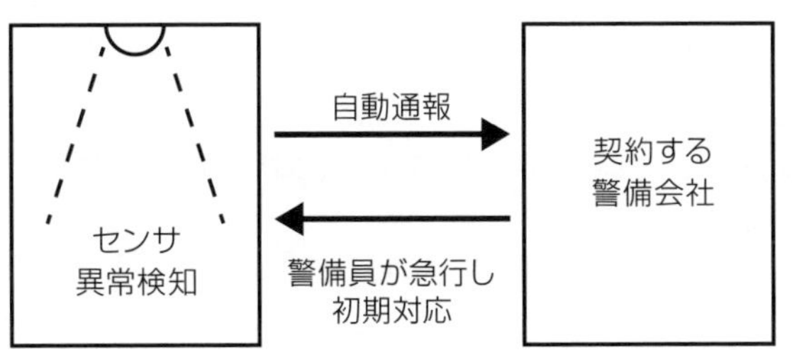

避難路の管理
防火戸の前に物を置くことなど，避難路の有効性を妨げるような行為は，建築基準法によって禁じられており，管理者による定期的な確認も求められます。

映画館の扉は外開き
映画館や劇場などでは，客席側から外に出る扉を，外側に向く構造にすることが定められています。

事務所の扉は内開き
一般の廊下に面する事務所の出入り口は，避難時の通行の妨げにならないように，内開きにすることが定められています。

② 防犯設備

もっとも代表的なものに，防犯カメラまたは監視カメラがあります。天井などに備え付けて映像を記録するもので，犯罪発生時の証拠確保のため，または犯罪抑止効果を狙うものです。

高層ビルなどにおいては，各所に備え付けられた監視カメラで記録される映像は，中央監視装置で一括管理されることになります。

チャレンジ問題

問1　難｜中｜**易**

煙感知器の方式に関する次の記述のうち，もっとも適当なものはどれか。

(1) 紫外線式　(2) 赤外線式　(3) 定温式

(4) 光電式　(5) 差動式

解説

感知器の種類は，熱感知式と煙感知式，炎感知式の3種類。3種類の中でも，感知方法に違いがあります。

解答 (4)

問2　難｜中｜**易**

特定防火設備に関する次の記述の（　　）内に入る語句の組合せとして，適切なものはどれか。

特定防火設備には，（　ア　）閉鎖型防火戸と随時閉鎖型防火戸があり，どちらも通常の火災の火炎を受けても，（　イ　）以上火炎が貫通しないことと定められている。

(1) 常時－30分　(2) 常時－1時間　(3) 常時－3時間

(4) 自動－1時間　(5) 自動－2時間

解説

特定防火設備は常時閉鎖型と，火災時に自動的に閉鎖される随時閉鎖型があり，耐火強度は耐火時間によって定められています。

解答 (2)

第5章

給水・排水の管理

1 給水と排水の基礎

まとめ＆丸暗記　● この節の学習内容のまとめ ●

- □ ウォータハンマ
  弁上流側の水圧急上昇による給水管の振動，騒音，破損等のトラブル

- □ 給水方式
  水道直結方式：水道本管から直接水道管を引き込む
  高置水槽方式：水道本管の水を受水槽に貯め，建物最高所にある高置水槽にポンプで揚水し重力を利用して給水
  圧力水槽方式：圧力水槽を利用
  ポンプ直送方式：ポンプから直接給水を行なう
  水道直結増圧方式：水道管に直接ポンプを接続し，直接給水を行なう

- □ 貯水槽
  受水槽と高置水槽のこと。水が汚染されやすいため，清掃，点検基準が設けてある。材質は，木製，ステンレス鋼板製，鋼板製，FRP（強化プラスチック）製など

- □ 貯水槽の汚染原因
  水槽系：虫，小動物の侵入／残留塩素減少による細菌，微生物の発生
  配管系：クロスコネクション／濁り水

- □ 飲料水の水質検査
  水道法第4条に基づいて51項目の水質基準が規定。ビル管理法では定期検査項目と，6カ月以内ごと，毎年6～9月に1回測定するもの，3年以内ごとに1回測定するものが決められている

給水と排水

1 給排水衛生設備

人間の生活に欠かせないのが水回りの設備で，飲食はその中でも栄養分の取り込み，そして排泄はその残りを外に出す役割があります。建築設備の給排水衛生設備もこれらに沿った形で整えられており，飲食に関しては給水設備，排泄に関しては排水設備が用意されています。

また，このほかにも水に関しては冷暖房用，消火用，給湯用，汚水の浄化設備，飲食用の厨房設備や，調理用のガス設備などが必要となります。

給排水設備技術基準
建築物における飲料水や排水に関する配管設備の基準で，建築基準法に基づいています。

給排水設備基準
給排水設備技術基準と内容はほぼ同じで，空気調和・衛生工学会の原則に基づいています。

プライミングコード
給排水設備技術基準と給排水設備基準は飲料水や排水に関する配管設備の基本原則となっており，両者をまとめてプライミングコードといいます。

2 予測給水量の算定

建物内で必要とされる予想給水量は，いくつかの計算方法があります。

① 時間あたりの平均予想給水量（ℓ）
　＝1日の予想給水量÷時間
　1日の予想給水量が72ℓであれば，時間あたりの平均予想給水量は72÷24＝3ℓとなります。

② 時間最大給水量（ℓ /h）
　＝時間あたりの平均予想給水量×(1.5〜2.0)(通常は2.0)
　水の使用量がもっとも多い1時間あたりの予測給水量の計算方法です。

③ 瞬時最大給水量（ℓ /min）
　＝時間最大給水量×（1.5 〜 2.0）÷60（分）
　1分単位の負荷流量です。

3 適正水圧と通常の使用水量

衛生器具は，給水圧力が低すぎると水が出ない，もしくは量が少ない，逆に高すぎる場合には，流速が速くなりすぎるといったトラブルが発生し，使用勝手に支障が出ます。一般的な器具に必要な最低必要圧力と使用水量の目安は，以下の通りです。

■衛生器具の必要最低圧力

器具名	必要圧力（kPa）
一般水洗	30
ガス給湯器	30～50
小便器洗浄弁	40
シャワー	50
一般大便器	70

■使用水量の目安

使用場所	使用水量（ℓ /人・日）
飲食店	30
事務所ビル	60～100
学校	80
集合住宅	200～350
戸建て住宅	300～400
ホテル	350～450

4 ウォータハンマとその防止

水圧が高い状態で水流を急に止めた場合，弁の上流側の水圧が急上昇し，給水管の振動，騒音，破損といったトラブルが生じることをウォータハンマといいます。防止策としては，ウォータハンマ防止装置を取り付ける方法や，高層ビルでは減圧弁を使って水圧を下げたり，給水区分を分けたりするゾーニングという方法があります。

■急閉止によるウォータハンマの発生

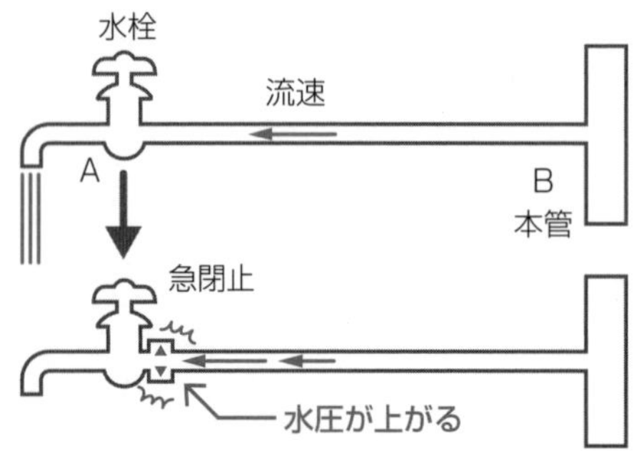

配管内を通る水が瞬間的に停止されることで，水が流れる圧力が逃げ場を失い，配管内の圧力が急上昇して起こります。

5 給水方式：水道直結方式

小規模建築や一般住宅などに用いられているのが，水道本管より直接水道管を引き込んで配管する**水道直結方式**（または水道管直結方式，水道直結直圧方式）です。

■水道直結方式

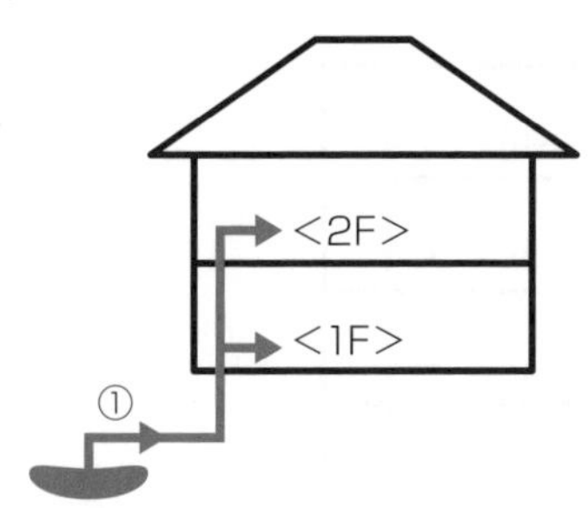

水道直結方式の長所と短所

水道直結方式は，大気と給水が触れ合うことがないので，水質汚染の危険性が非常に少ないのが長所です。短所は，水道本管の水圧に依存するため，使用量が多い場所や高層建築物に不向きなことです。

6 給水方式：高置水槽方式

水道本管の水を一度，受水槽に貯めた上で，屋上など建物最高所にある高置水槽にポンプで揚水し，重力を利用して給水する方式を**高置水槽方式**といいます。主に高層ビルで利用されています。

■高置水槽方式

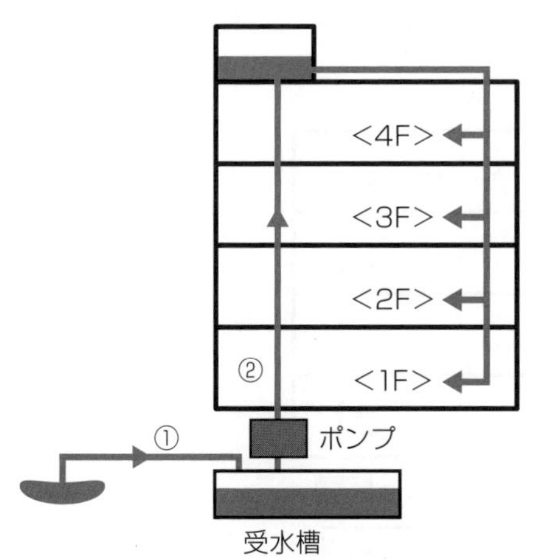

高置水槽方式の長所と短所

高置水槽方式は，給水圧が比較的安定している上，断水時でも水槽の水を利用できる長所があります。短所としては，受水槽，高置水槽，ポンプなどの設置費用がかかる上，水槽の水質汚染が心配されるため，衛生基準を守る義務があることです。

7　給水方式：圧力水槽方式

高置水槽の代わりに圧力水槽を利用した方法を，**圧力水槽方式**といいます。圧力水槽内では，水槽内の空気を圧縮してその空気圧を利用して揚水と給水を行ないます。圧力水槽の内部では，圧力を一定にするために，圧力が小さくなると自動的にポンプが起動するしくみになっています。

■ 圧力水槽方式

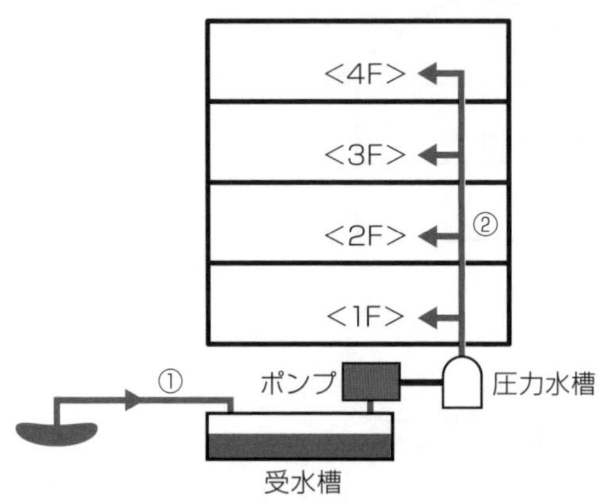

8　給水方式：ポンプ直送方式

高置水槽を設置せずに，ポンプから直接給水を行なう方法を，**ポンプ直送方式**といいます。受水槽の水は，常にポンプで加圧されているのが特徴で，水量制御に関しては，複数のポンプを使用する方法や，ポンプの回転数を変化させる方法などがあります。

■ ポンプ直送方式

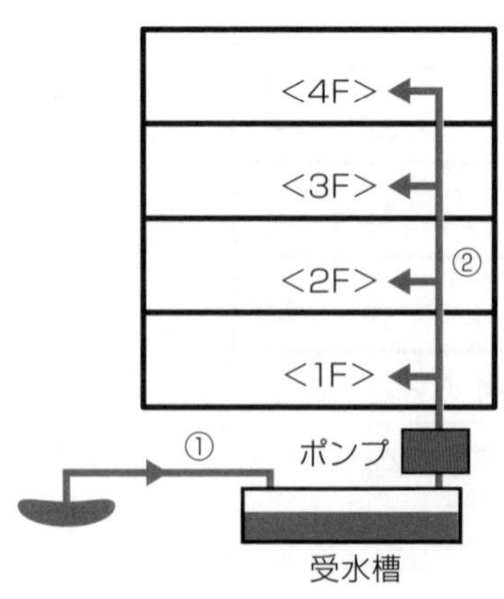

9 給水方式：水道直結増圧方式

水道管に直接給水ポンプを接続し，直接給水する方法を水道直結増圧方式といいます。これは受水槽が不要で，水道本管の圧力も利用できるメリットがあります。

■水道直結増圧方式

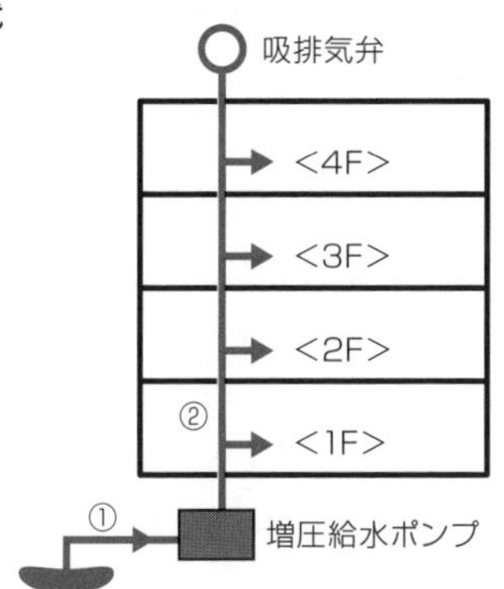

10 高層ビルでの給水方式

高層ビルの場合には，水圧の一定化，配管の振動や騒音などを鑑み，中間階への水槽の設置や，減圧弁の設置による水圧の調整など，給水区分を2系統以上に分けるゾーニングが行なわれています。

圧力水槽方式の長所と短所
圧力水槽方式は，高置水槽が設置できない場合や，高置水槽では必要な水圧に満たない場合に有効です。しかし，水槽内の圧力を一定にするためにポンプが長時間稼働することもあり，故障や水温上昇といった問題点もあります。

ポンプ直送方式の長所と短所
ポンプ直送方式は，高置水槽を設置する必要がないため，経済的であるとともに，高置水槽を設置することで発生する水質汚染のリスクも回避できます。しかし，停電時には供給が不可能になるため，逆流防止対策や予備電源の設置などが必要となります。

チャレンジ問題

問1　難 **中** 易

給水方式に関する次の記述のうち，もっとも不適当なものはどれか。

(1) 直結直圧方式は，配水管の水位により揚水できる高さが決定される。
(2) 高置水槽方式は，ほかの方式に比べて汚染のおそれが少ない方式である。
(3) 直結増圧方式は増圧ポンプを設け，水圧を高くして中高層の建築物に適用できるようにした方式である。

解説

高置水槽方式には，受水槽と高置水槽の汚染リスクがあります。

解答 (2)

貯水槽について

1 貯水槽とは

給水設備のうち，水を貯めておく受水槽と高置水槽をまとめて貯水槽といい，それぞれについて設置基準が設けられています。

貯水槽は，水道管の水圧が低下して給水量が減ったり，断水で給水がなくなったりした場合などを考慮して，1日に使用する水量の半分程度を貯めておくのがよいとされています。貯水槽が小さ過ぎると途中で水が不足して出なくなることがあり，逆に大き過ぎると消毒用塩素の効果が弱まってしまい，人体に有害な微生物や細菌類に汚染される可能性が高くなるからです。

設置場所については，飲料用のものは保守点検しやすく汚染を受けにくいところに，雑用水用のものは二重スラブ内がよいとされており，ほとんどの場合には建物の最下層に設置されています。

2 高置水槽

受水槽は建物の最下層に設置されているのに対して，高置水槽は最上階に設置されています。エレベーター機械室の屋根や給水タワーの上といった屋外に設置されることが多く，常に太陽光や熱，風雨にさらされていて水質が変化しやすいため，貯水量は少なめにした方がよいとされています。大きさの目安としては，1日の使用料の10%程度で，清掃や保守点検がしやすい場所にきちんと固定することが求められます。

貯水槽，高置水槽ともに材料は耐水および耐食性のある木製，ステンレス鋼板製，鋼板製などがあり，近年では耐震性などに優れているFRP（強化プラスチック）製のものが多く使われています。

また，貯水槽は中間仕切りを設けるか，2槽に分けることで，清掃しやすいようにしておくことも重要です。

3 貯水槽の構造要件

給水設備の中で，貯水槽は水が汚染されやすい場所であるため，汚染防止と清掃，点検がしやすいように基準が設けられています。貯水槽の構造については，主に以下のように規定されています。

① 天井，床，壁は建物の壁や床と共用してはならない
② 飲料水以外の配管設備を内部に設置しないこと
③ 通気管を設置すること
④ 規定水位を超えた場合に排水できるオーバーフロー管を設置すること
⑤ 底部には水抜き用に1/100程度の勾配を設けて水抜き管を設置，排水口空間を確保した間接排水とする

水槽類の法的基準（建設省告示第1674号第2）

貯水槽の法的基準に関しては，建設省（現・国土交通省）の告示第1597号を改正した告示第1674号で詳しく規定されています。それによれば，貯水槽の天井に1/100以上の勾配をつける，マンホールを取り付ける，容量が大きい場合には間仕切りを設置するなど，貯留水の汚染防止を考慮した基準となっています。

4 貯水槽の留意点（※塗装含む）

貯水槽の留意事項は，以下のようなものがあります。

① 床上設置の上，天井，床，壁の点検が外部から行なえること（6面点検）
② 水槽の上部にポンプなどの機器や配管は設置しない
③ 屋上に設置する場合には，転倒防止スペース，通路，柵などを設けること
④ 素地の調整には，素洗いもしくはグリッドブラストを使用する
⑤ 塗装後，穴や傷の検査用ピンホールテスターでは，湿式抵抗法の使用が多い

5 貯水槽の材質の特徴

貯水槽の材質は木製，ステンレス鋼板製，鋼板製，FRP（強化プラスチック）製などがありますが，以下のようにそれぞれ短所があるため，用途に応じて使い分ける必要があります。

■貯水槽の種類と欠点

種類	欠点
木製水槽	長期保存にはあまり適さない
鋼板製水槽	錆びやすいため，赤水が発生しやすい
FRP（強化プラスチック）製水槽	塗装して透光を防がないと，藻類が発生する
鉄筋コンクリート製水槽	重くなるということと，ひび割れの危険がある

6 圧力水槽

圧力水槽は，下図に示すような形で動作します。ポンプ停止後，再度動き始める間に出る水量はW_2-W_1となり，これを有効水量といいます。この有効水量が少なく設定されていると，ポンプが頻繁に動作して負担がかかり，故障の原因になるため注意が必要です。

■圧力水槽の動作

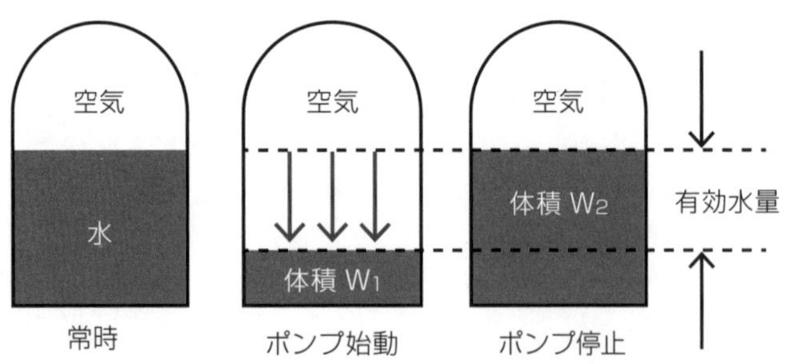

7 給水設備の汚染

貯水槽が汚染される原因は，主に水槽系と配管系に分けることができます。

水槽系としては，オーバーフロー管や通気管などの開口部から虫や小動物が侵入することや，水槽内での水流が偏り，一部の水の貯留時間が長くなることで残留塩素が減少し，細菌や微生物が発生することなどです。

配管系としては，排水の逆流や，上水用と下水用配管を間違えて直結し，飲料水に下水が混ざる**クロスコネクション**，配管の赤錆やマンガンの溶出が原因で水が変色する赤水，黒水といった濁り水があります。

8 貯水槽の汚染防止

水槽系の汚染防止については，水槽の定期清掃，防虫網の定期点検などを徹底し，破損した箇所の交換などで対処します。

逆流に関しては，逆流防止器の取り付けと**吐水口空間**の確保，**クロスコネクション**に関しては施工管理の徹底，濁り水に関しては，配管や貯水槽の交換，薬剤の注入などで対処します。

■吐水口空間

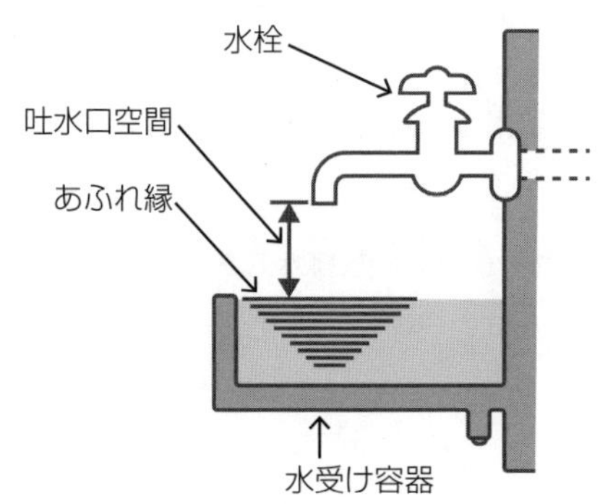

消毒作用のある塩素化合物

水道水には，病原菌予防のため塩素が加えられており，この残留塩素の量で安全性の高さがわかります。塩素のうち，殺菌効果があるものは水と混ざってもほかの成分と結合しない遊離残留塩素となる次亜塩素酸ナトリウム（$NaOCl$）や次亜塩素酸（$HOCl$），水と混ざるとアンモニア，鉄，マンガンなどと結合して結合残留塩素となるジクロラミン，ジクロルアミン（$NHCl_2$），モノクロラミン，モノクロルアミン（NH_2Cl）などがあります。

消毒作用の強さ

残留塩素には遊離残留塩素と結合残留塩素がありますが，殺菌力が強いのは遊離残留塩素，残留性が高いのは結合残留塩素です。

飲料水で危険なのは，断水やポンプの故障で配管が負圧（真空）となることで，衛生器具などの汚染水が逆流して飲料水を汚染する逆サイホン作用です。防止策としては，逆流防止装置の設置，吐水口空間の確保，負圧がかかったときに空気を取り込むバキュームブレーカの設置などがあります。

9 貯水槽の清掃

貯水槽は，建築物衛生法によって1年以内ごとに1回，定期清掃を行なうように義務づけられています。その際，オフィスビルでは休日作業，ホテルや病院などは貯水槽を複数設置するなど断水に配慮した上で，同一日で受水槽，高置水槽の順番に清掃を行ないます。清掃後は，有効塩素50 ～ 100ppmの次亜塩素酸ナトリウム溶液を貯水槽全壁面，天井，床に吹き付けます。

チャレンジ問題

問1　難　**中**　易

給水設備に関する次の記述のうち，もっとも不適当なものはどれか。

(1) 飲料用貯水槽を独立した水槽室に設置する場合は，出入口に施錠するなどの措置を講ずる。
(2) クロスコネクションとは，飲料水系統とほかの配管系統を配管や装置により直接接続することである。
(3) 飲料用貯水槽の水抜き管は，排水口開放による間接排水とする。
(4) 使用水量に対して貯水槽の容量が過大な場合，滞留水が生じるおそれがある。
(5) 逆サイホン作用の防止対策の基本は，吐水口空間を設けることである。

解説

飲料用貯水槽の水抜きは，排水口空間を設ける間接排水方式をとります。

解答 (3)

給水ポンプ

1 ポンプの種類および用途

ポンプとは，水などを低水位（低圧力）から高水位（高圧力）に送るもので，冷却水や冷温水循環用にもっともよく用いられているのが，遠心力を利用した渦巻きポンプです。これは，渦巻き型ケーシングの中に設置されている羽根車を回し，遠心力を利用して水にエネルギーを与えて高水位に送り出すものです。構造がシンプルで小型化が可能であるのが特徴です。また，羽根車の外側にさらに案内羽根を設けて圧力を高めたのがタービンポンプです。

渦巻きポンプは，軸方向で立て軸形と横軸形に分けられます。一般的なのは横軸形で，立て軸形は取り付ける場所が狭い場合など，やや特殊な用途で用いられます。

また，吸い込み口の形状によって片側と両側に，羽根車の数によって単段形と多段形に分けられます。

ほかにも，設置場所により陸上用と水中用に分類できます。水中用のものは，電動機とポンプが一体になったものを井戸や排水，汚物などの水中で使用します。

■渦巻きポンプ

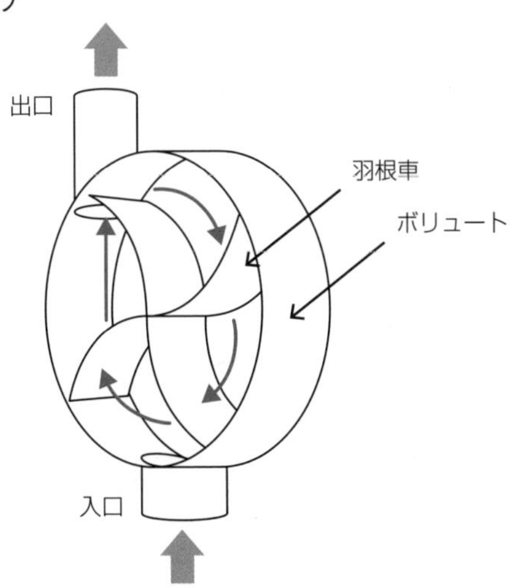

歯車ポンプ
2個の歯車を噛み合わせて液体を送り出す構造で，粘度の高い重油などの搬送に用いられています。

ダイヤフラムポンプ
ダイヤフラム（隔膜）の容積変化によって液体を輸送します。

インラインポンプ
吸込口と吐出し口が一直線状にあり，配管途中に取付けられます。

2 給水ポンプの設置位置

給水設備用のポンプには，給水設備の用途に応じて，圧力水槽方式用，ポンプ直送式用，直結増圧方式用，高置水槽方式用の揚水ポンプなど，さまざまな種類がありますが，設置位置は受水槽と同じか，それよりも低い位置に，さらに保守点検しやすい場所に設置するのが好ましいとされています。

こうしたポンプは室内環境の形成に非常に大きな影響を与えるため，安全性を高める意味と，大きなビルでは大容量の水をまかなうため，ポンプは複数台設置して交互に運転させることが一般的です。

3 ポンプの能力と性質

ポンプの特性は，使用回転数で表現するため，縦軸に揚程，軸動力，効率，横軸に流量を取ったポンプの特性曲線で表します。揚程はポンプの圧力，軸動力は電動機の出力と同じで，ポンプを作動させるのに必要な動力を意味します。揚程と流量の関係は右下がりの揚程曲線で，軸動力と流量は軸動力曲線，効率と流量との関係は効率曲線といいます。

なお，軸動力は回転数の3乗に比例し，揚水量は回転数に比例します。

■ポンプの特性曲線

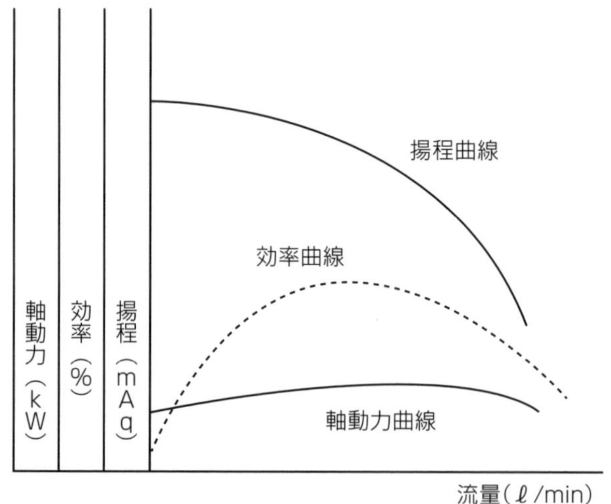

4 給水ポンプの吸上げ高さ

ポンプの吸上げ高さは，いくつかの特徴を持っています。吸上げ高さは，理論上水柱10.33mですが，この値はあくまでも理論値で，水温等を考えると実際に揚水できるのは5～6m程度となります。この高さは水温上昇とともに減少する傾向にあり，これを有効NPSHといいます。

有効NPSH
ポンプの吸込み口で，水の全圧力と，そのときの水温に相当する蒸気圧の差を水中の高さで表したものをいいます。

必要NPSH
ポンプ内部である程度の圧力降下があってもなお，そのときの水温に相当する蒸気圧に達しないだけの余力をいいます。

水温変化によるポンプの据え付け位置
水温が高くなれば，ポンプ据え付け位置は，水面より下側にする必要があります。

5 給水ポンプの保守点検

ポンプは可動部から劣化していくため，整備は欠かせないものとなっています。保守管理を行なう場合には，運転時の吐出し側の圧力，および吸込み側の圧力と電流値などを運転日誌に記録する必要があります。

チャレンジ問題

問1　難 **中** 易

ポンプに関する次の記述のうち，もっとも不適当なものはどれか。

(1) 歯車ポンプは，速度エネルギーを圧力エネルギーに変換するための渦巻状のケーシングを備えた遠心ポンプのことである。
(2) ダイヤフラムポンプは，容積型に分類される。
(3) インラインポンプは，配管途中に取り付けられる。
(4) 多段渦巻ポンプは，2枚以上の羽根車を直列に組込むことで，高揚程を確保できる。
(5) 渦巻ポンプは，ターボ型に分類される。

解説

(1) は歯車ポンプではなく，渦巻きポンプの説明となっています。

解答 (1)

飲料水の水質

1 水質検査項目と周期

飲料水については，水道法第4条に基づいて51項目の水質基準が定められています。さらに，ビル管理法では定期検査項目と，6カ月以内ごと，毎年6～9月に1回測定するもの，3年以内ごとに1回測定するものが決められています。

■主な水質基準（6カ月毎に1回測定するもの）

項目	基準	項目	基準
一般細菌	1mℓの検水で形成される集落数が100以下	大腸菌	検出されないこと
鉛及びその化合物	鉛の量に関して，0.01mg/ℓ以下	味	異常でないこと
亜硝酸態窒素	0.04mg/ℓ以下	臭気	異常でないこと
鉄及びその化合物	鉄の量に関して，0.3mg/ℓ以下	色度	5度以下
銅及びその化合物	銅の量に関して，1.0mg/ℓ以下	濁度	2度以下

■主な水質基準（毎年6～9月に1回測定するもの）

項目	基準	項目	基準
クロロ酢酸	0.02mg/ℓ以下	総トリハロメタン	0.1mg/ℓ以下
クロロホルム	0.06mg/ℓ以下	トリクロロ酢酸	0.03mg/ℓ以下
ジクロロ酢酸	0.03mg/ℓ以下	ブロモジクロロメタン	0.03mg/ℓ以下

■主な水質基準（3年以内ごとに1回測定するもの）

項目	基準	項目	基準
四塩化炭素	0.002mg/ℓ以下	テトラクロロエチレン	0.01mg/ℓ以下
シス－1，2－ジクロロエチレン及びトランス－1，2－ジクロロエチレン	0.04mg/ℓ以下	トリクロロエチレン	0.01mg/ℓ以下
ジクロロメタン	0.02mg/ℓ以下	ベンゼン	0.01mg/ℓ以下

2 水質検査の留意点

水質検査を行なうときは，次の事項に留意する必要があります。

1つめは，水質と残留塩素の測定は，給水栓より飲料水を採取して行なうことです。

2つめは，測定した水が人体の健康に悪影響をおよぼすおそれがあるときにはただちに給水を止め，水の使用が危険であることを関係者に知らせることです。

3つめは，有機物は過マンガン酸カリウム（$KMnO_4$）の消費量を基準としていることです。過マンガン酸カリウムは酸化剤で，この消費量が高いと水中に有機物が多く，汚染されていることを意味します。

3 消毒薬

塩素や塩素化合物には消毒作用があるため，給水設備には不可欠となっています。塩素化合物のうち，消毒作用があるものは下表のように次亜塩素酸，次亜塩素酸ナトリウム，モノクロラミン，ジクロラミンがあります。

次亜塩素酸と次亜塩素酸ナトリウムは**遊離残留塩素**といいます。2種のクロラミンはアンモニアを含有する水を塩素消毒すると生成されるもので，これを**結合残留塩素**といい，いずれも時間の経過とともになくなっていきます。

■主な消毒薬

名称	元素記号	名称	元素記号
次亜塩素酸	$HOCl$	モノクロラミン	NH_2Cl
次亜塩素酸ナトリウム	$NaOCl$	ジクロラミン	$NHCl_2$

水質基準とは

水道法第４条に基づく水質基準は，水質基準に関する省令で定められています。水質基準項目と基準値は51項目，水質管理上留意すべき項目である水質管理目標設定項目は26項目，毒性評価が定まらないことや，浄水中の存在量が不明等の理由から前者2種に分類できない項目である要検討項目と目標値が47項目あり，必要に応じて細かな改正が行なわれています。

水質基準項目

建築物環境衛生管理基準では，飲料水の管理は水道法第4条の水質基準をクリアする必要があります。また，定期的に水質検査を実施してその基準の維持管理を行ないます。

4 飲料水の濁りについて

飲料水は無色透明ですが，さまざまな要因によって濁りが生じ，健康被害の原因になる場合があります。

水の濁り（濁度）は，精製水1ℓに対してポリスチレン混合粒子1mgを含むとき，濁度を1度とします。水道法に基づく水質基準では，2度以下になるように義務づけられています。こうした水の濁りはいくつか種類があり，配管の腐食が原因の場合が多く見られます。

白濁は水が白く濁るもので，空気や遊離炭酸が水中に溶け込んでいる状態の場合には，数分放置しておくと徐々に透明になります。しかし，放置しても消えない場合には，亜鉛めっき配管から溶出した亜鉛によって白濁している可能性があります。

赤水は給水管の老朽化や腐食などが原因で錆びて鉄分が溶出，水が赤く濁って見えるものです。朝や，特定の蛇口から出る場合にはしばらく水を出しておいて透明になってから使用するか，防錆剤を使用して進行を遅らせます。広範囲に赤水が出る場合には，配管や貯水槽の交換が必要となります。

また，鉄バクテリアは鉄分を酸化するバクテリアで，水中で繁殖すると赤水の原因となります。

黒水は，配管にたまっていた酸化マンガンが溶出したため，黒く見えます。赤黒く見えることもあり，赤水と間違えられることもあります。

青水は水が青く見えるもので，光の反射による場合には健康への影響はありません。しかし，青い付着物が付いている場合には，配管から銅が溶出している可能性があります。

こうした濁りを防ぐには，配管や貯水槽などの衛生管理を徹底することと，配管に合った材料を検討し，採用することが重要です。

たとえば，亜鉛めっき鋼管は古くから給水管に用いられてきましたが，使用後数年を経過すると劣化して素地の鉄の腐食が原因で赤水が発生することが多く，現在ではあまり使用されていません。

このほかにも，腐食を防ぐ方法は有機被膜，絶縁，アルカリ剤投入，電気防食などがあります。

5 給水の味の異常と異臭の原因

給水に対する異常な味や臭気は，水の濁りとも関係しており，以下のような原因が考えられます。

塗装剤，微生物，油脂，金属類など：給水管工事で使用したグリスや接着剤，藻類の発生などが原因です。

老朽配管の金属臭：赤水の場合には，配管の鉄分が溶出しているため，水が鉄臭く感じられます。

自然環境：ダムや池が水源の場合，冷たい水が潜り込むことで，夏場に温められたダムや池の底の泥からとけだした水が押し上げられると水が生臭く感じられます。

人為的要因：工場排水や汚水の混入，貯水槽の衛生管理の不徹底などが考えられます。

クロスコネクション：上水と下水が混ざり異臭が発生する場合があります。

水質汚濁防止法
生活排水対策や事業所の排水規制，有害物質の地下浸透規制が盛り込まれた法律です。第2条では公共用水域は河川や湖沼など公共に供される水路で，特定施設は汚水や廃液を排出する工場などの施設，ヒ素やカドミウムなど人体に悪影響をおよぼすおそれのある物質（水質汚濁防止法施行令第2条）などが定義されています。

チャレンジ問題

問1　難　中　**易**

飲料水の配管材料として，もっとも不適当なものは次のうちどれか。

(1) ポリエチレン粉体ライニング鋼管
(2) 亜鉛めっき鋼管
(3) 銅管
(4) ステンレス鋼管
(5) 硬質ポリ塩化ビニル管

解説

亜鉛めっき鋼管は赤水の原因となります。

解答 (2)

2 給水・排水設備について

まとめ&丸暗記

● この節の学習内容のまとめ ●

□ 給湯方式
局所式給湯……温水を使用する場所ごとに湯沸かし装置を設置
中央式給湯……加熱装置で温水を作り，使用箇所に給湯

□ 給湯設備
循環ポンプ，貯湯槽，熱交換器，温水ボイラ，配管，給湯栓などの総称

□ 排水方式
合流式／分流式……下水道への放流方法による分類
直接式／間接式……排水管の接続方法による分類

□ トラップと阻集器
トラップ……有害物質を排水口で防止する装置
管トラップ，ドラムトラップ，わんトラップなど
阻集器……有害物質を分離収集した上で残った水を排水する装置。
グリース阻集器，オイル阻集器，プラスタ阻集器など

□ 給水配管／給湯配管
亜鉛めっき鋼管，ライニング鋼管，ステンレス鋼管，合成樹脂管など
給湯管は錆びやすいため，銅配管やステンレス鋼配管などを採用する

□ 排水管／排水槽
排水管……鋳鉄管，コンクリート管，炭素鋼管，プラスチック管など
排水横枝管の勾配で汚物を運ぶ
排水槽……低い場所で排水を行なうときに，一時的に排水を貯留して，
後で排水ポンプなどを利用して汲み上げる

給湯設備

1 湯の性質／湯の種類

給湯設備で供給される温水は，大きく分けて4つに分類できます。

1つめは，お茶やコーヒーなどの飲料用で，温度は90～100℃程度となります。特に細菌や病原体の汚染には注意する必要があり，配管なども食品衛生法をクリアしたものを使用する必要があります。

2つめは，厨房で使用される食器や食材用と，衣類などの洗浄用温水です。食用のものは，衛生管理に気をつける必要があります。

3つめは，温水暖房などに使用される温水です。セントラルヒーティングなどが代表例です。

4つめは，風呂やシャワー用の温水です。温度は40～45℃程度で，トイレや洗面所用のものはそれよりもやや低めの設定となっています。レジオネラ属菌などが繁殖しないよう，措置をとる必要があります。

給湯とは
飲料用の水を加熱した温水（湯）を，建物の中の特定の場所に供給することを，給湯といいます。

給湯器の能力
給湯器は，給湯能力を表す単位として号数が用いられています。これは，水温+25℃の温水を1分間にどのくらい出せるかという意味で，15号といった場合は，水温25℃の温水を15ℓ出せる能力があることを表しています。

2 設計給湯量

設計給湯量とは，給湯温度を60℃以上とした場合における基準給湯量を表したものです。建物の規模によって設計給湯量は異なります。以下に主な基準給湯量を示します。

■主な基準給湯量

給湯場所	給湯量（人／日）
事務所	7.5～11.5ℓ
戸建住宅	75～150ℓ
集合住宅	75～150ℓ
ホテル（客室）	75～150ℓ
病院	150～200ℓ

3 給湯温度

給湯温度は，一般的に55～60℃程度の湯と水を混ぜ合わせ，適切な温度にするのが好ましいとされています。中央式給湯設備の場合は，レジオネラ症の発生を防止するため，55℃以下には設定しないようにします。また，水温は上昇するほど，空気の溶解度は減少します。

■用途別使用温水温度

用途	温度
ガレージ洗車用	24～30℃
一般用	40～45℃
シャワー	43℃
浴用（大人）	43～45℃
皿洗い機（すすぎ用）	70～80℃
飲料用	90～95℃
遊泳プール	21～27℃

4 給湯方式の種類：局所式給湯

給湯方式には，**局所式**と**中央式**の2種類があります。局所式とは，温水を使用する場所ごとに湯沸かし装置を設置して，給湯を行なう方式のことです。オフィスビルの給湯室や，住宅などで使用されます。

必要に応じて小さな出力で利用できるため経済的な上，給湯容量，給湯器の規模が小さいので設置費用が安く，維持管理もしやすいといった長所があります。また，給湯箇所の増設も簡単です。

短所としては，給湯箇所ごとに湯沸かし器などを設置しなければいけないことと，給湯器の数が多くなることで保守管理に手間がかかることです。

この局所式給湯は，瞬間式と貯湯式に分けることができます。瞬間式は，ガス瞬間式給湯器など，水を加熱しながら供給するもので，貯湯容量はありません。貯湯式は電気やガスで湯を沸かし，貯湯槽に貯めておく方式のものです。

5 給湯方式の種類：中央式給湯

高層ビルやホテル，病院などに設置されることが多いのが中央式給湯（セントラル給湯方式）です。

機械室に温水を貯めておく貯湯槽，温水を循環させるための循環ポンプ，水を加熱するための加熱装置などを設置して，そこから各使用箇所に配管を経由して給湯するシステムになっています。

近年では，戸建住宅でも電気温水器やガス給湯器を使った中央式給湯が普及しており，集合住宅でも棟全体に1つの加熱装置を設置して，各住戸へ給湯する方式が採用されているところもあります。

局所式給湯で給湯箇所が多くなり過ぎると，各所に給湯器を設置するよりも1箇所で加熱した方が効率がよい上，給湯箇所ごとに湯沸かし器などを設置する必要がないため，経済化と省スペース化を実現することができます。また，加熱装置が分散しないので，集中管理もしやすくなるといった利点もあります。

加熱装置は，貯湯槽と給湯用ボイラを直結した直接加熱式か，蒸気や熱水を利用した貯湯槽を利用します。しかし，装置が大きくなるため，第一種圧力容器とボイラの法定検査を受ける必要があることが多くなります。

この中央式給湯は，強制循環式と自然循環式に分けることができます。加熱装置から給湯箇所が遠くなったり，給湯箇所が多くなったりすると，管内で湯が冷めてしまい，給湯栓を開くと，しばらくは水しか出てこない場合があります。そのため，給湯配管の湯を循環させて，すぐに温水が出るように工夫されています。

加熱方式

加熱方式と装置は多種多様で，以下のようなものがあります。ガス（石油）給湯器はほとんどが瞬間式で，貯湯槽はありません。電気温水器は電気料金が安い深夜に湯を沸かす装置で，太陽熱温水器は太陽光を利用して湯を沸かします。貯湯槽に加熱コイルが搭載された加熱コイル付き貯湯槽は，大規模なビルやホテルなどに使用されるもので，労働安全衛生法に基づいて定期的に検査を行なう必要があるものが多くなっています。

6 給湯配管方式による分類

給湯配管方式で考えると，1管式/2管式，自然循環式/強制循環式の2種類に大きく分類できます。

1管式（単管式）は，給水栓までの給湯管が5m以下の住宅などで使用されるもので，2管式（複管式）は，5m以上の中央式給湯で使用されます。後者は温度の低下を避けるため，返湯管を設置して湯を循環させているのが特徴です。

この循環には，水の温度差による密度の違いを利用した自然循環式と，ポンプを利用した強制循環式があります。環境によっては自然循環が起こらない場合がありますので，大規模な給湯になるほど，強制循環式を採用するところが多くなっています。

給湯配管の条件として，温度降下ならびに給湯栓の温度不均衡をなくして随時適温の湯を得るために，配管は2管式とするのが原則となっています。

チャレンジ問題

問 1　　難　中　**易**

給湯に関する次の記述のうち，もっとも不適当なものはどれか。

(1) 水は，温度が高くなると比体積が大きくなる。
(2) 水に対する空気の溶解度は，水温の上昇により増加する。
(3) 樹脂管を温度の高い湯に使用すると，塩素による劣化が生じやすい。
(4) 貯湯槽の容量が小さいと，加熱装置の発停が多くなる。
(5) 局所給湯方式では，加熱装置から給湯箇所まで1管式（単管式）により配管される。

解説

水温が高くなるほど，空気の溶解度は減少します。

解答 (2)

循環ポンプ・貯湯槽

1 循環ポンプ

循環ポンプ，貯湯槽，熱交換器，温水ボイラ，配管，給湯栓などの装置の総称を給湯設備といいます。

循環ポンプは，どの給湯栓でも温水が出るよう，給湯管の湯を循環させるために用いられるもので，通常は返湯管の貯湯槽の付近に設置し，返湯管の管径は給湯管の半分程度，サーモスタットによる制御運転が一般的です。

循環量は，循環配管系からの熱損失と給湯供給温度，返湯温度との温度差から求めることができ，一般的には温度差は5℃程度となります。

ポンプの揚程は，ポンプの循環水量をベースに，給湯管と返湯管の長さの合計が最大となる摩擦損失から計算します。

循環ポンプの制御運転
循環ポンプは，連続運転すると経済性が低くなるため，サーモスタットによる制御運転を行ないます。

2 貯湯槽

温水を貯めておくための貯湯槽は，ステンレス鋼板，軟鋼板，クラッド鋼板などの材質が使われています。腐食しやすい環境にあるため，保守点検が容易なように床面と壁面に60cm以上，天井は100cm以上のスペースを設けることが義務づけられています。

貯湯槽に設置された逃し弁は，槽内圧力が6％以上になると中の温水が放出されるしくみとなっており，貯湯槽のマンホールには，周囲60cm以上の空間が必要とされています。

また，第1種圧力容器に該当するものが多く，その場合は毎年性能検査を受けなければなりません。

3 加熱コイル

加熱コイル付き貯湯槽については，コイルの熱透過率が高い場合には表面積を大きく取らなくて済みます。性能検査では，この加熱コイルを引き抜く必要はありません。

また，コイル部分に対して全長の0.5～1.2倍のスペースを加熱コイルの取り付け部分の全面に確保しなければなりません。

■加熱コイルつき貯湯槽

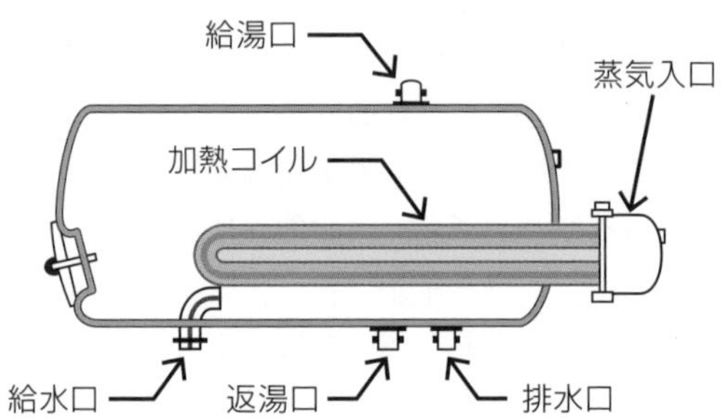

4 貯湯槽の安全装置

水は加熱されると体積が膨張するため，貯湯槽内や配管内の圧力が過大になるのを防ぐため，さまざまな装置が設置されています。

膨張した温水は，逃し弁を利用し，排水溝空間を経由して排水管へ捨てるか，逃し管（膨張管）を通して増加分を吸収する水槽である**膨張水槽**で受けるようにするのが一般的で，逃し管は膨張水槽の水面より高く上げます。

膨張水槽は密閉式と開放方式に分かれており，密閉式は膨張水量が水槽内の空気を圧縮して入るしくみで，空気が温水に溶けないよう，ダイヤフラムで接触しないような工夫がされています。

開放式は，大気に対して開放された状態の容器であるのが特徴です。また，配管の熱伸縮を吸収するための伸縮継手があり，パッキンを利用するスリーブ型，ベローズを使用するベローズ型の2種類があります。

■貯湯槽の安全装置

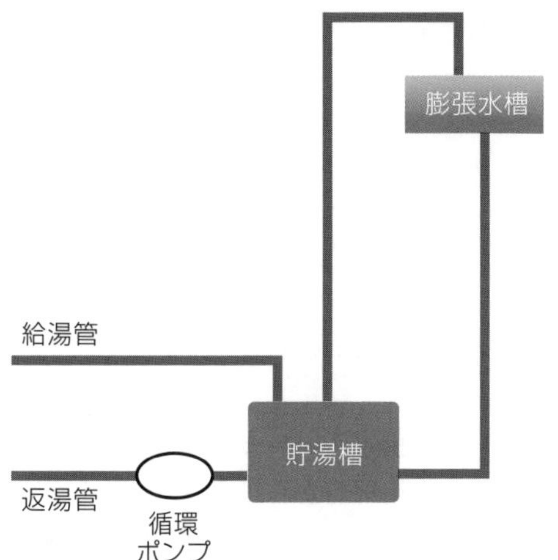

安全装置
安全装置のうち，逃し管は貯湯槽やボイラの規模によって直径が決められており，途中に弁を設置してはいけない規定があります。また，この逃し管は凍結しないように保温する義務があります。

チャレンジ問題

問1　難 **中** 易

給湯設備に関する次の記述のうち，もっとも不適当なものはどれか。

(1) 配管中の湯に含まれている溶存空気を抜くためには，圧力の低いところに自動空気抜き弁を設置する。
(2) 給湯設備における金属材料の腐食は，同材料の給水設備の腐食より早期に発生し，腐食速度も速くなる。
(3) 中央式給湯方式の循環ポンプは連続運転とする。
(4) エネルギーと水の節約を図るためには，湯と水を別々の水栓から出さずに混合水栓とする。
(5) リバースリターン方式を採用することは，湯を均等に循環させるには有効でない。

解説

循環ポンプの連続運転は経済的に見て無駄が多いので，サーモスタットによる制御が一般的です。

解答 (3)

排水設備

1 さまざまな排水

排水とは衛生器具などを使用した際に排出される水で，混入物質や水質などにより，主に4種類に分けることができます。

汚水：人体の排泄物を含んだ大小便器やビデからの排水を指し，トイレットペーパーや大便などの固形物も含みます。

雑排水：汚水以外の排水器具から出た排水をいいます。浴槽，洗面器，台所などから排出される生活系雑排水，業務用厨房から排出され，油脂分を多く含む厨房排水，設備機器を運転した際に発生するドレンなどの機械室排水，駐車場や洗車などで排出される駐車場排水などがあります。厨房排水はそのまま下水に放流すると排水管が詰まったり，排水槽が汚れたりするため，油脂や野菜くずなどを水と分離させるグリース阻集器を使用します。また，こうした雑排水と汚水を生活排水としてまとめることもあります。

雨水：建物の屋根や敷地の降雨水のことです。雨水配水管を使い，下水道に流れるのが一般的です。また，湧水は建物の地下の外壁などから侵入してくるもので，湧水槽に蓄えられてから下水道に放流されます。

特殊排水：病院，工場などが排出して下水へ直接放流できない有毒・有害な物質を含んだ排水をいいます。こうした特殊排水は，特別な装置を使って排水を処理しなければなりません。排水のうち，雑用水に関しては建築物環境衛生管理基準に基づいて水質基準が定められています。

■排水の種類

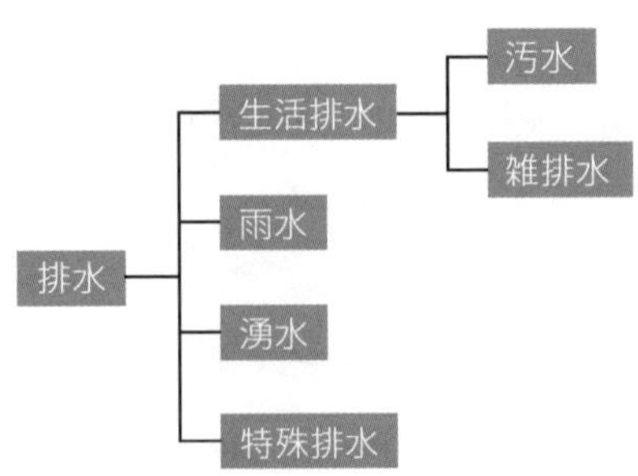

2 排水方式

排水を建物や敷地から排除する排水方式としては，下水道への放流方法の合流式と分流式，排水の物理的な処理方法による重力式と機械式，排水管の接続方法による直接式と間接式に，それぞれ分類することができます。

下水道は，地域によって汚水や雑排水などを同じ排水管を使い，下水処理場まで排除する**合流式下水道**と，汚水と雑排水の排水管を分けて下水処理場まで排除する**分流式下水道**があり，建物がある地域がどちらの下水道を使用しているかによって合流式か分流式のどちらかを採用しなければなりません。

ちなみに，河川や湖など，複数の市町村にまたがっている水質を保存するための流域下水道は原則として都道府県，市街地の公共下水道は原則として市町村が行なうこととなっています。

合流式排水方式は，汚水と雑排水を区別せず，同一の系統として排水するもので，分流式排水方式は，汚水と雑排水を区別して別の配管系統で排水します。

排水の物理的な処理方法としては，水が高所から低所に流れる性質を利用して排水するものを**重力式排水**といい，ポンプなどを使用して低所から高所へ排水をくみ上げるものを**機械式排水**といいます。機械式排水は，地階の排水を処理する場合に必要で，その際にはポンプの動力が必要となります。

排水管の接続方法としては，排水管に直接排水するものは直接式で，間接式は，一度排水溝空間に排水してから排水管に放流するものをいいます。

雨水排水方式
雨水は，建物の屋根に降ったものはルーフドレンを，敷地内の雨水は雨水ますなどを利用して集水します。そのあと，配管に排水するしくみとなっています。

間接式は，ほかの衛生器具からの逆流や，下水ガスの侵入の防止ができる長所があります。間接排水が必要なものには冷蔵庫，水飲み器，洗濯機，空気調和機，厨房用調理機器，洗米機，水泳用プールの排水管などがあります。

■排水方式

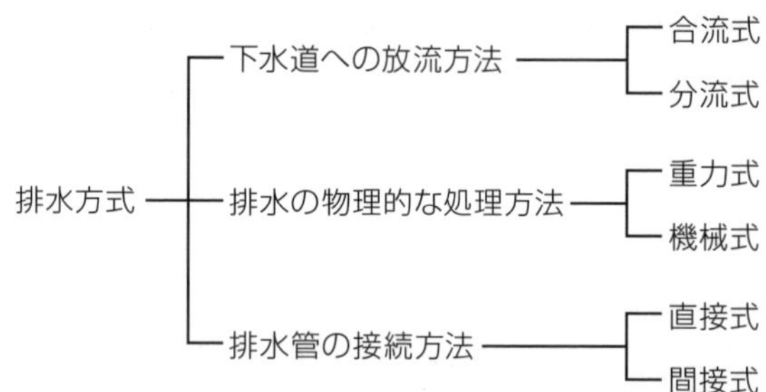

チャレンジ問題

問1　難　中　易

建築物環境衛生管理基準に基づく水質基準が定められているものは，次のうちどれか。

(1) 消防用水　(2) 汚水　(3) 湧水　(4) 雑排水　(5) 雑用水

解説

飲料水と雑用水については，建築物環境衛生管理基準に基づいて水質基準が定められています。

解答 (5)

問2　難　中　易

下水道に関する次の記述のうち，もっとも不適当なものはどれか。

(1) 下水の排除方式には，合流式と分流式がある。
(2) 下水道施設は，管渠，ポンプ施設，処理施設から構成される。
(3) 下水道の役割の1つに，浸水の防除がある。
(4) 流域下水道の事業自体は，原則として市町村である。
(5) 下水道は，水環境の創出に寄付する。

解説

流域下水道は都道府県，公共下水道の事業主体は市町村が原則として行ないます。

解答 (4)

トラップと阻集器

1 トラップ

排水中の汚物は，排水槽に沈殿して腐敗したり，病原菌繁殖の促進や悪臭を放つほか，下水道が逆流した際には建物内部に侵入し，居住者の健康を損ねる場合があります。こういった有害な物質を排水口で防止するための装置がトラップです。トラップは必要なものは通しますが，不要な悪臭や害虫は罠(トラップ)で通さないのが特徴です。

■トラップの役割

トラップの役目
排水管の中は，汚物や病原菌，害虫などがいて不衛生な状態になっています。トラップの役目は，こうした排水管内の悪臭を防ぐことと，害虫が排水溝を通過して建物の中に侵入するのを防ぐことです。水で防ぐものは，水封式トラップといいます。

2 阻集器

排水の中には，グリースなどの凝固するものや下水道に直接流出させると，最終処理や放流先に害や支障をあたえる場合があります。これを阻止，分離収集した上で残った水を排水できる器具（装置）を**阻集器**といいます。

たとえば，油脂の阻集器であるグリース阻集器は，厨房の排水を金網やカゴで食べかすや固形物を取り除き，水槽では水の比重で油脂を浮かせて残った水を下水に放流します。また，阻集器はトラップの機能も有していますが，同一排水管系に2箇所のトラップを設置する二重トラップは禁止されていますので注意が必要です。

■グリース阻集器の例

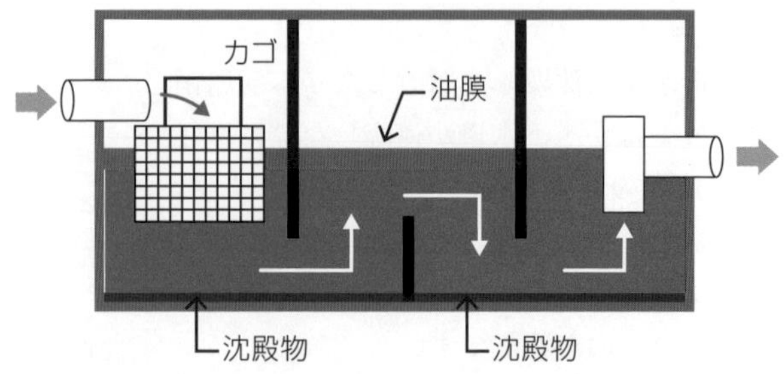

3 トラップの構造条件

トラップは，流した水を途中に貯めて管に栓をする封水構造となっています。封水は器具の室内側と室外側とを遮断するもっとも簡単な方法で，水は流すたびに入れ替わるため，汚染の心配もありません。ただし，長期間使用していないと水が蒸発して悪臭が室内に入り込んできたり（破封），髪の毛などが詰まってしまうと流れにくくなったりする欠点があります。

トラップは，次のような条件を満たす必要があります。1つめは，排水管の臭気を遮断できること，2つめは内部の掃除が容易なこと，3つめは排水の流れで汚物を洗い流せる構造で，汚物が付着しないこと（ただし阻集器を兼ねたものは除く），4つめは封水の深さが50mm以上であることなどです。

■トラップの構造

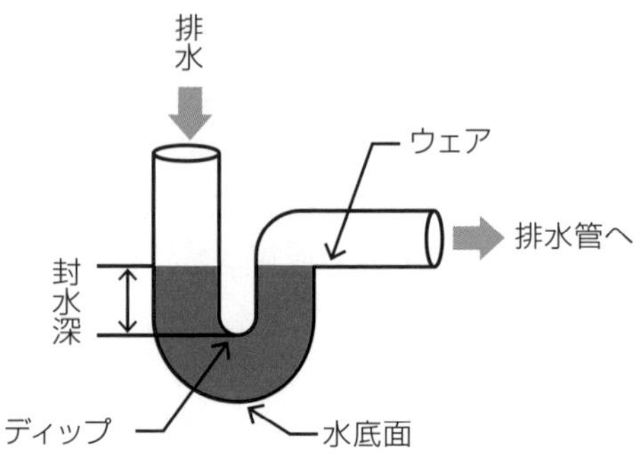

4 トラップの種類

トラップには，形状によっていくつかの種類があります。代表的なものは，管を曲げた管トラップで，管の形からP形，S形，U形などに分類できます。このうち，手洗い器などに設置されているのがP形とS形で，U形は排水配管に設置されるものです。

封水部がドラム形になっているドラムトラップは，取り付ける空間が必要となりますが，封水部にバスケットなどを入れることで簡易阻集器の役割を果たすことができます。

封水部分がベルのような形をしているのがわんトラップで，床排水や流し，浴室などで使われています。

また，雨水排水系統で，下水ガスの逆流を防ぐために使われるトラップますもあります。

■トラップの種類

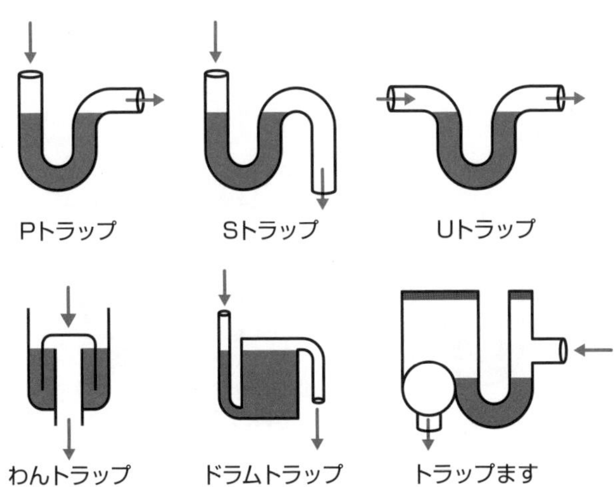

自浄作用と封水強度
トラップは，水が流れるとその勢いでゴミや汚れなどを押し流して，付着や沈積を防ぐことができます。これを自浄作用といいます。また，排水管内の圧力変動が原因でトラップが破封する場合があり，この強度を封水強度と呼びます。強度を高くするには，流出脚断面積を流入脚断面積で割った脚断面積比を大きくすることと，封水深を大きくすることの2通りがありますが，封水深を大きくすると汚物が沈積しやすくなるという欠点があります。

5 トラップの破封原因

トラップの封水は，さまざまな要因により封水機能が働かなくなることがあります。この状態が破封で，主な封水の阻害要因には以下があります。

① **蒸発作用**

長期間機器が使用されない場合には，水分が蒸発することで破封します。

② **毛細管作用**

トラップのウェア部分に髪の毛や糸くずが引っかかっていると，毛細管作用により水が排水管側へ徐々に流れ出して破封します。

③ **自己サイホン作用**

排水が満水状態でトラップ内を流れたとき，封水が配管側に吸引され，封水の水量が減少することをいいます。

④ **誘導サイホン作用**

ほかの器具からの排水が流下し，排水管内の空気が吸引されることで封水が吸い出される現象をいいます。

⑤ **跳ね出し作用**

配管下部の空気が圧縮されることで管内圧力が増加し，排水管内の封水が押し上げられて封水が跳ねる現象をいいます。

■ さまざまなトラップの破封原因

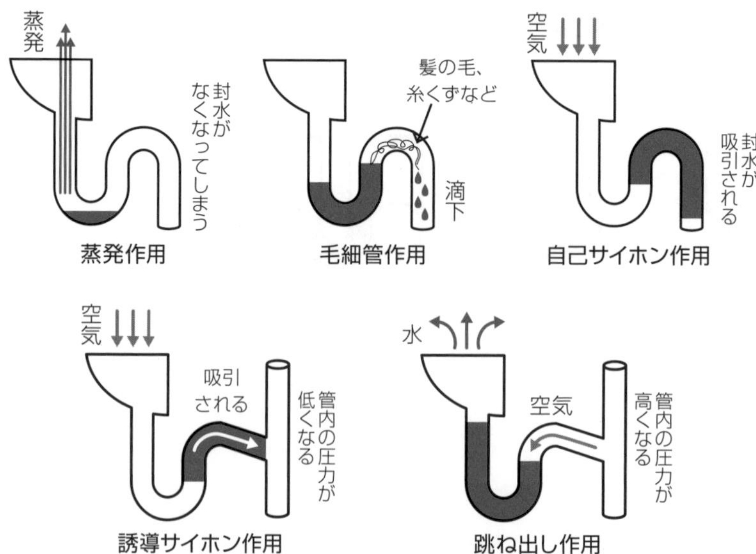

6 二重トラップ　※禁止含む

衛生器具には，1つのトラップを設置するのが原則ですが，直列に2つ以上のトラップを設置してしまうことを二重トラップ（ダブルトラップ）といいます。

2つのトラップの間にある空気が行き場を失い，封水や排水に悪影響をおよぼしたり，圧力が変化することで封水を保護することが難しくなったりするため，二重トラップは禁止されています。施工ミスで発生することが多く，その場合にはトラップを取り除いて改善するか，配管接続を変更する必要があります。

■二重トラップと改善例

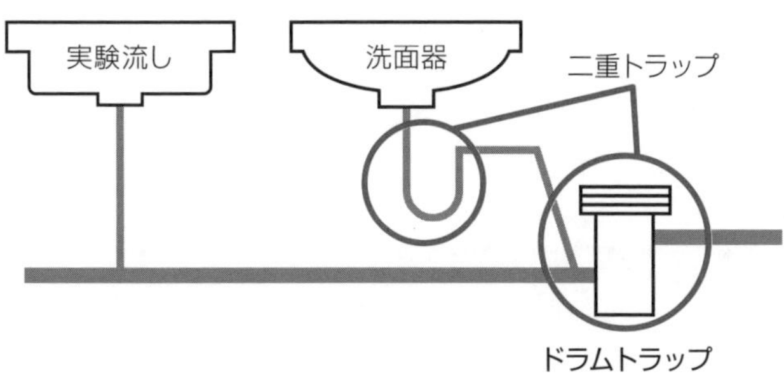

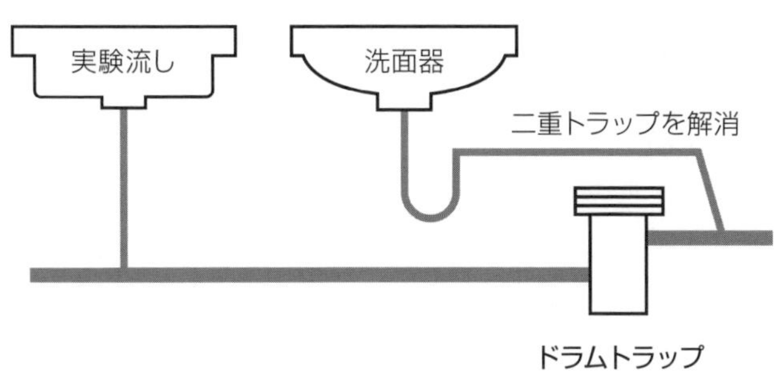

トラップの封水破壊現象の防止

破封防止には，以下の5種類の方法があります。

①トラップを清潔にしてゴミを取り除く
②長期間使用しない場合は栓をする
③器具底面勾配の緩いものに変更する
④通気管を設ける
⑤流出脚断面積を流入脚断面積で割った脚断面積比を大きくする

ます

排水管の点検や接続のために設置されたますには，いくつかの種類があります。トラップ機能のあるトラップます，落差のある排水管を接続するドロップます，底部に排水溝が設けてあるインバートます，雨水を貯める雨水ます，汚水を貯める汚水ますなどがあります。

7 阻集器の種類

阻集器は，用途に応じて以下のような種類があります。

グリース阻集器：厨房から出る油脂の多い排水から，油脂部分だけを冷却，固定，除去するものです。

オイル阻集器：給油所，洗車場，駐車場などの排水に含まれているガソリンと油類を回収します。

プラスタ阻集器：歯科医院などからのプラスタ（石膏），美容院から出る美容用粘土などの物質を分離するためのものです。

毛髪阻集器：美容院や理髪店，銭湯やプールなどから出る髪の毛や化粧品の油脂が排水管に流入するのを防止します。ヘアキャッチャーとも呼ばれます。

そのほか，クリーニング店や洗濯工場からのボタンなどの不溶性物質の流入を防止する**洗濯場阻集器**（ランドリートラップ），工場や土木現場などから多量に輩出される土砂や石粉，セメントなどの流入を防止する**砂（サンド）阻集器**などがあります。

チャレンジ問題

問 1　　難｜中｜**易**

阻集器とその設置場所との組合せとして，もっとも不適当なものは次のうちどれか。

(1) グリース阻集器——厨房
(2) オイル阻集器 ——— 洗車場
(3) プラスタ阻集器 —— 浴場
(4) 毛髪阻集器———— プール
(5) 砂阻集器 ————— 工場

解説

プラスタ阻集器は，石膏などの固形物を回収する装置で，歯科医の技工室などで使われます。

解答 (3)

通気設備

1 通気管の役目と通気方式

トラップの封水を保護，維持するには排水管の通気調整が不可欠です。この機能を持っているのが通気設備で，排気管の気圧調整によってトラップを保護するとともに，排水の流れをスムーズにする役割も持っています。

衛生器具ごとに通気管を設置する方法は，トラップの封水保護の点から最良で，この方式を**各個通気方式**，複数をまとめているものを**ループ通気方式**といいます。

一方，通気立て管を設置せず，排水立て管を延長し，頂部を伸頂通気管として利用する方式を伸頂通気方式といいますが，通気立て管を立てる場合と比べて排水許容容量が少ないなどの制限があります。

通気管の中でも特殊なものは，排水と通気をスムーズに行なうための逃し通気管，排水立て管より分岐し，通気立て管に接続するための結合通気管などがあります。

■各個通気方式

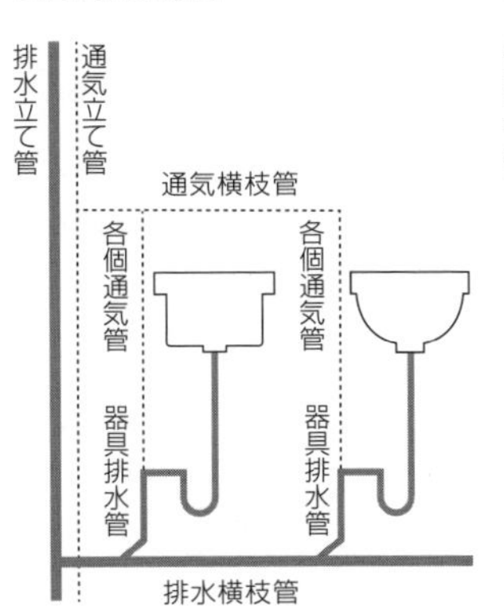

■ループ通気方式

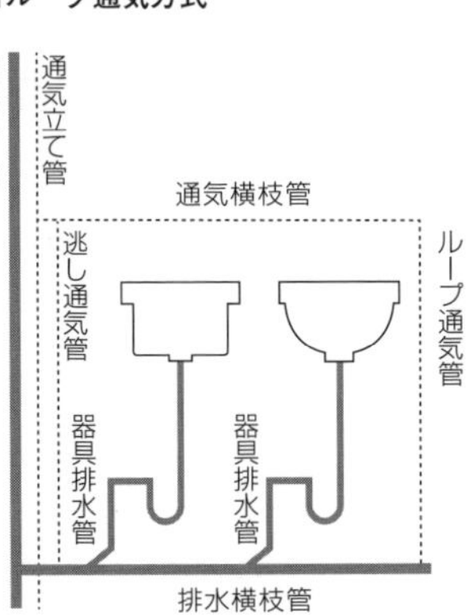

補足

通気とは
排水管の気圧変化を大気に逃がしたり，大気を取込んで気圧調整し，トラップの破封を防ぐことを通気といいます。

通気弁
管内圧力が負になると，正圧にするために弁が開き，調整が終わると閉じる弁のことです。

通気配管の禁止および留意点
通気配管と接続が禁止されているのは，雨水立て管と換気ダクトで，通気管同士の床下接続と床下通気管も禁止されています。また，汚水ピット，雑排水ピット，浄化水などの通気管は単独とし，通気管内の水滴は自然と排水管に向かうよう勾配を設けることが必要です。

2 開口部の設置条件と通気管の取出し

大気と接する通気管の開口部が建物自体や近隣の建物と接する場合，いくつかの設置条件が決められています。

1つめは建物の張り出し下部に通気管の末端開口しないこと，2つめは開口部の断面は縮小しないこと，3つめは開口部が凍結する危険性がある場合は，開口部口径を75mm以上にすること，4つめは，窓などの開口部よりも600mm以上立ち上げるか，開口部取りも水平に3m以上離すことです。

また，通気立て管は，通気管の管径と同じ状態で大気に開放するか，もっとも上部にある器具のあふれ縁から150mm以上立ち上げて，伸頂通気管につなげる必要があります。

チャレンジ問題

問 1　難　中　易

排水通気設備に関する次の記述のうち，もっとも不適当なものはどれか。

(1) 通気立て管の上部は，最高位の衛生器具のあふれ縁から75mm以上高い位置で，伸頂通気管に接続する。

(2) 伸頂通気方式の排水立て管には，原則としてオフセットを設けてはならない。

(3) 伸頂通気管は，排水立て管頂部と同管径で延長して大気中へ開口する。

(4) 排水横管が45°を超える角度で方向を変える箇所では，掃除口を設置する。

(5) 排水横主管以降が満流となるおそれのある場合は，伸頂通気方式を採用してはならない。

解説

(1) 75mmではなく，150mmです。

解答 (1)

給水管および給湯管

1 給水および給湯の配管

給排水および給湯設備に用いられる水を配るには配管が必要で，この配管の材質は耐食性や非浸透性などさまざまな要求に合った材質のものが求められます。これまで，ビルの給水管としては安価で強度のある亜鉛めっき鋼管が多く使われてきましたが，腐食しやすいため現在ではあまり用いられていません。

鋼管の内側に合成樹脂を貼り込んで（ライニング），鋼管が持つ強度と，合成樹脂が持つ耐食性を得られるのが**ライニング鋼管**で，塩化ビニルライニング鋼管や排水用塩化ビニルライニング鋼管，ポリエチレン粉体ライニング鋼管などが用いられています。

鉄よりも耐食性がある**ステンレス鋼管**は強度もあるため，薄くすることで軽量化を図ることができることから，給水・給湯配管に用いられています。

ステンレス鋼管より軽量な**合成樹脂管**は，金属不使用で耐食性があり電気を通さないため，塩化ビニル管などがよく使われています。ただし，衝撃に弱いのと，膨張しやすいため管の伸縮に気をつける必要があります。

銅管は耐食性と流水抵抗に優れていることから，給湯用の配管材料に用いられてきましたが，中央式給湯設備では腐食する場合があります。

■ライニング鋼管の構造

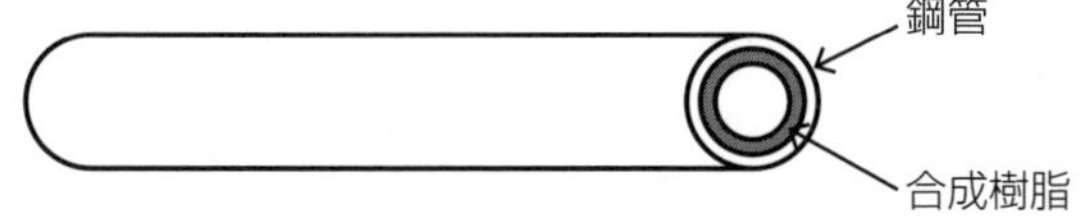

熱応力
水温の変化が原因で管が伸縮し，応力がかかることを熱応力といいます。長い直線配管の場合に発生しやすいため，伸縮継手などを利用して吸収する必要があります。

ステンレス鋼管の接合
メカニカル継手によって行なわれます。メカニカル継手は，接合部をパッキンなどによって止水するため，ねじ切り・溶接が不要となり，施工が容易になります。また，メンテナンス工事も容易なのが特徴です。

銅管
管から銅イオンが水中に侵出して，青色の水が吐出することがあります。

2 接合方法

配管は，継手（つぎて）を用いて接合（接続）することで経路を分岐させたり，曲げたりすることができるようになります。

ねじ接合：パイプの雄ねじと雌ねじを接合するもので，ライニング鋼管は切断面に鋼が露出するため，管端防食継手などを利用します。

溶接接合：素材を熱で溶かして接合するものです。

ろうづけ接合：ろう材を流し込む方法で，銅管の接合に用います。

フランジ接合：ボルトとナットを用いて，パイプの端に取り付けたフランジを締める方法で，フランジにはパッキンを挟み込みます。

メカニカル接合：ボルトやナット，パッキンなどを利用して機械的に接合するもので，作業が簡単なため，現在では普及が進んでいます。ただし，パイプの抜け防止機能と，パッキンの耐久性を考慮する必要があります。

■銅管のろうづけ接合方法

継手接合　　銅管と銅管の直線接合

なお，接合する配管の素材により用いる継手が決定される場合があります。合成樹脂ライニング鋼管の接合では，150A以下の管径のものではねじ込み式，150Aを超える管径のものでは溶接式フランジが一般的に用いられています。また，ねじ接合では鋼が露出する管の切断部の防食対策として，管端防食継手を用いる必要があります。さらに，ステンレス鋼管の接合では多くの場合，メカニカル継手が用いられるのが一般的です。

■管端防食継手およびメカニカル継手

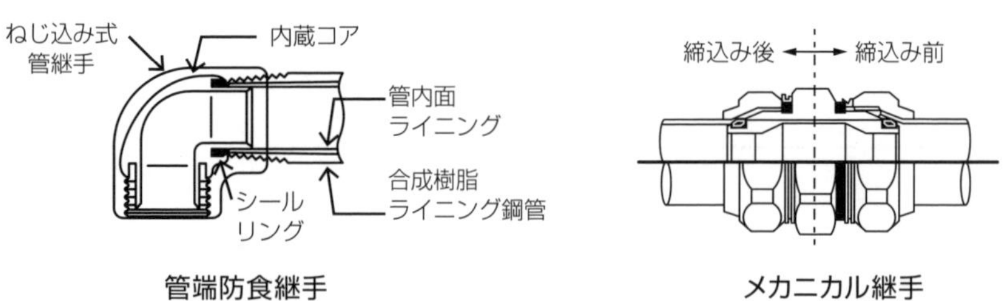

管端防食継手　　メカニカル継手

3 弁（バルブ）種類

配管の途中に設置して，液体や気体の通過量を調整する器具を，**弁**（バルブ）といいます。構造や材質，開閉方法，接合方法などからいくつかの種類に分類できます。

仕切弁：青銅，鋳鉄，ステンレス鋼製のものが多く，弁体が流体の流れを垂直に仕切るように開閉され，圧力損失が小さいのが特徴です。流体の開閉のみの目的で用いられる弁で，全開または全閉で使用します。

玉形弁：弁が球形なのでついた名称で，内部の隔壁により，流体はS字形に流れるようになっており，この隔壁に弁体を押しつけて流れを止めるしくみとなっています。中間開度で使用可能なので，流量調整に適しています。

バタフライ弁：円盤状の弁体を管に対して垂直に立てて，弁体の角度を変えることで流通量を調整します。

逆止弁：一方向にのみ流体が流れるように設計されたもので，**チャッキ弁**とも呼ばれています。

電磁弁：電磁石の磁力で可動鉄片（プランジャ）で弁を開閉し，流体の流れの開閉制御に用います。高速応答が特徴ですが電磁石で弁を閉めるため，水路が急閉止し，管内に衝撃とウォータハンマが発生しやすくなります。

継手
2つの部分を接合する構造の総称。ここでは，パイプや流体用配管同士を接続する構造をいい，管継手ともいいます。また，排水管の接合には，規格があります。

各種弁の別称
仕切弁：ゲート弁，スルース弁
玉形弁：ストップ弁，球形弁
バタフライ弁：蝶形弁，バタフライバルブ
逆止弁：キャッチバルブ，逆止め弁，チェックバルブ

逆止弁の方式
逆止弁には，スイング式・リフト式・ばね式・ダイヤフラム式の4つの方式があります。

■弁の種類

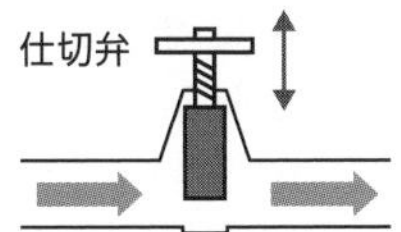

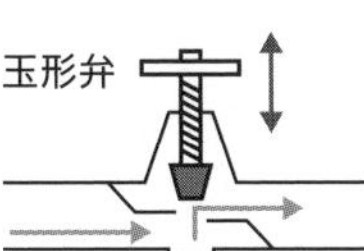

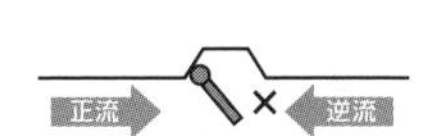

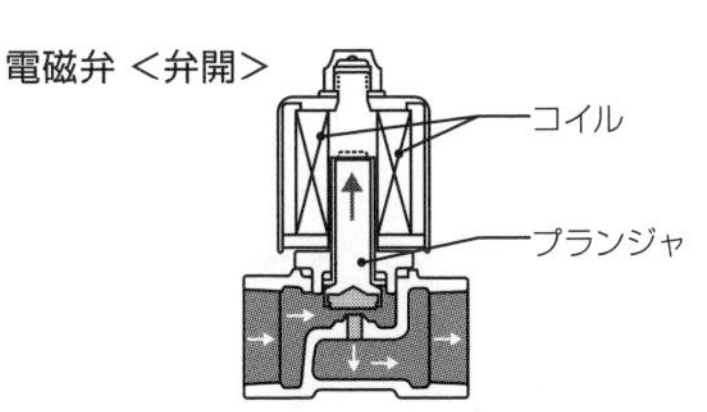

通電するとコイルが励磁され、弁が開く

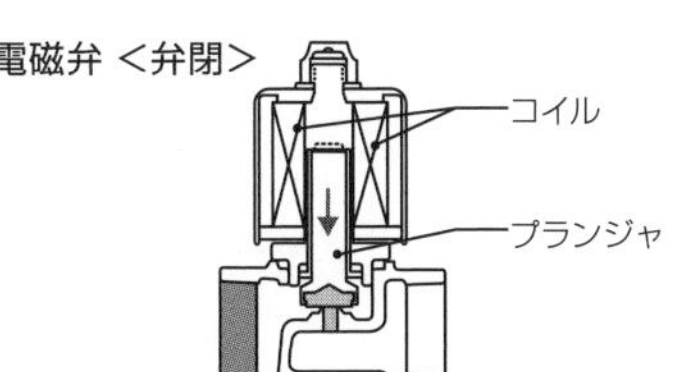

停電するとコイルの励磁がとけ、弁が閉まる

4 配管の管理

給水･給湯設備のうち，水を加熱して使用する給湯設備は，加熱装置，貯湯槽，循環ポンプなどの防錆に気をつける必要があります。特に給湯管は錆びやすく，鋼管は水温が10℃上昇すると腐食量は2倍に，65 ～ 75℃の温水は鉄をもっとも腐食させる温度であるため，鋼管ではなく銅配管やステンレス鋼配管などを採用する必要があります。

腐食の原因は温水だけではありません。温度や圧力の変化によって発生したガスの気泡が金属に付着すると酸化作用があるため，エア抜きや気水分離器の使用が不可欠です。

チャレンジ問題

問 1　　難　**中**　易

給排水衛生設備に使用する機器及び配管材料に関する次の記述のうち，もっとも不適当なものはどれか。

(1) 仕切弁は，全開又は全閉で使用する。
(2) 玉型弁は，流量調整用に適している。
(3) 銅管は，銅イオンが浸出して白濁水が吐出されることがある。
(4) 電磁弁は，急閉止するのでウォータハンマが発生しやすい。
(5) ステンレス鋼管の接合には，メカニカル継手が用いられる。

解説

使い始めの銅管ではまれに，青水が出ることがあります。これは，管内に酸化保護被膜が形成される前に，銅イオンが水に溶け出す現象で，被膜が形成されることでおさまります。銅イオンの侵出で白濁水が吐出されることはありません。

解答 (3)

排水管および排水槽

1 排水管材料

排水管の材料は，大別して以下の4つに分類されます。

鋳鉄管：鋼管よりも安価で，腐食性に優れる鋳鉄管は，主に屋外で用いられる排水用鋳鉄管1種，屋内で用いられる排水用鋳鉄管2種と，ラバージョイント形排水鋳鉄管に分けられ，差し込み接合によって接合されたものが用いられます。一般的に1種は2種より管肉厚があり，外部の埋設配管に使用されます。

コンクリート管：コンクリート製の配管で，建物の敷地内用の排水管として遠心力鉄筋コンクリート管（ヒューム管），屋外の排水管として鉄筋コンクリート管，ロール転圧鉄筋コンクリート管，下水用鉄筋コンクリート管などが使用されています。コンクリートという性質上，弾性はあまりないものの，内圧に対する強度は高いという特徴があります。

炭素鋼管：鋳鉄管よりも軽量で耐外力が大きく，ねじ接合で施工が容易ですが，鋼管は腐食しやすいため，排水・通気管には一般に水道亜鉛めっき鋼管や，配管用炭素鋼管などをねじ込み式で接合で，通気管には給水配管と同じ継手（つぎて）が用いられます。排水管では，排水の流れを阻害しないよう，ドルネージ継手（つぎて）が用いられます。

プラスチック管：耐食性に優れている上，軽量で扱いやすいのが特徴です。摩擦係数が小さく，加工が容易な上，電気を通さない長所がありますが，熱，有機溶剤，衝撃に弱い短所もあります。プラスチック管の排水用規格としては，硬質塩化ビニル管と排水用硬質塩化ビニル管継手（つぎて）などがあり，下水道用には下水道用強化プラスチック複合管，下水道用硬質塩化ビニル管などがあります。

ドルネージ継手
約1/50の勾配がつくようにエルボの曲がり角度を大きくとり，ねじ込み部の配管の凸凹をなくし，継手部で汚水が溜まらないよう雌ねじの奥にリセスというくぼみを設けています。接合時は，雄ねじの端がリセスの肩に触れるまでねじ込むことで管内面と継手内面が垂平になり，気密な接合が可能となります。

2 排水管の保守

給水管の内部と，排水管の内部では水の流れ方が異なります。給水管では管に水が充満した形となっていますが，下水は配管の傾き（勾配）と重力によって流しているため，上部や中心部には空気が通る隙間が空いています。横走り管では管の直径の半分程度がよいとされ，2/3以上に流水が増えないよう注意する必要があります。

こうしたことから，排水管は排水横走り管に接続される衛生器具の種類と数から算出した排水負荷単位を集計して，排水横走り管の管径が決められ，立て管に接続される横走り管の排水負荷単位の合計によって決められます。ただし，排水管の種類によっては，基準が設定されている場合もあります。

たとえば，排水管の最小管径は30mm，地中埋設では50mm以上が望ましく，汚水管では最小管径は75mm，固形物を含んだ排水が雑排水管を流れる場合の最小管径は50mmとされています。

3 排水管の管理

トラップ，排水槽，排水ポンプ，阻集器，衛生器具といった排水設備や排水管には，水だけでなく汚物や固形物なども流れるため，建築物衛生法の管理基準では，清掃や施設の補修などが義務づけられています。

清掃に関しては，6カ月以内ごとに1回，定期的に特定建築物維持管理権原者が行なわなければならず，また，排水管に関しては損傷や錆，腐食，詰まりなどの有無を点検し，補修など行なう必要があります。

汚水が油脂を含む場合は，排水管の詰まりを防ぐため，グリース阻集器を設けなければなりません。グリース阻集器は1カ月に1回程度清掃しますが，溜まった油脂類は日常的に除去するのが適切です。

排水管の曲がり部分や分岐箇所は汚物などが詰まりやすいために，掃除口を設置し，内部の点検と清掃が簡単に行なえるようになっています。

また，排水管内で通気が阻害されているところを行詰りといい，行詰りがあると，汚物の堆積しやすい上に排水がうまくできなくなります。そのため，行詰りの長さは600mmを超えてはなりません。

4 排水管の勾配

トイレで汚物を流したとき，便器から排水管を通り，排水横枝管に達すると，その勾配に沿って水や汚物が配管内を通過していきます。排水設備は，水が上から下に流れる性質を利用して汚物を運ぶしくみとなっていますが，勾配がないと汚物や固形物が流れないため，管径ごとに最小の勾配が決められています。この勾配は，急過ぎても，水が汚物や固形物よりも先に流れてしまい，管が詰まりやすくなるので注意が必要です。

■排水横管の勾配

排水人口（単位：人）	排水管の内径（単位：mm）	勾配
150未満	100以上	100分の2.0以上
150以上300未満	125以上	100分の1.7以上
300以上500未満	150以上	100分の1.5以上
500以上1000未満	200以上	100分の1.2以上

5 排水槽の構造

排水管は，重力を利用して排水を流しますが，公共下水道の下水道管よりも低い地階にトイレなどがある場合には，一度地階の最下部のタンクに貯留します。これを排水槽といい，槽は二重スラブの空間に設置され，底部には勾配をつけた吸込みピットを設けます。

排水槽に貯められた汚水は，排水ポンプで排水されます。排水槽関連の設備は，貯めた汚水を汲み上げる排水ポンプ，排水ポンプの制御装置，通気管などがあります。

排水槽には，十分な強度があることが重要で，排水や内部臭気が外部に漏れないような構造とします。特に汚水槽や雑排水槽内部には汚物および厨芥（台所ゴミ）そのほかの異物が溜まるため，それらが底に溜まらず吸込みピットに集まるよう，排水槽の底には吸込みピットに向かって1/15以上1/10以下の勾配を設けなければなりません。

排水管内の掃除

排水横走り管が45°以上の角度で向きを変更している場所では，掃除口を設置しますが，その清掃方法は，長さ25m以内のスネークワイヤ（フレキシブルワイヤ）を管に通して，先端のスクリューやブラシなどで管内の付着物や汚物をこするスネークワイヤ方式，高圧洗浄機にホースを取り付け，先端のノズルから高圧水を噴射して付着物や堆積物を除去する高圧洗浄方式などがあります。

排水槽の種類

排水槽は，貯留する水の内容によって種類が分かれています。汚水の場合は汚水槽，地下の湧き水の場合は湧水槽，雑排水の場合は雑排水槽などです。

6 排水槽の保守管理

排水槽は，汚水を貯めておく場所ですので，汚物や固形物から発生したメタンガスなどが充満している可能性があります。そのため，火気厳禁の上，換気に注意して，安全を確認してから掃除を行なうようにします。その際には，充分な明るさが確保できる防爆型の照明器具を用いなければなりません。排水槽の清掃には，有毒ガスの発生の可能性から，酸素欠乏危険作業主任者の有資格者が清掃作業等の指揮にあたることが必要で，作業開始前に酸素濃度が18%以上あり，硫化水素濃度が10ppm以下であることを測定しなければなりません。排水槽は，6カ月以内ごとに1回定期的に清掃を行なうことが建築物衛生法の管理基準に定められています。

7 排水ポンプの構造

排水ポンプは，排水槽の排水を建物の外の排水ますに排出する役割を持っています。その際，原則として2台を1つの排水槽内に交互運転させ，流入量が過大になった場合には同時運転を行なうしくみとなっており，設置する際は，排水槽にある吸込みピットの壁などから200mm以上離さなければなりません。

この排水ポンプは，排水の種類によって3つに分けられます。1つめは，湧水，雨水，浄化槽の排水など基本的には固形物を含まない汚水ポンプで，最小口径は40mmです。2つめは，厨房排水や工場の排水など，大きな固形物を含む汚物ポンプで，最小口径は80mmです。3つめは，厨房を除く雑排水，雨水などの雑排水ポンプで，最小口径は50mmです。

排水ポンプはまた，羽根車の形で分類することができます。開放形羽根車は，羽根車部分は渦巻き形となっており，もっとも標準的な形となっています。

ブレードレス形羽根車は，羽根翼がないため，固形物や繊維質を通過させることができます。ノンクロッグ形羽根車は，円弧状かつ開放形羽根車の羽根翼枚数を少なくしたもので，固形物が詰まりにくい構造となっています。

クローズ形羽根車は，羽根の側面の側板があり，高揚程の排水ポンプとして利用されています。渦流（ボルテックス）形羽根車は，固形物を通さず，羽根車に強制的に渦流を生み出すことができます。スクリュー渦巻き形羽根車は，1枚羽根がらせん形状になっているため，大水量ポンプに使用されています。

8 排水ポンプの定期点検

排水ポンプの定期点検は，まず毎月1度，絶縁測定をして1MΩ以上あることを確認します。次に，半年～1年に1度，水中ポンプのオイルを交換します。そして1～2年に1度，メカニカルシールを交換し，3～5年でポンプを分解点検修理します。

排水槽障害の対策
通気設備や換気不良は，通気管を外部に開放または送風機を修理します。電極棒汚染による誤動作は，フロートスイッチに切り替えます。槽内汚物の腐敗は，マンホールのふたを密閉型にするなどで対応します。

チャレンジ問題

問1　難 **中** 易

排水槽及び排水ポンプに関する次の記述のうち，もっとも不適当なものはどれか。

(1) 排水槽の底の勾配は，吸込みピットに向かって1/15以上1/10以下とする。
(2) 排水槽の通気管は，単独で設け，衛生上支障のない位置・構造で外気に開放する。
(3) 排水ポンプは，排水槽の吸込みピットの壁などから100mm以上離して設置する。

解説
(3) 100mmではなく，200mmです。

解答 (3)

問2　難 中 **易**

排水通気設備の保守管理に関する次の記述のうち，もっとも不適当なものはどれか。

(1) グリース阻集器は，1カ月に1回程度清掃する。
(2) 水中ポンプは，6カ月～1年に1回，メカニカルシール部のオイル交換を行なう。
(3) 排水槽の清掃は，1年以内ごとに1回行なう。

解説
(3) 半年以内ごとに1回です。

解答 (3)

3 そのほか関連設備

まとめ＆丸暗記　● この節の学習内容のまとめ ●

□ 雑用水と水質基準
雨水や生活排水などを浄化して，飲料以外に用いるもの。遊離残留塩素含有率は0.1/100万（結合残留塩素の場合は0.4/100万）以上

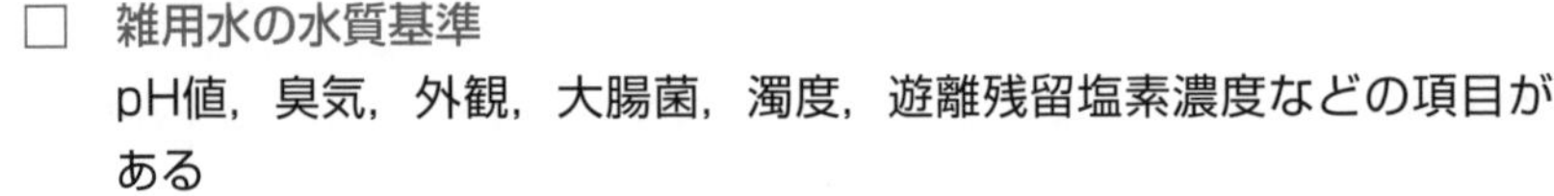

□ 雑用水の水質基準
pH値，臭気，外観，大腸菌，濁度，遊離残留塩素濃度などの項目がある

□ 衛生器具
大小便器，浴槽などの給排水器具と，石けん入れやペーパーホルダーなどを含めた総称

□ 浄化槽の種類と処理工程
単独処理浄化槽……水洗便所排水のみを処理
合併処理浄化槽……水洗便所排水と雑排水を一緒に処理
処理工程：①前処理 ②1次処理 ③2次処理 ④消毒 ⑤汚泥処理

□ 火災と消火方法
火災の種類：①普通火災 ②油火災 ③電気火災 ④金属火災 ⑤ガス火災
消火方法の種類：①冷却消火法 ②除去消火法 ③燃焼抑制物質による消火法 ④窒息消火法 ⑤希釈消火法

□ 都市ガスとLPガス
都市ガス……気体状で，原料はメタンを主成分とする天然ガス（LNG）
LPガス……液体状で，プロパンやブタンが主成分。ボンベ（充てん容器）を利用して地域や建物に供給

雑用水の利用と設備

1 建築物における雑用水の用途

雨水や生活排水などを浄化して，必要に応じて飲料以外に用いるものを雑用水といいます。主な用途は以下の通りとなっています。

■雑用水の主な用途

消火用水	水洗便所用水	機器冷却用水	融雪用水	栽培用水
清掃用水	ボイラ用水	レクリエーション用水	各種洗浄水	水景用水

ただし，雑用水が手洗いや温水洗浄便座などに使用される場合には，飲料水の品質基準をクリアしなければなりません。

2 水質の目標

雑用水の水質については，以下のような目標が定められています。

① 衛生的
② 利便的
③ 快適
④ 施設や器具に影響がない
⑤ 管理基準の確保と判定の指標がある
⑥ 安全な水処理技術がある
⑦ 処理コストが合理的

雑用水の水質面については，濁り，色，臭気，発泡錆，腐食性，着色現象，有害微生物（大腸菌，ウイルスなど）の有無，管機器への異物や二次生成物付着の可能性などがありますので，これらの点に注意することが必要です。

誤飲の防止

雑用水は誤飲を防止するため，水栓に飲用禁止の表示あるいはステッカーなどを掲示しなければなりません。高置水槽を設ける場合は，その構造自体は飲料水の高置水槽に準じます。

3 雑用水の水質基準

雑用水の水質は，建築物環境衛生管理基準では給水栓の水に含まれている遊離残留塩素の含有率を，0.1/100万（結合残留塩素の場合は0.4/100万）以上にすることと定められています。

なお，供給水が病原生物に汚染される（もしくは病原生物などを多数含む）危険性がある場合は，給水栓に含まれる遊離残留塩素の含有率は，0.2/100万（結合残留塩素の場合は1.5/100万）以上にしなければなりません。

散水，修景，清掃用水用と，水洗便所用水の基準は以下の通りですが，水洗便所用水以外は，し尿を含んだ水を原水に使用してはなりません。

■ 散水，修景，清掃用水用の基準

pH値	5.8以上8.6以下
臭気	異常でないこと
外観	ほぼ無色透明であること
大腸菌	検出されないこと
濁度	2度以下

■ 水洗便所用水の基準

pH値	5.8以上8.6以下
臭気	異常でないこと
外観	ほぼ無色透明であること
大腸菌	検出されないこと

4 維持管理の記録

雑用水の衛生管理については，定期検査を行ない，維持管理に努める必要があります。また，月報などで問題点を整理することも重要となります。

内容	検査頻度と内容
給水栓の水に含まれる遊離（結合）残留塩素の含有率	7日以内ごとに1回
雑用水の水槽の点検	随時
散水，修景，清掃用水の維持管理	7日以内ごとに1回（pH値，臭気，外観）
	1回／2カ月以内ごとに1回（大腸菌，濁度）
水洗便所用水の維持管理	7日以内ごとに1回（pH値，臭気，外観）
	1回／2カ月以内ごとに1回（大腸菌）

5 安全衛生管理

雑用水の安全衛生管理については，以下のような点に注意します。

クリーンな状態を維持して害虫の発生を予防する：常に清潔を心がけることで，害虫が発生する環境を作らないようにします。また，害虫を侵入させない環境を維持することも重要です。

水槽等の清掃では，換気を行ない有毒ガスや酸素濃度に注意する：水槽等ではメタンガスなどが発生したり，酸素濃度が低くなったりすることで作業員の安全が脅かされる危険性があるため，注意する必要があります。

悪臭の発生を未然に防ぐ：悪臭は衛生設備の維持管理ができていない証拠であり，建物の衛生のみならず，周辺の環境にも悪影響をおよぼすため，防がなければなりません。

労働安全衛生法等の基準に従い処理装置の運転や保守点検を行なう：定期的に処理装置の運転や保守点検を行ない，必要に応じて補修や交換を行なうことで安全かつ衛生的な状態を維持します。

排水再利用施設の処理装置と目的

排水の再利用施設には，5種類の処理装置があります。

生物処理槽：汚物や固形物を吸着，酸化分解して排水と分離しやすくします。

オゾン処理：脱臭，脱色，殺菌とともに有機物を酸化分解します。

濾過装置：浮遊物質と排水を分離します。

膜分離装置：高分子の有機物やコロイド粒子と排水を分離します。

活性炭吸着装置：脱色，脱臭，溶解性有機物を除去します。

6 排水再利用設備

雨水，地下水，建物内で発生した排水は，処理設備を用いて汚物や固形物を除去し，消毒した上ではじめて雑用水の原水として利用可能となります。

排水処理設備としては，雑用水受水槽，雑用水配管，厨房除害設備などがあり，前処理～2次処理～3次処理～消毒の手順で処理が行なわれます。

前処理は，スクリーンや沈殿分離槽，破砕装置などを用いて砂や固形物の補足や除去などを行ないます。

2次処理は，槽内に充填している微生物を排水と接触させる生物膜法か，排水と微生物を槽内で混ぜ合わせる活性汚泥法のどちらかで，汚濁物質を除去します。

3次処理は，活性炭吸着槽や凝集槽などを利用して浮遊物質，化学的酸素要求量，りんなどを除去するものです。浮遊物質（SS）は，水中に存在する粒子径1～2μmの有機または無機性の物質で，数が多いほど水が濁って見えるため，汚濁度を判断する指標となります。

処理済みの排水の中には微生物や細菌が含まれているため，最後に消毒を行ないます。

■排水の処理過程

7 雑用水受水槽

雑用水受水槽は雑用水を貯めておくための水槽で，材質は耐久性，耐食性があるものを選び，排水再利用水，雨水，井水などの場合には上水補給装置を設置します。

この際，雑用水が上水の給水管に逆流しないよう，吐水口空間を設置する必要があります。

清掃や散水に用いる雑用水の受水槽は，飲料用の受水槽に準じる形で6面点検が可能な形とするのが望ましく，また，便器洗浄のみに使用する場合には，建物最下層の二重スラブ内に設置することが可能です。

8 雑用水配管

飲料可能な上水と不可である雑用水配管が接続されると，衛生上問題が生じるため，以下の点に注意します。

①上水と雑排水管の配管材料を変更する ②上水管と雑排水管を違う色で塗装して識別しやすくする ③上水管，雑用水管，給湯管が平行移管される場合は配列をそのままにする ④色付けした雑用水を竣工時に流し，ほかの器具に接続されていないことを確認することです。

9 厨房除害設備

厨房排水は油分が多い上に水温が高く，浮遊物質（SS）や，有機物を好気性微生物が分解する際に消費する酸素量である生物化学的酸素要求量（BOD）も多い特徴があります。直接下水には流せないため，加圧した気泡と凝集剤を利用して浮上分離させる加圧浮上分離法か，油分解菌などを用いた生物処理法の排水処理を行ないます。

フローシート
処理や作業の手順を流れ図として表したもので，フローチャートともいいます。たとえば，一般処理のフローシートでは，［スクリーン］→［流量調整槽］→［生物処理槽］→［沈殿槽］→［ろ過装置］→［消毒槽］→［排水槽］の手順で作業をすすめます。必要に応じて，それぞれの行程に作業詳細などを書き込みます。

チャレンジ問題

問1　難 **中** 易

雑用水設備の維持管理に関する次の記述のうち，もっとも不適当なものはどれか。

(1) 雑用水受水槽は，耐食性および耐久性のある材質のものを用いる。
(2) 雑用水受水槽は，槽内の水が滞留しないような措置を講じる。
(3) 井水を雑用水として使用する場合には，上水高置水槽と雑用水高置水槽をバイパス管で接続する。
(4) 雑用水高置水槽を設ける場合は，飲料水の高置水槽に準じた構造とする。
(5) 水栓には，雑用水であることを示す飲用禁止の表示・ステッカー等を掲示する。

解説

飲料可能な上水高置水槽と不可である雑用水高置水槽を接続すると，衛生上の問題が生じます。

解答 (3)

衛生器具

1 衛生器具とは

衛生器具は，水回りで利用されている給水栓，大小便器，洗面手洗い器，浴槽などの給排水器具と，便座，石けん入れ，ペーパーホルダーなどを含めた総称です。これらは組み合わされた状態で浴室，台所，洗面所などの水回りの空間で使用されます。こうした人が直接利用する衛生器具設備は，供給系である給水・給湯設備と，排出系である排水・処理設備の中間地点に位置しています。

衛生器具は人が水回りで使用するため，種類や形状はJISで定められており，①腐食や吸水がなく，耐久性に優れている ②掃除が容易で，汚物が付着しにくい ③構造が機能的である ④器具の製作や取り付けが容易にできる ⑤汚染防止に配慮している ⑥酸やアルカリなどに強い ⑦摩耗しにくいといった条件を満たしている必要があります。

2 大便器

旋回流による方式にシフトしており，従来の洗浄方式区分は廃止されました。洗浄水量区分をⅠ形（8.5 ℓ 以下）・Ⅱ形（6.5 ℓ 以下）としています。ただし，以下の器具も残存しています。

洗出し式：主に和式便器で用いられます。水の落差で汚物を押し出すように排出するもので，汚物が便ばち部に盛り上がるため，臭気が発散することが欠点です。

洗落し式：トラップ内の留水中に直接汚物が排出されるので，洗出し式よりも臭気が少ない特徴があります。

サイホン式：屈曲させた排水路が満水となり，サイホン作用を起こして汚物を吸い出すように排出します。

サイホンゼット式：サイホン式よりも溜水面が広く，ゼット穴から噴出力を加えることで排出力および洗浄力を強化しています。

サイホンボルテックス式：サイホン作用に渦巻きを加えて吸引力を強化したもので，洗浄音が小さい特徴があります。

ブローアウト方式：排出路内の噴出穴から洗浄水を噴出し汚物を排出します。

■大便器の主な種類

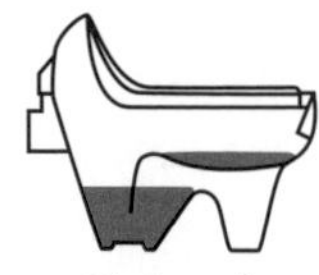
洗出し式

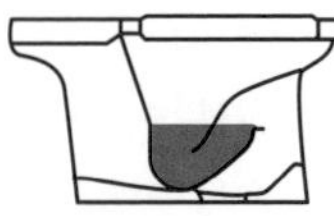
洗落し式

サイホン式

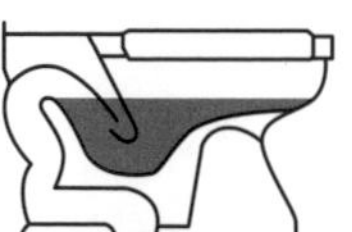
サイホン
ゼット式

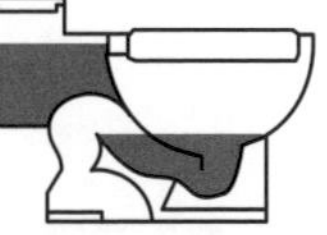
サイホン
ボルテックス式

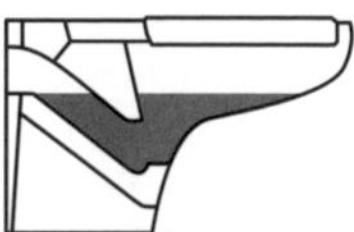
ブローアウト方式

3 小便器

小便器は小便が跳ねにくい壁掛け用と，子どもでも使用できる据置用があり，大人だけで使用するオフィスでは壁掛け用，公園や駅など子どもも利用する場所では据置用と，使用する年齢層と場所を考えて設置するのが望ましいとされています。

■小便器の種類

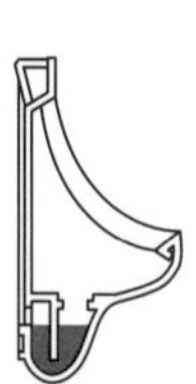
壁掛け形

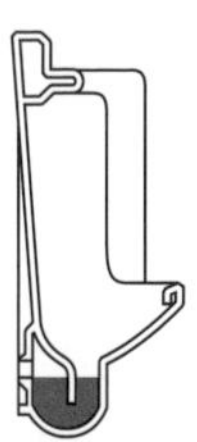
壁掛け
ストール形

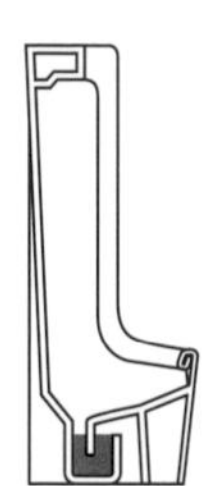
ストール形

補足

衛生器具—便器・洗面器具類のJIS規格
各社の技術進歩により製品の進化・多品種化が進んでいます。そのため，JIS A 5207が改正されました。大便器の規格では洗浄方式区分を廃止し，洗浄水量区分をⅠ形・Ⅱ形としています。今後は新規格の器種に置き換わっていくものと考えられます。

衛生器具関係の用語
クロスコネクションは上水と上水以外が混ざってしまう配管をいい，あふれ縁は水受け容器が満水となってあふれ出す最下端の部分を指します。

衛生器具の点検
洗面器の取り付け状態は，2か月に1回，その他は6か月に1回点検します。

4 手洗器・洗面器

手洗い器と洗面器は，取り付け方法によって壁掛け式とカウンタ式に大きく分類されます。壁掛け式は壁面に直接取り付ける方法で，ビス留め式，バックハンガ式，ブラケット式などがあります。カウンタ式は，カウンタの一部に洗面器を取り付けるもので，小物が置ける上，見栄えがよいため近年普及しています。

排水栓と排水金具は，ポップアップ式と鎖つき排水栓，トラップはP型もしくはS型が用いられます。

チャレンジ問題

問1　難　中　易

衛生器具設備に関する次の記述のうち，もっとも不適当なものはどれか。

(1) 洗面器の取り付け状態は，2か月に1回点検する。
(2) 温水洗浄便座に接続する給水系統には，適切な逆流防止措置を講じる。
(3) 大便器の洗浄水量区分は，Ⅰ形・Ⅱ形・Ⅲ形の3種類ある。
(4) 浴室のハンドシャワーの取出し口には，逆流防止機構を有するものを設置する。
(5) 衛生器具は，給水器具，水受け容器，排水器具，付属品の4つに分類される。

解説

大便器の洗浄水量区分は，Ⅰ形・Ⅱ形の2種類あります。

解答 (3)

浄化槽

1 浄化槽の設置

建築基準法第31条では，公共下水道以外に排水を放流する際，その排水にし尿が含まれている場合には，必ずし尿浄化槽での処理が義務づけられています。

し尿浄化槽には排水基準は存在せず，通常は浄化槽の性能を基準にしています。放流水の水質については，特定行政庁が衛生上特に支障があると認めて規則で指定する区域，特定行政庁が衛生上特に支障がないと認めて規則で指定する区域，そのほかの3箇所に区分しています。

浄化槽は，水洗便所排水のみを処理する単独処理浄化槽と水洗便所排水や台所，風呂などの雑排水と一緒に処理する合併処理浄化槽の2種類に分かれますが，平成13年の浄化槽法改正により，浄化槽の新設時には原則，合併処理浄化槽を設置することが義務づけられました。

2 浄化槽の処理工程

浄化槽では，主に5つの処理工程を経て，排水が下水へ放流されます。

前処理工程：浄化槽に悪影響を与える恐れのあるビニールや砂などのきょう雑物をスクリーンなどを使用して取り除きます。

1次処理工程：嫌気ろ床槽，沈殿分離槽，流量調整槽などから成り，槽内に充填した生物担体と汚水を接触させることでSSの補捉とBODの分解，除去などを行ないます。

2次処理工程：生物反応槽と沈殿槽から成り，1次処理では取り切れなかったSSや有機性有機物質を分離し，窒素酸化物を硝化（酸化）します。

設置の許可
浄化槽を設置または規模や構造を変更するには，都道府県知事に届けることが必要です。

3次処理
2次処理の後に行なわれる活性炭処理，膜処理，オゾン酸化処理などを指します。排水を最終放流する直前に，必要に応じて行ないます。

処理に関する用語
BOD負荷（kg/［m^3／日］）：処理容積当たりに対する，処理装置が処理すべきBODの量。
MLSS（mg/L）：ばっ気槽内のSSの量を表す指標で，有機物を分解する微生物の量。
SDI（mL）：SV100mg内に含有されるMLSS量。
SVI（mg）：1gのMLSSが占める容積量。
SA（日）：汚泥日令ともいい，流水汚水中の1日のSS量でMLSS量を割ったもの。
フローチャート：作業や処理の手順を図化したもの。

その際には，微生物の代謝作用を利用した生物膜法，もしくは活性汚泥法と呼ばれる方法を使用します。生物膜法は，槽内に充填している微生物を排水と接触させて汚濁物質を分離します。その方法としては，分離接触ばっ気方式，接触ばっ気方式，散水ろ床方式，回転板接触方式があります。ばっ気とは，酸素を送り込んだり，機械で撹拌したりして好気性微生物を中心とした活性汚泥が有機物を分解する際に必要な酸素を供給することをいいます。

活性汚泥法は，排水と微生物を槽内で混ぜ合わせて汚濁物質を分解します。その方法には，分離ばっ気方式（単独処理浄化槽用），長時間ばっ気方式，標準活性汚泥方式があります。

消毒：前処理～2次処理によって分離された上澄みの液中には，人体に有害な細菌や微生物が存在しています。これらを除去するために，塩素や塩素化合物を利用して死滅させる処理を行ないます。

汚泥処理工程：汚泥は水処理系から分離した後，脱水の処理を施して軽量化を図ります。

<table>
<tr><th rowspan="2">処理工程</th><th colspan="2">①前処理</th><th>②1次処理</th><th colspan="2">③2次処理</th><th>④消毒</th><th>⑤汚泥処理</th></tr>
<tr><td colspan="2">きょう雑物破砕
きょう雑物・砂の除去</td><td>物理処理
SSの除去</td><td colspan="2">生物処理
SS，BOD，窒素の除去</td><td>病原菌の死滅</td><td>分離した汚泥
濃縮・貯留・
嫌気性分解</td></tr>
<tr><th rowspan="2">合併処理</th><td>スクリーン</td><td>破砕装置
微細目スクリーン
5ミリ目スクリーン
荒目スクリーン
ばっ気型スクリーン</td><td rowspan="2">嫌気ろ床槽
沈殿分離槽</td><td rowspan="2">硫化槽・脱窒槽
（流量調整槽）
散水ろ床
ばっ気槽
回転板接触槽
接触ばっ気槽</td><td rowspan="2">沈殿槽</td><td rowspan="2">消毒槽</td><td rowspan="2">汚泥貯留槽
汚泥濃縮設備
汚泥濃縮貯留槽
嫌気ろ床槽
沈殿分離槽</td></tr>
<tr><td colspan="2">沈砂槽</td></tr>
</table>

3 維持管理に関する体制

浄化槽法では，安全に浄化槽を運転管理するための基準が以下のように細かく定められています。

浄化槽保守点検業者：浄化槽の保守点検を行なう業者は，都道府県知事の登録を受ける必要があります。

浄化槽清掃業者：浄化槽の清掃を行なう業者は，各市町村長の許可が必要で，清掃で生じた汚泥は，廃棄物処理法に従って運搬，処理します。

浄化槽管理士：浄化槽の保守点検業務を行なうには，浄化槽管理士の資格が必要です。

浄化槽管理者：浄化槽の管理責任者は，浄化槽の適正運用に関する取り決めを遵守し，法定点検の受検，保守点検・清掃およびその記録，一定規模以上の浄化槽における技術管理者の選任を行ないます。

技術責任者：処理対象人員501人（地域によっては201人）以上の浄化槽には，技術管理者を配置する義務があります。技術管理者は技術的業務の責任者として保守点検，統括管理，業務計画立案を担当します。

浄化槽の水質検査
7条検査と11条検査では，以下のような水質検査を行ないます。
7条検査：水素イオン濃度（pH），汚泥沈殿率，溶存酸素量（DO），透視度，塩化物イオン，残留塩素濃度，生物化学的酸素要求量（BOD）
11条検査：水素イオン濃度（pH），溶存酸素量（DO），透視度，残留塩素濃度

4 法定検査

浄化槽管理者は，浄化槽法に基づき設置後に**定期検査**と**水質検査**を受検します。使用開始より3カ月を経過した日から5カ月以内に，指定検査機関による水質検査は7条検査，毎年1回，指定検査機関による水質検査は11条検査といいます。内容は外観検査，水質検査，保守点検清掃検査となります。

5 保守点検

浄化槽の保守点検は，環境省令と浄化槽法で定められた基準に従って行ないます。基本的には毎年1回ですが，環境省令で定める合併処理浄化槽の場合には，以下の期間ごとに点検を行ないます。

■合併処理浄化槽の保守点検の内容と回数

処理方式	浄化槽の種類	点検期間／1回
分離接触ばっ気方式，嫌気ろ床接触ばっ気方式，又は脱窒ろ床接触ばっ気方式	処理対象人員が20人以下の浄化槽	4カ月
	処理対象人員が21人以上50人以下の浄化槽	3カ月
活性汚泥方式		1週間
回転板接触方式，接触ばっ気方式又は散水ろ床方式	砂ろ過装置，活性炭吸着又は凝集層を有する浄化槽	1週間
	スクリーン及び流量調整タンクは流量調整槽を有する浄化槽（上記を除く）	2週間
	上記2つ以外の浄化槽	3カ月

6 清掃

浄化槽の清掃は，主に蓄積汚泥が流出しないよう，槽内の汚泥などを引き出して調整を行なう作業で，厚生省令第17号に従って，市町村長の許可を受けた浄化槽清掃業者が行ないます。

清掃の際，全ばっ気型浄化槽（汚水を直接ばっ気する方式）では1年に2回以上，そのほかでは1年に1回以上行なうよう義務づけられており，その手順は次のようになっています。

浄化槽の清掃時期は，沈殿分離槽のスカムや汚泥の堆積状態を目安とします。単独処理浄化槽では沈殿分離室，腐敗室の汚泥とスカムはすべてを引き出し，洗浄に使った水は沈殿分離室，ばっ気室の張り水として利用します。

清掃後は記録をつけて，3年間保存します。

7 運転管理

有機物を微生物によって処理する浄化槽は，運転状態の如何によって放流水の状態が変わるため，常に汚泥滞留時間，栄養バランス，pH，温度，BOD負荷の状態，酸素供給量，かくはん状態といった要因に対して注意深く対処しつつ，運転を行なう必要があります。

生活排水の汚濁負荷を考えると，汚水のみだと排水量は50ℓ，BOD量は13g/人・日となり，BODは26mg/ℓとなります。

また，雑排水を含むと排水量は200～250ℓ，BOD量は40～50g/人・日で，合併処理浄化槽への流入水のBOD量は200mg/ℓほどとなります。

ばっ気室の汚泥等の引き出しの目安
張り水後のばっ気室の混合液の30分間汚泥沈殿率（SV）が，約10%以上，15%以下になるようにします。

8 水質評価の項目

浄化槽および排水の水質評価には，以下のような指標を用います。

① BOD［生物化学的酸素要求量：Biochemical Oxygen Demand］（mg/ℓ）
好気性微生物が水中の有機物を分解する際に消費する酸素量で，値が大きいほど水が汚染されていることを意味します。

② BOD除去率
浄化槽におけるBODの減少量を表す指標で，（流入水のBOD－流出水のBOD）÷流入水のBOD×100（%）で計算します。

③ COD［化学的酸素要求量：Chemical Oxygen Demand］（mg/ℓ）
水中の非酸化物が酸化される際に消費される酸素量のことです。

④ DO［溶存酸素］
分子状の酸素が水に溶解していることをいいます。

⑤ pH［水素イオン指数］

pH＝7で中性，pH＞7でアルカリ性，pH＜7で酸性を表します。

⑥ SS［浮遊性物質：Suspended Solids］（mg/ℓ）

水中に浮遊している微生物やプランクトンなどの量で，水の濁り具合を表します。

⑦ SV［活性汚泥沈殿率］（mℓ）

ばっ気槽混合液を30分静置したあとの沈殿汚泥量です。

⑧ SVI［汚泥容量指標］（mℓ）

沈殿汚泥1gが占める容積量です。

⑨ 大腸菌群

し尿には1mℓ当たり100万個以上存在していますが，処理が進むと減少するため，数が少ないほど処理能力が優秀であることを意味します。

⑩ 窒素酸化物

処理が進むと硝酸性窒素になるため，窒素濃度を知ることは工程の状態の善し悪しを判断する材料となります。

9 付帯設備の管理

浄化槽には排水ポンプ，ばっ気装置，満減水警報装置などの付帯設備がありますが，腐食や変形の影響を受けやすいところが多く，とりわけ硫化水素が発生する部分には注意が必要です。嫌気性分解作用によるアンモニア，硫化水素，二酸化炭素，メタンなどの発生には充分に気をつけましょう。

10 安全管理

浄化槽はさまざまなガスが発生するため，安全管理には充分に気をつける必要があります。屋外に浄化槽を設置する際には，人が近づきにくいようにして，地下に設置する際には換気，照明，階段，手すりなど保守管理がしやすい環境作りを心がけます。

また，周辺の腐食に注意し，猿ばしごやステップについても管理を行ないます。さらに，異常事態が発生したときの連絡先などはリストにしてすぐ対応できるようにしておきます。以下に，浄化槽の安全管理において気をつける点を記します。

① 浄化槽を地下に設置する場合は，階高・換気・照明・階段・手すりなど管理

作業しやすいように計画します。

② 浄化槽を屋外に設置する場合は，外柵を設けて外来者が施設に近づけないような計画をします。

③ マンホールのふたは，耐食性に十分配慮し，子どもが容易に持ち上げられないような構造とします。

④ 管理上，特に危険を伴う固定したサルハシゴやステップの腐食には留意します。

⑤ 施設の異常事態発生対策として，連絡体制を整備して明確にしておきます。

マンホールのふた

地下に設けられた浄化槽には，その出入口をふさぐふたとして，マンホールが用いられています。マンホールの安全上の管理としては，子どもが容易に持ち上げられないような構造とし，耐食性を十分に考慮することが重要です。

チャレンジ問題

問 1　　難 中 **易**

浄化槽法に関する次の記述のうち，誤っているものはどれか。

(1) 浄化槽工事業を営もうとする者は，都道府県知事の登録を受けなければならない。

(2) 浄化槽管理者は，浄化槽の保守点検，清掃等について環境省令で定められた技術上の基準に従って行なわなければならない。

(3) 浄化槽管理者は，保守点検の記録を3年間保存しなければならない。

(4) 浄化槽を設置又は規模や構造の変更をしようとする者は，市町村長に届け出なければならない。

(5) 浄化槽清掃業を営もうとする者は，市町村長の許可を受けなければならない。

解説

(4) の届出先は都道府県知事です。

解答 (4)

消火設備

1 火災の種類

可燃物の燃焼によって発生する火災には，点火エネルギー，酸素，可燃物の燃焼3要素が必要です。この燃焼物の種類によって，火災は大きく5つに分類することができます。

普通火災（A火災）：木材，繊維，紙などの火災
油火災（B火災）：油脂類，可燃液体（ガソリンなど）の火災
電気火災（C火災）：発電室，電気室の火災
金属火災（D火災）：マグネシウム，ナトリウムなどの火災
ガス火災（E火災）：プロパンガス，都市ガスの火災

2 消火方法の種類

火災を消火するには，燃焼の要素を除去することが第一です。その方法は，主に5種類に分類できます。

冷却消火法：水をかけて消火する，一般的な方法です。
除去消火法：山林火災での周辺樹木の伐採や，ガス火災でのガスの元栓の閉鎖など，可燃物を除去する方法です。
燃焼抑制物質による消火法：火災の酸化作用を抑制するハロゲン化物質などを使って消火を行ないます。
窒息消火法：二酸化炭素や泡などで，燃焼の原因となる酸素の供給を絶つ方法です。
希釈消火法：酸素を消火可能な15％以下に抑える方法で，可燃性気体や可燃性液体などの濃度を希釈するか，酸素濃度を希釈します。

3 消火設備の種類と概要

消火を行なうための器具や消防用水，消火活動に必要な施設などをまとめて消火設備といい，火災の種類に応じてさまざまなものが用意されています。

簡易消火器具：消火薬剤を放出するもので，局所的な火災に使用します。代表的なものに消火器があります。

スプリンクラー設備，ドレンチャー設備：火災が発生すると自動的に検知し，天井に設置したスプリンクラーヘッドから散水して消火を行ないます。

泡消火設備：泡消化剤と水を混ぜて泡の状態で散水する方法で，放水や散水では火災が拡大してしまう油火災に使用されます。

水噴霧消火設備：油火災や電気火災の危険性がある場所にあらかじめ設置するもので，多量の噴霧水量による窒息作用と冷却作用で消火します。

粉末消火設備：炭酸水素ナトリウムなどの粉末を使用する設備で，火災熱との化学反応による冷却，窒息効果と継続燃焼を断ち切る負触媒効果で消火を行ないます。

不活性ガス消火設備：二酸化炭素，窒素，アルゴンなどの混合物である不活性ガスを放射して，希釈作用で消火する設備です。酸素の濃度を低下させるため，人がいない駐車場や通信機器室などに設置されます。

連結送水管設備
7階以上の高層建築物や地下街などに設置が義務づけられているもので，1階（地上）に送水口，3階以上（もしくは地下街）に放水口を設け，それらを配管で結んだ設備のことです。

連結散水設備
地階の床面積が700m^3以上（もしくは地下街）に設置が義務づけられているもので，1階（地上）に送水口，地階の天井には連結散水ヘッドを設け，配管で結んだものです。

スプリンクラー設備の種類
開放型，閉鎖型，放水型の3種類に大別されます。常時重水加圧されている閉鎖型湿式スプリンクラー設備が一般的です。

屋内消火栓設備：初期消火を行なうため，ホースノズルで放水することで冷却消火を行なう設備のことです。1号消火栓，易操作性1号消火栓，2号消火栓の3種類があり，ホテルや病院では易操作性1号消火栓と，1人でも操作可能な2号消火栓がよく使われています。

屋外消火栓設備：屋内消火栓設備と同様のものですが，屋外に設置されているため，建物の消火はもちろんのこと，隣接した建物の延焼防止にも威力を発揮します。

ハロゲン化物消火設備：ハロゲン化物の放射により，酸素濃度の低下と負触媒作用による燃焼抑制で消火を行なう設備ですが，平成6年以降製造中止となっています。

チャレンジ問題

問１　　　　難　**中**　易

消火設備に関する次の記述のうち，もっとも不適当なものはどれか。

(1) 2号消火栓は，1人でも容易に操作できるよう開発されたものである。
(2) 放水型スプリンクラ設備は，アトリウムや大空間部に設置される。
(3) 連結送水管は，消防隊専用栓とも呼ばれ，公設消防隊が使用するものである。
(4) 不活性ガス消火設備は，手動起動装置の扉を開けて警報を発してから，起動スイッチを押すことによって作動する。
(5) 泡消火設備は，ボイラ室などに設置される。

解説

泡消火設備は，油火災用の設備です。ボイラ室では通常，ハロゲン化物消火設備や不活性ガス消火設備が設置されます。

解答 (5)

ガス設備

1 都市ガスとLPガスの性質

厨房や浴室への給湯，ビルの空調，発電用の熱源などに利用されているガス設備は，**都市ガス**と**液化石油ガス**（LPガス）に大別されます。

都市ガスは，ガス製造工場から道路に埋設された導管を通して供給されるもので，原料はメタンを主成分とする天然ガス（LNG）です。

液化石油ガス（LPG）はプロパンガス，LPガスとも呼ばれ，都市ガスよりも重く，ボンベ（充てん容器）を利用して地域や建物に供給されます。都市ガスよりも発熱量が高いのが特徴です。

■都市ガスとLPガス（プロパンガス）

	都市ガス（天然ガス13A）	液化石油ガス（LPG，プロパン）
原料状態	気体	液体
総発熱量［MJ/m³（N)］	46.1	102
理論空気量［m³（N）/m³（N)］	10.95	23.8
比重（空気に対して）	0.655	1.55
燃焼範囲［%］	約4～14	約2.1～9.5
供給圧力［kPa］	1.0～2.5	2.2～2.3

都市ガスは空気よりも軽く，LPガスは空気よりも重いため，ガス漏れの際には都市ガスは天井付近に，液化石油ガスは床下付近に滞留しやすい性質があります。また，LPガスは漏洩量が少なくても燃焼爆発しやすいため，注意が必要です。

都市ガス
製造法別に天然ガス系，石油系，石炭系に分類され，天然ガス系がもっとも多く使用されています。

都市ガスの種別
都市ガスは，13A，12A，6A，5C，L1～L3の7種類があります。

LPガス
プロパンやブタンを主成分とする混合物で，その含有率によってい号，ろ号，は号などの種類があります。

ボンベの設置位置
20L以上のボンベは，火気から2m以上離して屋外に置く，40℃以下を維持する，軒下などに設置する，湿気や塩害防止のため腐食塗装を施す，転倒防止チェーンで固定することなどが義務づけられています。

都市ガスの供給方式
規模の大きな工場などでは，ガス圧力を約1.0MPa以上で供給する高圧供給方式が採用されています。

2 ガス機器の給排気方式による分類

ガスを安全に燃焼させるには，新鮮な空気の供給と速やかな燃焼ガスの排出が必要となります。ガス設備は給排気の方式によって開放式，半密閉式，密閉式，屋外式の4種類に大きく分類されます。

開放式：ガスコンロやストーブ，小型湯沸かし器など，屋内の空気を利用して燃焼と排気を行なうものです。排気ガスは屋内に捨てられるため，換気扇などを利用して新鮮空気の取り入れにつとめ，排気ガスの流入や酸素不足をはじめとした室内空気汚染を予防しなければなりません。

半密閉式：空気は屋内から，排気ガスは排気筒を利用して直接屋外に排出します。空気の温度差を利用して排出を行なう自然排気式（CF式：Conventional Flue）と，送風機を用いる強制排気式（FE式：Forced Exhaust）の2種類があります。

自然排気式：建物の構造や形態，換気扇の配置場所などに影響を受けやすいため，給気口の確保や排気筒の形状や位置については充分な配慮が必要となります。

密閉式：給排気を屋外の空気を利用して行なうもので，燃焼用空気は給気筒，排気ガスは排気筒をそれぞれ利用します。屋内の空気を使用しないため，安全性に優れているのが特徴で，自然通気力を利用するものは自然給排気式（BF式：Balanced Flue），動力を利用するものは強制給排気式（FF式：Forced draft balanced Flue）といいます。強制給排気式（FF式）は耐風性に優れているため，高層建築物でも採用されています。

屋外式（RF式：Roof Top Flue）：大型のガス給湯器や暖房器具など，ガス機器本体を屋外に設置するものです。設置場所には充分な開放スペースに加え，建物の構造，設置方法，設置場所などを考慮する必要があります。排気ガスが窓から流入すると，室内空気汚染の原因となるからです。

■ガス機器の給排気方式

設置場所	名称	給排気の特徴
屋内	開放式	給排気：屋内の空気
	半密閉式 （自然排気式：CF式） （強制排気式：FE式）	給気：屋内の空気 排気：排気筒を通じて屋外に
	密閉式 （自然給排気式：BF式） （強制給排気式：FF式）	給排気：屋外の空気
屋外	屋外式	給排気工事が不要

3 排気筒

排気筒はガス設備の排気ガスを屋外に排出するためのもので，給排気方式の違いによって材料や設置条件などが細かく規定されています。

<共通規定項目>

① 排気筒や給排気部分には，防火ダンパーの取り付け設置を行なわない
② 排気筒の屋上突出部は，決められた高さが必要である
③ 可燃材料とは，規定の距離を保つ，あるいは有効な防護を行なうことが必要である
④ 排気筒と換気ダクトは兼用しないこと
⑤ 点検および維持が容易にできる場所に設置すること

ガス漏れ警報器の設置位置

LPガスのガス漏れ警報器は，床面から30cm以内，ガス燃焼機器から水平距離4m以内の場所に設置します。
都市ガスの場合は，天井から30cm以内，ガス燃焼機器から水平距離8m以内の場所に設置します（ガス漏れ警報設備の規格及びその設置方法を定める告示第3条）。

4 ガス事故防止の安全設備

ガス設備による主な事故は，ガス漏れによる爆発，火災，中毒などです。都市ガスは一酸化炭素を含まない天然ガスに転換しているため，現在では大半が不完全燃焼によるCO中毒で，安全対策としてはガス漏れとCO中毒防止が中心となっています。

安全対策の基本は，ガスが漏れないようにすることで，腐食しにくいステンレスフレキシブル管の採用，炎が消えたらすぐにガスを消す立ち消え安全装置などの設置が行なわれています。万が一，ガスが漏れたときには，速やかにガスの供給が止められるように検知する警報器の設置が必要となります。この警報器は都市ガスの場合，ガス燃焼機器と水平距離8m以内，下端は天井面等の下方30cm以内に取り付けるなど，細かな規定があります。

チャレンジ問題

問 1　　難　中　**易**

ガス設備に関する次の記述のうち，もっとも不適当なものはどれか。

(1) 都市ガス（13A）が漏洩すると，天井付近に滞留しやすい。
(2) マイコンメータには，地震などに対する保安機能が備わっている。
(3) ガスが原因の中毒事故は，大半が不完全燃焼によるものである。
(4) 発熱量［$MJ/m^3(N)$］は，LPガスに比べ都市ガス（13A）の方が高い。
(5) 都市ガス（13A）の供給方式のうち，1.0MPa以上の圧力で供給されるものを高圧供給方式という。

解説

(4) 発熱量が高いのは，LPガスです。

解答 (4)

清掃

1 建築物の清掃とは

まとめ&丸暗記

● この節の学習内容のまとめ ●

□ 清掃の除去対象
①汚れ ②ほこり ③ゴミ

□ 清掃の目的
①衛生環境の維持向上 ②美観の維持向上 ③建築物の維持

□ 清掃の5原則
①汚れに対する知識 ②洗剤に対する知識 ③建材に対する知識
④建材の保護に対する知識 ⑤作業方法に対する知識

□ 清掃の関連法規
清掃について規定した法律「建築物における衛生的環境の確保に関する法律」（通称：建築物衛生法，もしくはビル管理法）

□ 建築物環境衛生管理技術者
建築物の環境衛生を適切な状態で維持管理するための監督者のこと

□ 建築物環境衛生管理基準
特定建築物の維持管理に対する権原を持つ者が遵守しなければいけない技術目標として，建築物衛生法によって規定されている基準のこと

□ 作業計画
作業対象や資機材を把握して作成するものは以下の9手順
①作業仕様書の理解 ②作業基準表作成 ③作業量の把握 ④作業時間計算
⑤作業人員計算 ⑥作業計画表作成 ⑦作業実施記録作成 ⑧品質評価
⑨フィードバック

建築物の清掃の役割

1 清掃の意味

建築物の環境衛生を良好なものにするため，清潔さを保つことは必要不可欠です。清潔さを保つ努力を怠ると，衛生動物（害虫）や雑菌，細菌の繁殖などにより建築物内を利用する人々の健康に悪影響が出ます。

そうならないようにするには，建築物の汚れやほこりなどを除去するビルクリーニングと，ゴミなどを除去する廃棄物のビル内処理を行ないます。つまり，建築物の内外にある異物を排除することで，建築物の美観や衛生環境を守ることができるのです。

清掃作業
清掃作業は，日常作業，定期清掃，臨時清掃に分類されますが，頻度の差はあっても，一定の期間ごとに汚れ，ほこり，ゴミなどを建築物から排除することで，環境衛生を維持改善する役割を担っています。

2 清掃の処理・除去対象

処理・除去対象は，主に汚れ，ほこり，ゴミの3種類です。

① 汚れ

建築物内の物品や建材などに異物が付着した状態をいいます。人間の生産活動や生活に伴って発生したものや，衛生動物（害虫）によるものもあります。

② ほこり

床やものの上に堆積したものを**堆積じん**，空中に浮遊しているものを**浮遊じん**といいます。1.0μm以下のものは呼吸によって吸い込まれると，肺胞まで侵入する上，アレルギーを引き起こす物質も含まれているため，注意が必要です。清掃する際は，なるべくほこりを飛散させないような方法で作業しなければなりません。

③ゴミ

人間の生産活動や生活によって排出された固形廃棄物で，散乱状態のままにしたり，除去を怠ったりすると，衛生動物（害虫）が繁殖し，感染症や食中毒の原因となります。

3 清掃を行なう目的

清掃を行なう目的は，主に3つに分類することができます。その中でもっとも重要であるのは，衛生環境の維持向上です。

① 衛生環境の維持向上

清掃を行なう上でもっとも重要な目的が，衛生環境の維持向上です。人は，1日の大半を建築物内で過ごしており，劣悪な衛生環境の下では感染症などの健康被害が発生します。人が快適に過ごせる環境を整えることが，ビル管理を行なう上での重要課題となります。

② 美観の維持向上

汚れやほこり，ゴミを除去し，清潔さを維持することは，衛生環境がよくなることを意味し，最終的には美観の向上につながります。美観の維持向上は，衛生環境の向上による副次的効果であり，第一目的はあくまでも衛生環境の維持向上であると考えた方がよいでしょう。

③ 建築物の維持

清掃を怠ると，ゴミが散乱するなどして美観が損なわれる上，衛生動物（害虫），細菌などが繁殖し，さらには錆や虫食いなどによって建材，建築物の寿命を縮めてしまう可能性があります。汚染物質やゴミ，汚れなどを除去することは，建築物を長期間維持していく上でメンテナンス的な役割を担っており，建築物の延命に貢献していることになるのです。

4 ビル清掃の5原則

清掃を計画的かつ適切に行なうためには，汚れ，洗剤，建材などさまざまな知識を得る必要があります。中でも，特に重要とされるのがビル清掃の5原則です。

① **汚れに対する知識**
汚れの原因，種類，経時，付着状態など

② **洗剤に対する知識**
洗剤の性質，働き，種類，注意点など

③ **建材に対する知識**
建材の硬度，耐水性，吸水性，化学的性質など

④ **建材の保護に対する知識**
汚れが付きにくくなる，もしくは除去しやすくなる床維持剤，ワックス，防汚剤，シール剤など

⑤ **作業方法に対する知識**
洗剤の使い方，順番，場所や部材別の作業方法など

5 清掃業務で留意すること

清掃は，規模や用途に関わらず，計画を立てて効率的かつ適切に行なう必要があります。そのためには，衛生的な視点を第一に考え，清掃を行なう場所や建材などに最適な資機材を選定する必要があります。

清掃は，作業員のスキルや知識によって効率や安全性，清潔さが大きく左右される傾向にあるので，各作業員は環境衛生，作業方法，安全などについてきちんと学習しなければなりません。

ほこりの粒子
呼吸によりほこりをヒトが吸込んだ場合，15～100μm程度の比較的大きな粒子は鼻の粘膜に付着して捕らえられますが1.0～15μm程度のそれほど大きくない粒子は，上気道に付着します。1.0μm以下の微細粒子になると体内に深く吸込まれ，肺胞まで侵入して沈着します。なお，目に見えるほこりの粒子は一般に，20μm程度です。

空気調和設備とほこり
空気調和機には空気浄化装置が内蔵されており，エアフィルタの性能にもよりますが，空気中の浮遊じんを捕集・除去して，空気を清浄にする機能が備わっています。しかし，空気中に滞留しない堆積じんについては，捕集・除去することはできません。

6 清掃作業がもたらすもの

清掃業務は，建築物内外のゴミや汚れ，ほこりなどを除去し，衛生的かつ快適な空間を提供することで，建築物内において作業や生産活動を行なう人々が，生産性や質の向上を行ないやすくなります。

さらに，汚染物質を直接排除していくため，建築物の環境衛生を定期的に維持改善することに役立っているのです。その結果として，清潔感の維持改善や建築物の延命にも寄与することにつながっています。

チャレンジ問題

問１　難｜中｜**易**

建築物清掃において除去対象となる異物に関する次の記述のうち，もっとも不適当なものはどれか。

(1) 汚れは，ねずみ，ゴキブリ，クモなどの屋内に生息する動物によるものもある。

(2) ゴミは，衛生害虫の発生源や悪臭の原因となる。

(3) 一般に床や調度品などに付着する粒子は，空気調和設備によって除去される。

(4) 汚れは，人間の生活や生産活動に伴って発生したものが多い。

(5) ほこりは，屋外から屋内に侵入したものと，屋内で発生したものとが混合したものである。

解説

床や調度品などに付着する堆積じんは，粒径が比較的大きく，空気中に長く滞留せずに沈降してしまうため，空気調和設備で除去することはできません。

解答 (3)

清掃に関する建築物衛生法規

1 清掃関係法規

清掃について規定した法律は,「建築物における衛生的環境の確保に関する法律」(通称, 建築物衛生法, もしくはビル管理法) があります。

建築物における衛生環境を確保し, 公衆衛生の向上と増進に資することが目的となっているため, 具体的な規制というよりは, 多数の人間が活動に利用する建築物の維持管理において重要な環境衛生上において必要な事柄を定める衛生指導的内容となっています。

2 特定建築物

特定建築物とは, 多数の人間が利用する性格を持ち, 建築物衛生法の対象である建築物です。

具体的には, 以下のような条件を満たす建築物となります。特定建築物の所有者や占有者などは, 建築物環境衛生管理基準に従って維持管理をすることが義務づけられています。

① 建築基準法に定義された建築物

興行場 (映画館, 劇場など), 百貨店, 集会場 (公民館, 結婚式場, 市民ホールなど), 図書館, 博物館, 美術館, 遊技場 (ボウリング場など), 店舗, 事務所, 学校 (研修所を含む), 旅館

② 特定用途に使用される延べ面積

3000m^{2}以上のもの。ただし, 学校教育法第1条に定められている学校 (幼稚園, 小学校, 中学校, 高等学校, 中等教育学校, 特別支援学校, 大学および高等専門学校) については, 8000m^{2}以上となります。

ビルクリーニング技能士
職業能力開発促進法第47条第1項による指定試験機関 (公益社団法人全国ビルメンテナンス協会) が実施するビルクリーニングに関する試験に合格した者をいい, ビルにおける環境衛生維持管理業務のうち, ビルの所有者から委託を受けて行なうビルクリーニング作業について必要な技能を認定する国家資格です。また, この資格は建築物衛生法の事業登録に必要な人的要件の1つである清掃作業監督者になるための必要資格でもあります。

3 建築物環境衛生管理技術者

建築物環境衛生管理技術者は，ビル管理技術者とも呼ばれ，建築物の環境衛生を適切な状態で維持管理するために監督を行ないます。建築物衛生法第6条第1項には，特定建築物の所有者もしくは管理責任者が建築物環境衛生管理技術者を選任することが規定されています。

4 事業の登録

建築物の維持管理を行なう業者は，一定の条件を満たすと，営業所の所在地を管轄する都道府県知事の登録（1～8号）を受けることができます。登録には，物的，人的，質的基準を満たす必要があります。

物的基準は，床磨き機器と真空掃除機を所有していること，人的基準は清掃施行監督者の講習を終了してから6年以内，もしくはビルクリーニング技能士の資格を有する者が清掃作業の監督を行なうことが定められています。また，質的基準としては苦情処理，外注委託の報告，3カ月ごとの実施状況点検，作業手順書の作成などについて細かく定められています。

■登録が受けられる業種

業種		業務内容
1号	建築物清掃業	建築物内の清掃を行なう事業（建築物の外壁や窓の清掃，給排水設備のみの清掃を行なう事業は含まない）
2号	建築物空気環境測定業	建築物内の空気環境（温度，湿度，浮遊粉じん量，一酸化炭素濃度，二酸化炭素濃度，気流）の測定を行なう事業
3号	建築物空気調和用ダクト清掃業	建築物の空気調和用ダクトの清掃を行なう事業
4号	建築物飲料水水質検査業	建築物における飲料水について，「水質基準に関する省令」の表の下欄に掲げる方法により水質検査を行なう事業
5号	建築物飲料水貯水槽清掃業	建築物の飲料水貯水槽（受水槽，高置水槽など）の清掃を行なう事業
6号	建築物排水管清掃業	建築物の排水管の清掃を行なう事業
7号	建築物ねずみ昆虫等防除業	建築物内のねずみ昆虫など，ヒトの健康を損なう事態を生じさせるおそれのある動物の防除を行なう事業
8号	建築物環境衛生総合管理業	建築物の清掃，空気調和設備，機械換気設備の運転，日常的な点検と補修（以下「運転など」という），空気環境の測定，給排水設備の運転などと，給水栓の水に含まれる遊離残留塩素の検査，給水栓の水の色，濁り，臭いと味の検査であって，特定建築物の衛生的環境の維持管理に必要な程度のものをあわせ行なう事業

5 建築物環境衛生管理基準

建築物環境衛生管理基準とは，特定建築物の維持管理に対する権原を持つ者が遵守しなければいけない技術目標として，建築物衛生法によって規定されています。具体的には日常的に清掃を行なうこと，6カ月以内ごとに1回，大掃除を定期的かつ統一的に行なうこと，厚生労働大臣が定めた「空気調和設備等の維持管理及び清掃等に係る技術上の基準」に従って掃除，掃除用機器などおよび廃棄物処理設備を維持管理することが定められています。

清掃に関しては，ほかにも「建築物環境衛生維持管理要領」「空気調和設備等の維持管理及び清掃等に係る技術上の基準」「清掃作業及び清掃用機械器具の維持管理の方法等に係る基準」などがあり，これらの法令基準に従い，建築物の維持管理を行なう必要があります。

建築物環境衛生管理基準に示される清掃と廃棄物処理の留意点

清掃：年間作業計画作成と実施，洗剤・床維持剤の適正使用と管理，6カ月以内に1回行なう定期清掃での各所および清掃用機械・機器と保管庫の定期点検

廃棄物処理：廃棄物の分別・収集・運搬と貯留は衛生的・効率的な方法での処理，廃棄物の収集・運搬設備，貯留設備ほかの定期点検と修理消毒，収集・運搬設備，貯留設備の6カ月以内ごとの定期点検

チャレンジ問題

問1　難 **中** 易

建築物における衛生的環境の確保に関する法律に基づく建築物環境衛生管理技術者に関する次の記述のうち，もっとも不適当なものはどれか。

(1) 必要があると認めるときは，特定建築物維持管理権原者に対し，意見を述べることができる。
(2) 環境衛生上の維持管理業務の指揮監督を行なう。
(3) 環境衛生上の維持管理に従事する職員の労務管理を行なう。
(4) 建築物環境衛生管理基準に関する測定または検査結果の評価を行なう。
(5) 環境衛生上の維持管理に必要な各種調査を実施する。

解説

(1) および (2) の内容は，建築物環境衛生管理技術に関するもので，職員の労務管理は含まれません。

解答 (3)

ビルクリーニング

1 作業管理：清掃作業計画の必要性

ビルの清掃作業は，区域，種類，頻度が多岐に渡っています。頻度で考えると，毎日行なうもの，週や月に1回程度行なうもの，6カ月以内に1回行なうものなどがあるため，清掃作業や清掃資機材などのすべてについて内容をきちんと把握し，計画的に作業を行なわなければなりません。そのために不可欠なのが，清掃作業計画です。

2 作業場所による区域分類

同じ建築物内でも場所によって汚れ方や程度が異なり，基本的に利用者が多いほど汚れがひどくなります。たとえば，玄関やロビーなどの共用区域は，監視室などの管理用区域と比べて利用者が各段に多いため，日常頻繁に清掃を行なう必要があります。清掃区域は，以下の区域に分類され，これを作業場所の4区域といいます。

① **共用区域**

場所：玄関，ロビー，階段，トイレ，エレベータ，エスカレータなど

清掃頻度：利用者が多いため，日常的に清掃する

② **専用区域**

場所：会議室，応接室，事務所など

清掃頻度：1日1回程度の清掃が必要

③ **管理用区域**

場所：電気室，監視室，警備室など

清掃頻度：立ち入る人が少ないため，計画的な清掃を行なう

④ **外装区域**

場所：壁，窓，屋上など

清掃頻度：自然環境の影響をもっとも受けるため，年1～2回程度清掃を行なう

3 作業頻度による分類

清掃は，清掃作業頻度で以下の3種類に分類します。

① 日常清掃

基本的に，毎日1回以上行なう清掃作業をいいます。出入口マットの清掃および建物周辺の掃き掃除，茶がら，厨房から出る厨芥（生ゴミ）処理，便所，洗面所の清掃などがあります。

② 定期清掃

週に1回，6カ月に1回など，決められた期間内に行なう清掃作業をいいます。窓ガラス，蛍光灯清掃や床洗浄，床維持剤の塗布作業などがあります。

③ 臨時清掃

定期的に規定している以外の場所や，清掃の必要が生じた際に適宜行なう清掃作業です。

作業回数一覧表
清掃作業計画書を作成するにあたって，効率的に清掃作業が行なえるように立案する一覧表を，作業回数一覧表といいます。清掃作業場所を作業の性質ごとに4区域（作業場所の4区域）に分け，それぞれについて行なうべき作業種類と回数を定め，清掃実施の作業頻度により3つに分類（日常・定期・臨時）して一覧表にまとめます。

4 作業計画の作成手順

清掃の作業計画は，以下の手順で作成します。作成した作業計画は，随時見直しと反映を行ない，よりよい作業計画にしなければなりません。

① 作業仕様書の理解

作業仕様書は清掃作業を行なう場所，回数，時間帯などが記入されたもので，作業計画に反映させるため，この作業仕様書の内容を理解し，全体を把握しておく必要があります。

② 作業基準表の作成

作業の種類，場所，回数などを区域別にまとめた作業基準表を作成します。作業計画では，この作業は重要です。

③ 作業量の把握

清掃作業の内容，作業を行なう広さなどに基づいて作業量を割り出し，1日，1カ月単位で表します。

④ 作業時間の計算

平均的な能力を持った作業員が一定の資機材と作業方法で一定量作業した場合にかかる標準作業時間をもとに，それぞれの作業にどのくらい時間がかかるかを計算します。

⑤ 作業人員の計算

時間帯別に作業時間を計算して，必要な人員を決めます。そののち，技能や熟練度，パート作業者などに合わせて，作業員を配置していきます。

⑥ 作業計画表の作成

作業員の1日，または1カ月分の作業を表にした作業計画表を作成します。この表をわかりやすい形にアレンジしたのが作業工程表で，いつ，誰が，どこで作業をしているのかがすぐに分かります。

⑦ 作業実施記録の作成

作業の実施を記録することで，作業の進行状況やビルの汚れ具合などを把握します。

⑧ 品質評価

場所ごとに，作業の状況や作業部位などを細かく明記した点検表を作成します。この点検表をもとに，作業の結果を点検，確認し，作業を評価します。この評価は，今後の作業の改善や指導に必要となります。

⑨ フィードバック

点検表や実施記録表などから，非効率な作業はないか，忘れたり必要な作業に含まれたりしていない作業を見直して作業計画にフィードバックし，修正を行ないます。

また，建築物内部の大規模な改修が行なわれた場合，床材や建材が一部変更されることがあるため，作業計画も変更しなければなりません。

5 安全衛生:ビルメンテナンス上の事故

ビルの清掃作業中に発生する事故のうち，労災にあたるのは転倒，転落，無理な動作，挟まれ，巻き込まれ，激突などです。中でも，もっとも多いのは4割を占める転倒で，次に多いのが2割を占める墜落，転落です。

起因物をみると，階段，通路，足場などが半数を占め，年齢別にみると，作業員の年齢は中高年者が多いため，50歳以上が7割を占めています。

フィードバックサイクル
清掃作業計画は，作業効率や品質を向上させるため，一度作成した作業計画の随時見直しが必須で，見直した結果を計画に反映させることをフィードバックサイクルといいます。また，床材の変更や大規模修繕などがあった場合も，フィードバックサイクルとは別に，従来の作業方法や回数，周期などの変更は必要となります。

6 労働災害の発生原因

清掃作業中の**労働災害**の主な原因は，**物的原因**と**人的原因**の2種類に大きく分けられます。

物的原因は，資機材自体や作業場所に欠陥や破損などがあることで，人的原因は人間が誤った資機材の使い方をしていたり，作業手順を間違えたりするなどして発生します。

いずれも，作業員が危険（有害）性のあるものに接触するとリスクが発生し，安全衛生に対する不備があると，労働災害につながるのです。

■労働災害発生の流れ

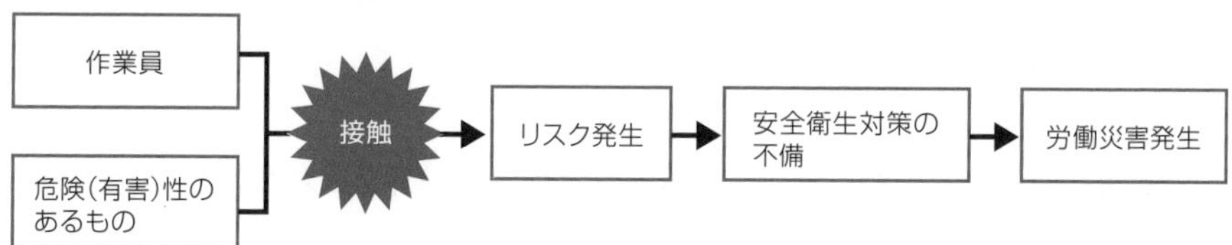

7 安全衛生点検および教育指導

清掃作業員は，清掃作業を安全かつ衛生的に行なえるよう，現場責任者の指導を受けなければなりません。この指導は，主にヒヤリ・ハットや危険予知訓練（KYT：危険，予知，トレーニングの頭文字）を利用して行なわれています。

ヒヤリ・ハットは，重大な災害や事故に至る寸前に防ぐことができた事例のことで，文字通りヒヤリとしたり，ハッとしたり，危険に感じたことです。

危険予知訓練（KYT）は，作業状況を描いたイラストなどを使って現場で作業をしたり，グループで話し合ったりすることで，危険のポイントや作業の要領を確認し，実行する前に解決する訓練のことです。

8 作業の安全対策

多岐に渡る清掃作業の中には，以下のように危険を伴う作業も含まれているため，現場責任者はこうした作業を行なう前にあらかじめ対策マニュアルを作って，作業員を指導する必要があります。

① 機械作業

内容：漏電，感電，機器の不良など

対策：機器の点検，取り扱い手順の確認など

② 高所作業

内容：転落，墜落など

対策：滑りにくい靴を使用，無理な姿勢を避けるなど

③ 床面作業

内容：転倒など

対策：滑りにくい靴を使用，看板を立て作業員以外を入れないなど

④ 運搬作業

内容：転倒，機械の誤動作など

対策：重量と高さに注意，一度で無理に運搬しないなど

9 作業手順書の作成と再考

危険な作業も含まれる清掃作業には，安全性，正確さ，迅速さが求められます。その際，これらを阻害する3ム（ムダ，ムラ，ムリ）をなくすことができるよう，作業手順書を作成し，手順が遵守されているか，また，守られなかった場合の対処法などを見直し・再考して，よりよい作業ができるよう改善する必要があります。作業手順書には，以下の項目を記載します。

① 作業名
② 業務項目
③ 作業手順
④ 使用資機材および数量
⑤ 注意事項
⑥ 作業終了後の品質状態など

日頃の整理整頓
安全性を考える上のそのほかの事柄として，以下の点があります。
① 常日頃からの整理整頓を心がける
② 保護具の使用が定められた作業では，必ず着用すること

チャレンジ問題

問1　　難　中　**易**

清掃の作業手順書に関する次の文章の(　　)内に入る語句として，もっとも適当なものはどれか。

作業手順書とは，1つ1つの作業のマニュアルである。作業名，行なうべき業務項目，作業手順，(　　　)，注意事項，作業終了後の品質状態などを記載したもので，従事者に対する教育指導のために使用する。

(1) 作業計画の作成方法　(2) 作業実施記録の書き方
(3) 作業スケジュールの管理方法　(4) 組織管理体制
(5) 使用資機材と数量

解説

作業そのものの手順書なので，作業中に必要であるものを選択します。

解答 (5)

2 汚れの原因と除去方法

まとめ&丸暗記

● この節の学習内容のまとめ ●

□ 建築物が汚れる2大原因
①自然的原因　②人為的原因

□ 汚れの予防
予防清掃：汚れを落ちやすく，付きにくくし清掃作業の効率化を図る

□ ほこりおよび汚れの除去方法
汚れ物質の性質や状態により適切な方法で除去し，洗剤や溶剤を使用した場合は残留洗剤を防ぐため，必ず水洗いあるいは水拭きを行なう

□ ビルクリーニング機械・用具・洗剤
機械：①電動床みがき機（フロアポリッシャー，フロアマシン）②自動床洗浄機 ③真空掃除機（アップライト型，携帯型）④カーペット洗浄機（スクラバー方式，ローラーブラシ方式，スチーム洗浄方式，パウダー方式，エクストラクター方式）など
用具：①モップ（乾式，湿式）②ブラシ類（フロアデッキ，デッキブラシ）③ほうき・ちりとり ④スクイジー・パテナイフ ⑤プランジャー・モップ絞り器など
洗剤ほか：①酸性洗剤 ②中性洗剤 ③強アルカリ性洗剤 ④カーペット用洗剤 ⑤研磨剤入り洗剤 ⑥床維持剤（シール剤，仕上げ剤）など

□ 建築物の消毒
建築物の消毒は，平常時と感染症発生時に分けて考え，衛生管理担当者は，消毒薬品の種類・使用方法・対象物件の正しい知識を持つ

汚れの発生原因と分類

1 汚れの原因および種類と性質

建築物の汚れには，カビや空気中の粉じん，汚染物質などの**自然的原因**によるものと，排泄物やゴミなど，人間の生活や活動から生じる**人為的原因**によるものに大別できます。こうした汚れは，主に以下の4種類に分類されます。

① かさ高固着物
建材の表面よりもかさ高になっている汚れで，代表的なものとしては床に付着したガム，厨房の油汚れ，ペンキなどがあります。

② しみ
液体が建材に染み込んでできる汚れで，液体が染み込みやすい木材などによく見られます。

③ 親水性物質，疎水性物質
水に溶けやすい汚れが親水性物質，溶けにくいものが疎水性物質で，疎水性物質には手あかなどの油脂性物質などがあります。

④ 粉状物質
粒径10～100μmのほこりで，空中に浮遊した状態から徐々に沈降し，床や机の上などに付着します。

2 汚れの付着状態と建材の材質

汚れの付着状態は，その量と汚れの成分，建材の材質などにより変化します。汚れが建材の中に染み込んでいたり，固着していたりすると，汚れは除去しにくく，表面だけにのっている状態であれば除去しやすい状態といえます。

汚れの自然的原因
① 空気中に浮遊混在している粉じん，花粉，炭素粒子など
② 雨水の中に混在している異物，外部壁面にたまった汚れが降雨により付着し，雨水の乾燥で固着した汚れ
③ ねずみや鳥などの動物類の活動や糞
④ カビや衛生害虫などの発生による汚れ
⑤ 空気中に含有する化学物質や，酸性雨などの化学反応によって発生する汚れ

汚れの人為的原因
① 人の歩行による靴裏の泥やほこり
② 手あか・分泌物・排泄物・抜け毛など
③ 飲食物や調理時の油煙，タバコの煙や灰
④ 物品移動の際の細片
⑤ 衣服などの摩耗粉や繊維くずなど

■汚れの付着状態

状態	事例
のっている	建材表面にほこりが降下し積もっている場合
吸い付いている	建材表面にベタついたものが付着した場合。静電気などで汚れが引きつけられている場合
固着している	建築物表面にベタついたものが固まったり，水に溶けたものが乾いて固く保持されている場合
入り込んでいる	建材組織に刺さっている場合や，カーペット織目に汚れが入っている場合
染み込んでいる	吸水性の建材に水に溶けた汚れが付着した場合や，建材表面に付着した汚れが吸い込まれ，建材内部におよんだ場合
生える	カビ，コケ，錆などが発生した場合

3 汚れの予防効果

清掃には，汚れやゴミを建築物内から排除する役割のほかに，汚れを落ちやすくしたり，付きにくくしたりすることで清掃の効率化と清潔の維持という役割があります。これを予防清掃といいます。

汚れの付着を予防するには，床材に床維持剤の塗布を行なう，ほこりの侵入を防ぐには入口にダストマットを敷くといった対処を行ないます。建築物内のほこりは，その多くが外からの土ぼこりであり，人間の衣類や靴，気流によって運ばれて入ってきます。こうしたほこりは，入口で上から下に風を吹き付けて吸引するエアカーテンを使用しても効果的です。

チャレンジ問題

問1　難　中　**易**

建材の汚れの予防および除去に関する次の記述のうち，もっとも不適当なものはどれか。

(1) 空気に触れて酸化する汚染物質もあるので汚れを放置しない。
(2) 汚れ予防のための保護膜は，容易に剥離できるものとする。
(3) 建材に洗剤分を残すことにより，汚れの予防効果が得られる。
(4) 汚れが内部にしみ込みやすい建材は，汚れの除去に手間がかかる。
(5) 耐水性のある建材は，清掃しやすいものが多い。

解説

洗剤は，清掃後にきちんと洗い流さないと汚れが付着し，かえって建材を汚してしまいます。

解答 (3)

ほこりおよび汚れの除去

1 ほこり（粉状物質）の除去方法

清掃方法は，除去対象がほこりなのか汚れなのか，また，ほこりや汚れが付着した建材の材質はどのようなものかによって変わります。ほこりの場合は，主に以下の4種類の清掃方法を用います。

① **真空掃除機**

ほこりや粉じんなどにも対応する真空掃除機を使い，吸い取りを行ないます。

② **タオルや雑巾**

拭き取りを行ない，ほこりを吸着させます。乾いた布で拭き取るから拭きと，水に含ませて拭き取る準水拭きの2種類があります。

③ **おが屑**

おが屑に水分を含ませて床にまき，ほこりを吸着させて掃き取ります。これをおが屑法といいます。湿り気を与えて発酵させたおが屑に，床油を含ませた砂を混ぜたものを床にまいて，おが屑法よりもほこりをたくさん吸着させる方法は，コンパウンド法といいます。

④ **ダストコントロール法**

微量の油をモップやタオルに含ませて，油拭きを行なう方法をダストコントロール法といいます。鉱油などの油を使うことで，ほこりを吸着しやすくしているのが特徴です。ただし，この方法によって除去できるのはほこりだけであり，そのほかの汚れは除去できないという欠点があります。

予防清掃の目的

汚れを付きにくく，付着した汚れを除去しやすくすることで作業の効率化を図り，衛生や美観を向上させることが目的です。

ほこりを空中に分散させる除去方法

ほこりをはらう，はたくといった，昔から行なわれているいわゆるハタキをかける方法のことです。空気中に浮遊させたほこりは，空調や換気を行なうことで空気がろ過され，ほこりは除去されます。しかし，換気を行なわないとほこりは沈降し，再度建材などに付着するため，ビルなどでは適さない除去方法です。

2 汚れの除去方法

汚れは，水に溶けやすい**水溶性・親水性**であるか，水に溶けにくい**疎水性・油脂性**であるかによって，除去方法がそれぞれ異なります。

ビルの汚れは水溶性・親水性のものが多いのが特徴ですが，疎水性・油脂性のものもあります。その場合には，界面活性剤などを利用して水に溶け込ませてから処理します。

洗剤を使用した際は，汚れを除去したあとに水拭きや水洗いで洗剤成分をきれいに除去しなければなりません。残留洗剤をそのままにしておくと，かえって汚れが付きやすくなってしまうからです。

＜水溶性・親水性物質の除去＞

水拭き：モップやタオルに水を含ませて，汚れの付着部分を拭き取る方法です。汚れが水に溶解して，モップやタオルに吸着されるので，頻繁に水でゆすぎながら使用する必要があります。また，水分はしっかりと絞ります。

水洗い：水をまいて，ブラシやたわしなどで汚れを物理的な力でこすり落とし，洗浄する方法です。使用する水分はできるだけ少量とし，汚水は吸水掃除機やスクイジーなどを用いて速やかに回収します。

＜疎水性・油脂性物質の除去＞

洗剤と水による拭き取り：水に洗剤を混ぜる形で使用しますが，方法は水溶性・親水性物質の除去に準じます。汚れを除去したあとは，十分に水拭きを行ない，洗剤分を残さないようにします。

洗剤と水による洗浄：水に洗剤を混ぜる形で使用しますが，方法は水溶性・親水性物質の除去に準じます。洗浄後は，水洗いをして洗剤分を除去します。

3 かさ高固着物の除去方法

かさ高固着物は，壁や床に粘着物質が固着し，壁面や床面よりも盛り上がって「かさ高」になっている汚れです。ペンキやモルタルなどのかたまりや，床面に固着したガムなどがよい例です。

この場合には，パテナイフやへらなどを使用するか，サンドペーパーや研磨剤などでこすり取るという，物理的な方法を用いて除去します。

完全に除去できない場合には，目立たなくなるまで水や洗剤を用いた拭き取りや洗浄を行ないます。

4 しみの除去方法

しみは，特に**繊維質**の建材によく見られます。そのよい例が，カーペットのしみです。しみが**水溶性・親水性**であるか，**疎水性・油脂性**であるかによって，除去方法も変わります。まずは，しみの性質を見極めることが第一です。

水溶性・親水性物質の汚れであれば，水や中性洗剤を使えば除去可能ですが，疎水性・油脂性の汚れであると，タオルや雑巾に汚れが吸着しません。この場合には，界面活性剤を含んだ洗剤を利用して，除去します。

ほかにも，特殊な**しみ抜き剤**や，**高温蒸気**を利用して洗浄を行なうスチーム洗浄機を使用して除去することも行なわれています。

いずれも，しみは時間の経過とともに除去しにくくなるため，**早期発見**と**早期対処**が大切です。

界面活性剤
界面（物質の境の面）に作用し，性質を変化させる物質の総称をいいます。1つの分子の中に水になじみやすい親水性と，油になじみやすい親油性の2つの部分を持つ構造となっており，この構造が水と油のように本来は混じり合わないものを混ぜ合わせるのに役立ち，汚れを落とす洗浄の働きをします。界面活性剤には，浸透作用，乳化作用，分散作用という3つの作用があり，これらが総合的に働いて衣類や食器などの汚れを落とします。

5 ドライメンテナンスの方法

汚れを除去するにあたり，使用する水の量が非常に少ない方法がドライメンテナンスです。これは，床維持剤を塗布したのち，皮膜の光沢度や傷，汚れなどを発見した段階で床みがき機とパットを使用して床維持剤を削り取り，新たな床維持剤を塗布して汚れが付きにくい状態を維持するものです。

ドライメンテナンスは，予防清掃の一種であり，汚れたらすぐに除去する，不定期であるけれども日常清掃に近い感覚で行なわれます。

チャレンジ問題

問 1　　難｜中｜易

ほこりや汚れの除去に関する次の記述のうち，もっとも適当なものはどれか。

(1) 水溶性のかさ高固着物であれば，物理的な力がなくても水洗いで除去できる。
(2) 水で湿ったタオルで汚れの部分を軽くこすり，タオルに付着すれば水溶性の汚れである。
(3) プラスチック製品などのほこりは，単にのっているだけの状態である。
(4) アルミニウム建材の汚れは，弱アルカリ性洗剤で除去する。
(5) ダストコントロール作業法を用いれば，ほこり以外のものも除去できる。

解説

(2) 水で拭き取って汚れが付着していた場合には，この汚れは水溶性・親水性物質です。

解答 (2)

ビルクリーニング機械・用具・洗剤

1 電動床みがき機と自動床洗浄機

電動床みがき機は，フロアポリッシャー，フロアマシンなどとも呼ばれ，円形のブラシやパッドを電動機に取り付け，回転させることで床面をこすって洗浄したり，洗浄や床維持剤の塗布後に使用してつや出しを行なったりするものです。近年では洗剤用のタンクが搭載され，自動で洗剤をブラシに供給してくれる機種もあります。

自動床洗浄機は，洗剤の供給，ブラシでの洗浄，汚水の回収を自動で行なってくれる便利な機械です。少ない人手で清掃作業ができますが，大型のものが多いため狭い場所には不向きです。

ドライメンテナンスとウェットメンテナンス
ドライメンテナンスは，光沢の低下や比較的軽い傷，汚れを発見次第に行なう不定期清掃です。光沢の低下は，磨き用パッドを取り付けた床みがき機で，傷や汚れは洗浄スプレーと洗浄用パッドを取り付けた床みがき機で研磨します。ウェットメンテナンスは，1～3カ月ごとの定期清掃です。剥離剤を使って床維持剤を取り去り，洗浄後に新しい床維持剤を塗布して皮膜を新しくします。

2 真空掃除機

真空掃除機は，車輪の付いた床移動型の掃除機で，主に以下の3種類に分類されます。

① **真空掃除機**
家庭用掃除機に近い形をしており，ほこりのみを吸引するものはドライ式，汚水などを吸水するものはウェット式真空掃除機といいます。

② **アップライト型真空掃除機**
ブラシで床面を掃いてゴミやほこりを吸引するもので，カーペットなどの清掃に適しています。

③ **携帯型**
小型で，本体を背負って階段や狭い場所で作業することができる掃除機です。

3 カーペット洗浄機

カーペットは繊維系床材であるため，電動床みがき機ではなく専用のカーペット洗浄機を使います。カーペット洗浄機は主に，以下の5種類に分類されます。

① スクラバー方式

洗浄液をブラシの回転で泡立たせてから洗浄を行ない，洗浄効果は高いですが，パイルがブラシによって破損するおそれがあるため，天然繊維ではなく化学繊維のカーペット洗浄に向いています。

② ローラーブラシ方式

洗剤液を泡の形で供給するもので，水分が少なくカーペット自体が損傷しにくい特徴があります。ただし，洗浄力はスクラバー方式よりも劣ります。

③ スチーム洗浄方式

ノズルの先端から高温・高圧のスチームを噴射して，汚れを浮き上がらせてから洗浄します。高温・高圧であるため，カーペットに潜むダニやカビ，微生物の除去も可能です。

④ パウダー方式

洗剤を染み込ませたパウダーをカーペット上に散布して，ブラシでかき回すことで汚れを吸着させます。軽度の汚れに向いた洗浄方法で，しつこい汚れには別途専用スプレーなどを使用して洗浄を行なう必要があります。

⑤ エクストラクター方式

ノズルの先端から洗浄液を噴射して洗浄し，すすぎを行なってから汚水を直ちに回収するものです。水を多く使用するため，耐水性のカーペット洗浄に向いています。

4 モップ類およびほうき類

モップは，長い柄に，汚れや水を吸収する分厚い雑巾を取り付けた清掃用具で，種類は乾式と湿式に分類されます。

① **乾式モップ**

ダストクロス型：柄の先に不織布を取り付けたモップで，繊維が床面のほこりを絡め取るため，ほこりが舞い上がらずにすみます。

プレーンモップ：柄の先に，房糸を取り付けたモップ

② **湿式モップ**

太めの房糸を取り付けたもので，から拭き，汚れの拭き取り，ワックスの塗布などに使用できます。

T字モップ：木製の柄に，房糸を取り付けたモップ

ワンタッチモップ：房糸が着脱可能なモップ

ばれんモップ：長い柄の先に房糸を束ねたモップ

一方のほうきは，床面にあるゴミを除去するために用いられる，柄の先に可動式の繊維などを束ねた，おなじみの清掃用具です。

5 ブラシ類とちり取り

ブラシは床面のゴミなどを押し集めることができる清掃用具で，フロアデッキは大型，デッキブラシはタイル，コンクリート，石，モルタルなどの固い床面を洗浄するのに使用します。

ちり取りは，ゴミを入れて捨てるための清掃用具で，ほうき類などと一緒に使用します。

作業カート
清掃用具を積んで，押して運ぶことができる小さな手押し車のことです。

コレクタ
金属枠にゴミ収容容器（または袋）を取り付けた，車輪付き収集用具です。

6 スクイジーとパテナイフ

スクイジーとは，T字モップの房糸（雑巾）部分がゴムでできている器具で，窓ガラスや床面の水を集めることができます。窓ガラス用は柄が短く小型で，洗浄水を吹き付けてガラスに付着した汚れをゴム部分でこすり取ります。床用は柄が長く，床面洗浄後の汚水を集める役割を持っています。

パテナイフは，建築物の床面などに付着しているガムやペンキなどのかさ高固着物を剥がす，かき取るといった形で除去するのに用いられる，へらのような形をした器具です。

■スクイジー／パテナイフ

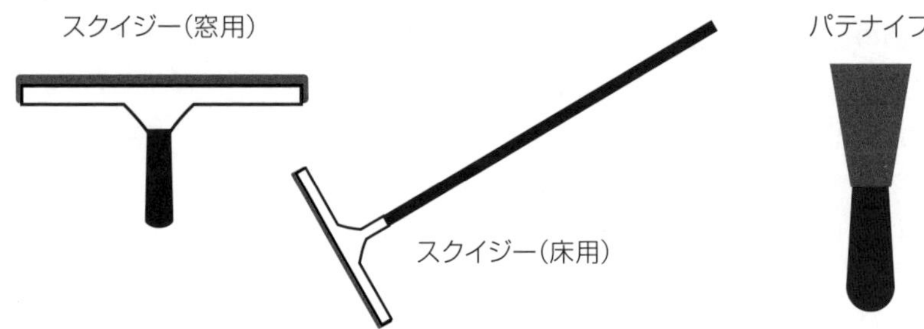

7 プランジャーとモップ絞り器

プランジャーはラバーカップ，俗称ではすっぽんともいい，柄の先端に半球型のゴム製カップが取り付けられており，トイレや洗面所のつまりを除去することができます。

モップ絞り器はモップリンガともいい，バケツにモップ絞り器を取り付けたもので，モップをすすいだ後，余分な水分を絞ることができます。

■ラバーカップ／モップ絞り器

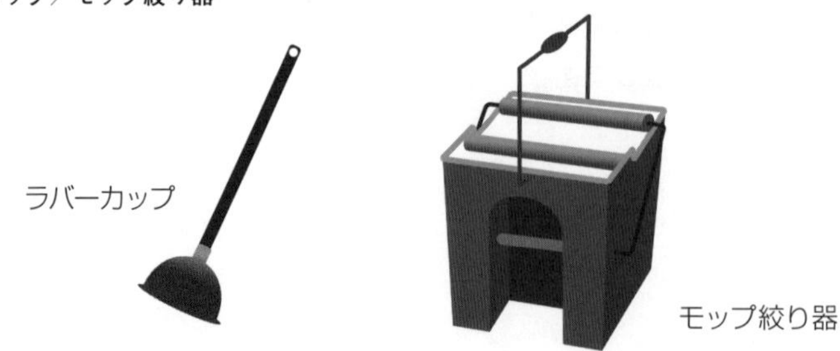

8 洗剤について

ビルの清掃に用いられる洗剤は，主に合成界面活性剤と助剤から成る合成洗剤です。界面活性剤は水に溶けやすく，汚れの付着した物質の境界面に作用して浸透し，汚れを水に付着させて除去します。界面活性剤にはいくつかの種類があり，ビルの清掃では非イオン界面活性剤，両性界面活性剤，陰イオン界面活性剤などがよく用いられています。

① **非イオン界面活性剤**
水に溶けた際，電離してイオンにはならないもの

② **両性界面活性剤**
洗浄力と殺菌効果がある

③ **陰イオン界面活性剤**
石けんなど，水に溶けると陰イオンとなるもの

④ **陽イオン界面活性剤**
殺菌性，柔軟性，帯電防止性がある

9 洗剤の種類と性質

① **酸性洗剤**
pH値3未満なら強酸性，pH値3～6なら弱酸性洗剤です。酸の力で汚れを落とすもので，トイレの尿石（カルシウム分）除去や浴槽などで使用されます。

② **中性洗剤**
pH値6～8の中性を示す洗剤で，建材を傷める心配が少ない洗剤です。塩化ビニル系，石材，陶磁器，リノリウムなど，どの建材でも使用できる非常に適用の広い洗剤です。

③ **弱アルカリ性洗剤**
pH値が8～11で洗浄力もあり，清掃用洗剤としてもっとも一般的な洗剤で，万能洗剤として広く用いられて

洗剤の種類
石けん：界面活性剤の一種で，動植物の油脂で作られています。ビルの清掃では合成洗剤が主流で，ほとんど用いられません。
合成洗剤：石けんを除いた界面活性剤を指します。
酸性洗剤：塩酸や酢酸を含む，酸性度の高い洗剤です。
アルカリ性洗剤：炭酸ナトリウムやケイ酸ナトリウムを含む，アルカリ度の高い洗剤です。
酵素洗剤：プロテアーゼなど，炭水化物やタンパク質といった有機性物質を分解できる酵素を含んだ洗剤です。

洗剤とリン酸塩
リン塩酸はかつて，助剤として合成洗剤などに使用されていましたが，現在では湖沼や内海の富栄養化が問題となり，現在ではリン酸塩の使用は禁止されています。

洗剤の濃度
洗剤の濃度によって洗浄効果が変わるということはありません。適正な希釈濃度で使用することが重要です。

います。軽度の油汚れにも効果がありますが，建材によっては多少影響することもあるので注意が必要です。

④ **強アルカリ性洗剤**

pH値11 ～ 14で洗浄力は高いものの，手袋の使用や十分なすすぎや中和が必要です。油脂分などの強い厨房などの汚れの除去に用いられます。アルカリ性分が残ると建材を傷めるおそれがあるため，限られた用途での使用とします。

⑤ **カーペット用洗剤**

繊維を傷つけずに汚れを除去できる中性の洗剤です。ほかの洗剤とは特性が異なり，高気泡性，浸透抑制，速乾性が要求されます。

⑥ **研磨剤入り洗剤**

粉末，半練り状のものがある弱アルカリ性の洗剤で，研磨剤で汚れを削って除去できますが，建材を傷めるため用途を限定するか，繰り返し使用することを避けます。金属をみがく，強固なこびりつき汚れを洗浄する際に使用されます。

10 床維持剤

床の損傷と汚れの付着を防止する役割を果たしているのが，床維持剤で，シール剤と仕上げ剤に大別されます。シール剤は目止めや下塗り用で，木製の床にはフロアオイル，それ以外はフロアシーラを使用します。

仕上げ剤はフロアポリッシュとも呼ばれ，油性，乳化性，水性の3種類があります。塗布後は乾燥して皮膜を作り，汚れの付着を防止します。

チャレンジ問題

問1　　難 **中** 易

清掃用洗剤に関する次の記述のうち，もっとも適当なものはどれか。

(1) 洗剤に使用する界面活性剤は，陰イオン系と陽イオン系の2種類がある。
(2) 洗剤は，使用する濃度に比例して洗浄効果が高まる。
(3) 一般用洗剤（万能洗剤）は，弱アルカリ性のものが多い。

解説

(1) 界面活性剤には，両性系と非イオン系もあります。(2) 比例しません。

解答 (3)

床材の種類と特性・清掃

1 弾性床材の特徴

弾性床材は，塩化ビニル，ゴム，多孔質性のリノリウムなどで製造された床材のことで，石材などの硬性床材と比べて弾力があるのが特徴です。

■床材の種類

種類	床材
弾性床材	塩化ビニル系，リノリウム（リノタイル）系，アスファルト系，ゴム系など
硬性床材	石材，陶磁器質タイル，コンクリート，モルタルなど
木質系床材	フローリング，コルクなど
繊維系床材	カーペット類など

2 弾性床材の清掃

弾性床材を清掃する場合は，材質によって使用する洗剤を変更する必要があります。

① **塩化ビニル系床材**
真空掃除機による除じん，モップによる水拭きのほか，洗浄，床維持剤の塗布などを**ウェット方式**といいます。水を使わずに，日常的な除じんと洗浄液による汚れの除去などを**ドライ方式**といい，ウェット方式よりも細やかな管理が必要となります。

② **ゴム系床材**
中性または弱アルカリ性洗剤を使用し，塩化ビニル系床材と同様に手入れします。

③ **リノリウム系床材**
中性または弱アルカリ性洗剤を使用し，塩化ビニル系床材と同様に手入れします。強アルカリ性洗剤を使用すると変色，ひび割れするので，注意が必要です。

床維持材4種の主成分などと特徴

①フロアオイル
主成分は鉱油で，木材の保護とほこりの付着防止が目的です。

②油性フロアポリッシュ
石油性溶剤を使用するため，火気に注意する必要があります。塗布膜は固めです。

③水性フロアポリッシュ
乳化剤でワックスを乳状にしたもので，水分の蒸発により被膜が形成されます。塗布膜の強度は油性よりも劣ります。

④樹脂ワックス
乳化剤で合成樹脂を乳濁液にしたもので，皮膜は透明で耐摩耗性に優れています。

3 硬性床材の特徴

硬性床材はタイルや石材などの硬い床材のことで，使用される建材には以下のようにいくつかの特徴があります。清掃時は，こうした建材の特徴を把握しつつ，適切な洗剤や清掃方法で作業を行ないます。

■硬性床材の特徴

床材	特徴
花崗岩	耐熱性に乏しい
大理石	耐酸性・耐アルカリ性に乏しい
テラゾ	耐酸性に乏しい
コンクリート	耐酸性に乏しい
セラミックタイル	耐酸性・耐アルカリ性あり

4 硬性床材の清掃

硬性床材に使用される石材，陶磁器タイル，コンクリートの3種類については，異なる方法で清掃を行ないます。

① 石材

日常的な清掃として，モップを使用する水拭き，真空掃除機，ダストモップによる除じんなどを行ないます。定期清掃では，弱アルカリ性洗剤か中性洗剤を使用します。

② セラミックタイル

日常清掃は石材と同様に行ないます。セラミックタイルは耐熱性，耐摩耗性に優れ，耐酸性，耐アルカリ性もありますが，定期清掃では弱アルカリ性洗剤か中性洗剤を使用した方がよいでしょう。

③ コンクリート

日常清掃は，石材に準じます。コンクリートは，成分の1つである炭酸カルシウムが酸に溶けやすいため，強酸性洗剤を用いると溶けてしまいます。そのため，定期清掃では弱アルカリ性洗剤か中性洗剤を使用します。

5 繊維系床材の特徴

繊維系床材の代表例は，カーペットや，カーペットを正方形にカットしたカーペットタイルです。防音性に優れ，断熱効果も高いといった特徴があり，メリットともいえますが，繊維質であるため，弾性，硬性床材などと比較するとメンテナンスしにくい欠点があります。

■主な繊維系床材の材質と特徴

材料名	特徴
アクリル	軽量，耐虫性あり／非吸湿性，毛羽立ち
ウール	良感触／高価，汚れやすい
ナイロン	耐久性，耐虫性あり／ピリング，帯電しやすい
ポリエステル	耐摩耗性，耐久性，耐虫性，耐熱性あり／弾力に欠ける
ポリプロピレン	汚れにくい，軽量，撥水性／ピリング，非吸湿性，帯電しやすい
レーヨン	吸湿性，染色性／耐久性，耐虫性に欠ける，燃えやすい

床材の識別
各種床材の性質に合わせた資機材と方法で，正しく作業を行なうことは，メンテナンスする上でもっとも重要なことです。ですから，作業対象の床材を正しく識別しなければなりません。

6 繊維系床材の清掃

繊維系床材（カーペット）の清掃は，真空掃除機やカーペットスイーパーなどで日常清掃を，シャンプークリーニングを定期清掃で行ないます。

シャンプークリーニングは，吸じん後，泡の状態で洗剤を塗布し，ブラシで洗浄，その後泡を吸引して乾燥させる方法で，1年に2回程度行なうのが望ましいとされています。繊維の毛根を濡らさずに処理できますが，清掃の対象がパイル部分のみであるため，毛根に入り込んだ汚れは除去できない欠点があります。

7 木質系床材の特徴

木質系床材はフローリングや合板，コルクタイルなどの材料を使用したもので，なじみやすく，加工しやすいという特徴があり，長所でもあります。その一方で，湿気による膨張や腐朽しやすいなどの短所もあります。

木質系床材は，表面に処理が施されていない場合には，多量の水を含むと大きさに変化が生じたり，亀裂を生じたりするため，注意が必要です。

8 木質系床材の清掃

日常清掃では，真空掃除機やダストクロス型モップなどで除じんしてから，床がすぐに乾燥するように，少量の水を使用して水拭きを行ないます。

床が表面処理されている場合には，少量の洗剤で洗浄し，汚水をすぐに拭き取って乾燥させます。そのあとで，床維持剤を塗布します。

チャレンジ問題

問１　　難｜中｜**易**

硬性床材の特徴に関する次の記述のうち，もっとも不適当なものはどれか。

(1) 花崗岩は，耐酸性に乏しい。
(2) 大理石は，耐酸性・耐アルカリ性に乏しい。
(3) テラゾは，耐酸性に乏しい。
(4) セラミックタイルは，耐酸性，耐アルカリ性がある。
(5) コンクリートは，耐酸性に乏しい。

解説

(1) 花崗岩は耐熱性に乏しいのが特徴です。

解答 (1)

さまざまな場所の清掃方法

1 トイレの清掃方法

トイレは，使用する人が多く，人間の排泄物を処理するので非常に汚れやすい場所といえます。そのため，日常清掃の段階から重点的に行ない，常に清潔さを保つようにしなければなりません。

トイレには排泄物由来の微生物や雑菌などが存在しているため，専用の清掃用具を用いるようにして，ほかの清掃との兼用を避けること，水を多く使用するので作業中は表示板を立てて，使用者の注意を喚起することが必要となります。一般的に清掃の手順として，以下のような要領で行ないます。

① ゴミ箱の中身を捨て，箱を洗浄・消毒する
② 洗剤を使って便器を洗浄，便器外側や金属部分など周囲を拭き上げる
③ 床の洗浄と拭き上げ（必要に応じて乾燥）
④ ペーパーや洗剤などの消耗品の補充

このほか，定期的作業として壁面および間仕切りなどのクリーニング，小便器の尿石除去などがあります。

トイレや洗面所の換気口
換気口は，日常清掃ではなく，定期清掃を行なうのが一般的です。

2 洗面所および湯沸室の清掃方法

洗面所の清掃は，汚れやすい洗面化粧台と化粧鏡を中心に行ないます。洗面化粧台は水あかをこすり取ってから拭き取り，化粧鏡は水滴が付きやすいため，しっかりとみがいて除去します。

湯沸室は，飲食に関係する場所であるため，清掃用具は専用のものを用意します。清掃手順は，食べ残しのゴミや茶殻などを処理したあと，流し台を洗浄するようにします。

3 昇降機設備の清掃方法

昇降機設備とは，主にエレベータとエスカレータのことで，ともに多数の人が使用するためほこりや手あかなどが付きやすく，清掃時にはほこりと手あかの除去を念頭に置いて行ないます。

① エレベータ

汚れとしては外から持ち込まれる土砂やほこりのほか，ボタン部分には手あかが付きます。清掃は床面の土砂やほこりの除去と拭き上げ，ボタン周辺の手あかを洗剤と水で拭き上げます。

② エスカレータ

故障を避けるため，かならず停止させてから清掃を行ないます。汚れは移動手すり部分に手あかが付着するので，中性洗剤で汚れを除去したあと，乾いた布で水分を拭き取ります。くし，踏み段，乗降板は，ゴミが詰まりやすいため真空掃除機などで吸い取り，パネル，デッキボードは中性洗剤かガラスクリーナーなどで汚れを除去し，乾いた布で拭き取ります。いずれも感電や故障を防ぐため，水分は早めに拭き取るか，乾燥させます。

4 壁・柱・天井の清掃方法

壁，柱，天井の低い部分は手あかなどの人間由来の汚れ，高い部分には粉じん，ほこりなどの空気の汚れが顕著です。

日常清掃では，手あかが付きやすいスイッチの周辺を洗剤と水で拭き上げ，そのほかの場所は定期的に除じんを行ない，汚れの付着を防ぐようにします。特に汚れの付着しやすい場所は，汚れがひどくなる前にその都度，汚れを落としておくことが肝要です。

壁は洗剤を使用すると損傷するものもあるため，材質を見極めてから清掃を行ないます。洗剤を噴射したあと，タオルなどできれいにします。

5 階段の清掃方法

階段は，踏み板同士の間にある垂直の蹴込み部分に土砂やほこりがたまりやすいため，日常清掃では真空掃除機やダストクロス型モップなどで除じんし，定期清掃では建材によって清掃方法を変更します。階段は通常，床と同じ建材が用いられるため，同質材の場合は床の清掃方法に準じて清掃作業を行ないます。

6 造作・家具・調度品などの清掃方法

造作，家具，調度品，ブラインドなどの主な汚れは，ほこりの堆積と手あかによる油脂の付着です。照明器具は照度の低下のほか，ショートの原因になるため日常的に除じん作業を，定期清掃として拭き上げを行ないます。

空気調和機の吹出口の汚れの清掃
空気調和機の吹出口は，空気中の浮遊粉じんや細菌などによる汚染のおそれがあるため，定期的に真空掃除機で除じんし，そのあと，水または洗剤液で絞ったタオルで拭き上げます。

■事務所備品などの汚れと清掃方法

対象備品	汚れ	清掃方法
照明器具	主にほこりやヤニなどの付着による汚れ	汚れが原因で照度低下となるため，年に1～2回程度定期に行なう
ブラインド		日常的な除じんと，定期的な拭き上げ作業を行なう
什器・備品	ほこりや手あか，飲食物の汚れ	汚れやすいキャビネットや間仕切りの角，机，椅子などの事務用品は，原則毎日清掃する。手あかや飲食物の汚れは，水や洗剤を使い，タオルなどで拭き上げる

チャレンジ問題

問1　難　**中**　易

造作・家具などの清掃に関する次の記述のうち，もっとも不適当なものはどれか。

(1) 空気調和機の吹出口の汚れは，真空掃除機による除じんと拭き取りを併用するとよい。
(2) 机の上のほこりなどは，タオルによる湿り拭き取りが一般的である。
(3) 間仕切りの角などの人の接触による汚れは，タオルによるから拭きで取る。
(4) 照明器具の清掃は，一般に年に1～2回程度定期に行なう。
(5) 飲食物による汚れは，水または洗剤液で絞ったタオルで拭き取る。

解説

机，キャビネットや間仕切りの角などの人の接触による汚れは，洗剤を用いないと十分に取れないことがあります。

解答 (3)

外装の清掃方法

1 外装の汚れの原因

外装は，建築物の外側で自然環境と接しているため，雨，風，雪，大気中の粉じんなどの影響を日夜受けています。そのため，大気が汚れている工業地帯や首都圏，海岸に近い場所では汚れの影響が強くなります。

外装は，1年に1～2度程度，水や洗剤を使って**定期清掃**を行ない，汚れを除去する必要があります。ほこりや汚れが付着し，雨水や日光にさらされると容易に落ちなくなってしまうからです。建築内部と同じように，外装についても仕上材の特徴などをよく理解し，それぞれの材料に合わせた清掃作業を行なうことが大切です。

2 外装仕上材の清掃方法

外装の仕上材は，主に**石材系**，**陶磁器**，**金属系**の3種類がありますが，材質がそれぞれ異なっているため，清掃方法も材質に応じて変える必要があります。

① 石材系

外装によく使用される石材は，硬質の**花崗岩**です。花崗岩は耐酸性，耐アルカリ性，耐溶剤性に優れていますが，石材系はおおむね酸に弱いので，清掃には中性洗剤を使い，しみができないよう注意します。

② セラミックタイル（陶磁器タイル）

セラミックタイル自体は硬質で丈夫ですが，モルタル目地の部分に白い塗料が流れたような汚れが付着する**白華現象**が発生することがあります。これは，雨風でタイルの裏側に水が浸入することで，モルタルに含まれている水酸化カルシウムがモルタル目地から溶け出してしまう現象です。希塩酸などを使って洗い落とすことはできますが，ひどい場合には外部仕上げ材を撤去した上で，タイルの下地から修繕する必要があります。

③ 金属系

ステンレスとアルミに大別され，ステンレスは耐食性，耐熱性，強度において優れた性質を持っており，表面仕上げには薬品の腐食を利用したエッチング仕上げ，光沢をなくし，つや消し処理したヘアライン仕上げ，鏡のように光沢のある鏡面仕上げなどがあります。

ヘアライン仕上げのものには一方向に研磨目があるため，その方向に沿って清掃します。また，鏡面仕上げのものは傷が付かないようにします。アルミの表面仕上げには主に酸化皮膜を利用した陽極酸化皮膜があり，雨水や大気汚染物質による腐食や強酸に弱いので，使用する洗剤を注意して選ぶ必要があります。

3 窓部分の清掃方法

窓部分は，サッシとガラスに大別されます。

ガラス：ビルの外面に採用されることが多く，雨水などの水分と乾燥が繰り返されることで，ガラスから溶け出した成分と反応して表面が白くなる白ヤケや，反射光が虹色に見える青ヤケが生じることがあります。洗剤や薬品と専用のモップで洗浄し，スクイジーで汚水を回収し，乾燥させます。高層ビルの窓清掃では，外側に足場を組むか，ゴンドラを吊り下げて作業を行ないます。自動窓拭き機は効率的に作業ができますが，人間による手作業の方がきめ細かく汚れに対応できます。

サッシ：窓枠のサッシは，アルミやステンレススチール素材でできており，それぞれ素材に合わせた洗剤を用いて清掃します。

ビルで用いられるガラス

ガラスはビルの外面要素として，高い割合を示す外装材です。ビルではフロート工法により作られたフロートガラスが多く用いられ，そのほかの種類としては透明な一般的な普通ガラス，つや消し加工された不透明なすり板ガラス，型押し模様をつけた型板ガラス，補強のため金網を入れた網入りガラスなどがあります。

窓ガラスの汚れ

大気中のほこりや排気ガスなどの汚れが，雨水などでガラス表面に付着し，雨水の乾燥とともに固着します。

4 外装の清掃方法

外装は，窓と壁では清掃方法が異なります。窓の場合は，ガラスを傷めない専用のモップに洗剤と水を付けてこすり，汚水はスクイジーを使って取り除きます。壁の場合には，ブラシを洗剤や薬品で壁に付着した汚れを落とし，汚水は洗い流していきます。ただし，建材によっては傷が付く場合がありますので，十分に注意して行ないます。

ビルの高所にある壁や窓の清掃は，ゴンドラを使います。このゴンドラには，材料，許容応力，荷重，強度，安全装置といった構造規格があり，この規格に則ったものを使用しなければなりません。また，作業にあたっては道路使用許可や保安要員の手配が必要となります。

チャレンジ問題

問1　難 **中** 易

建築物の外装清掃に関する次の記述のうち，もっとも不適当なものはどれか。

(1) ゴンドラを用いる清掃には，ゴンドラ構造規格に合格したものを使用しなければならない。
(2) 自動窓拭き設備は作業能率がよく，人の作業に比べて仕上がりがよい。
(3) 窓ガラスの汚れは，空気中のほこりが付着し，雨水がかかって乾燥固着したものである。
(4) 窓ガラスのクリーニングでは，スクイジー法が用いられる。
(5) 外装は，水や洗剤を使って定期的にクリーニングを行なう。

解説

(2) 人間の作業の方が仕上がりはよくなります。

解答 (2)

建築物における消毒

1 建築物の消毒とは

ビルなどの管理において，病原性微生物などの繁殖を防止するため，消毒は必要不可欠です。消毒は，殺菌や滅菌と以下の点で異なっています。

① **消毒**
病原性微生物の発育能力を失われたり，殺滅することをいいます。非病原性の微生物に対しては考慮していません。

② **殺菌・滅菌**
病原体であるか否かを問わず，物体や物質に付着した微生物をすべて殺滅することをいいます。

建築物の消毒は，平常時と感染症発生時に大別されます。感染症の発生に必要な条件は感受性（感染を受ける可能性がある人），病原体，感染経路の3つです。建築物内では，衛生動物（害虫），ほこり，ゴミなどから感染するため，こうした感染源と感染経路を定期的なゴミ出し，清掃作業などでなくすことがもっとも重要です。

① **平常時**
消毒は清掃作業の一部となっており，床，トイレ，ゴミ置き場などは清掃後に消毒薬で拭き取ります。

② **感染症発生時**
感染症発生時は，官公庁へ届出を行ない，指定薬品を使って清掃，消毒を行ないます。

主な消毒薬の水準区分
高水準：グルタラール
中水準：次亜塩素酸ナトリウム，消毒用エタノール，ポピドンヨード
低水準：両性界面活性剤，第4級アンモニウム塩，クロルヘキシジン

感染症対策
感染症対策は，以下の3つに分類されます。
感染源対策：食品の衛生管理，保菌者の管理，患者の入院措置
感染経路対策：水および空気の浄化
感受性対策：予防接種，衛生教育の普及，生活環境の整備

2 消毒方法の種類と実施方法

消毒は，化学的方法と物理的方法に大別されます。すべての病原性微生物に効果がある方法は存在しないため，場所や用途に応じた消毒方法を選択する必要があります。

① **化学的方法**

消毒剤や殺菌剤などの化学薬品の作用によって消毒を行なう方法です。これにより，病原菌の殺滅もしくは発育を阻害します。一般的に，消毒薬は消毒時間，高濃度，高温度であるほど効果が強くなります。消毒薬は，人体に対する毒性が低いことや，安定性があること，殺菌力が強いことなどの条件を満たしている必要があります。

② **物理的方法**

熱，紫外線，ろ過，超音波など，物理的な方法で消毒を行ないます。

■物理的消毒方法一覧

分類	消毒方法	特徴
加熱法	常圧蒸気滅菌法	常圧下で100℃の蒸気による殺菌。芽胞は殺すことができないので，厳密には滅菌とならない
	高圧蒸気滅菌法	2気圧下の飽和蒸気圧により121℃で20分程度滅菌。高圧下での沸点上昇を利用した方法で，圧力容器中の空気を排除し，飽和水蒸気で満たす。芽胞を含め，完全滅菌できる
	火炎滅菌法	焼却し，すべての微生物を死滅させる
	乾熱滅菌法	乾熱空気中で加熱。135℃で3～5時間，160～170℃で2～4時間，180～200℃で0.5～1時間加熱。芽胞を含め，完全滅菌できるが，殺菌力は高圧蒸気滅菌法より劣る
照射法	紫外線滅菌法	物体の表面を波長250～260の紫外線ランプで殺菌。照射は距離が近く，長時間なほど有効だが，紫外線は高温多湿では効果が低く，影になった部分には効果はない
	高周波滅菌法	高周波照射熱で殺菌。水分子運動を利用するため，含水率の低いものは効果が得られない
そのほか	ろ過滅菌（除菌）法	気体および液体中の微生物を0.22μmあるいは0.45μmのフィルタでろ過して除去。微小生物がフィルタを通過してしまうことがあるため，厳密には滅菌とならない
	ガス滅菌法	低温滅菌法として酸化エチレンガス滅菌法と，過酸化水素ガスプラズマ滅菌法が実用化されている

3 消毒薬品管理

作業員や衛生管理を担当する人は，消毒薬品の使用方法，種類，効果などについて相応の知識を持っていなければなりません。

また，**化学物質安全性データシート（MSDS）**を利用して，使用洗剤について除菌効果があるか否かなどを確認します。MSDSは薬品の名称，危険有害性，取り扱い，保管時の注意点などが記載されたシートで，指定化学物質などの譲渡や提供を受ける際には，譲渡提供者からこのMSDSが渡されます。

高圧滅菌の際の注意
ゴム製品などを高圧蒸気滅菌法で滅菌すると，変形・変質する場合があり，注意が必要です。

チャレンジ問題

問1　　難｜中｜**易**

高圧蒸気滅菌法に関する次の記述のうち，もっとも不適当なものはどれか。

(1) もっとも確実な滅菌法の1つである。
(2) 高圧下で沸点が上昇することを利用している。
(3) ガラス製品，漆器，ゴム製品などに広く利用されている。
(4) 圧力容器中の空気を排除し，飽和水蒸気で満たす。
(5) 通常121℃，20分程度加熱する。

解説

高圧蒸気滅菌法は，漆器やゴム製品には不向きです。

解答 (3)

3 廃棄物の取り扱い

まとめ&丸暗記

● この節の学習内容のまとめ ●

□ 廃棄物と廃棄物処理の原則

廃棄物：生産過程・流通過程・消費過程の各過程で排出される不要物

廃棄物処理の3原則：①安全化（無害化）②安定化 ③減量化

□ 廃棄物処理に関する法律

①廃棄物処理法 ②循環型社会形成推進基本法 ③容器包装リサイクル法 ④特定有害廃棄物の輸出入の規制等に関する法律

□ 廃棄物の分類

①一般廃棄物 ②特別管理一般廃棄物 ③産業廃棄物 ④特別管理産業廃棄物 ⑤感染症廃棄物

□ 廃棄物を把握するための指標

①容積質量値 ②廃棄物発生原単位

□ 廃棄物の成分

①可燃分 ②灰分 ③水分

□ 建築物内の中間処理設備

①圧縮機 ②梱包機 ③破砕機 ④そのほか

□ 最終処分場

①安定型処分場 ②遮断型処分場 ③管理型処分場

□ 廃棄物の再生・資源化利用

RDF（固形化燃料），高速堆肥化（有機性廃棄物の処理技術を応用したもの）など

廃棄物処理について

1 廃棄物とは

廃棄物は，生産過程・流通過程・消費過程のそれぞれの段階で排出される不要物です。廃棄物処理法（廃棄物の処理及び清掃に関する法律）によると，ゴミ，粗大ゴミ，燃え殻，汚泥，ふん尿，廃油，廃酸，廃アルカリ，動物の死体，そのほかの汚物または不要物で，固形状または液状のものを指します。衛生環境の維持向上には，廃棄物の適切な処理が不可欠です。

2 廃棄物処理の3原則

廃棄物は化学的，物理的，生物化学的に性質が多様であり，無害な状態で自然に戻すことが重要です。そのためには，廃棄物の質の変換=安全化（無害化），安定化および量の軽減=減量化を行ないます。廃棄物処理においてはこの安全化（無害化），安定化，減量化が基本原則となり，これを廃棄物処理の3原則といいます。

① **安全化（無害化）**

廃棄物を，最終処分をするまえに生物学的，化学的，物理的に安全な状態にし，廃棄物を無害化することをいいます。

② **安定化**

廃棄物が分解などで変質したり，ほかの物質と反応して有害化しないよう，質を安定な状態にすることです。

③ **減量化**

ゴミの量を減らすことです。質量そのものを削減することと，生ゴミを乾燥させ，水分を飛ばして減量化する2種類の方法があります。

産業廃棄物の分類

第一次産業廃棄物：農水産業，畜産業からの廃棄物や家畜のふん尿などがあります。

第二次産業廃棄物：生産加工工業などからの廃棄物で，さまざまな種類があります。

第三次産業廃棄物：商業，サービス業，事務所などからの廃棄物です。

3 建築物内における廃棄物管理の問題点

建築物内で発生した廃棄物は，材質や状態などに応じて分別を行ないます。不燃物を燃やすと有毒ガスが出ることや，リサイクル可能な廃棄物をより分けることで，地球環境への配慮と再資源化が促進できるからです。しかし，分別や廃棄物の管理では，以下のような問題が指摘されています。

① 分別処理せずに排出されることが多い
② 分別処理を行なう場所がない
③ 廃棄物種類の多様化で分別に手間と時間がかかる
④ まとめて出された廃棄物は分別が困難

また，分別を行なっても，建築物外に排出された場合には，業者がまとめて一括処理してしまうこともあります。

4 廃棄物処理に関する法律

廃棄物に関する主要な法律は，以下の4種類となります。

① 廃棄物処理法（廃棄物の処理及び清掃に関する法律）
廃棄物の定義，国，地方公共団体，事業者の責務などが規定されています。
② 循環型社会形成推進基本法
資源の循環利用を推進し，循環型社会を形成するための基本原則を定めたものです。
③ 容器包装リサイクル法
（容器包装に係る分別収集及び再商品化の促進等に関する法律）
廃棄物の多数を占める容器包装廃棄物について，プラスチック，空き缶，空き瓶などの分別排出，回収，再商品化を進めることが規定されています。
④ 特定有害廃棄物の輸出入の規制等に関する法律
健康の保護および生活環境の保全に資することを目的とし，鉛蓄電池や金属回収など特定廃棄物の輸出入に関しての管理規定などが記載されています。

5 廃棄物処理法の目的と規定

廃棄物処理法では，廃棄物の排出抑制と，排出された廃棄物の適切な処理による処分や再利用を通じて生活環境の保全と公衆衛生の向上を図ることを目的としています。廃棄物の具体的な処理方法としては，分別，保管収集，運搬，再生，処分などがあげられます。

また，国内で生じた廃棄物は，なるべく国内において適正に処理されること，国外において生じた廃棄物は，その輸入により国内における廃棄物の適正な処理に支障が生じないよう，その輸入が抑制されなければならないと規定されています。

廃棄物処理の方式
廃棄物の処分は，最終的に固体，液体，気体などの形状にして自然に還元します。その際，自然が受容しやすいよう安全化と安定化で質を変換することと，量を減らす減量化を行ないます。

PCB
ポリ塩化ビフェニルのことで，人の健康に被害を生じるおそれがある物質として，水質汚濁防止法にも指定されています。

6 廃棄物の形状

廃棄物は，廃棄物処理法では固形もしくは液状のゴミ，汚泥，糞尿などを指します。

産業廃棄物以外の廃棄物は一般廃棄物，そして一般廃棄物のうち，爆発性，毒性，感染性そのほかの人間の健康または生活環境に係る被害を生ずるおそれがある性状を有するものとして，政令で定められているものを特別管理一般廃棄物と呼んで区別しています。具体的には，以下のようなものがあります。

① PCB使用部品（廃テレビなどのPCB部品）
② ばいじん（ゴミ処理施設の集じん施設で生じたもの）
③ ばいじん，燃え殻，汚泥（廃棄物焼却炉から生じ，ダイオキシン類を3ng/gを超えて含有するもの）
④ 感染性一般廃棄物（医療機関などから排出される一般廃棄物で，感染性病原体が含まれもしくは付着しているおそれのあるもの）

7 事業者の義務

廃棄物処理法では，事業者は，事業活動によって生じた廃棄物を，自らの責任で適正に処理することが義務づけられています。

また，こうした廃棄物は再生利用などを行なうことで減量に努めること，そして事業活動によって製造，加工，販売した商品が廃棄物となった際に，適正な処理ができるようなものにすることなどが規定されています。

このほか，廃棄物の減量や適正な処理などに関して，国や地方公共団体の施策に協力するという内容も盛り込まれています。

8 事業者の産業廃棄物処理について

産業廃棄物の運搬や処分を行なう業者は，政令で定められた産業廃棄物収集，運搬，処分に関する基準に従わなければなりません。産業廃棄物および特別管理産業廃棄物の処理を排出事業者が他人に委託する場合には，その処理責任をまっとうするため，都道府県知事の許可業者に委託します。

事業者は，産業廃棄物の運搬や処分を他人に委託する場合は，運搬については産業廃棄物収集運搬業者そのほか環境省令で定める者に，処分については産業廃棄物処分業者そのほか，環境省令で定める者にそれぞれ委託しなければなりません。また，運搬のみを生業としている業者に対して処分までを一緒に委託することはできません。もし委託基準に違反した場合には，罰金もしくは懲役が科せられることになるので要注意です。

事業活動に伴って産業廃棄物を生ずる事業者は，その産業廃棄物の運搬または処分を他人に委託する場合，環境省令で定めるところにより，当該委託に係る産業廃棄物の引渡しと同時に当該産業廃棄物の運搬を受託した者に対し，当該委託に係る産業廃棄物の種類および数量，運搬または処分を受託した者の氏名または名称そのほか環境省令で定める事項を記載した産業廃棄物管理票（マニフェスト）を交付しなければなりません。

9 地方公共団体の産業廃棄物処理規定

廃棄物処理法では，都道府県は「産業廃棄物の適正な処理を確保するために都道府県が処理することが必要であると認める産業廃棄物の処理をその事務として行なうことができる」，市町村は「一般廃棄物とあわせて処理することができる産業廃棄物そのほか市町村が処理することが必要であると認める産業廃棄物の処理をその事務として行なうことができる」と規定されています。

10 廃棄物の処理割合

廃棄物は，再資源化，焼却・破砕（中間処理），埋立てのいずれかで処理されます。これらをゴミの総排出量に対する割合として，資源化率，減量処理率，直接埋立率と表現します。

マニフェストシステム（積荷目録制度）
不法投棄防止のため，正しく最終処分されたかを，廃棄物の移動および中間処理段階を含めて確認する管理方式です。

廃棄物処理割合
①資源化率=（資源化量/総処理量）×100
②減量処理率=（中間処理量/総処理量）×100
③直接埋立率=（直接埋立量/総処理量）×100

チャレンジ問題

問1 難 **中** 易

廃棄物に関する次の記述のうち，もっとも不適当なものはどれか。

(1) 廃棄物の適正な処理は，生活環境の保全および公衆衛生の向上にとって不可欠なものである。
(2) 一般に廃棄物は，生産過程・流通過程・消費過程のそれぞれの段階で排出される不要物である。
(3) 廃棄物の安全化とは，最終処分を行なう前に廃棄物を物理的に安全な状態にしておくことである。
(4) 廃棄物は，化学的・物理的・生物化学的な性質が多様である。
(5) 廃棄物処理は，一般に減量化，安定化，安全化が原則とされている。

解説

(3) 廃棄物の安全化とは，有害物質を含む廃棄物を処理して，無害化することです。

解答 (3)

一般廃棄物および産業廃棄物

1 廃棄物の分類と区分

廃棄物は，廃棄物処理法では一般廃棄物と産業廃棄物に大別され，生活環境や健康を損ねる恐れがあるもので，政令によって定められているものをそれぞれ特別管理一般廃棄物，特別管理産業廃棄物と区別しています。

■廃棄物の分類

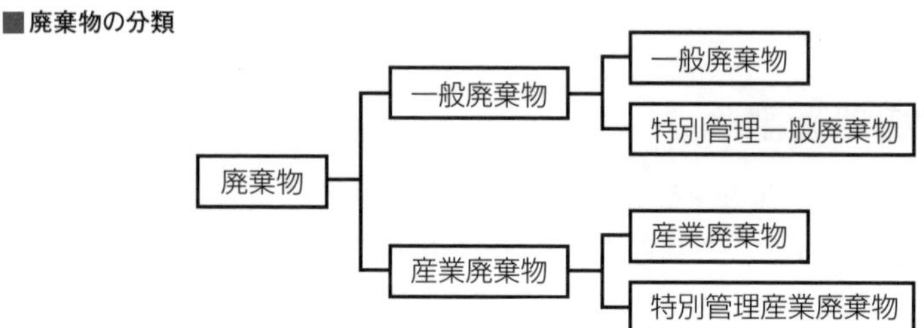

① **一般廃棄物**

産業廃棄物以外の廃棄物で，主にゴミ，粗大ゴミ，し尿などをいいます。

② **特別管理一般廃棄物**

PCB使用部品，ばいじん・燃え殻・汚泥，感染性一般廃棄物を指します。

③ **産業廃棄物**

<table>
<tr><th rowspan="5">事業活動に伴って生じた廃棄物</th><td>① 燃え殻</td><td>② 汚泥</td><td>③ 廃油</td><td>④ 廃酸</td></tr>
<tr><td>⑤ 廃アルカリ</td><td>⑥ 廃プラスチック類</td><td>⑦ 紙くず</td><td>⑧ 木くず</td></tr>
<tr><td>⑨ 繊維くず</td><td>⑩ 原料として使用した動物または植物に係る固形状の不要物</td><td>⑪ 食鳥に係る固形状の不要物</td><td>⑫ ゴムくず</td></tr>
<tr><td>⑬ 金属くず</td><td>⑭ ガラスくず，コンクリートくず，陶磁器くず</td><td>⑮ 鉱さい</td><td>⑯ コンクリートの破片</td></tr>
<tr><td>⑰ 動物のふん尿（畜産農業に係るもの）</td><td>⑱ 動物の死体（畜産農業に係るもの）</td><td>⑲ 集じん施設で集められたばいじん（大気汚染防止法のばい煙発生施設とダイオキシン類対策特別措置法の特定施設から発生したもの）</td><td>⑳ ①～⑲を処分するために処理したもので，これらの廃棄物に該当しないもの</td></tr>
</table>

このほか，船舶や航空機の航行に伴って生じた廃棄物（航行廃棄物），入国者が携帯している廃棄物（携帯廃棄物）も産業廃棄物に含まれます。

④ 特別管理産業廃棄物

①廃油 ②廃酸 ③廃アルカリ ④感染性産業廃棄物が該当し，さらに特別管理産業廃棄物の中でも以下のように人体に有害で危険なものは特定有害産業廃棄物に指定されています。

廃PCBなど：廃PCBおよびPCBを含む廃油
PCB汚染物：PCBが染みこんだ汚泥，PCBが塗布され，または染みこんだ紙くず，PCBが染みこんだ木くずもしくは繊維くず，PCBが付着し，または封入されたプラスチック類もしくは金属くず，PCBが付着した陶磁器くずもしくはがれき類
PCB処理物：廃PCBなどまたはPCB汚染物を処分するために処理したもので，PCBを含むもの
指定下水汚泥：下水道法施行令第13条の4の規定により指定された汚泥
鉱さい：重金属などを一定濃度を超えて含むもの
廃石綿など：石綿建材除去事業に係るもの，または大気汚染防止法の特定粉じん発生施設が設置されている事業場から生じたもので，飛散するおそれのあるもの
燃え殻：重金属など，ダイオキシン類を一定濃度を超えて含むもの
ばいじん：重金属など，1,4−ジオキサン，ダイオキシン類を一定濃度を超えて含むもの
廃油：有機塩素化合物など，1,4−ジオキサンを含むもの

⑤ 感染症廃棄物

医療行為で排出される廃棄物をいい，特別管理廃棄物に分類されます。感染症を引き起こす病原菌などを含んでいる可能性があるため，処分には注意を要します。

産業廃棄物処理の委託
産業廃棄物・特別廃棄物の処理を他人に委託する場合，都道府県などから許可を受けた処理業者などに委託しなければなりません。

2 建築物内の廃棄物の分類

建物内（主にオフィスビル）から排出される廃棄物は，以下の5種類に分類されます。

① 雑排水汚泥
② 浄化水の汚泥
③ し尿
④ 事務所の紙ゴミ
⑤ 生ゴミ

産業廃棄物に該当する①の雑排水汚泥を除いて，すべて一般廃棄物となります。

チャレンジ問題

問1　難　中　易

次の廃棄物のうち，廃棄物の処理および清掃に関する法律に基づく特別管理産業廃棄物に指定されていないものはどれか。

(1) 著しい腐食性を有する廃酸，廃アルカリ
(2) 廃PCBおよびPCB汚染物
(3) 畜産農場から排出される牛・馬・豚などのふん尿
(4) 病院，診療所などから生じる感染性産業廃棄物
(5) 燃焼しやすい廃油

解説

畜産農場から排出する牛・馬・豚などのふん尿は，特別管理産業廃棄物にある人の健康，生活環境に係る被害を生じるおそれのある性状を有する産業廃棄物にはあてはまらないため，特別管理は付かない産業廃棄物です。

解答 (3)

廃棄物の排出量と内容

1 一般排出物の排出量

平成25年度の一般廃棄物の総排出量は4487万トンで，1人1日あたりのゴミ排出量は1キロ弱です。一般廃棄物処理の最終処分量は454万トンで前年より減少，リサイクル率は20.6％で微増しています。

一般廃棄物は地域，天候，季節などに影響を受けやすく，中でもビルでは年末の12月に一般廃棄物の排出がもっとも多くなります。また，病院は感染症廃棄物と厨芥類，事務所は紙類，ホテルは紙類と厨芥類が多く，建築物の用途と延べ面積によって廃棄物の内容が異なります。廃棄物を把握するための指標には，以下のようなものがあります。

① **容積質量値**

ゴミの単位容積あたりの比重を容積質量値といい，kg/m^3（kg/ℓ）で表します。重いゴミや，水分が多く含まれているゴミほどこの値が大きくなります。30～150kg/m^{3}は良質ゴミ，150～400kg/m^{3}のゴミは中質ゴミ，400kg/m^{3}以上を低質ゴミに分類されます。

② **廃棄物発生原単位**

建築物の床面積1m^{2}あたりの1日の排出量をkg/(m^2・日)，在館人員1人あたりが排出する廃棄物の量をkg/(人・日)で表します。この発生原単位に建築物の延べ面積をかけると，1日あたりに排出される廃棄物の量(kg/日)が分かります。

2 廃棄物の3成分

廃棄物は，主に**可燃分**，**灰分**，**水分**から構成されています。これを**廃棄物の3成分**といいます。

ゴミなどの排出量の水準

国民1人あたりのゴミ排出量は1日1キロ弱で，事務所ビルのゴミ排出量は1人あたり100～500g，飲食店を含むビルやデパートでは100g/m^2，し尿の排泄量は平均1.4ℓ（人／日）となります。

建築物の用途別比較

廃棄物発生原単位は，建築物の用途別にみると，店舗ビルがオフィスビルを上回っています。サービス業の多い店舗ビルの方が，廃棄物が多いからです。

① **可燃分**

発熱量に関係する有機物の指標です。乾燥固形物総量から熱灼後の残留物量を差し引いた量のことで，熱灼減量ともいい，百分率で表すこともできます。

② **灰分**

乾燥固形物熱灼後の残留物量のことで，熱灼残留物という無機質の指標です。

③ **水分**

ゴミを105℃で完全乾燥し，乾燥固形物としたときの蒸発水分量で，廃棄物に含まれる水の量です。

厨房から出る野菜や食物残渣（ざんさ）である厨芥には水分が，事務所から多く出る紙ゴミには可燃分が多く含まれています。生活から出るゴミに占める3成分の割合は以下の通りで，水分が多い厨芥は，紙くずなどと比較すると容積質量値が大きくなります。

■生活から出るゴミに占める3成分の割合（質量比）

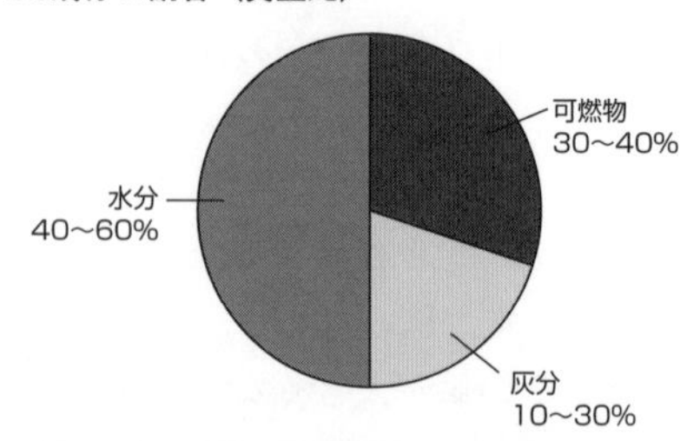

3 廃棄物の発熱量

廃棄物の発熱量は，可燃分，灰分，水分から推定します。発熱量の指標は，以下の2種類です。

低位発熱量：液体から気体にするための潜熱を除いた発熱量
高位発熱量：水蒸気の蒸発潜熱を含んだ発熱量

4 マニフェスト制度（産業廃棄物管理表制度）

排出事業者の責任を明確化し，不法投棄を防ぐことを目的として平成2年にはじまりました。排出事業者が収集運搬業者や処分業者に産業廃棄物の処理を委託するときに，種類，数量，運搬業者名などを記したマニフェストを，産業廃棄物とともに業者から業者へ渡しながら処理の流れを確認する制度です。

排出事業者は，マニフェスト交付後90日以内（特別管理産業廃棄物は60日以内），また，中間処理を経由して最終処分される場合には180日以内に，委託した産業廃棄物の中間処理が終了したことを確認する必要があります。

排出業者は，終了報告期限が過ぎても処理業者からの報告がない場合には，業者に処分状況を問合せ，委託した産業廃棄物の処理状況を確認した上で適切な措置を講じ，その旨を都道府県などに報告する必要があります。

さらに，排出事業者および処分業者はマニフェスト伝票を，マニフェストの交付日または送付を受けた日から5年間保存しなければいけません。

補足

ゴミの種類／都市ゴミの内容

都市やビルから排出される廃棄物は，主に厨芥（厨房由来の動植物性残渣），混合雑芥（紙類など，質量比50%程度の動植物残渣が混合するもの），雑芥（紙類や落ち葉など，質量比20%程度の動植物残渣が混合するもの），紙くずの4種類です。

■各業者が保存するマニフェスト伝票控え

業者		保存するマニフェスト伝票
排出事業者		A票，B2票，D票，E票
収集運搬事業者		C2票
中間処理業者	処分受託分として	C1票
	処分委託者として	A票，B2票，D票，E票
最終処分業者		C1票

※処分業者はB2票，D票は90日以内，E票は180日以内に排出事業者に返却

チャレンジ問題

問1　難 **中** 易

産業廃棄物のマニフェスト（産業廃棄物管理票）による管理に関する次の記述のうち，もっとも不適当なものはどれか。

(1) 排出事業者は，マニフェストA票を控えとして保存する。
(2) 運搬作業終了後，収集運搬業者よりB2票が排出事業者に返却される。
(3) 排出事業者は，マニフェストを5年間保存する。
(4) 最終処分完了後，処分業者よりE票が排出事業者に返却される。
(5) 依頼から180日を経過してもD票が返却されない場合には，排出事業者は処分状況の確認を行なう。

解説

D票は依頼から90日，E票は依頼から180日が経過しても返却されない場合には，業者に処分状況を問い合わせることが必要です。

解答 (5)

建築物内における廃棄物管理と処理設備

1 建築物内における廃棄物処理

建築物内で排出された廃棄物は，**運搬→集積**（**貯留，保管**）**→**（**必要に応じて**）**中間処理→建築物外へ排出**という流れで処理されます。

廃棄物はそののち，**収集→運搬→中間処理→最終処分**という流れで処理され，また，各段階で減量化，資源化，分別などが行なわれます。

2 廃棄物の収集および運搬方式

廃棄物の収集には，廃棄物の種類によって**金属製ダストカート，ゴミ収集かご，布製コレクタ**などを利用します。このとき，一定の種類別に分ける分別収集，一括して集める混合収集のどちらかの方法で収集が行なわれ，一括収集の場合にはビルのメンテナンス業者が事後分別を行ないます。

収集した廃棄物は，手押し車などを利用して水平移動，エレベータやダストシュートで垂直移動したのち，中間処理室や集積室へ運ばれます。ダストシュートは廃棄物を投げ捨てることができますが，内部の洗浄装置，遮音吸音装置，堆積量検知装置，換気装置，消火装置などが必要となります。

■ダストシュートの例

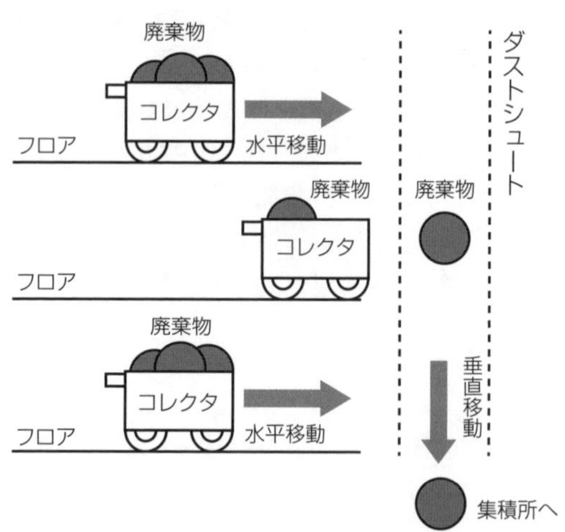

3 廃棄物の処理室および集積室

中間処理を行なう処理室は，圧縮機，梱包機，破砕機などの中間処理機が設置され，廃棄物の中間処理と，廃棄物を建築物外に排出するまでの間の保管場所の役割を担っています。

集積室では，廃棄物を建築物外に排出するまで一時的に保管します。この集積室は廃棄物の保管専用とし，第3種換気設備を設置して粉じんと臭気漏れを，定期的に清掃，消毒，殺虫剤の散布などを行なうことで衛生動物（害虫）の発生と繁殖を防止します。

また，厨芥を保存する場合には，専用冷蔵庫か冷蔵設備を用意します。

4 建築物内における縦搬送方式

廃棄物の縦搬送方式は，ダストシュート方式をはじめ，以下の4種類の方法があります。

① **ダストシュート方式**
人手を使って廃棄物をダストシュートに捨てる方法で，衛生面に配慮する必要があります。

② **自動縦搬送方式**
分別された廃棄物をエレベータなどで垂直搬送したのち，圧縮貯留します。

③ **水搬送方式**
生ゴミや液状廃棄物，汚水をディスポーザなどを使って破砕し，管きょを使って移送します。

④ **空気搬送システム**
床面積の大きい大規模建築物に，小口径管空気方式として用いられています。パイプ内に20～30m/sの空気流を作りゴミを浮遊させて搬送します。吸引式，圧送式，吸引圧送方式などがあります。

ビルゴミの一時貯留
建築物内で発生した廃棄物の一時貯留は，発生場所にもっとも近くに配置されている灰皿，厨芥容器，くず入れなど，ふた付きの容器か紙，プラスチック製の袋に収容します。袋を使用する際は，あらかじめ耐火性や耐水性があるかをチェックしておきましょう。

ディスポーザ
刃物をモータで回転させて破砕し，液状にして排水する装置のことで，厨房設備のひとつです。生ゴミの削減となるメリットがありますが，使用していくうちに下流部に沈積した破砕物が腐敗や閉そくするといったことが問題とされています。

⑤ **エレベータ方式**

低層階から高層階に対応しており，人手を使って廃棄物をエレベータで垂直運搬します。空になったコレクタを各階まで戻す作業が必要で，人手とコストがかかるといった短所があります。

5 建築物内における中間処理設備

建築物内の中間処理としては，廃棄物の圧縮，減容，均質化，保管場所の節約，搬出・運搬の効率化などの目的のため，以下のような方法を用いて実施されます。

①**圧縮機**

雑芥（ざっかい），紙ゴミ，缶，プラスチックなどを圧縮する装置で，設備内部に廃棄物を圧縮貯留できるドラム式，スクリュ式などの種類がある**貯留排出機方式**や，紙ゴミなどを高圧縮したのちに，コンテナ内に詰める**コンパクタ・コンテナ方式**などがあります。圧縮率は3分の1から4分の1程度が多いのが特徴ですが，厨芥などの圧縮には向いていません。

② **梱包機**

新聞，雑誌などの紙ゴミや段ボール，繊維製品などを圧縮梱包する装置です。圧縮梱包によって資源回収による再資源化に役立てることができます。

③ **破砕機**

缶，ビン，プラスチックゴミを摩擦，衝撃，圧縮，せん断という力を単独，もしくは組み合わせて使用して破砕することで，廃棄物を減容します。紙ゴミや段ボールの破砕機では，破砕後に緩衝マットや袋入り緩衝材に加工してくれる機種もあります。

④ **そのほか**

厨芥の冷蔵装置，紙ゴミ用の裁断機（シュレッダ），プラスチックの溶解固化装置などがあります。厨芥などの生ゴミは，脱水処理する方法もあります。さらに，生物処理方式の**生ゴミ処理機**，ボイラなどの蒸気や電気ヒータなどを熱源にした**生ゴミ乾燥機**などによって減容化されています。

6 建築物外への廃棄物搬出

廃棄物は，最終的に建築物外に搬出します。その際，廃棄物をパッカー車などに自動的に積み込んでくれる貯留排出機を利用すると効率的です。

運搬には，パッカー車（機械式ゴミ収集車），コンテナトラック，清掃ダンプ車，資源回収車などを利用します。中でも，車体の後部に積み込み口があり，プレス式もしくは回転板式で廃棄物を圧縮しながら積み込めるパッカー車は，一般廃棄物の運搬によく使用されています。

■廃棄物の集積から搬出の流れ

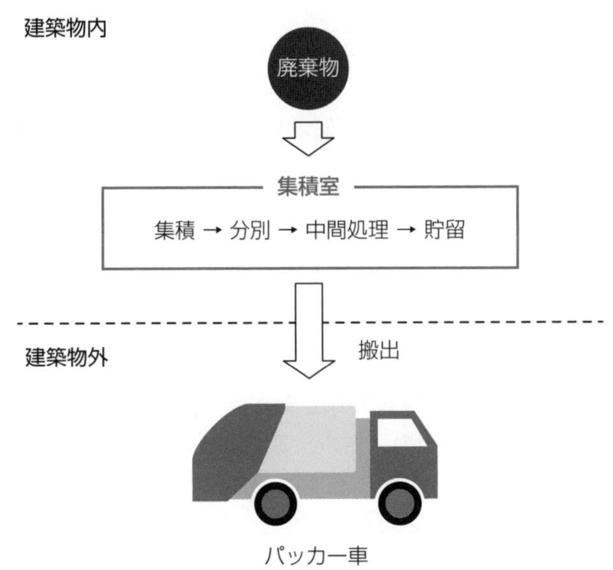

パッカー車
パッカーとは，ゴミを圧縮してコンデンサ（押し縮める機器）に押込む装置をいい，これを付属させているコンテナ付きの小型ゴミ収集車です。

7 中間処理（焼却）

物理的，化学的，生物学的にさまざまな性質を持っている廃棄物は，中間処理と最終処理を行なうにあたり，安全化，安定化，減量化を目指さなくてはなりません。廃棄物を大幅に減容・減量化できる中間処理の1つに，焼却があります。廃棄物を焼却することで，容積で10分の1～20分の1，重量では6分の1程度にまで圧縮することが可能です。しかし，焼却を行なうと，ばいじんや有害性物質，臭気，ダイオキシン類などが発生するため，大気汚染防止法，悪臭防止法，厚生労働省によるダイオキシン類発生防止等ガイドラインなどにより，規制が行なわれています。

規制する法律と内容には，以下のようなものがあります。

大気汚染防止法

火格子（ひごうし）面積が$2m^2$以上もしくは，焼却能力が200kg/hの廃棄物焼却炉をばい煙発生施設とし，ばい煙，揮発性有機化合物，粉じんなどの排出規制を行ない，悪臭防止法では，硫化水素，アンモニアといった特定悪臭物質を一定の基準で測定し，濃度規制を行なっています。

ダイオキシン類発生防止等ガイドライン

厚生労働省によるこのガイドラインでは，基本方針として，以下の4つが明示されています。

① ゴミの排出抑制，リサイクルによる焼却量の削減
② 全連続炉における適切な焼却（排出ガス対策，ゴミ処理の広域化，間欠炉の廃止）
③ 溶融固化等による焼却灰・飛灰の適正処理
④ 最終処分場対策

8 最終処分（埋立て）

廃棄物の最終処分として埋立てがあり，その方法は河川，湖沼，海面で行なう水面埋立てと，平地や山間などの陸地で行なう陸上埋立ての2種類があります。埋立てられる主な廃棄物には，以下のものがあります。

① 含水率85%以下に脱水した汚泥
② 一般の廃棄物焼却灰
③ 建設廃棄物

埋立てたのちは，埋立地に降った雨水が廃棄物層を通過する過程で廃棄物から溶け出した有機物，塩類，重金属などが含まれた廃棄物埋立地浸出水が，長年に渡り流出します。そのため，埋立地底面に遮水構造を施すなど，適切な処理が必要です。

最終処分の割合
平成25年度の一般廃棄物の排出量は4487万トンで，このうち最終処分量は454万トン，減量処理率は98.6%，総資源化量は926万トン，リサイクル率は20.6%でした。一般廃棄物のうち，中間処理されずに直接埋立てられる直接埋立率は1.4%でした。

9 最終処分場

最終処分場は3種類に大別され，それぞれ維持管理の基準が規定されています。

① **安定型処分場**
陶器，金属，ガラス，プラスチック，建設廃材，ゴムなどの廃棄物を埋立て処分します。
② **遮断型処分場**
特定有害産業廃棄物を埋立て処分します。
③ **管理型処分場**
①②以外の埋立て処分を行ないます。

10 廃棄物の再生と資源化利用

廃棄物は，手を加えることで**再生資源**となります。その例が，紙ゴミ，厨芥，プラスチックなどを破砕，乾燥，固形化したRDF（Refuse Derived Fuel）で，安価な固形燃料として利用されています。

また，生ゴミなど有機性廃棄物の処理技術が応用されたものとして，**高速堆肥化**があります。これは，微生物の作用を利用して短期間で有機性資源を分解，その際発生する熱で有害細菌を死滅させ，安全なものに変換して肥料にする堆肥化を行なう技術です。

生ゴミの堆肥化
生ゴミを堆肥化して処理することを，コンポストといいます。

地方公共団体の中には，分別収集した生ゴミを使って大型の高速堆肥化装置でコンポスト（生ゴミを微生物の働きで発酵分解させて堆肥にしたもの）を生産しているところもあります。

チャレンジ問題

問１　難　中　易

建築物内における廃棄物の種類と中間処理方法との組合せとして，もっとも不適当なものは次のうちどれか。

廃棄物の種類 ――― 中間処理方法
(1) 缶類 ――――― 圧縮
(2) プラスチック ―― 圧縮
(3) 厨芥 ――――― 脱水
(4) 段ボール ――― 梱包
(5) 雑誌 ――――― 切断

解説

(5) 雑誌も段ボールと同様，梱包機で梱包を行ないます。

解答 (5)

問２　難　中　易

建築物内における廃棄物処理に関する次の文章の［　　］内の語句として，もっとも不適当なものはどれか。

建築物内の中間処理は，廃棄物の［(1)圧縮による減容化］，［(2)脱水による減容化］，［(3)混合による減容化］，［(4)保管スペースの節約］，［(5)搬出・運搬の効率化］を図るために実施する。

解説

廃棄物を分別収集や減容化することにより，保管室のスペースの節約，搬出・運搬の効率化を図ります。

解答 (3)

第7章

ねずみ・昆虫などの防除

1 衛生生物とその被害

まとめ&丸暗記　● この節の学習内容のまとめ ●

□ 衛生動物と衛生害虫
人間に対して感染症を媒介したり，衛生上有害な動物や昆虫のこと

□ 衛生動物（害虫）が人間に与える衛生的被害
①疾病の媒介 ②食品汚染 ③アレルギー ④吸血・刺咬 ⑤皮膚炎 ⑥精神的被害 ⑦不快感

□ 衛生動物（害虫）が人間に与える経済的被害
①商品の汚染，汚損 ②電気機器の破損，漏電，火災 ③防除作業費と使用薬剤の増大 ④社会的信頼の失墜

□ ペストコントロール
衛生動物（害虫）を人間に害のないレベルにまで繁殖や活動を管理，抑制する技術

□ IPM（Integrated Pest Management）
各種防除対策を組み合わせ人間の健康や環境に配慮し，薬剤だけに頼らない防除対策のこと。総合防除，総合的有害生物管理ともいう

□ IPMによる具体的な防除対策
①事前調査（生息，環境，被害調査）②防除計画（防除目標の設定・選択，作業手順の設定，注意事項，作業期間，関係者，利用者への周知）③防除の実施（環境的，物理的，化学的防除）④効果判定（確認調査，防除の有効性の評価・判定など）⑤実施後の措置（使用資材の回収，死骸などの回収・廃棄，再作業の実施

ねずみと昆虫

1 建築物のねずみ・昆虫

ねずみやゴキブリ，蚊など，人間に対して感染症を媒介したり，衛生上の害をあたえたりする動物や昆虫を，**衛生動物**，**衛生害虫**といいます。現在，ビルはその建物内で活動する人が快適に過ごせるように近代化と構造の複雑化が進んでいますが，実は衛生動物（害虫）にとっても繁殖しやすい場所となっています。

たとえば，排水溝の残滓，大量のゴミ，配管の空間，家具や調度品の隙間，空調が効いた室内，天敵が不在であることなど，まさに衛生動物（害虫）にとって食事や隠れ場所に困らない環境となっているのです。

こうした衛生動物（害虫）は，人間に対して有害な影響を与えるため，建築物衛生法では規制が設けられています。

疾病の媒介：食中毒やマラリア，デング熱などの感染
皮膚炎の原因：かゆみや発疹，紅斑などの皮膚の炎症
吸血：人の血液を吸う
刺咬：刺したり，咬んだりし，毒液注入などもある
アレルギー反応の原因：アナフィラキシーショックなど

こうした衛生動物（害虫）のうち，感染症を媒介するものを**媒介動物（害虫）**，吸血や刺咬により人体に危害を加えるものを**有害動物（害虫）**，実害はほとんどないものの，発生数が多い，不快な臭いがある，形状が嫌悪感をあたえるといったものを**不快動物（害虫）**といいます。

衛生動物（害虫）は，衛生面のみならず，電話線や電線などの配線をかじったり，機器の隙間に入り込んだりすることで停電や漏電，機器の故障の原因ともなり，これによって仕事の効率が落ちるなど，経済面，産業面でも悪影響をあたえます。

害虫の発生場所
<地下水層・汚泥など>
チョウバエ，オオチョウバエ，チカイエカ
<厨房>
ショウジョウバエ，ノミバエ，ゴキブリ，ねずみ
<家具・木材>
ヒラタキクイムシ
<畳>
タバコシバンムシ，ヒョウダニ，ケナガコナダニ
<じゅうたん>
イガ，コナヒョウダニ
<壁・柱の割れ目>
トコジラミ
<食品>
シバンムシ，カツオブシムシ，ノシメマダラメイガ，ケナガコナダニ，チーズバエ

害虫の侵入経路
① 飛来して侵入
② 人体の外部に寄生して侵入
③ ねずみ，野鳥に寄生して侵入
④ 2次的に発生

2 建築物衛生法に基づく基準

建築物衛生法の建築物環境衛生管理基準では，衛生動物（害虫）に対する防除義務が定められています。

「ねずみ，昆虫そのほかの人の健康を損なう事態を生じさせるおそれのある動物」は，ねずみ，ゴキブリ，ハエ，蚊，ノミ，シラミ，ダニなどで，「防除」とは，予防と駆除の意味を持つ言葉です。

■ねずみなどの防除指針

	措置内容	措置回数
ア	ねずみなどの発生場所，生息場所および侵入経路ならびにねずみなどによる被害の状況について統一的に調査を実施すること	6カ月以内ごとに1回
イ	アの調査結果にもとづき，ねずみなどの発生を防止するために必要な措置を講ずること	その都度
ウ	ねずみなどの防除のために殺そ剤または殺虫剤を使用する場合は，医薬品医療機器等法の規定による承認を受けた医薬品，または医薬部外品を用いること	

チャレンジ問題

問 1　　難　**中**　易

ねずみ・害虫に関する次の記述のうち，もっとも不適当なものはどれか。

(1) セアカゴケグモは，海外から移入し，定着した種である。
(2) 建築物の立地条件や設備によって，建築物内で見られる生物は異なる。
(3) 建築物内での害虫の発生は，人の生活様式によるところが大きい。
(4) 建築物内に発生する生物が喘息などのアレルゲンになる場合がある。
(5) 人の健康に害をおよぼすねずみや昆虫などは，すべて媒介動物である。

解説

(5) の媒介動物以外にも，有害動物や不快動物などがいます。

解答 (5)

建築物内で発生しやすい被害

1 ねずみなどによる衛生的な問題

ねずみやゴキブリなどの衛生動物（害虫）が人間にあたえる衛生的な被害は，以下のようなものになります。

① **疾病の媒介**

ねずみに寄生しているダニやノミなどの害虫をまき散らしたり，サルモネラ菌を含む糞尿を建物内に排泄することで，人間に感染症などの健康被害をもたらします。

② **食品汚染**

衛生動物（害虫）が厨房の食材を食べたり触れたりすることで病原菌が付着し，こうした食材を食べることで体内に病原菌が取り込まれ，食中毒などの原因となります。

③ **アレルギー**

室内のダニや埃などを吸い込むことで，くしゃみや鼻水などのアレルギー症状が発生します。

④ **吸血・刺咬**

蚊，ノミ，ダニなどは人間を刺咬したり吸血したりすることで，健康被害をもたらします。

⑤ **皮膚炎**

ヒゼンダニは，激しい痒みをともなう通常疥癬や，角化型疥癬などの皮膚炎の原因となります。

⑥ **精神的被害**

建物内で衛生動物（害虫）による健康被害を体験したり，その体験を伝聞で見聞きしたりすることで，ビルの室内環境に対する不信感などがビルメンテナンスに対する苦情などとなって現れる場合があります。

⑦ **不快感**

悪臭や，ゴキブリ，ナメクジなどの形を見ることで不快感をもよおすことがあります。

感染症を媒介する動物および昆虫

ねずみ：鼠咬症，ワイル病，食中毒，ペスト，つつが虫病，日本住血吸虫病など
蚊：日本脳炎，デング熱，マラリア，フィラリアなど
ノミ：ペスト，発疹熱など
シラミ：発疹チフスなど
つつが虫：つつが虫病
ハエ，ゴキブリ：赤痢，コレラ，腸チフスなど

2 経済的な問題

衛生動物（害虫）は，以下のような経済的被害ももたらします。

① **商品の汚染，汚損**

工場などでは，昆虫が商品に混入することで回収や企業イメージのダウンが生じたり，倉庫やスーパーなどでは商品がかじられたり，昆虫の死骸が付着したりすることで売り物にならなくなり，廃棄処分せざるを得なくなります。これにより経済的被害や，返品対応といったコストが発生します。

② **電気機器の破損，漏電，火災**

電気機器や建築物内の配線がねずみなどにかじられると，ショートして停電や火災が発生するおそれがあります。たとえば，ねずみは冷蔵庫の裏側に巣を作ることが多く，周辺で冷蔵庫の配線を食いちぎることがあります。

③ **防除作業費と使用薬剤の増大**

衛生動物（害虫）の駆除は定期点検以外のコストがかかるため，回数が増えるとテナント料の値上げにもつながります。また，駆除に使用される薬剤は，人にも影響をおよぼすことがあり，慎重に行なう必要があります。

④ **社会的信頼の失墜**

ビル内の飲食店などの営業中のゴキブリの出現や，食中毒の発生などは，信用問題やビル全体の管理問題などに発展するおそれがあります。

チャレンジ問題

問1　難 **中** 易

建築物内の害虫に関する次の記述のうち，もっとも不適当なものはどれか。

(1) 発生する不快害虫は，健康を阻害する要因の1つと考えられている。
(2) 発生する害虫によって，感染症が伝搬されることがある。
(3) 建築物内の環境は，そこで発生する害虫類には適した環境ではない。

解説

建物内の環境に適応し繁殖を繰り返す害虫もいます。

解答 (3)

ペストコントロール・IPM

1 ペストコントロール

衛生動物（害虫）を，人間の生活を脅かさない程度にまで抑制・管理する技術をペストコントロールといいます。

ペストとは，ねずみに付着したノミなどから人間に感染する伝染病で，13～14世紀のヨーロッパで大流行しました。ここでは，病名のペストだけでなく，衛生動物（害虫）全般を指す言葉として使われています。

建築物は，人間が便利かつ快適に活動できるよう，多様化と複雑化の一途をたどっており，配管や配線，空調，ゴミなど，衛生動物（害虫）が繁殖しやすい環境となっています。

人間が快適に過ごせる環境は，衛生動物（害虫）にも都合がよいため，ビル内の衛生動物（害虫）を1匹残さず全滅させるには，強い薬剤を用いたり，空調や配管を取り外したりする必要があります。そうなると，建築物の内部で活動する人間に健康被害が出たり，快適さを損ねたりするおそれが出てきます。

いいかえれば，衛生動物（害虫）を全滅させるには，人間にとっての利便性や快適性を犠牲にしなければならないのです。

そこで，ビル管理においては衛生動物（害虫）をすべて駆逐することを目的とするのではなく，人間にとって害のないレベルにまで繁殖や活動を管理，抑制，つまりコントロールすることに重点を置いたペストコントロールの概念が，非常に有用となっています。

ペスト ＝害虫・さまざまな有害生物

コントロール ＝管理する・制御する

有害生物
有害生物についての学術的，法律的定義はありませんが，生物によって人の健康や経済活動などに悪影響が生じた場合に，その原因生物を総称として有害生物と呼んでいます。ある種の生物の存在そのものが有害であるというわけではなく，自然界に存在するさまざまな生物がときと場合によっては人に対して有害生物となります。

2 IPM

ビル管理において，衛生動物（害虫）の防除には「IPM」（Integrated Pest Management）の概念が取り入れられています。IPMは，日本では**総合防除**や**総合的有害生物管理**と訳され，「害虫などによる被害が許容できないレベルになることを避けるため，もっとも経済的な手段によって，人や財産，環境に対する影響がもっとも少なくなるような方法で，害虫などと環境の情報をうまく調和させて行なうこと」と定義されています。

こうした総合防除の考え方が広まったのは，これまで衛生動物（害虫）に対して，薬剤を多用してきたことへの反省があります。薬剤は多用することで効率的な駆除が可能となりましたが，その一方で人間に健康被害をもたらしたり，衛生動物（害虫）が薬剤への耐性を持ってしまうことでより強い薬剤を使用しなければならないといった悪循環に陥ったりするなど，その弊害も問題視されてきました。そのため，現在では総合防除という和訳の通り，さまざまな防除対策を組み合わせることで，人間の健康や環境に対する配慮や，薬剤だけに頼らない防除対策を講じることが目標とされ，具体的には以下の5段階で行なわれます。

① **事前調査**
生息，環境，被害調査

② **防除計画**
防除目標の設定・選択，作業手順の設定，注意事項，作業期間，関係者，利用者への周知

③ **防除の実施**
環境的，物理的，化学的防除

④ **効果判定**
確認調査，防除の有効性の評価・判定など

⑤ **実施後の措置**
使用資材の回収，死骸などの回収・廃棄，再作業の実施

また，防除には発生と侵入を阻むことで被害を防止する予防，建築物内に生息している衛生動物（害虫）を殺滅する駆除の2つの意味があり，衛生動物（害虫）対策の両輪の役割を果たしています。

IPMではまず，発生予防対策を実施することが大切です。

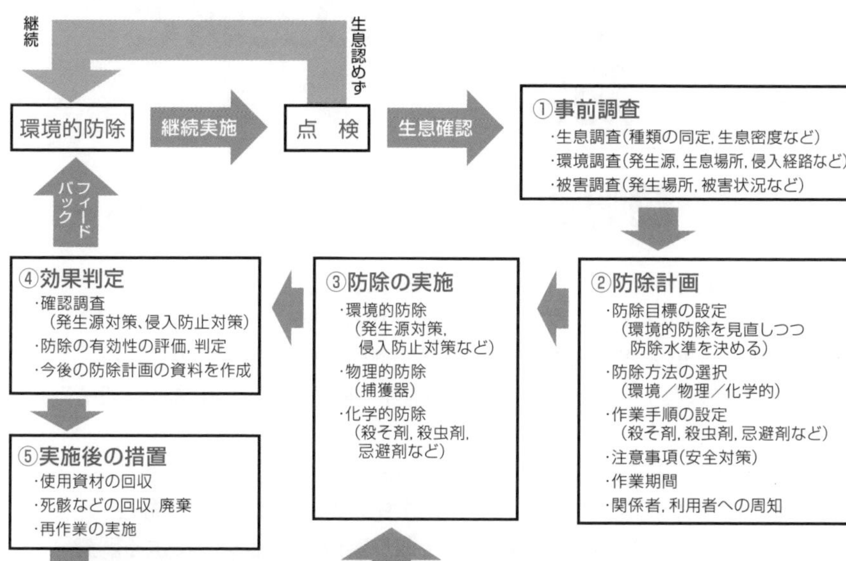

チャレンジ問題

問1　　難　中　易

建築物内のねずみ・昆虫などの防除に関する次の記述のうち，もっとも不適当なものはどれか。ただし，IPMとは，総合的有害生物管理である。

(1) IPMは，ねずみ・害虫管理の考え方（理念）である。
(2) IPMにおける措置水準とは，すぐに防除作業が必要な状況をいう。
(3) IPMにおける許容水準とは，環境衛生上良好な状態であり，定期的な調査を継続すればよい状況をいう。
(4) 防除は，発生予防対策より発生時対策に重点を置いて実施する。
(5) ねずみなどの防除は，ヒトの健康に対するリスクと環境への負荷を最小限にとどめるような方法で実施する。

解説

(4) 発生予防対策を優先し，防除できない場合に発生時対策を行ないます。

解答 (4)

2 衛生生物の生態と防除

まとめ&丸暗記　● この節の学習内容のまとめ ●

□ ねずみの種類，調査ポイント，防除方法
種類：ドブネズミ，クマネズミ，ハツカネズミ
調査：①侵入経路 ②巣を作る場所 ③餌の場所 ④建築物の周辺
防除：環境的（侵入経路遮断）物理的（捕獲器など）化学的（殺そ剤）

□ ゴキブリの種類，調査ポイント，防除方法
種類：チャバネゴキブリ，ワモンゴキブリ，クロゴキブリなど
調査：①建築物内部の巡回 ②聞き取り調査 ③トラップによる調査
防除：環境的（ゴミの保管を工夫）物理的（捕獲器）化学的（殺虫剤）

□ 蚊の種類，調査ポイント，防除方法
種類：アカイエカ，ネッタイイエカ，ヒトスジシマカなど
調査：①建築物内部の調査 ②聞き取り調査 ③捕虫器による調査
防除：環境的（侵入経路遮断）物理的（殺虫器）化学的（昆虫成長抑制剤，殺虫剤）

□ ハエの種類，調査ポイント，防除方法
種類：イエバエ，センチニクバエ，チョウバエなど
調査：①建築物内部の調査 ②聞き取り調査 ③粘着シートによる調査
防除：環境的（定期的なゴミ出し）物理的（粘着リボンなどで捕獲）化学的（殺虫剤）

□ ダニの種類
種類：イエダニ，ケナガコナダニ，ヒョウダニ類，ツメダニなど

□ そのほかの害虫の種類
種類：シロアリ，ユスリカ類，ノミ類，トコジラミ，シバンムシなど

ねずみ類の分類・生態と防除方法

1 ねずみの種類と特徴

衛生動物の代表例ともいえるのが，ねずみです。感染症の媒介，配線を食いちぎり，漏電や火災の原因などを引き起こすことで知られ，日本では約30種類が確認されています。その中で，ビルに生息しているのが，主にドブネズミ，クマネズミ，ハツカネズミです。巣を中心に縄張りを作り，夜行性で夜明け前と日没後によく活動しますが，体長や生息場所，食行動などはそれぞれ異なっています。

また，ねずみの特性として行動ルートにラットサイン（ラブサイン）と呼ばれる黒いこすり跡を残します。この跡の残し方で，種類の鑑別ができます。さらに，ラットサインを見つけることで，侵入口を発見し，駆除や防除を効果的に行なうことができます。

ねずみの一般的特性
ねずみは建築物周辺やダクトなど，さまざまな場所で生息できます。繁殖力が強く，室内が一定の温度で保たれているビル内は格好の住み家となる上，ビル内では配線はもちろんのこと，金属もかじるため，要注意です。雑食性なのでゴミなども平気で食べますが，食後に残した糞の状態で，活動の状況や種類が分かるため，駆除の際には役立ちます。

■ねずみの種類と生態

名称と形態	形態の特徴	性格と食性	生息地
ドブネズミ（ラット）	体長：22～26cm 体重：300～500g 耳が小さい 腹部が灰色 尻尾は18～22cm	どう猛 泳ぎが得意 綱渡りが苦手 雑食性（肉·魚）	床下 下水 ゴミ捨て場 など
クマネズミ（ラット）	体長：15～23cm 体重：200～250g 耳が大きい 尻尾は17～26cm	警戒心が強い 泳ぎが苦手 綱渡りが得意 雑食性（雑穀）	天井 壁伝い 配管 など
ハツカネズミ（マウス）	体長：6～9cm 体重：15～20g 耳が大きい 尻尾は5～10cm	泳ぎが苦手 綱渡りが得意 雑食性（雑穀）	自然環境に隣接する建築物 家具の隙間 など

2 調査のポイント

東京都では，建築物衛生法に基づくビルには毎月1回，ねずみなどの生息状況の点検が義務づけられています。

その際，注意するのは以下の4点です。

① **侵入経路**

建築物の壁や隙間，排水パイプの確認など

② **巣を作る場所**

天井裏，カウンター，冷蔵庫の裏，空調機の内外など

③ **餌の場所**

厨房，ゴミ置き場，食品倉庫など

④ **建築物の周辺**

周辺にゴミ置き場があるかなどの確認

3 防除方法

防除方法は，まず，**環境的防除**を行ないます。金属のネットや扉などを利用し，侵入経路を遮断します。その上で，巣の材料となる布や紙きれをなくし，餌となるゴミを密閉容器に収納し，残渣物は常に清掃して残さないようにします。

ねずみは通り道，餌，巣がないと生息できないため，この3つをなくすことが防除の早道です。ただし，餌と巣を完全になくすことは難しいレストラン街や紙を使用するオフィスなどでは，**物理的防除**を行ないます。黒いこすり跡であるラットサインや，糞の場所などをもとに，ねずみの通り道を確認し，粘着シートやトラップ（捕獲器）を配置します。これで効果がない場合は，**化学的防除**を使用します。

化学的防除には，毒餌や毒だんごなどの殺そ剤を食べさせる食毒法がもっともよく使われています。食毒法で使用する殺そ剤には，短時間で死亡させる急性殺そ剤と，警戒心を与えず数日かけて血液中の赤血球を徐々に壊して安楽死させる抗凝血性殺そ剤の2種類があり，急性殺そ剤には，摂食後10時間以内に効力を発揮する即効性のものと，10時間以上経過してから効力を発揮する遅効性のものがあります。

このほかにも，ねずみに粉末殺そ剤を付着させ，毛づくろいをするときに経口毒殺を行なう**散粉法**，殺そ剤を水に溶かして摂取させる**毒水法**などがあり，倉庫や船舶の場合には内部に毒ガスを充満させて駆除する**毒ガス法**もあります。

殺そ剤は人間の健康に被害をもたらすことがありますので，なるべく少量にすることと，死骸は回収して清潔さを保つ必要があります。ただし，クマネズミは耐性があり，効きにくいという欠点があります。

■ねずみの防除と駆除方法

環境的駆除・防除方法	侵入箇所には，すき間が1cm未満の格子や綱目の付いたふた，遮断路などを設け，ねずみが通れないようにする
	ねずみがトンネルを掘れないように，地中基礎は地面下70cm以上とする
	ねずみが登らないよう外壁の凸凹を少なくする
	パイプや電線などが貫通する壁部分には，必ず座金などを設置する
	外壁周囲の植物などは，直接建物に触れないようにする
	開口部は，ねずみが飛び上がれない90cm以上の高さを確保する
	建物の壁や天井は密閉構造とし，出入口や地下駐車場なども自動ドアやシャッターを設け，密閉構造とするのが望ましい
物理的駆除・防除方法	捕獲機器は，数量を多く設置するほうが効果的である
	器具は最低でも3日間は仕掛け続ける
	クマネズミの防除では一般的に粘着テープが用いられるが，捕獲効率は低い
化学的駆除・防除方法	殺そ剤
生物的駆除・防除方法	ねずみの天敵のイタチやヘビなどを用いる

ねずみの巣
ねずみは布や紙切れなどを利用して巣を作ることがあります。建物内では，天井裏，壁の中，カウンター，厨房機器内，冷蔵庫裏，空調機内外などによく見られます。

チャレンジ問題

問1　難 **中** 易

ねずみの生態に関する次の記述のうち，もっとも不適当なものはどれか。

(1) クマネズミは雑食性であるが，ドブネズミは植物嗜好性が高い。
(2) ねずみの糞からは，食中毒の原因となる病原体が検出されることがある。
(3) ねずみの移動経路は一定しているので，体の汚れが通路となる壁やパイプに付着する。
(4) ハツカネズミは，畑地周辺に生息しているが，家屋に侵入することもある。
(5) ドブネズミは，水洗トイレの中から侵入することがある。

解説

(1) ねずみは雑食性ですが，ドブネズミは動物嗜好性，クマネズミは植物嗜好性が強い特徴があります。

解答 (1)

ゴキブリ類の分類・生態と防除方法

1 ゴキブリの種類と特徴

ゴキブリはトイレ，排水口，下水道などあらゆる場所で見ることができる害虫で，糞や病原菌をまき散らすため，人間の健康を損ねる原因の1つとなっています。日本では20種類近くのゴキブリが確認されていますが，屋内で生息しているのは5～6種類です。成長が早く，チャバネゴキブリは約60日，ワモンゴキブリ，クロゴキブリは約1年で成虫になります。

① チャバネゴキブリ

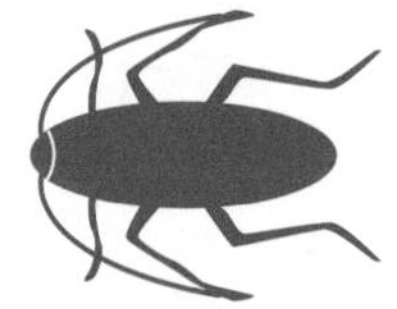

暖房の効いたビルや飲食店などを中心に生息するゴキブリで，体長は12～15mmと小さめです。黄褐色で，幼虫から6回ほどの脱皮で成虫になります。

② ワモンゴキブリ

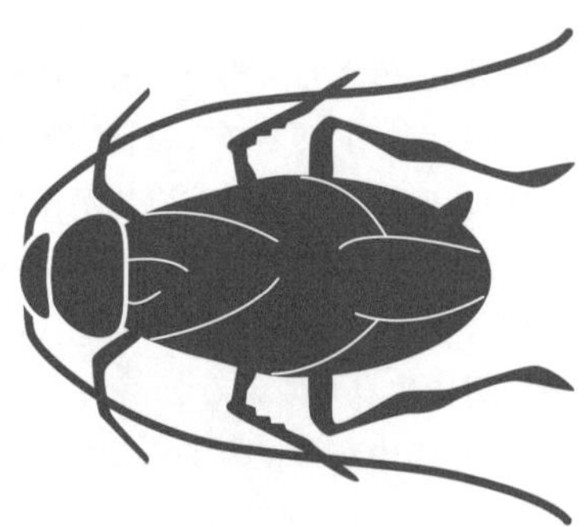

体長30～45mmで，屋内で見られるゴキブリでは最大です。光沢のある赤褐色で，九州や沖縄などでよく見られます。前胸背板に黄白色の斑紋があるのが特徴です。

③ クロゴキブリ

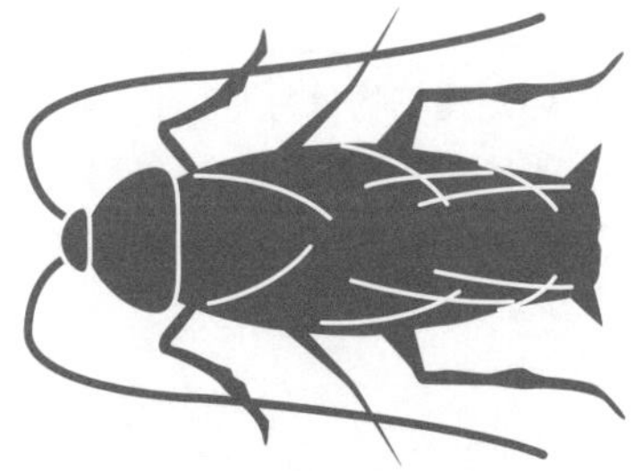

体長は30～40mm，長めの羽根を持っており，体は黒褐色です。排水口や下水道，ゴミ置き場，排水槽，厨房などに生息し，夜間に活動します。寿命は100～300日程度です。

④ トビイロゴキブリ

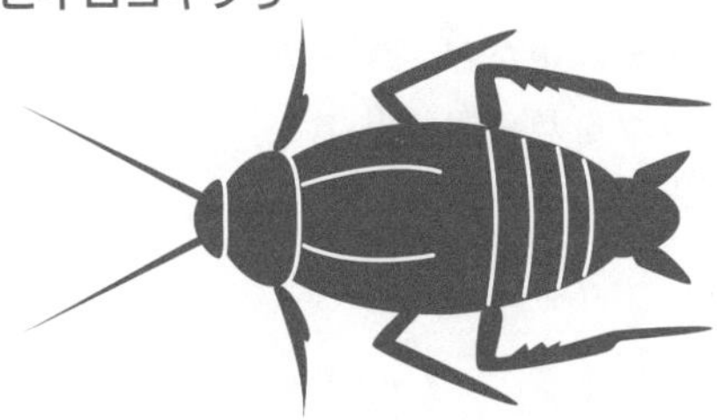

前胸背板に鳶色の斑紋があるのが特徴です。飲食店や地下街などの空気調和設備が完備していて，1年中暖かい場所に生息しています。

■ゴキブリの生態

生態	卵塊は鞘状（卵鞘と呼ばれる）で，卵→幼虫→成虫になる不完全変態。糞や吐物で黒インキの飛沫のような悪臭のある汚れを残すが，これをローチスポットという。走光性で，飛ぶこともできる。成長が早く，繁殖力が極めて旺盛
性質	群れをつくる性質（群居性）で，後腸から分泌される集合フェロモンによる。活動の際は，壁の縁や隅を好む性質がある。夜間活動する
生息場所	暖かく，人目につかない物陰，餌があり湿度の高い場所。日中はほとんど，このような場所に潜伏している
食性	手あか，ゴミ，新聞紙，糞便など何でも食べる雑食性

完全変態と不完全変態
昆虫が成虫になる現象を変態といい，卵から幼虫，サナギを経て成虫に至るものを完全変態，サナギにならず卵から幼虫を経て成虫に至るものを不完全変態といいます。完全変態はハエ，蚊，蝶，不完全変態はゴキブリなどがいます。

フェロモン
動物の体内で作られ，体外に分泌される物質で，同種個体間に特有の行動や生理的反応を引き起こす有機化合物をいいます。フェロモンには，性フェロモン，道標フェロモン，集合フェロモン，警報フェロモンなどの種類があります。

ゴキブリ指数
全捕獲数／設置トラップ×設置日数で，ゴキブリ指数を割り出すことができます。

2 調査ポイント

東京都では，建築物衛生法に基づいた建築物は毎月1回，衛生害虫の生息状況を点検することが義務づけられ，生息が確認された場合には必要に応じて必要最低限の防除を行ないます。調査方法には，以下の3つの方法があります。

① 建築物内部の巡回

建築物内部をくまなく巡回して，死骸などの確認を行ないます。ゴキブリが多く見られる厨房，給湯室，トイレ，受水槽室，汚水槽室，ゴミ置き場などは特に念入りに調べる必要があります。

② 聞き取り調査

建築物を利用している事務所や飲食店などにアンケートを実施することで，効率よく実態を把握することができます。

③ トラップによる調査

冷蔵庫の周辺，家具の隙間，調理台周辺など，ゴキブリの通り道と考えられる場所に粘着シートなどのトラップを数日間仕掛けて，様子を見ます。ゴキブリ以外の害虫が捕獲できることがあるので，これらも記録しておきます。

3 防除方法

防除方法には，以下の3種類があります。

① 環境的防除

清掃とゴミの保管を工夫することで，ゴキブリなどに餌を食べられないような環境を作ります。たとえば，残飯はふたが付いた容器に入れる，常に清潔を心がけ，残滓を残さないようにするなどです。

② 物理的防除

トラップや捕獲器などによる，物理的な防除を行ないます。

③ 化学的防除

薬剤を用いてゴキブリなどを死滅させます。通り道や徘徊場所にまいた薬剤に触れさせて駆除する方法や，毒餌を食べさせて，排出した糞やおう吐物を食べた別のゴキブリなどが連鎖的に死亡することで，効率的に駆除する方法，ゴキブリなどに付着しやすい粒子にした薬液を空中に噴射するULV（Ultra Low Volume）などがあります。

■薬剤防除の種類と方法

残留処理法	通り道などに重点散布する基本的駆除方法。散布した殺虫剤の上を歩いた脚などから体内に取り込まれることを主とする処理方法
	残効性の高い油剤や乳剤を散布する方法と，塗布する方法があり，ULV処理に使用する専用水性乳剤がある
	殺虫剤を残留する際の標準的散布（塗布）量は，散布（塗布）面積1m²あたり50mℓとする
	引き出しの中のゴキブリを駆除する方法として有効
	卵鞘には効果が期待できないので，1カ月程したら再度処理する
	長時間の駆除を目的とした処理法
くん煙処理法	ピレスロイド殺虫剤が多用され，速効性がある。ピレスロイド殺虫剤は，すき間に潜むゴキブリを追い出すフラッシング効果がある
	閉鎖的空間に用いられ，ダストシュート内でよく用いられる
煙霧処理法	油剤を煙霧器にかけ，微粒子にして室内に充満させる。室内空間に煙霧処理をする場合は，30～60分間は部屋を閉め切っておく
	ジクロルボス0.3%油剤による煙霧処理では，室内空間1m³あたり2～3mℓを処理する
	ゴキブリの生息密度が高く，室内全般に速効性が必要なときに用いる
毒餌	残留処理法，くん煙処理法，煙霧処理法が行なえない場所や，補助的に用いる
	毒餌は遅効性であるため，喫食の機会を高めるように毒餌剤を部屋の数カ所に設置する
	ベント剤は，喫食したゴキブリの体内に蓄積した薬剤によって効果を発揮するよう処方されている
	ピレスロイド系は喫食性を高めることがあり，毒餌との混合は逆効果となる
そのほか	粘着トラップは，生息密度がそれほど高くない場合に有効だが，薬剤抵抗性の発達が認められる
	粘着トラップの防除は捕獲効率に限界があるので，ほかの方法との併用や補助的使用とする。くん煙処理や煙霧処理後に用いると効果的

殺虫剤中毒の応急措置
経口：水を飲ませ，おう吐させます。
吸入：新鮮な空気をあたえ，日陰などで安静にさせます。
経皮：汚染した衣服を脱がせ，皮膚を石けんで洗い流します。
上記のような現場でできる応急処置を行ないつつ，医師を待ちます。

チャレンジ問題

問1　難｜中｜**易**

ゴキブリに関する次の記述のうち，もっとも適当なものはどれか。

(1) チャバネゴキブリは，卵から成虫になるまで，25℃で約半年を要する。
(2) ゴキブリの幼虫は，脱皮を繰り返してサナギ，成虫となる。
(3) ゴキブリの卵塊は舟状をしているため，卵舟という。
(4) ゴキブリが集合するのは，体節から分泌されるホルモンの作用である。
(5) ゴキブリには一定条件の潜み場所があり，日中はほとんどその場所に潜伏している。

解説

(1) 正しくは60日間です。(2) ゴキブリは不完全変態です。(3) 正しくは卵鞘です。(4) 正しくは糞中のフェロモンです。

解答 (5)

蚊類の分類・生態と防除方法

1 蚊の種類と特徴

日本では，蚊は100種類以上にものぼりますが，建築物に生息しているのは主にアカイエカ，コガタアカイエカ，チカイエカの3種類です。小さい上に見分けがつきにくいのが特徴ですが，それぞれ活動時間帯や生息地などが異なっています。蚊は完全変態（卵→幼虫→サナギ→成虫）の昆虫であり，ほとんどが吸血性（メスのみ）で，伝染病を媒介します。卵は卵舟といい，1腹の卵が互いに軽く粘着して舟型をしています。川舟型やゴンドラ型などがありますが，ヤブカやハマダラカは舟型を作りません。幼虫はボウフラで，サナギの状態はオニボウフラと呼ばれており，卵から成虫までは2週間ほど，成虫の寿命は約1カ月です。

■ボウフラの主な生息場所

① アカイエカ

体長は約5.5mm，脚は暗褐色で，灰褐色で下水溝などに生息し，室内に侵入し夜間に吸血を行ないます。人間や鳥類から吸血を行ない，メスは100～150個の卵を産みます。このほか，ウエストナイル熱を媒介することでも知られています。

② コガタアカイエカ

体長は約4.5mm，全体的に黒っぽく，付節と口吻に白帯があります。湿地や沼地などに生息し，夜間に吸血を行なう習性を持っています。卵から羽化の期間は2週間弱で，本州以南によく見られ，日本脳炎を媒介することで知られています。

③ **チカイエカ**

体長は約5.5mm，低温に強く，外観はアカイエカと似ていて，1年中暖かいビルの中などでは初冬でも活動できる特徴を持っています。ビルの下水槽や地下鉄のたまり水で発生し，メスは50～60個の卵を産みます。羽化後，最初の産卵のみ，幼虫時に摂取していた栄養分を利用して吸血せずに産卵できます。

④ **ネッタイイエカ**

アカイエカの亜種で，下水溝などの汚水から発生します。名前の通り，熱帯や亜熱帯，国内では沖縄などに多く見られ，フィラリアを媒介することで知られています。

⑤ **ヒトスジシマカ**

デング熱の媒介をする蚊といわれており，雨水ますや空き缶の中の雨水でも発生します。胸背の模様と脚の白帯が特徴で，本州以南でよく見られます。公園，墓地，竹やぶ，住宅の庭などで昼間に人から激しく吸血します。

■蚊の活動性と分類

族	属	種	活動性
ハマダラカ族	ハマダラカ属	シマハマダラカ	夜間活動性
イエカ（ナミカ）族	イエカ属	アカイエカ チカイエカ コガタアカイエカ	夜間活動性
	ヌマカ属	アシマダラヌマカ キンイロヌマカ ムラサキヌマカ	夜間活動性
	クロヤブカ属	オオクロヤブカ	夕刻活動性
	ヤブカ属	ヒトスジシマカ トウゴウヤブカ	昼間活動性

蚊の越冬

イエカ属は成虫越冬，ヤブカ属は卵越冬します。

蚊の人への近づき方

呼吸によって排出される二酸化炭素がよく知られていますが，筋肉で糖からつくられ，汗とともに皮膚表面に分泌されるL－乳酸という物質の分泌量が蚊に刺されやすいかどうかの個人差の一因といわれています。また，赤血球に含まれる5'－アデニル酸やアデノシン3リン酸という物質が蚊の吸血を刺激するともいわれています。さらに血液型では，O型の人がもっとも蚊に好まれるとの結果も報告されています。

2 調査ポイント

建築物衛生法に基づいた建築物は，東京都では毎月1回，衛生害虫の生息状況を点検します。生息が確認された場合には，防除を行ないます。

調査方法は，以下の3つの方法があります。

① 建築物内部の巡回

建築物内部を調査して，発生場所を特定します。

たとえば，チカイエカは地下室の汚水槽室を周辺に発生しやすい特徴があり，また，蚊は，建築物周辺の空き缶や雨ざらしの容器，弁当の空容器，古タイヤ，水がたまったビニールシートなどからも発生するため，注意が必要となります。

② 聞き取り調査

防除を効率よく行なえるよう，建築物を利用している事務所や飲食店などに実態を聞きます。

③ 捕虫器による調査

汚水槽や浄化槽，隣接する事務所などに捕虫ランプや粘着シートを設置して捕獲します。期間は2週間以内をめどにします。

3 防除方法

蚊は成虫になると飛翔して捕獲しにくくなるため，水中にいるボウフラの段階で実施することが望ましいとされています。たまり水をなくし，清掃や水の交換を週1回程度行ない，不要なものは片付けて清潔を心がけます。

また，雨水ますや排水ますの泥だめなどは，ゴミや落ち葉などがたまるとボウフラの格好の生育場所となるため，定期的に清掃と点検を行ない，必要であれば薬剤をまいて防除を行ないます。

環境的防除としては，通気口の点検，補修，汚水槽室の密閉状況の確認などがあり，物理的防除では殺虫器，トラップなどによる捕獲，化学的防除では昆虫成長抑制剤，殺虫剤などを使用します。

4 効果判定

蚊の幼虫対策および環境的，物理的化学的防除を行なったあとに，効果判定を行ないます。具体的には，成虫は粘着トラップなどを使用，水中にいる幼虫（ボウフラ）はすくって数を比較し，防除がどの程度効果があったのかを判定します。効果が認められない場合には再度防除を実施したり，改善策を検討したりするなどの対策を行なうことで，適切な防除を行なうことができます。

また，こうした防除は，今後の防除作業計画に反映して，より効率的な防除につなげていく必要があります。

■効果判定の防除活動への反映

反映できる活動	効果が認められなかった場合のための原因調査に反映する
	必要に応じて行なう再防除に反映する
	今後行なう防除作業計画に反映する →防除作業実施日から蚊について1週間程度を目安に，より効果的な防除へとつなげる

蚊の幼虫（ボウフラ）の生息調査方法
幼虫の生息状況を調査するには，柄杓（ひしゃく）などですくい取り，単位体積あたりの幼虫数を調べる方法などがあります。

蚊の一生
種類や季節によっても変わりますが，一般的に卵2～3日，幼虫（ボウフラ）7～10日，サナギ3日，成虫1カ月程度といわれています。

チャレンジ問題

問1　　難　**中**　易

蚊に関する次の記述のうち，もっとも不適当なものはどれか。

(1) アカイエカとチカイエカは，外部形態での区別が困難である。
(2) ヒトスジシマカは，公園，住宅の庭，墓地などで昼間に人をよく吸血する。
(3) アカイエカは，羽化後，最初の産卵を無吸血で行なうことができる。
(4) アカイエカは，人以外にニワトリや野鳥などからも吸血する。
(5) アカイエカやヒトスジシマカの主要な発生源の1つとして，雨水ますがある。

解説

(3) アカイエカではなく，チカイエカの解説です。

解答 (3)

ハエ類の分類・生態と防除方法

1　ハエの種類と特徴

ハエは，排泄物などのあらゆる汚物にとまってから，食器や食物に移るため，多数の病原菌をばらまいて伝染病を媒介する衛生害虫として知られています。ハエは日本で数千種類いるとされていますが，建築物内で確認できるハエはおよそ10種類，中でもビル内でよく発生するのはイエバエです。

① イエバエ

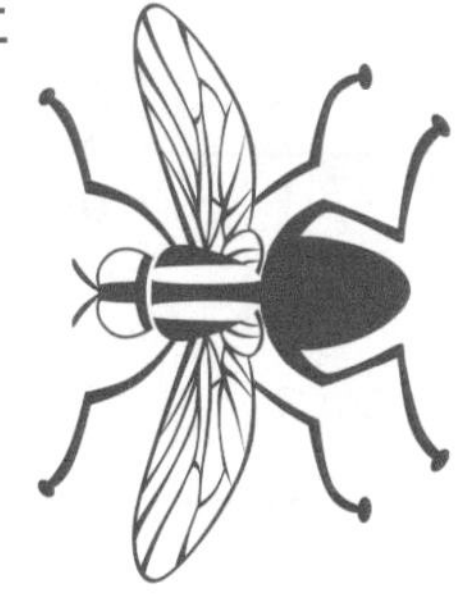

体長は6～8mm，胸背に黒縦線があり，一生のほとんどを人間の生活環境の中で過ごし，特にゴミや堆肥がある場所を好みます。建築物内では，ゴミ集積場所から発生します。完全変態の昆虫で，ゴミや堆肥などに産みつけられた卵は1日で孵化，ウジからサナギとなって2週間程度～20日程度で成虫となります。羽化後2～3日以内に交尾して，50～150個程度の卵を産みます。繁殖力が旺盛で，寿命である1～2カ月の間に，5～10回産卵します。腐敗した食物，排泄物などを好むため，ゴミ処理場や畜舎でしばしば発生します。

② センチニクバエ

体長は9～11mm，灰色で，前胸背に黒い縦線を持ち，畜舎やくみ取式便所などで発生します。建築物内では，放置された食物などに産卵する傾向があり，発生のピークは7～8月の盛夏です。秋になると，発生源周辺の土中に潜って蛹化，冬を越します。ニクバエ類はその名が示す通り，便池，動物死体などから幼虫が発生し，成虫の食物は動物性です。

③ チョウバエ

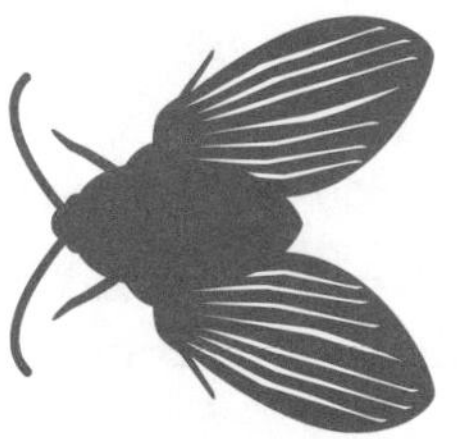

体長は2～4mmで，羽根を広げて止まる習性を持っています。本州，四国，九州に分布し，繁殖のピークは5～6月，幼虫は浄化槽，汚水処理場の汚泥，下水溝などに生息して有機物を食べます。メスの成虫は寿命がわずか5～6日ですが，その間に50～100個の卵を産みます。トイレや下水溝，ゴミ置き場など暗く湿った場所を好みます。ほかにも，浄化槽から発生するオオチョウバエ，体長1～2mm程の微小種で不快感を引き起こすホシチョウバエなどがいます。細菌の運搬者となることもあり，幼虫が人の泌尿生殖器，消化器，気道，眼瞼などに迷入してハエ症を引き起こす原因となることでも知られています。

④ オオイエバエ・ヒメイエバエ

イエバエと同じく家住性のハエで，体長は6～7mm，堆肥，厨芥，畜舎などから発生し，オスの成虫は円を描くように飛ぶことで知られています。成虫の食物は，植物性です。

⑤ ノミバエ

体長は1.5～2mm，褐色で，浄化槽にあるスカムなどから発生します。

⑥ ショウジョウバエ・キイロショウジョウバエ

体長は2mm，黄褐色で，腐敗した果実などから発生します。寿命である半月～1カ月の間に，卵を500個以上も産みます。

クロバエ類・キンバエ類
クロバエ類は，夏季によく見られる大型のハエです。体色が黄緑色や黄褐色の金属光沢を持つキンバエ類は，卵生のハエです。

ハエの成虫の防除
ハエの成虫を煙霧防除する場合には，油剤を用います。乳剤は，ハエの発生しやすい場所にあらかじめ噴霧するか，直接ハエに噴霧します。

殺虫剤の剤型
油剤：煙霧散布に適する
乳剤：水と混合できる
粒剤：水中では遅効性
粉剤：周辺に粉末が散るので，使用時は注意する
水和剤:残留処理に適し，水で希釈できる粉剤
燻煙剤：薬剤を煙で散布
エアゾール：スプレータイプのもの
食毒剤：主にアリ類対策

2 調査ポイント

ハエに対する調査方法は，ねずみやゴキブリなどと同様に，建築物内の調査，ビルの利用者に対する聞き取り調査，粘着シートによる捕獲調査などがあります。建築物内と粘着シートによる捕獲は，ハエが発生しやすいゴミ置き場，トイレ，厨房，汚水槽室などを中心に行ないます。

3 防除方法

ハエの防除には，以下の3つの方法を用います。ビル管理では環境的防除が，もっとも重要となります。

① **環境的防除**

ゴミを放置せずに袋や容器に密閉して，定期的にゴミ収集に出し，厨房などは清潔さを保つことでイエバエの生息場所をなくすことが重要です。イエバエは成虫になるまでに2週間ほどかかるため，定期的にゴミ収集に出していれば，ゴミからイエバエが発生することはなくなります。また，排水管やマンホールなどに防虫網を取り付けると，外部からの侵入を防ぐことができます。

② **物理的防除**

粘着リボンなどを利用して飛翔しているハエを捕獲する方法があります。ただし，ハエがくっついた粘着リボンは見た目がよくないのと，人に触れるとなかなか取れないこと，捕らえることができる数に限りがあることなどが短所です。

③ **化学的防除**

ピレスロイド剤，有機リン剤，昆虫成長抑制剤（IGR）などの殺虫剤を使用して死滅させる方法が一般的です。幼虫（ウジ）に対しては，ゴミ集積所やダストピッドなどに，300～500倍に希釈したダイアノジンなどの薬剤を散布する方法が効果的です。成虫に対しては，密閉した室内にDDVP（ジクロルボス）油剤を煙霧する方法や，天井に希釈したバイテックス，ダイアノジン，スミチオンなどの燐剤を噴霧する方法などがあります。ちなみに，樹脂に高濃度のDDVPを含ませた樹脂蒸散剤（屋内などに吊り下げて使用する）は，主にチョウバエ対策として用いられています。ただし，安全性の観点から人が常時いる室内や飲食場所，飲食物が露出している場所などでは使用しないように指導（厚生労働省）されています。

チャレンジ問題

問1　難 **中** 易

ハエ類に関する次の記述のうち，もっとも適当なものはどれか。

(1) ノミバエ類の主要な発生源は，腐敗した植物質である。
(2) クロバエ類は，夏季によく見られる小型のハエである。
(3) イエバエの主要な発生源は，畜舎やゴミ処理場である。
(4) キンバエ類は，幼虫を産む卵胎生のハエである。
(5) ニクバエ類は，コバエ類に含まれるハエ類である。

解説

(1) 腐敗した植物質ではなく，正しくは腐敗した動物質です。
(2) クロバエは大型です。
(4) 卵胎生ではなく，食べ物に卵を産みつけます。
(5) ニクバエ類は大型です。

解答 (3)

問2　難 中 **易**

殺虫剤の剤型とその使用法や使用目的との組合せとして，もっとも不適当なものは次のうちどれか。

(1) 水和剤 ― 残留処理
(2) 乳剤 ― 煙霧処理
(3) 樹脂蒸散剤 ― チョウバエ類対策
(4) 粒剤 ― 蚊幼虫対策
(5) 食毒剤 ― アリ類対策

解説

(2) 煙霧処理に対しては，油剤を使用します。

解答 (2)

ダニ類そのほか昆虫の分類・生態と防除方法

1 ダニの種類と特徴

ダニは昆虫ではなく節足動物で顎体部と胴体部からなり，世界では4万種類以上が存在，地表，水中，動植物の体，人体などきわめて広範囲に生息しています。卵から幼虫，若虫，成虫へといたりますが，サナギにはならない特徴があり，建築物内でよく見られるのは以下の6種類です。

① イエダニ

体長は約0.7mmで褐色，クマネズミなどに寄生し，巣の中で繁殖しますが，血液を栄養源としているため人間も刺咬します。刺咬されるとかゆみが強く，皮疹となります。

② ケナガコナダニ

体長は約0.4mmで乳白色，あらゆる食品や床に生息し，穀物などを食べます。温度25～28℃，湿度75～85％で繁殖します。

③ ヒョウダニ類

体長は約0.3mmで乳白色，人間のフケなどを食べます。床やカーペットに生息し，温度25℃，湿度70％程度の条件下で繁殖します。喘息やアレルギー鼻炎の原因となります。

④ ツメダニ

体長は約0.8mmで淡黄橙色，畳などに発生します。ケナガコナダニが大量発生すると，これを捕食するためにツメダニも増え，人も刺咬します。

⑤ トリサシダニ

体長は約0.7mmで鳥に寄生していますが，人を吸血することもあります。

⑥ タカラダニ類

体長は1.0～2.7mmで朱赤色，コンクリートの壁などに生息しています。コンクリートなど多孔質の材質にたまった花粉や有機物を餌としていると考えられていますが，詳しいことはまだ分かっていません。

2 そのほかの害虫の種類と特徴

建築物内で見られるそのほかの害虫には，以下のようなものがあります。

① **シロアリ**

シロアリは野外性ですが，ヤマトシロアリとイエシロアリは地下を移動して木材を加害します。

② **ユスリカ類**

汚れた水域から大量に発生し，照明光などを目標に飛来します。

③ **ノミ類**

吸血性昆虫で，ペストなどの感染症を媒介します。問題となるのは，体長1～3mmのネコノミによる吸血です。

④ **トコジラミ**

吸血と感染症の媒介をするもので，体長5～8mm，木製家具などの隙間などに潜み，夜間に吸血します。

⑤ **シバンムシ類**

乾燥植物や書籍，建築材料を加害するもので，穀類，香辛料など多くの食品を食害します。

3 調査ポイント

建築物内の調査や聞き取り調査のあとに，採取を行ないます。ダニ類は小さいため，スティックによる検定や酸素免疫測定法などを使って採取し，アレルゲン量を測定する方法が用いられます。

また，採取場所は床面を中心に，ソファー，化粧台など，病院などではベッド，シーツなどを中心に行ないます。期間は繁殖しやすい夏だけでなく，暖房期，冷房期，中間期に分けて測定するのが望ましいといえます。

ダニの体型

ダニの体は，体の前端の顎（がく）体部と頭・胸・腹が融合した胴体部に分かれます。

4 防除方法

ダニの防除は，以下の3種類で，基本対策は環境的防除です。

① 環境的防除

ダニ類は湿度が高いと繁殖しやすいため，通風換気と乾燥を心がけるようにします。湿度のコントロールがダニの繁殖を抑える重要な要素といえます。

② 物理的防除

こまめに清掃し，床やじゅうたんなどは掃除機をかけ，アレルゲンとなるダニの糞や死骸も吸引することで，繁殖を抑制できます。また，ダニが寄生するねずみなども防除することで，ダニが繁殖する環境を作らないことが肝要です。

③ 化学的防除

殺虫剤はピレスロイド剤や有機リン剤などが有効ですが，居住者がいない休日などに散布する必要があります。また，畳などに利用できる防虫シートなどもあります。

チャレンジ問題

問 1 難 中 易

ダニの防除に関する次の記述のうち，もっとも適当なものはどれか。

(1) 人から吸血するダニに，コナヒョウヒダニがある。
(2) 人の皮下に内部寄生するダニとして，ワクモが知られている。
(3) 角化型疥癬の原因種は，ツメダニ類である。
(4) ダニの成虫は，原則として3対の脚を有する。
(5) ダニの体は顎体部と胴体部からなる。

解説

(1) 人を吸血するのは，イエダニなどです。
(2) ワクモは鳥に寄生します。
(3) これはヒゼンダニの解説です。
(4) 主に成虫は対，幼虫は3対です。

解答 (5)

防除用具・薬剤

1 調査用具

衛生動物（害虫）に対して物理的，もしくは化学的方法を用いる際，必要となるのが調査用具と防除用具です。

調査用具は衛生動物（害虫）の実態を把握するために用いるもので，ねずみやゴキブリを捕らえる粘着トラップや，ダニを把握する際に用いる顕微鏡などがあります。

粘着トラップには多種多様なものがあり，クロゴキブリなどの大型のゴキブリには大型の粘着トラップ，チャバネゴキブリなどの小型のゴキブリには小型の粘着トラップというように，目的に合わせて選ぶことが必要です。一方，顕微鏡は，主に昆虫やダニの同定や拾い出しに用います。

2 防除用機器

防除用機器には，以下のような薬剤散布用具があります。

煙霧機：電動式，エンジン式などがあり，加熱揮発機の作用で薬剤を煙状に噴出させることができます。
ミスト機：風力，圧力，遠心力などの作用で薬剤をミスト化します。
噴霧器：薬液を噴霧できるもので，手動式と電気やエンジンを用いた動力式があります。
ULV噴霧機：ULD（極小投薬）やULV（極小量）の噴霧機です。
インジェクトスプレー機：コンプレッサーと特殊ノズルによって薬剤を微粒子化します。

3 防除薬剤の安全管理

ねずみなどの防除について，建築物衛生法施行令では

噴霧器の種類
ポンプ型，ピストル型スプレー，肩掛手動噴霧器などがあります。

各種噴霧器と煙霧機の一般的な粒子径
煙霧機：0.1～20μm
噴霧器：100～400μm
ミスト機：20～100μm
ULV噴霧機：5～20μm
インジェクトスプレー機：5～20μm

薬剤（殺そ剤や殺虫剤）の使用を前提に考えず，ねずみや昆虫の生息や活動状況を把握し，建築物内の利用者の影響を検討した上で，必要最低限の対策を行なうことが望ましいとされています。薬剤は，人間に健康被害をもたらす場合があることや，常用することで耐性のあるねずみや昆虫が新たに発生してきた歴史があるからです。薬剤を使用して防除を行なう場合には，以下の点に注意する必要があります。

①調査結果に基づき，もっとも経済的で，人間の健康や環境に対して影響が少ない方法を採用すること。
②殺そ剤や殺虫剤などの薬剤は，医薬品医療機器等法の規定による承認を受けた医薬品，または医薬部外品を用いること。
③医薬品，または医薬部外品に記載されている使用上の注意をよく読み，使用用量や用法を守って使用すること。
④油剤の散布時には，ガス，電気，火気に注意すること。
⑤建築物の利用者の健康に配慮し，作業後は，清掃や換気を行なうことで残留薬剤を取り除くこと。
⑥薬局または医薬品販売業は，ねずみや昆虫を防除するための医薬品（医薬部外品）を販売する場合，使用方法や使用量などの適切な情報を提供すること。

使用する場所ごとに使用量，使用方法，薬剤名，使用濃度などを明記し，防除後は適切な時期に効果判定を行ないます。

4 防除薬剤の種類

防除用薬剤は，有機リン剤とピレスロイド剤の2種が主で，一般に用いられている防除用薬剤には以下のものがあります。防除用薬剤は，標的でない生物および環境の安全性を確保し，抵抗性や有効性を考慮して開発されています。

① 急性殺そ剤

シリロシド，ノルボルマイド，リン化亜鉛，硫酸タリウムなどがあり，シリロシドはハツカネズミ，ノルボルマイドはドブネズミに有効です。

② 抗凝血性殺そ剤

数日間に少量ずつ摂取すると，血液凝固阻止作用によりねずみが失血死します。クマテトラリル，フマリン，ワルファリンなどの化合物があります。

③ **ピレスロイド系殺虫剤**

家庭用殺虫剤に用いられ，追い出し（フラッシング）効果と，高い魚毒性があります。ゴキブリに有効なペルメトリン，シラミ駆除剤として，人に直接使用できるフェノトリン，ゴキブリ，蚊，ハエに有効なレスメトリンがあります。

④ **有機リン系殺虫剤**

防疫用殺虫剤として優れます。適用範囲の広いフェニトロチオン，揮散性と速効性が高いシクロルボス，ハエやゴキブリに有効なダイアジノン，蚊の成虫や幼虫（ボウフラ）に有効なフェンチオンなどがあります。

⑤ **昆虫成長抑制剤（IGR）**

蚊やハエの変態に関与するメトプレン，ハエのキチン形成を阻害するジフルベンスロン，羽化の阻害に関与するピリプロキシフェンなどがあります。

法的な分類
ゴキブリ用の殺虫剤は，医薬品または医薬部外品として，法的な承認を受けています。

5 殺虫剤の効力

殺虫力は，LC_{50}［50%の致死濃度：単位はppm］，LD_{50}［50%の致死薬量：単位はμg／匹］などで評価します。

また，速効性の指標として，KT_{50}［単位:分］があります。

チャレンジ問題

問 1　　難　中　**易**

防除薬剤についての次の記述が正しければ○，誤っていれば×で答えよ。

ピレスロイド剤は，全般に魚毒性が低く，水域のボウフラ対策などによく用いられる。

解説

人畜害性は一般に低いのですが，魚に対しては高い毒性があります。

解答　×

チャレンジ問題

問2　　難　中　易

以下は，防除に用いる機器類の説明である。(　　) に入る語句を答えよ。

(1) 噴霧器には，電動式，エンジン式などがあり，(　　) の作用で薬剤を煙状に噴出させることができる。
(2) ミスト機は，風力，圧力，(　　) などの作用で薬剤をミスト化する。
(3) 噴霧器は，薬液を噴霧できるもので，手動式と電気や (　　) を用いた動力式とがある。
(4) ULV噴霧器は，(　　)（極小投薬）やULV（極少量）の噴霧器である。
(5) インジェクトスプレー機は，コンプレッサーと特殊ノズルによって薬剤を (　　) します。

解説

各防除用機器類の構造や特徴をしっかりと理解し，衛生動物（害虫）や使用する場所に合わせた適切な防除用機器を使うことが必要です。

解答 (1)加熱揮発機，(2)遠心力，(3)エンジン，(4)ULD，(5)微粒子化

問3　　難　中　易

以下の文は，防除薬剤について説明したものである。この文が説明する防除剤として，正しいものはどれか。

家庭用殺虫剤に用いられ，追い出し（フラッシング）効果と，高い魚毒性がある。ゴキブリに有効なベルメトリン，シラミ駆除剤として，人に直接使用できるフェノトリン，ゴキブリ，蚊，ハエに有効なレスメトリンの2種類の薬剤がある。

(1) 急性殺そ剤
(2) 抗凝血性殺そ剤
(3) 有機リン系殺虫剤
(4) ピレスロイド系殺虫剤
(5) 昆虫成長抑制剤（IGR）

解説

防除用薬剤は，主に有機リン剤とピレスロイド剤の2種があります。(1)～(5)にあげられた防除用薬剤は一般に用いられている薬剤です。

解答 (4)

巻末

実戦問題

❶建築物衛生行政概論

❷建築物の環境衛生

❸空気環境の調整

❹建築物の構造概論

❺給水・排水の管理

❻清掃

❼ねずみ・昆虫などの防除

❶建築物精行政概論

この科目の出題数は 20 問で 20 点満点，合格基準点は 10（40%）です。

問題 1

建築物における衛生的環境の確保に関する法律（以下「建築物衛生法」という）に関する次の記述のうち，誤っているものはどれか。

(1) 建築物衛生法は，建築物の設備・構造面と維持管理面の両面から規制を行なっている。
(2) 建築物衛生法に基づく事業の登録に関する事務は，都道府県知事が行なう。
(3) 特定建築物以外の建築物であっても，多数の者が使用し，または利用する建築物については，建築物環境衛生管理基準に従って維持管理をするように努めなければならない。
(4) 特定建築物の維持管理権原者は，建築物環境衛生管理基準に従って維持管理をしなければならない。
(5) 特定建築物の所有者等には，所有者以外に，特定建築物の全部の管理について権原を有する者が含まれる。

解説 建築物衛生法は，建築物の維持管理に関して環境衛生上必要な事項を定めており，設備・構造面からの規則は定められていません（建築物衛生法第1条）。

解答 (1)

問題 2

建築物衛生法における特定建築物の特定用途に供される部分として，延べ面積に含めるものは次のうちどれか。

(1) 地下街の地下道　(2) 建築物の地下に電気事業者が設置した変電所
(3) 建築物内部にある鉄道のプラットホーム
(4) 地下街の店舗に付属する倉庫
(5) 建築物の地下に設置された，管理主体の異なる公共駐車場

解説 **(4) の地下街の店舗は特定用途に該当するため，付属する倉庫は延べ面積に含めます。**

解答 (4)

問題 3

下水道法の第1条に規定する目的に関する次の条文の（　　）内に入る語句の組合せとして，正しいものはどれか。

この法律は，流域別下水道整備総合計画の策定に関する事項ならびに公共下水道，流域下水道および都市下水路の設置そのほかの管理の基準等を定めて，下水道の整備を図り，もって都市の健全な発達および（　ア　）に寄与し，あわせて公共用水域の（　イ　）に資することを目的とする。

	ア		イ
(1)	健康で文化的な生活の確保	―――	水質の保全
(2)	生活環境の改善	―――	環境の保全
(3)	生活環境の改善	―――	水質の保全
(4)	公衆衛生の向上	―――	環境の保全
(5)	公衆衛生の向上	―――	水質の保全

解説　もって都市の健全な発達および公衆衛生の向上に寄与し，あわせて公共用水域の水質の保全に資することを目的とする。

解答　(5)

問題 4

興行場法に関する次の記述のうち，もっとも不適当なものはどれか。

(1) 興行場は，映画，演劇，スポーツ，演芸または観せ物を，公衆に見せ，または聞かせる施設をいう。
(2) 興行場の営業を行なう場合には，興行場法に基づき許可を得なければならない。
(3) 興行場の維持管理は，都道府県の条例で定める換気，照明，防湿，清潔等の衛生基準に従わなければならない。
(4) 興行場は，国が定める構造設備基準に従わなければならない。
(5) 特定建築物に該当する興行場の場合は，建築物衛生法と興行場法のそれぞれの衛生上の基準を守らなければならない。

解説　興行場は，都道府県が定める構造設備基準（興行場の構造設備および衛生措置の基準等に関する条例第3条）に従わなければなりません。

解答　(4)

❷建築物の環境衛生

この科目の出題数は 25 問で 25 点満点，合格基準点は 10（40%）です。

問題 1

生体の恒常性（ホメオスタシス）等に関する次の記述のうち，もっとも不適当なものはどれか。

(1) 外部環境の変化に対し内部環境を一定に保つ仕組みを恒常性という。
(2) 恒常性は，主に，神経系，内分泌系，免疫系の機能によって維持されている。
(3) 外部からの刺激は，受容器で受容されて中枢に伝達され，その後，効果器に興奮が伝えられて反応が起こる。
(4) 生体に刺激が加えられると，生体内に変化が生じ，適応しようとする反応が非特異的に生じる。
(5) 加齢とともに摂取エネルギー量は低下するが，エネルギーを予備力として蓄えておく能力は増加する。

解説 加齢により摂取エネルギー量も，エネルギーを予備力として蓄える能力も低下します。

解答 (5)

問題 2

シックビル症候群でみられる症状等に関する次の記述のうち，もっとも不適当なものはどれか。

(1) 目やのどの刺激やくしゃみ等の症状は，加湿により減少する。
(2) そのビルを使用，利用するすべての人に症状がみられる。
(3) 外気の供給不足が発症の危険因子である。
(4) 胸部圧迫感，息切れ，咳などの症状を呈することがある。
(5) アトピー体質が発症の危険因子である。

解説 シックビル症候群は，そのビルを使用，利用する一部の人に症状が見られます（すべての人が発症するとは限りません）。

解答 (2)

問題3

光の知覚に関する次の記述のうち，もっとも不適当なものはどれか。

(1) 目が視対象物の細部を見分ける能力を視力という。
(2) 視対象を正確に認識することを明視といい，この条件は，大きさ，対比，時間，明るさである。
(3) 視細胞は角膜に存在する。
(4) 暗順応に要する時間は明順応よりも長い。
(5) 錐体細胞には，赤，青，緑の光にそれぞれ反応する3種があり，反応の組合せで色を感じる。

解説 視細胞は角膜ではなく網膜に存在します。

解答 (3)

問題4

次の感染症のうち，主に空気を介して感染するものはどれか。

(1) デング熱
(2) B型肝炎
(3) ペスト
(4) 日本脳炎
(5) 麻しん

解説 空気を介して感染するのは，麻疹です。

解答 (5)

問題5

振動に関する基準について述べた以下の記述の（　　）に入る数字を答えよ。

振動は，振動規制法（環境省管轄）に基づいて測定が行われるが，特定工場での振動レベルの規制基準は，おおむね（　　）～（　　）dBとされている。

解説 一定周期で繰り返され，状態が一定に定まらない波の動きを振動といい，人が不快に感じる公害振動は振動規制法で規制されています。

解答 55，70

❸空気環境の調整

この科目の出題数は45問で45点満点，合格基準点は18（40%）です。

問題1

結露に関する次の文章の（　　）内に入る語句の組合せとして，もっとも適当なものはどれか。

暖房時の壁体の内部や表面での結露を防止するには，壁体内において，水蒸気圧の（　ア　）側に（　イ　）の低い（　ウ　）を設けることが有効である。

	ア	イ	ウ
(1)	高い	熱伝導率	断熱材
(2)	高い	湿気伝導率	防湿層
(3)	低い	湿気伝導率	防湿層
(4)	低い	熱伝導抵抗	断熱材
(5)	低い	湿気伝導率	断熱材

解説 暖房時の壁体内部や表面における結露防止には，壁体内で水蒸気圧の高い側に湿気伝導率の低い防湿層を設けると有効です。

解答 (2)

問題2

換気に関する次の記述のうち，もっとも不適当なものはどれか。

(1) 換気の目的の1つには，汚染物質の室内からの除去がある。
(2) ハイブリッド換気は，自然換気と機械換気を併用する換気方式である。
(3) 第1種換気は，機械給気と機械排気による換気をいう。
(4) 局所換気は，汚染物質が発生する場所を局部的に換気する方法をいう。
(5) 第3種換気は，機械給気と自然排気口による換気をいう。

解説 トイレなどの自然給気と機械排気による換気を第3種換気といいます。

解答 (5)

問題3

冷却塔に関する次の記述のうち，もっとも不適当なものはどれか。

(1) 開放型冷却塔は，密閉型と比べて小型である。
(2) 開放型冷却塔内の冷却水は，レジオネラ属菌の繁殖に注意が必要である。
(3) 開放型冷却塔は，密閉型冷却塔に比べて送風機動力が増加する。
(4) 密閉型冷却塔は，電算室，クリーンルーム系統の冷却塔として使用される。
(5) 密閉型冷却塔は，散布水系統の保有水量が少ないため，保有水中の不純物濃度が高くなる。

解説 開放型冷却塔は，循環する冷却水が直接空気に接触し，冷却水の一部が蒸発することで残りの水が冷却されます。密閉型冷却塔よりも小型で送風機動力も低減可能です。

解答 (3)

問題4

送風機に関する次の記述のうち，もっとも不適当なものはどれか。

(1) 軸流送風機は，空気が羽根車の中を軸方向から入り，軸方向へ抜ける。
(2) シロッコファンは，遠心式に分類される。
(3) ダンパの開度を変えると，送風系の抵抗曲線は変化する。
(4) 送風系の抵抗を大きくして風量を減少させると，空気の脈動により振動，騒音が発生し，不安定な運転状態となることがある。
(5) グラフの横軸に送風機の風量，縦軸に送風機静圧を表した送風機特性曲線は，原点を通る2次曲線となる。

解説 送風機の特性曲線は，グラフ上の縦軸に圧力・効率・軸動力・騒音，横軸に風量をとります。特性曲線と同一グラフ上で，原点を通る2次曲線は抵抗曲線です。

解答 (5)

問題5

地域冷暖房システムに関する次の記述のうち，もっとも不適当なものはどれか。

(1) 一定地域内の建築物に対して，熱源プラントで製造した熱媒を供給する方式である。
(2) 欧米では熱供給が中心である。
(3) 大気汚染防止などの公害防止対策となる。
(4) 個別の建築物の機械室スペースが大きくなる。

(5) 熱源装置の大型化・集約化・集中管理化により，安全性や効率性は向上する。

解説 地域冷暖房システムは，個別の建築物の機械室スペースを小さくできるため，有効用途面積の拡大と収益性の増大が見込めます。

解答 (4)

問題6

空気調和機に関する次の記述のうち，もっとも適当なものはどれか。

(1) パッケージ型空調機は，圧縮機の駆動源は電力のみである。
(2) ファンコイルユニットは，冷媒を利用する。
(3) パッケージ型空調機は，個別制御が難しい。
(4) エアハンドリングユニットは，使用目的に合わせた構成機器は変更できない。
(5) エアハンドリングユニットは，冷却・加熱のための熱源をもたない。

解説 エアハンドリングユニットは，ほかの熱源設備から供給される冷水・温水・蒸気・水などを用いて，冷却・加熱・減湿・加湿・混合・除じんなどを行ない，各ゾーン・各室に処理空気をダクトで送風します。

解答 (5)

問題7

次の用語のうち，直接，空気調和に関連しないものはどれか。

(1) モリエル（モリエ）線図
(2) 気送管
(3) 誘引ユニット
(4) ゾーニング
(5) 混合損失

解説 気送管は，エアシューターもいい，専用の筒の中に書類などを入れて管の中を圧縮空気もしくは真空圧を利用して輸送する手段であり，直接，空気調和に関連していません。

解答 (2)

④建築物の構造概論

この科目の出題数は 15 問で 15 点満点，合格基準点は 6（40%）です。

問題 1

鉄筋コンクリート構造と材料に関する次の記述のうち，もっとも不適当なものはどれか。

(1) モルタルは，砂，セメント，水を練り混ぜたものである。
(2) 梁のあばら筋は，一般に135°以上に曲げて主筋に定着させる。
(3) 柱の帯筋は，主にせん断力に対して配筋される。
(4) 柱の小径は，構造耐力上主要な支点間の1/15以上とする。
(5) 直接土に接する床において，鉄筋に対するコンクリートのかぶり厚さは，3cm以上としなければならない。

解説 直接土に接する床で，鉄筋に対するコンクリートのかぶり厚さは4cm以上にします。

解答 (5)

問題 2

建築物の荷重または構造力学に関する次の記述のうち，もっとも不適当なものはどれか。

(1) 地震力を計算する場合，住宅の居室の積載荷重は，事務室よりも小さく設定する。
(2) 曲げモーメントは，部材のある点において部材を湾曲させせようとする応力である。
(3) 片持ち梁の先端に集中荷重の作用する梁のせん断力は，梁の固定端部でもっとも大きい。
(4) ラーメン構造部材に生じる応力には，曲げモーメント，せん断力，軸方向力がある。
(5) 建築物に作用する土圧は，常時荷重として分類されている。

解説 片持ち梁の先端に集中荷重の作用する梁のせん断力は，全断面で等しくなります。

解答 (3)

問題３

建築物の荷重または構造力学に関する次の記述のうち，もっとも不適当なものはどれか。

(1) 床の構造計算をする場合の積載荷重は，地震力を計算する場合の積載荷重より大きく設定されている。
(2) 土圧や水圧は，常時荷重に分類されている。
(3) 反力は，建築物に荷重が作用した場合，作用荷重に対応して支点に生じる力である。
(4) せん断力は，部材内の任意の面に作用して，面をずれさせるよう作用する力である。
(5) 等分布荷重の作用する片持支持梁のせん断力は，梁中央でもっとも大きい。

解説 等分布荷重の作用する片持支持梁のせん断力がもっとも大きくなるのは，梁端部（支持端）です。

解答 (5)

問題４

建築物とその構造に関する次の記述のうち，もっとも不適当なものはどれか。

(1) 免震構造では，アイソレータを用いて振動エネルギーを吸収し，振動を小さくする。
(2) 耐震補強には，強度や変形能力を高める方法がある。
(3) 制振構造において，建物の揺れを制御・低減するためのダンパに座屈拘束ブレースなどが用いられる。
(4) コンクリートの打設時間の間隔が長くなると，コールドジョイントが生じやすくなる。
(5) 構造設計に用いる計算法には，保有水平耐力計算，限界耐力計算，許容応力度等計算がある。

解説 **5つの選択肢はすべて，不適切とはいえません。**

解答 なし

❺給水・排水の管理

この科目の出題数は 35 問で，合格基準点は 14（40%）です。

問題 1

給湯設備における水の性質に関する次の記述のうち，もっとも不適当なものはどれか。

(1) 4℃以上の水は，温度が高くなると密度は小さくなる。
(2) 配管内の水中における気体の溶解度は，水温の上昇により増加する。
(3) 給湯設備で扱う範囲の水は，ほとんど非圧縮性である。
(4) 水中に溶存している空気は，配管内の圧力が高いと分離されにくい。
(5) 水温が高いほど，金属腐食速度が速くなる。

解説 配管内の水中における気体の溶解度は，水温の上昇により減少します。

解答 (2)

問題 2

排水トラップと阻集器に関する次の記述のうち，もっとも不適当なものはどれか。

(1) ドラムトラップは，サイホントラップに分類される。
(2) トラップの封水強度とは，排水管内に正圧または負圧が生じたときのトラップの封水保持能力をいう。
(3) 砂阻集器に設ける泥だめの深さは，150mm以上とする。
(4) 開放式のオイル阻集器を屋内に設置する場合は，換気を十分に行なう。
(5) 繊維くず阻集器には，金網の目の大きさが13mm程度のバスケットストレーナを設置する。

解説 ドラムトラップは非サイホントラップと呼ばれます。トラップはサイホントラップと非サイホントラップに大別され，サイホントラップには，Pトラップ，Sトラップ，Uトラップがあります。

解答 (1)

問題3

浄化槽法に規定する浄化槽管理者に関する次の記述のうち，誤っているものはどれか。

(1) 最初の保守点検は，浄化槽の使用開始直後に実施する。
(2) 指定検査機関の行なう法定検査を受検する。
(3) 保守点検および清掃を実施し，その記録を保存する。
(4) 保守点検および清掃は，法令で定められた技術上の基準に従って行なう。
(5) 保守点検は，登録を受けた浄化槽保守点検業者に委託することができる。

解説 浄化槽の最初の保守点検は，浄化槽の使用開始直前に実施します。

解答 (1)

問題4

排水トラップに関する次の記述のうち，もっとも不適当なものはどれか。

(1) トラップにかかる圧力変動の周期と封水の固有振動周期が近いと共振現象を起こし，封水の水の損失が大きくなる。
(2) 脚断面積比とは，トラップの流出脚断面積を流入脚断面積で除した値をいう。
(3) 封水強度とは，トラップの蒸発現象発生時の封水保持能力をいう。
(4) トラップのウェア（あふれ縁）に糸くずや毛髪が引っ掛かると，毛細管現象で封水が減少する。
(5) 自掃作用とは，排水の流下水勢によって，トラップの封水部に沈積又は付着するおそれのある夾雑物を押し流す作用をいう。

解説 排水トラップの封水強度とは，排水管内に正圧または負圧が生じたときのトラップの封水保持能力をいいます。

解答 (3)

問題5

貯水槽の清掃について述べられたて以下の記述の（　　）に入る数字を答えよ。

貯水槽は建築物衛生法によって（　　）年以内ごとに（　　）回，定期清掃を行なうように義務付けられている。

解説 定期清掃を行なう際は，オフィスビルでは休日作業，ホテルや病院などは貯水槽を複数設置するなど断水に配慮し，同一日で受水槽，高置水槽の順番に清掃を行ないます。

解答 どちらも1

❻清掃

この科目の出題数は 25 問で 25 点満点，合格基準点は 10（40%）です。

問題 1

外装のガラスクリーニングに関する次の記述のうち，もっとも不適当なものはどれか。

(1) 自動窓拭き設備は，洗剤または水をガラス面に噴射してブラシ洗いし，真空吸引装置で回収する。
(2) ロープ高所作業を行なう場合，ライフラインの設置が義務付けられている。
(3) 美観の維持のため，1～2カ月に1回の頻度で洗浄を行なうことが望ましい。
(4) スクイジー法は，微細な研磨剤をガラスに塗布しスクイジーでかき取る方法である。
(5) 事前に傷の有無，傷の大きさや数等を調査し，業務発注者に報告する。

解説 スクイジー法は，タオルやシャンパーに洗剤を含ませてガラス洗浄したのち，ガラス用のスクイジーで汚水を取るものです。通常は中性洗剤を使用し，研磨剤は使用しません。

解答 (4)

問題 2

廃棄物の区分に関する次の記述のうち，もっとも不適当なものはどれか。

(1) 事業活動に伴って生じた廃棄物のうち，燃え殻，汚泥など20種類が産業廃棄物として定められている。
(2) 木くずのうち，建設業など特定業種から排出されたものは，産業廃棄物に該当する。
(3) 事業活動に伴い発生する油分で，グリース阻集器で阻集されるものは，産業廃棄物に該当する。
(4) 事業系一般廃棄物とは，事業活動に伴い発生する廃棄物のうち，産業廃棄物に該当しないものである。
(5) 事業活動に伴い発生する廃棄物のうち，ばいじん類は，安定型品目の産業廃棄物に該当する。

解説 事業活動に伴い発生するばいじん類は，特定有害産業廃棄物です。安定型の産業廃棄物には該当しません。

解答 (5)

問題 3

ビルクリーニング作業を行なうにあたって把握しなければならない床材の特性として，もっとも不適当なものは次のうちどれか。

(1) 耐洗剤性　(2) 防音性　(3) 吸水性
(4) 表面の粗さ　(5) 工法・仕上げ

解説 ビルクリーニング作業とは関連が薄いのは，建材の防音性です。

解答 (2)

問題 4

建築物内廃棄物の貯留・搬出方式に関する次の記述のうち，もっとも不適当なものはどれか。

(1) コンパクタ・コンテナ方式は，容器方式より防災性に優れている。
(2) 真空収集方式は，容器方式より衛生的に優れている。
(3) 貯留・排出機方式は，真空収集方式より初期コストが少ない。
(4) 貯留・排出機方式は，コンパクタ・コンテナ方式より大規模建築物に適用される。
(5) コンパクタ・コンテナ方式は，容器方式よりランニングコストが少ない。

解説 貯留・排出機方式は中規模の建築物向けで，コンパクタ・コンテナ方式は大規模建築物向けです。

解答 (4)

問題 5

建築物の清掃の処理・除去対象となる主なもの3つを答えよ。

建築物の清掃において処理・除去対象となるものとは主に（　　），（　　），（　　）の3種類です。

解説 ほこりには，床やものの上に堆積した堆積じん，空中に浮遊する浮遊じんの2つがあります。

解答 汚れ，ほこり，ゴミ

❼ねずみ・昆虫などの防除

この科目の出題数は 15 問で 15 点満点, 各科目の合格基準点は 6(40%)です。

問題 1

蚊の主要な発生源や生態に関する次の記述のうち，もっとも不適当なものはどれか。

(1) コガタアカイエカは，水田や湿地などの水域に発生する。
(2) ヒトスジシマカは，小型の人工容器や雨水ますに発生する。
(3) アカイエカは，地下の浄化槽や湧水槽に発生する。
(4) チカイエカは，最初の産卵を無吸血で行なうことができる。
(5) アカイエカは，夜間吸血性を示す。

解説 アカイエカは，下水溝や排水桝，家屋の周りにある水たまりといった開放的な水域から発生します。

解答 (3)

問題 2

ゴキブリの生態に関する次の記述のうち，もっとも不適当なものはどれか。

(1) ゴキブリの活動場所における排泄物による汚れのことを，ローチスポットという。
(2) 日本に生息するゴキブリの多くの種類は，屋外で生活している。
(3) ゴキブリには一定の潜み場所があり，日中はほとんどその場所に潜伏している。
(4) 日本に生息するゴキブリには, 卵から成虫までに1年以上を要する種がいる。
(5) ゴキブリの食性は，発育段階によって変化する。

解説 ゴキブリは，生まれつき雑食性で，卵から幼虫，成虫へと成長する間，何でも食べます。

解答 (5)

問題3

ハエ類に関する次の記述のうち，もっとも不適当なものはどれか。

(1) イエバエの主要な発生源は，畜舎やゴミ処理場である。
(2) クロバエは，夏期によく見られる小型のハエである。
(3) ショウジョウバエやチョウバエなどは，走光性を示す種類が多い。
(4) 国内のハエ症では，食べ物と一緒に幼虫を飲み込み，腹痛などを起こす消化器ハエ症がもっとも多い。
(5) ノミバエの主要な発生源は，腐敗した動物質である。

解説 クロバエは低温期を好み，イエバエに比べて大型です。

解答 (2)

問題4

ネズミの防除に関する次の記述のうち，もっとも不適当なものはどれか。

(1) ネズミの毒餌を作る場合，クマネズミは植物質の物を基材とする。
(2) 殺鼠剤による防除を行なった場合，死体からハエ類が発生することがあるので，死鼠の回収に努める。
(3) ネズミの侵入防止のため，通風口や換気口に取り付ける金属格子の目の幅は，1cm以下とする。
(4) ラットサインとは，ネズミ類の活動によって残される糞尿や足跡などの証跡のことである。
(5) ドブネズミは，警戒心が強く，毒餌やトラップによる防除が困難である。

解説 警戒心が強いのは，ドブネズミではなくクマネズミです。

解答 (5)

問題5

以下の記述の（　　）に入る語句を答えよ。

「ねずみ，昆虫そのほかの人の健康を損なう事態を生じさせるおそれのある動物」とは，ねずみ，ゴキブリ，ハエ，蚊，ノミ，シラミ，（　　）などで，（　　）とは，予防と駆除の意味を持つ言葉である。

解説 建築衛生法の建築物環境衛生管理基準において，衛生動物（害虫）に対する防除義務が定められています。

解答 ダニ，防除

索引

さ行

た行

な行

は行

ま行

や行

ら行

わ行

MEMO

MEMO

デザイン監修●
NECマネジメントパートナー株式会社

制作・執筆●
アート・サプライ

執筆協力●
乙羽クリエイション
ラットランド

ビル管理士　超速マスター［第3版］

2015年12月1日　初版　第1刷発行
2024年4月1日　第3版　第1刷発行

編著者	TAC株式会社（ビル管理士研究会）
発行者	多田敏男
発行所	TAC株式会社　出版事業部（TAC出版）
	〒101-8383　東京都千代田区神田三崎町3-2-18 電話 03（5276）9492（営業） FAX 03（5276）9674 https://shuppan.tac-school.co.jp
制作・執筆	株式会社アート・サプライ
印刷	株式会社光邦
製本	株式会社常川製本

ISBN 978-4-300-11172-7
N.D.C.533

乱丁・落丁による交換，および正誤のお問合せ対応は，当該書籍の改訂版刊行末日までといたします。なお，交換につきましては，書籍の在庫状況等により，お受けできない場合もございます。
また，各種本試験の実施の延期，中止を理由とした本書の返品はお受けいたしません。返金もいたしかねますので，あらかじめご了承くださいますようお願い申し上げます。

TAC出版 書籍のご案内

TAC出版では、資格の学校TAC各講座の定評ある執筆陣による資格試験の参考書をはじめ、資格取得者の開業法や仕事術、実務書、ビジネス書、一般書などを発行しています！

TAC出版の書籍

＊一部書籍は、早稲田経営出版のブランドにて刊行しております。

資格・検定試験の受験対策書籍

- 日商簿記検定
- 建設業経理士
- 全経簿記上級
- 税　理　士
- 公認会計士
- 社会保険労務士
- 中小企業診断士
- 証券アナリスト
- ファイナンシャルプランナー(FP)
- 証券外務員
- 貸金業務取扱主任者
- 不動産鑑定士
- 宅地建物取引士
- 賃貸不動産経営管理士
- マンション管理士
- 管理業務主任者
- 司法書士
- 行政書士
- 司法試験
- 弁理士
- 公務員試験(大卒程度・高卒者)
- 情報処理試験
- 介護福祉士
- ケアマネジャー
- 社会福祉士　ほか

実務書・ビジネス書

- 会計実務、税法、税務、経理
- 総務、労務、人事
- ビジネススキル、マナー、就職、自己啓発
- 資格取得者の開業法、仕事術、営業術
- 翻訳ビジネス書

一般書・エンタメ書

- ファッション
- エッセイ、レシピ
- スポーツ
- 旅行ガイド（おとな旅プレミアム/ハルカナ）
- 翻訳小説

(2021年7月現在)

書籍のご購入は

1 全国の書店、大学生協、ネット書店で

2 TAC各校の書籍コーナーで

資格の学校TACの校舎は全国に展開!
校舎のご確認はホームページにて

資格の学校TAC ホームページ
https://www.tac-school.co.jp

3 TAC出版書籍販売サイトで

TAC 出版 で 検索

https://bookstore.tac-school.co.jp/

新刊情報を いち早くチェック!

たっぷり読める 立ち読み機能

学習お役立ちの 特設ページも充実!

TAC出版書籍販売サイト「サイバーブックストア」では、TAC出版および早稲田経営出版から刊行されている、すべての最新書籍をお取り扱いしています。
また、無料の会員登録をしていただくことで、会員様限定キャンペーンのほか、送料無料サービス、メールマガジン配信サービス、マイページのご利用など、うれしい特典がたくさん受けられます。

サイバーブックストア会員は、特典がいっぱい! (一部抜粋)

通常、1万円(税込)未満のご注文につきましては、送料・手数料として500円(全国一律・税込)頂戴しておりますが、1冊から無料となります。

専用の「マイページ」は、「購入履歴・配送状況の確認」のほか、「ほしいものリスト」や「マイフォルダ」など、便利な機能が満載です。

メールマガジンでは、キャンペーンやおすすめ書籍、新刊情報のほか、「電子ブック版TACNEWS(ダイジェスト版)」をお届けします。

書籍の発売を、販売開始当日にメールにてお知らせします。これなら買い忘れの心配もありません。

書籍の正誤に関するご確認とお問合せについて

書籍の記載内容に誤りではないかと思われる箇所がございましたら、以下の手順にてご確認とお問合せをしてくださいますよう、お願い申し上げます。

なお、正誤のお問合せ以外の**書籍内容に関する解説および受験指導などは、一切行っておりません。**
そのようなお問合せにつきましては、お答えいたしかねますので、あらかじめご了承ください。

1 「Cyber Book Store」にて正誤表を確認する

TAC出版書籍販売サイト「Cyber Book Store」の
トップページ内「正誤表」コーナーにて、正誤表をご確認ください。

CYBER BOOK STORE TAC出版書籍販売サイト

URL:https://bookstore.tac-school.co.jp/

2 1の正誤表がない、あるいは正誤表に該当箇所の記載がない ⇒ 下記①、②のどちらかの方法で文書にて問合せをする

★ご注意ください★

お電話でのお問合せは、お受けいたしません。
①、②のどちらの方法でも、お問合せの際には、「お名前」とともに、
「対象の書籍名(○級・第○回対策も含む)およびその版数(第○版・○○年度版など)」
「お問合せ該当箇所の頁数と行数」
「誤りと思われる記載」
「正しいとお考えになる記載とその根拠」
を明記してください。
なお、回答までに1週間前後を要する場合もございます。あらかじめご了承ください。

① ウェブページ「Cyber Book Store」内の「お問合せフォーム」より問合せをする

【お問合せフォームアドレス】

https://bookstore.tac-school.co.jp/inquiry/

② メールにより問合せをする

【メール宛先 TAC出版】

syuppan-h@tac-school.co.jp

※土日祝日はお問合せ対応をおこなっておりません。
※正誤のお問合せ対応は、該当書籍の改訂版刊行月末日までといたします。

乱丁・落丁による交換は、該当書籍の改訂版刊行月末日までといたします。なお、書籍の在庫状況等により、お受けできない場合もございます。
また、各種本試験の実施の延期、中止を理由とした本書の返品はお受けいたしません。返金もいたしかねますので、あらかじめご了承くださいますようお願い申し上げます。

TACにおける個人情報の取り扱いについて

■お預かりした個人情報は、TAC(株)で管理させていただき、お問合せへの対応、当社の記録保管にのみ利用いたします。お客様の同意なしに業務委託先以外の第三者に開示、提供することはございません(法令等により開示を求められた場合を除く)。その他、個人情報保護管理者、お預かりした個人情報の開示等及びTAC(株)への個人情報の提供の任意性については、当社ホームページ(https://www.tac-school.co.jp)をご覧いただくか、個人情報に関するお問い合わせ窓口(E-mail:privacy@tac-school.co.jp)までお問合せください。

(2022年7月現在)